KB068609

行政判例研究　XXII-1

社團法人　韓國行政判例研究會　編

2017

博英社

Studies on Public Administration Cases

Korea Public Administration Case Study Association

Vol. XXII-1

2017

Parkyoung Publishing & Company

간 행 사

이제 「행정판례연구」 제22집 제1호를 발간하게 되었습니다.

2016년 말과 2017년 초반은 국내외적으로 탄핵정국, 대통령선거 등 매우 어려운 상황이 계속되었습니다.

그 와중에 제가 정하중 교수의 뒤를 이어받아 사단법인 한국행정판례연구회의 회장을 맡게 되었고, 월례발표회 때마다 많은 회원들이 참여하여 성원을 이루고 열띤 질의와 토론을 하여 주신 데 대하여 깊은 감사를 드립니다.

올해 상반기를 마무리하면서 이번에 발간되는 「행정판례연구」 제22집 제1호에서는 월례발표회와 개별적으로 투고된 논문들 중 엄격한 심사를 통하여 선정된 7편의 논문들과 기타 자료를 게재하였습니다.

이들 논문은 국내외의 행정판례들과 이론을 세심하게 분석하고 고찰하였을 뿐만 아니라, 행정판례연구회에서의 진지한 발표와 열띤 질의와 토론, 그리고 냉정한 평가를 통하여 이루어진 저작물로서, 우리 행정법이론과 행정법실무에 크게 기여할 훌륭한 연구논문들입니다.

이번 제22집 제1호의 출간을 위하여 귀중한 옥고를 보내주신 학계의 교수님과 실무법조계 여러분, 아울러 이러한 학술지가 계획에 따라 순조롭게 출간될 수 있도록 헌신적으로 노력해주신 출판이사 최진수 교수, 출판간사 이진수 교수, 계인국 박사, 이재훈 박사께 깊은 감사를 드립니다.

또한 「행정판례연구」가 전문학술지로서 높은 질적 수준을 유지하기 위하여 노고를 아끼지 않으신 편집위원과 심사위원 여러분께도 고마운 마음을 올립니다.

2017년 6월 30일
한국행정판례연구회
회장 김 동 건

차 례

Table of Contents

行政法의 基本原理

司法의 機能과 行政判例 (朴均省)

司法의 機能과 行政判例

朴均省*

I. 머리말

사법의 개념과 기능을 어떻게 볼 것인가 하는 것은 행정소송과 행정판례의 현재와 미래에 적지 않은 영향을 미치지 않을 수 없다. 그 동안 행정판례의 과제와 발전과제에 대하여는 많은 연구가 있었지만, 사법의 개념과 기능의 관점에서 행정소송과 행정판례를 검토하는 연구, 달리 말하면 사법과 행정소송 및 행정판례의 관계를 검토하는 연구는 많지 않았다. 사법의 개념과 기능은 헌법, 행정소송법 등 소송법의 본질적인 문제임에도 사법의 개념과 기능 자체에 관한 연구도 많지 않았다.

사법은 재판을 본질적 속성으로 하고 있고, 이 점은 변하지 않는

---

1) 경희대 법학전문대학원 교수

사법의 본질이지만, 사법의 개념, 범위와 기능은 시대에 따라 변하였다. 그렇지만, 사법의 개념, 범위와 기능의 변화에 대한 연구도 많지 않았다. 그리고, 사법이나 사법권의 개념 정의에 관하여 의견의 일치를 보고 있지도 못하고, 사법의 기능에 관하여 다양한 견해가 제시되고 있다. 사법의 권리구제기능, 분쟁해결기능, 법질서유지기능에 대하여는 이견이 없지만, 사법이 행정통제적 기능을 갖는지에 대하여는 심도 있는 연구도 많지 않았고, 이에 관한 견해도 다양하다.

행정소송 및 행정판례와 관련하여 사법의 개념과 기능을 논함에 있어서는 삼권분립의 원칙, 법치주의의 원칙의 관점에서 조명할 필요가 있다. 최근에 관심을 끌고 있는 주제인 사법적극주의와 사법소극주의라는 관점에서도 고찰할 필요가 있다.

따라서, 이 글에서는 행정소송 및 행정판례와 관련하여 사법의 개념과 기능을 새롭게 정립하고, 그러한 관점에서 행정소송 및 행정판례를 조명하면서 행정판례의 발전방향을 모색해보고자 한다. 그렇지만, 전술한 바와 같이 이에 관한 연구도 많지 않고, 연구주제가 본질적이고 철학적인 문제이기 때문에 한 번의 연구로 모든 문제를 철저히 규명하기는 쉽지 않을 것이다. 행정판례에 관한 연구에서 이러한 논의가 명시적으로는 행해지지 않은 상황하에서 수많은 행정판례를 관통하는 법원의 입장을 진단하는 것은 어려운 작업이다. 그러므로 본 연구는 행정소송 및 행정판례와 관련하여 사법의 개념과 기능을 재조명하고, 새롭게 정립된 사법의 개념과 기능에 기초하여 행정소송 및 행정판례를 재검토하는 시론적 연구에 그치지 않을 수 없다.

II. 현대 사법의 개념과 기능

1. 권력분립과 사법

권력분립의 원칙이라 함은 전통적으로 국가작용을 입법, 행정, 사법 등으로 나누고, 이를 다른 기관이 담당하도록 권력을 분산하고, 권력 상호간에 견제와 균형을 통해 권력의 남용을 통제하고 국민의 자유와 권리를 보장하려는 통치기관의 구성원리를 말한다.

헌법학자에 의한 권력분립의 원칙의 정의는 다음과 같다. "국가작용을 입법·행정·사법의 3개의 다른 작용으로 나누어, 각 작용을 각기 다른 구성을 가진 독립기관이 담당하게 하여 기관의 견제를 유지하도록 함으로써 국가권력의 집중과 남용을 방지하고 국민의 자유를 보호하기 위한 자유주의적인 정치조직원리",2) "국가권력을 그 성질에 따라 여러 국가기관에 분산시킴으로써 권력 상호간의 견제와 균형을 통해서 국민의 자유와 권리를 보호하려는 통치기관의 구성원리"3) 등.

권력분립의 원칙의 핵심적 요소의 하나인 권력의 견제와 균형의 내용은 통치구조에 따라 다르다. 의원내각제국가에서 권력의 견제와 균형은 입법권과 행정권 사이에서 문제되고, 사법권의 경우에는 독립성이 강조되었다. 대통령제인 미국에서는 입법권, 행정권, 사법권 3권 상호간의 견제와 균형이 중요하게 여겨진다. 우리나라에서는 대통령제이면서도 입법권과 행정권의 견제와 균형이 주로 문제가 되고, 사법권의 경우에는 사법권의 독립성이 강조되었다. 3권 중 행정권의 권한이 강한 것이 현실인데, 이것은 법치주의가 제 기능을 발휘하지 못하고 있는 면도 있지만, 사법권의 행정권에 대한 견제가 매우 약하다는 점에도 기인한다. 역사적으로 사법권의 독립이 위협받았기 때문에 사법권은 사법권의

---

2) 김철수, 헌법학개론, 박영사, 2001, 871면.
3) 허영, 한국헌법론, 박영사, 2011, 696면.

독립을 지켜내는 것 자체만으로도 부분적으로 권력분립의 기능을 수행
하였다고 할 수도 있지만, 사법권이 행정권을 견제하는 기능은 제대로
발휘되지 못하였다고 말할 수밖에 없다. 행정권에 대한 사법권의 통제는
주로 행정소송을 통해 행해진다. 행정소송은 권리구제기능과 행정통제
기능을 갖는 것으로 보는 것이 일반적 견해이다. 그런데, 행정소송의 기
능에 관하여 행정소송의 주된 기능이 행정구제기능인지 아니면 행정통
제기능인지가 다투어지고 있다. 행정소송이 두 기능 중에서 어디에 중점
을 두고 있는가는 입법례 및 행정쟁송의 종류에 따라 다르다. 독일의 경
우 취소소송은 주관소송으로서 권리구제기능이 강하지만, 프랑스의 경
우 월권소송은 객관소송으로서 행정통제적인 기능이 강하다. 권리의무
관계에 관한 소송의 형식을 취하는 당사자소송4)보다는 행정청의 결정을
다투는 형식을 취하고 처분의 위법성이 취소사유가 되는 항고소송이 행
정통제기능을 보다 직접적으로 그리고 강하게 가질 수 있다. 따라서, 취
소소송중심주의를 취한 것은 행정통제적 기능을 강화하는 의미를 갖는
다. 헌법소원은 공권력행사를 다투는 점에서는 항고소송과 동일하다. 그
런데, 헌법소원은 국민의 권리(기본권)구제제도이기는 하지만 항고소송
에 비하여 행정통제제도로서의 성격이 보다 강한 것으로 이해되고 있다.
　행정소송은 이론상 행정통제기능과 함께 권리구제기능을 함께 갖
는 것으로 보는 것이 타당하다. 행정에 대한 사법의 통제를 강화하기
위해서는 행정소송의 행정통제적 기능이 강화되어야 한다. 특히 우리나
라의 경우 행정권이 비대하고 행정권의 남용이 적지 않은 점에 비추어
법치주의의 실현 및 권력분립의 실질화를 위해 행정소송의 행정통제적
기능을 강화하여야 한다. 그렇지만, 우리나라의 항고소송을 행정통제보
다는 권리구제에 중점을 두고 있는 주관소송이라고 보는 견해가 강하
다. 행정법이론상 전통적으로 행정소송은 권리구제에 중점이 있는 소송

---

4) 공법상 당사자소송은 기본적으로 권리구제를 목적으로 하는 주관소송이다.

으로 인정되어 왔다. 권리구제기능과 행정통제기능 중 전자가 주된 기능이고, 후자를 종된 기능으로 보아야 하는 이유로 법원은 특별한 규정이 없는 한 행정권 행사(특히 '처분')가 개인의 법률상 이익(권리)를 침해하는가 여부를 심사하는 한도내에서만 행정통제를 할 수 있기 때문이라는 견해가 있다.5) 그렇지만, 최근 행정소송의 행정통제적 기능을 강조하는 견해도 나타나고 있다. 우리의 취소소송은 본안에서는 원고의 주관적 관련성 여부와 관계없이 '객관적" 위법성이 취소사유가 된다는 점에서 객관소송으로 보고, 항고소송의 행정권에 대한 견제기능을 인정하는 견해6)는 전통적 견해 보다 취소소송의 행정통제기능을 강조하는 견해이다. 항고소송을 행정통제에 중점이 있는 객관소송이라고 보는 견해는 실정법을 초월하여 순수한 이론으로 주장하는 것은 타당할 수도 있으나 현행 행정소송법하에서는 받아들이기 어려운 견해로 보인다.

생각건대 현행 행정소송법상 행정소송은 권리구제기능과 행정통제기능을 함께 갖고 있을 뿐만 아니라 주관소송적 성격과 객관소송적 성격을 함께 갖고 있는 것으로 보고 현행 행정소송법하에서 행정소송의 행정통제적 기능을 최대한 확대·강화하는 것이 법치행정의 원칙 및 권력분립의 원칙에 비추어 타당하다.7) 법치행정의 실효성을 확보하기 위하여는 위법한 행정작용에 대한 법원의 통제가 있어야 하고, 권력분립의 원칙은 사법(司法)에 의한 행정의 통제 내지 견제를 포함하는 것으로 보아야 한다.

오늘날 권력분립은 권력기관간의 협력과 통합도 내용으로 하고 있다고 보는 새로운 견해가 제기되고 있다. 현대 자유민주국가의 통치구조에서는 기계적이고 획일적인 '권력분리'에서 목적지향적이고 유동적

---

5) 김남진, 김연태, 행정법 I, 법문사, 2011, 707면. 동지: 정하중, 행정법개론, 법문사, 2015, 664면 ; 홍정선, 행정법특강, 박영사, 2015, 644면.
6) 박정훈, 행정소송의 구조와 기능, 박영사, 2006, 44-47면, 394면.
7) 장영수, 헌법학, 홍문사, 2014, 988면.

인 '기능분리'로, 그리고 권력간의 '대립적인 제한관계'가 '기관간의 협동적인 통제관계'로 바뀌었다고 보는 견해,[8] "권력분립은 여러 관점에서 보면 국가기관간 '협력'을 요구한다. 그 이유는 국가기관은 상호작용 및 형성을 함에 있어서 수많은 권력융합을 위하여 상호간의 협력을 필요로 하기 때문이다. … 권력분립은 협력의무에 의하여 보완되는 것으로 이해하여야 한다."라고 하는 견해[9] 등이 있다. 이에 대하여 권력분립의 원칙의 자유주의적 성격을 강조하는 고전적 견해도 있다.[10] 생각건대, 권력기관간의 협력과 통합이 권력기관간의 견제를 무디게 한다면 문제이지만, 권력기관간의 견제가 유지되는 것을 전제로 공익목적을 위해 권력기관간 협력을 도모하는 것은 국가권력의 존재이유이기도 하다. 그동안 사법부와 입법부 및 행정부간의 협력과 지원이 연구주제가 되지 않았고, 논의의 주제가 되는 것 자체가 사법권의 독립성에 위배되는 것처럼 금기시되어 왔다. 그러나 현실에서 사법부와 입법부 및 행정부간의 협력은 그 타당성은 별론으로 하고 일정 정도 행해져 왔고, 일정한 한도 내에서는 요구되기도 한다.

실제로 법원이 법령을 해석·적용함에 있어서 법령의 문제점과 그에 대한 개정의견을 판결문에 완곡하게 설시하는 것은 삼권분립의 원칙이나 법원의 독립성 등의 원칙에 반하지 않으면서도 실효적이고 효율적인 국가작용을 위해 바람직하다고 할 수 있다. 판결문에서의 법령의 문제점 지적은 판결의 설득력을 높이기 위해 필요한 경우도 있을 것이다. 실무상으로도 판결 후 판결의 내용을 반영하여 법령을 개정하는 경우 심지어는 판결 중 드러난 입법론상 문제를 법령의 개정을 통해 해결하

---

8) 허영, 전게서, 709면. 그 예로 입법기능이 입법부와 행정부에 의해서 함께 행해지는 것을 들고 있다.

9) 이부하, 권력분립에서 기능법설에 대한 평가, 헌법학연구 제12권 제1호, 2006.3, 440-441면; 강재규, 헌법상 기능적 권력분립론의 행정법적 수용에 관한 연구, 공법연구 제41집 제1호, 2012.10, 284면.

10) 김철수, 전게서, 871면.

는 경우가 적지 않다. 그리고, 소송관련 법령의 개정안은 법원이 직접
개정의견의 형식으로 국회에 제출하는 것이 타당하다.[11] 정부가 소송관
련법의 개정안을 제출하는 것은 전문성 및 사법권 독립이라는 관점에서
도 문제가 있을 수 있다. 분쟁의 해결에 있어서 사법권에 속하는 소송
과 행정권에 속하는 행정심판, 조정 등 분쟁해결수단 사이의 협력관계
의 구축도 필요하다.

2. 법치주의 내지 법치행정의 원칙과 사법

법치주의는 다양한 의미를 갖는데, 크게 독일식 법치주의인 법치국
가(Rechtsstaat)와 영미식 법치주의인 법의 지배(Rule of Law)로 나눌 수
있다.

독일식 법치주의는 시민의 자유와 재산의 보호를 목적으로 하는
시민적 법치주의[12]에서 국가작용 특히 행정작용의 합법성을 강조하는
단계를 거쳐 오늘날 실질적 법치주의로 발전되었다. 법률에 의한 행정
은 법치주의의 행정면에서의 표현으로서 행정재판은 법치행정의 원칙,
행정의 합법성을 보장하기 위해 인정되었다. 오늘날의 법치국가의 원칙
에서는 법에 의한 규율, 법률유보의 원칙, 기본권보장, 위헌법률심사,
행정재판제도의 확립을 주된 내용으로 한다.

영미식 법치주의는 법의 지배를 의미한다. 영미식 법의 지배는 다
이시에 의해 수립되어 발전하여 왔다. 오늘날 영미식 법치주의는 기본
권보장, 사법국가, 영국의 자연적 정의의 원칙, 미국의 적법절차의 원
칙, 미국의 위헌법률심사제도를 주요 내용으로 한다.

---

11) 대법원 법원행정처가 만든 행정소송법 전면개정안이 개정의견의 형식으로 국회에
    직접 제출된 적이 있다.
12) 시민적 법치주의는 자유주의적 법치국가이론이고, 이에 따르면 시민의 자유와 안
    전의 보장은 국가의 중요한 임무이다.

독일식 법치주의는 법의 규범성을 강하게 인정하는 입장을 취하고,
미국식 법의 지배는 법의 규범성과 함께 입법의 정책적 성격을 인정하
는 입장을 취하고 있다. 전자의 입장을 취하는 경우 재판에서 법을 적
용함에 있어 규범적 판단에 충실하게 되고, 후자의 입장에 서는 경우에
는 재판에서 법을 적용함에 있어 규범적 판단과 함께 정책적 고려를 하
여야 한다는 주장이 가능할 수 있다. 이 문제는 사법소극주의와 사법적
극주의의 문제와도 관련이 있다고 할 수 있다.

사법은 법치주의에 대한 최후의 보루가 되어야 한다. 사법은 법에
대한 최종적인 해석권을 가지며 판례를 통하여 법이 무엇인가를 선언하
는 기능을 수행하여야 한다. 법치주의는 법에 의한 권력의 통제를 내용
으로 하므로 사법은 법치주의의 실현을 위해 재판을 통하여 법을 위반
한 권력을 통제하는 기능을 수행하여야 한다. 법이 무엇인가를 선언하
고 권력이 법을 위반하여 형성한 위법한 상태를 시정하여 적법질서를
회복하는 기능을 수행하여야 한다.

사법은 법을 창조하는 기능을 갖지는 못하지만 법이 불비한 경우
법을 발견하는 기능을 수행하여야 한다. 행정법에는 행정법총칙이 존재
하지 않으므로 사법은 실정법령으로부터 행정법상 법의 일반원칙을 도
출하는 기능을 수행하여야 한다. 법의 일반원칙은 실정법령이 전제하고
있는 일반법원칙으로서 법원은 법의 일반원칙을 창설하는 것이 아니라
실정법령으로부터 발견해내는 것이다. 사법은 법을 해석함에 있어 조리
에 합당하도록 하여야 하고, 법이 없는 경우에는 최종적으로 조리에 의
해 판단하여야 한다.

법치주의의 원칙상 위법한 공권력 행사에 의해 국민의 권익이 침
해된 경우에는 이 침해된 국민의 권익을 구제해 주는 제도가 보장되어
야 한다. 헌법 27조는 국민에게 재판을 받을 권리를 보장하고 있다. 공
권력 행사에 의해 국민의 권익이 침해되었는데, 침해된 권익을 구제받
을 수 있는 소송법상 수단이 인정되지 않는 것은 법치주의의 원칙 및

헌법상 재판을 받을 권리에 반한다. 또한, 위법한 공권력 행사에 의해 국민의 권익이 침해되기 이전에 위법한 공권력 행사를 사전에 예방하는 행정절차도 법치주의의 원칙을 실현하기 위해 요구된다. 적법절차는 절차적 법치주의의 실현을 위해 헌법상 인정된 법원칙이다. 판례는 절차의 하자를 독자적 취소사유로 봄으로써 절차적 법치주의의 실현을 담보하고 있다. 독일식 실체적 법치주의에 따르면 절차의 하자를 독자적 취소사유로 보는 것은 타당하지 않고, 절차의 하자가 공권력 행사의 실체(내용)에 영향을 미치는 경우에 한하여 취소사유로 보는 것이 논리적이다. 그렇지만, 미국식 절차적 법치주의에 따르면 절차의 하자를 독자적인 취소사유로 보는 것이 타당하다. 우리 나라의 법치주의는 실체적 법치주의뿐만 아니라 절차적 법치주의를 포함한다고 보아야 한다.

3. 사법소극주의와 사법적극주의

사법소극주의와 사법적극주의는 그 의미가 다양하고 아직은 모호한 개념이다.

목촌 선생은 사법소극주의를 사법권 고유의 영역을 지키려고 하는 것으로 보고, 사법적극주의를 권익구제의 폭을 넓히려고 하는 것으로 보았다. 사법소극주의는 사법만능의 폐단을 경계하고, 그럼으로써 사법의 정치화를 막고, 예방적금지소송이나 의무이행소송을 행정기관이 하는 일에 대하여 개입적 기능·대체적 기능을 담당하는 것으로 보고, 권력분립이나 책임행정의 원리에 반하는 것으로 본다고 하고, 사법적극주의는 그와 같은 소송은 행정권 고유의 영역을 침범하는 것이 아니라, 바로 법률적 판단을 사명으로 하는 사법권의 당연한 직무의 일부가 된다고 보는 것으로 이해하고 있다.[13]

---

13) 김도창, 일반행정법(상), 청운사, 1992.5, 733면 각주 5).

권력분립의 원리와의 관계하에서 사법적극주의를 다음과 같이 정의하는 견해가 있다: "권력분립의 원리가 기초하고 있는 '견제와 균형'의 이상을 실현하기 위해 행정부나 입법부의 의사나 결정에 곧잘 반대를 제기하여 두 부에 의한 권력의 남용을 적극적으로 견제하는 사법부의 태도나 철학". 사법소극주의는 입법부나 사법부의 견제에 소극적인 태도나 철학을 말하는 것으로 본다.14)

미국에서는 사법적극주의를 "헌법, 법규나 선판례의 자구의 문언적인 의미에 얽매이지 않고 선거에 의해 뽑힌 공무원들의 정책결정을 대체하는 정책결정을 판결을 통해 감행하는 진보적인 사법부의 태도"라고 보는 견해도 있다.15)

사법적극주의를 "판사들이 선판례에 엄격히 얽매이지 않고 상급법원의 판사들이 싫어할지도 모르는 진보적이고 새로운 사회정책을 선호하는 사법부의 철학"이라고 보는 견해도 있다.16) 현재 미국학계에서 사법적극주의라는 말은 지나치게 적극적인 사법부 더 나아가 사법권을 남용하는 사법부를 비판하는 조소적 용어로 사용되는 것이 일반적이라고 하면서 사법입법을 기준으로 사법극소주의는 당해 분쟁만 해결하고 다른 문제는 다음번에 해결하려는 경향을 말하고, 사법적극주의는 개별사건을 계기로 다른 사건까지 해결할 수 있는 보편적인 기준(broadly applicable principles)을 정립하려고 하는 경향이라고 사법적극주의와 사법소극주의를 정의내리는 것이 가장 합리적이라고 할 것이다라고 하는 견해도 있다.17)

이와 같이 사법적극주의와 사법소극주의는 다양한 의미를 갖는 개

---

14) 임지봉, 사법적극주의·사법소극주의의 개념에 관한 새로운 모색과 그 적용: 전두환·노태우 두 전직대통령에 관한 사건의 분석을 중심으로, 경희법학 제34권 제1호, 1999, 354면.
15) 임지봉, 전게논문, 354면.
16) 임지봉, 상게논문, 354면.
17) 문재완, 사법소극주의의 재검토, 외법논집 제27집, 2007.8, 141면, 152면.

념으로 논자에 따라 다른 의미로 사용되고 있다. 결국 사법적극주의와 사법소극주의는 권력분립의 관점에서 사법의 기능 그리고 사법의 본질을 어떻게 보아야 하는가에 관한 사법의 적극적 태도와 소극적 태도 및 사법에 대한 관점을 의미하는 것으로 볼 수 있다. 사법적극주의와 사법소극주의는 현재로서는 사법에 대한 두 입장을 말하는 것이며 어느 입장이 타당한지에 관하여는 심도있는 검토가 필요하다.

우선 국민의 권익구제의 폭을 넓히려고 하는 것을 사법적극주의로 보는 것은 적절하지 않은 것으로 보인다. 현행 법질서 내에서 법해석을 통하여 국민의 권익구제의 폭을 넓히는 것에 대하여 반대할 사람은 적을 것이다. 사법은 법해석의 한계를 지켜야 하고 법해석의 한계를 넘어 법을 변경하거나 창조하여서는 안 된다는 점에 대하여도 의견은 일치하고 있다.

선판례의 변경에 적극적인가 소극적인가를 사법적극주의와 사법소극주의의 내용으로 보는 것도 타당하지 않다. 법과 사회의 변화에 따라 판례를 변경하는 것은 성문법국가에서는 당연한 것으로 보아야 한다.[18] 하급심이 판례의 발전이 필요한 경우에 상급심의 판례를 따라지 않는 것도 당연한 것이다. 다만, 하급심이 상급심의 판례를 따르지 않을 경우에는 상급심 판례의 문제점을 적절하게 지적하고 판례변경의 필요성에 대해 정치한 논리를 제시하여야 할 것이다. 행정사건에서 전원합의체판결이 적지 않은 점, 새로운 법리를 제시하는 행정판례가 적지 않은 점 등에 비추어 대법원도 행정판례의 변경·발전에 비교적 적극적 입장을 갖고 있는 것으로 평가할 수 있다.

사법의 정치화를 막는 것에도 이견이 없을 것이므로 사법의 정치화를 막는 것을 사법소극주의로 보는 것은 논의의 실익이 없다. 행정에

---

18) 판례법국가에서는 선판례가 법적 구속력을 가지므로 판례의 변경에 관한 적극적 태도와 소극적 태도는 법리의 논쟁이 될 수 있지만, 성문법국가에서 판례의 변경은 법리논쟁이 될 수는 없다.

대한 '개입'을 회피하려는 사법부의 태도에 문제가 없다는 점에 대해서
도 이견이 없을 것이므로 행정에 대한 '개입'을 회피하려는 것 자체를
사법소극주의로 보는 것도 타당하지 않은 것으로 생각된다. 이와 관련
하여 예방적금지소송이나 의무이행소송을 행정기관이 하는 일에 대하
여 개입적 기능·대체적 기능을 담당하는 것으로 보고, 권력분립이나 책
임행정의 원리에 반하는 것으로 보는 것을 사법소극주의로 보거나 그와
같은 소송은 행정권 고유의 영역을 침범하는 것이 아니라, 바로 법률적
판단을 사명으로 하는 사법권의 당연한 직무의 일부가 된다고 보는 것
을 사법적극주의로 보는 것도 타당하지 않다고 생각한다. 예방적금지소
송이나 의무이행소송의 인정문제는 권력분립, 사법의 개념, 재판을 받
을 권리의 보장과 관련된 법리적 문제인 것이다. 오늘날 의무이행소송
이 법리상 권력분립의 원칙에 반하지 않고, 입법정책적으로도 인정되어
야 한다는 것이 대다수의 행정법학자의 입장이다. 예방적 금지소송이
행정권의 제1차적 판단권을 침해한다고 보는 견해도 있지만, 다수 견해
는 이에 동의하지 않는다.

　행정사건에서 법원이 판결을 하면서 법의 일반원칙을 발견하고, 판
결의 기준 및 행정법이론을 형성하는 것도 사법적극주의와 사법적극주
의의 문제와 분리하여 행정판례에 있어서의 사법기능상의 법리적 문제
로 논하는 것이 타당하다. 행정법에서는 총칙규정이 없고, 법의 흠결이
있는 경우가 많다. 법원은 법이 없는 것을 이유로 재판을 거부할 수 없
고, '조리'에 따라 재판을 하여야 한다. 법령의 흠결이나 불충분한 점이
있는 경우 구체적 사건에서 조리에 따라 형평성 있는 분쟁해결을 하는
것에 그치고 일반적 분쟁해결기준을 제시하지 않는 것도 가능하지만,
이렇게 하면 국민이 법원의 판결에 대한 예측가능성을 가질 수 없게 된
다. 또한 판결은 합리적 이유 및 적절한 논거를 제시해야 설득력을 가
질 수 있다. 법원이 분쟁해결의 기준 또는 관련법이론을 제시하기 어려
운 경우에는 행정판례 및 행정법이론의 형성은 학설 또는 후일의 판결

에 맡기고 구체적인 분쟁의 해결에 만족할 수 밖에 없겠지만, 법의 일
반원칙을 발견할 수 있고, 분쟁해결의 기준 또는 법이론을 제시할 수
있는 경우에는 가능한 한 그렇게 하는 것이 바람직하다. 이를 위해서는
재판의 전문화가 이루어져야 하고, 법원과 학계와의 협력이 필요하다.
　　사법적극주의와 사법소극주의의 대립은 다음의 두 가지 점에서 있
을 수 있다고 보는 것이 타당하다. 하나는 사법권이 입법권 및 행정권
에 대해 견제의 기능을 갖는 것으로 볼 것인지, 견제의 기능을 갖는 경
우에도 보다 적극적으로 견제하려는 태도를 가져야 하는 것으로 볼 것
인지이다. 이 문제는 사법권의 독립성의 문제와도 관련이 있다. 다른 하
나는 사법의 권한을 법의 규범논리적 해석에 한정하고, 분쟁의 규범논
리적 해결에 한정할 것인가 아니면 법의 해석에서 법의 정책적 성격을
고려하고, 판례의 사회적·정책적 영향을 고려할 것인가 하는 문제이다.
　　독일식 법치주의에 따라 법의 규범성을 강조하는 입장에서는 법을
해석하고 적용함에 있어서 정책적 고려를 하는 것은 타당하지 않다고
본다. 이에 대하여 미국식 법의 지배에 따라 법의 규범성과 함께 입법
의 정책적 성격을 인정하는 입장을 취하면 법의 해석 및 적용에서 입법
의 정책적 취지 및 판결의 사회적·정책적 영향을 적극 고려하여야 한다
고 볼 것이다.
　　현재 우리의 사법부는 국민의 권익구제를 확대하려는 점에서는 적
극적이라고 할 수 있다. 그렇지만, 사법의 기능을 규범논리적인 분쟁해
결기능으로 보면서 법원은 입법부나 행정부를 견제하는데 있어서는 극
히 소극적인 태도를 취하고 있는 것으로 평가할 수 있다. 법원의 기능
중에 입법권이나 행정권에 대한 견제는 아예 포함하지 않는 입장을 취
하고 있는 것이라고 평가할 수도 있다. 나아가 후술하는 바와 같이 오
히려 행정부의 입장을 과도하게 고려하는 것은 아닌가 하는 생각도 든
다. 그리고, 법원은 법을 해석하거나 적용함에 있어 규범논리에 충실한
태도를 보이고 있고, 정책적인 고려에는 소극적인 것으로 보인다.

생각건대, 우리 나라의 경우 사법부는 행정부에 비하여 힘이 약한 것이 현실이므로 행정부로부터 사법부의 독립성을 확보하는 것이 일차적으로 중요하다. 정책적 영향은 가치관이나 보는 관점에 따라 다를 수 있는 것인데, 사법부의 힘이 약한 상태에서 법원이 행정부의 입장과 다른 정책적 방향으로 판결하기는 어려울 것이다. 미국과 같이 사법부의 독립이 보장되고 있고, 사법부의 힘이 있는 경우에는 법원이 판결시 정책적 고려를 적극적으로 하는 것이 행정부에 의해 수용될 수 있지만, 우리나라에서와 같이 사법부의 독립이 확고하지 못하고, 사법부가 상대적으로 약한 경우에는 법원의 정책적 판결이 행정부에 의해 수용되기 어려울 것이고, 그렇게 하는 경우 사법부의 독립성에 대한 위협으로 부메랑이 되어 돌아올 것이다. 따라서, 현재의 상황하에서는 원칙상 법의 해석 및 적용에 있어 법규범논리에 철저한 것이 사법권의 독립을 지키면서도 행정부를 통제할 수 있는 길이 될 것이다. 법원의 판결이 법논리에 충실한 경우에 행정부는 법원의 판결에 이의를 제기하기 어려울 것이다. 그런데, 대부분의 법령(특히 행정법령)은 정책을 입법을 통해 선언하고 있다. 따라서, 법의 해석과 적용은 정책을 구체화하는 의미를 갖는다. 법의 해석과 적용은 정책관련성을 가질 수 밖에 없다. 또한, 판결이 사회와 정책에 영향을 미칠 수밖에 없다. 그러므로 판결시에 판결의 정책적인 영향을 전혀 고려하지 않는 것은 타당하지 않고, 원칙상 규범적 법리에 충실하면서도 부수적으로 법의 해석·적용에서 정책적 고려를 하는 것이 현재로서는 사법정책적으로 타당하다고 생각한다.

4. 헌법상 司法의 개념

헌법 제101조 제1항은 "사법권은 법관으로 구성된 법원에 속한다." 라고 규정하고 있다. 헌법 제101조의 사법권이 실질적 의미의 사법권을 말하는지, 형식적 의미의 사법권을 말하는지 견해가 대립하고 있다. 실

질설은 헌법 제101조 제1항을 실질적 의미의 사법기능은 법관으로 구
성된 독립된 법원이 맡아야 한다는 것을 의미하는 것으로 이해해야 한
다고 한다.[19] 입법자는 법원에 속하는 사법의 과제를 임의로 정의할 수
없으며, 본질상 사법에 속하는 사안을 법원으로부터 박탈해서는 안 되
기 때문에 사법의 개념은 실체적 기준에 의해 판단하여야 한다고 한
다.[20] 이에 대하여 헌법 제101조 제1항에서 정하고 있는 사법권은 헌법
제101조 제1항과 제2항이 정하고 있는 법원에 속하는 재판권만 의미하
는 형식적 의미의 사법권을 뜻한다고 보는 견해도 있다.[21] 사법권은 법
원에 속한다고 할 때의 사법권은 형식적 의미로 보고, 법원의 권한으로
서의 사법권의 범위와 한계를 논한 때에는 실질적 의미로 한정할 수밖
에 없다는 견해도 있다.[22] 또한, 사법에 관한 실질설과 형식설의 논의
는 무의미한 논리적 전개에 불과하다는 견해도 있다.[23]

　생각건대 헌법 제101조 제1항은 규범적 효력을 갖고, 권력분립의
의미를 갖는 규정으로 보아야 하므로 헌법 제101조 제1항의 사법권은
실질적 의미로 이해하는 것이 타당하다. 헌법 제101조 제1항의 실질적
의의는 실질적으로 "사법권에 해당하는 국가과제는 오로지 법원에 의해
서만 행사되어야 하며 입법자는 그 본질에 있어서 사법권에 해당하는
과제영역을 다른 국가기관에 위임해서는 안 된다는 적극적인 의미를 담
고 있다."[24]고 할 수 있다. 형식설에 따르면 법원이 현실적으로 담당하
는 모든 권한을 사법권으로 봄으로써 현실의 사법부의 권한을 지칭할
뿐 어떠한 규범적 의미도 갖지 못하는 문제가 있다. 그리고, 헌법 제101
조 제1항의 규정 중 "법관으로 구성된 법원"을 주목할 필요가 있다. 사

19) 허영, 전게서, 1025면.
20) 한수웅, 헌법학, 법문사, 2015, 1326면.
21) 정종섭, 헌법학원론, 박영사, 2015, 1394면; 성낙인, 헌법학, 법문사, 2015, 1136면.
22) 김철수, 전게서, 1201면.
23) 허영, 전게서, 986면 주 1); 장영수, 전게서, 1039면.
24) 한수웅, 전게서, 1325면.

법부에는 법관으로 구성된 법원뿐만 아니라 사법행정조직도 존재한다. 사법행정조직 중 법원의 재판을 직접적으로 보조하는 조직은 헌법 제101조 제1항의 "법관으로 구성된 법원"에 속하지만, 법원의 재판을 직접적으로 보조하는 조직이 아닌 조직(예, 가족관계등록업무를 담당하는 조직)은 "법관으로 구성된 법원"에 속하지 않을 수도 있다.

따라서, 헌법 제101조 제1항은 실질적 의미의 사법권을 의미하는 것으로 보는 것이 타당하다. 다만, 실질설에 따르는 경우에도 사법권을 재판권에 한정하는 것은 타당하지 않다. 사법권은 재판권과 함께 재판권이 제대로 기능하기 위하여 그리고 사법권의 독립이 보장되기 위하여 필요한 권한을 포함하는 것으로 이해하는 것이 타당하다. 사법권의 독립을 위해 필요한 대법원장의 규칙제정권, 법관인사권 등도 헌법 제102조 제1항의 사법권에 포함되는 것으로 보는 것이 타당하다. 다만, 가족관계등록업무는 헌법 제101조의 사법권에는 포함되지 않으며 법원의 권한으로 할 것인지 아니면 행정부의 권한으로 할 것인지는 입법정책적으로 결정될 문제이다.25) 따라서, 헌법 제101조 제1항의 사법권은 실질적 의미의 사법권을 의미하는 것으로 보되 재판권(협의의 사법권)과 재판권이 실질적으로 제대로 기능하기 위하여 필요한 권한(광의의 사법권)을 의미하는 것으로 보는 것이 타당하다.

법원조직법 제2조 제1항은 "법원은 헌법에 특별한 규정이 있는 경우를 제외한 일절의 법률상의 쟁송을 심판하고, 이법과 다른 법률에 의하여 법원에 속하는 권한을 가진다."라고 규정하고 있다.26) 동조 제2항은 "제1항의 규정은 행정기관에 의한 전심으로서의 심판을 금하지 아니한다."라고 규정하고 있다. 동조 제3항은 "법원은 등기, 가족관계등록,

---

25) 박균성, 행정법론 하, 박영사, 2016, 159-160면 참조.
26) 이 규정은 일본 재판소법 제3조 제1항과 유사하다. 일본에서의 법률상 쟁송과 사건성의 요건 그리고 사법권의 개념에 대해서는 민병로, 司法權의 槪念과 헌법소송 -일본에서의 논의를 중심으로-, 공법연구 제32집 제1호, 2003.11 참조.

공탁, 집행관, 법무사에 관한 사무를 관장하거나 감독한다."라고 규정하고 있다.

법원조직법 제2조 제3항은 형식적 의미의 사법권을 정의하고 있다는 견해도 있지만, 법원조직법 제2조 제1항의 법률상 쟁송에 대한 심판은 (좁은 의미의) 실질적 의미의 사법을 말하고, "이법과 다른 법률에 의하여 법원에 속하는 권한"은 형식적 의미의 사법을 말한다고 볼 수 있다. 그리고 동조 제2항에 비추어 행정소송도 법률상 쟁송에 대한 심판 즉 실질적 의미의 사법에 포함되는 것으로 규정하고 있다고 볼 수 있다. 동조 제3항은 법원조직법에 따른 형식적 의미의 사법권을 규정하고 있다.27) 가족관계등록28)과 법무사에 관한 사무의 관장·감독은 실질적으로는 행정사무인데, 입법정책상 법원에 그 권한을 법정위탁한 것으로 보아야 한다.

전통적으로 실질적 의의의 사법은 법률상 쟁송을 재판절차에 따라 해결하는 작용을 말한다. 사법의 개념 중 법률상 쟁송이 핵심적인 내용이 되며 사법의 범위를 결정한다. 전통적으로 법률상 쟁송은 '당사자 사이의 구체적인 권리의무관계에 대한 법률적용상의 분쟁'을 의미하는 것으로 보았다.29) 법률상 쟁송은 두 부분으로 나누어진다. 하나는 당사자 사이의 구체적인 권리의무관계에 관한 분쟁이라는 것이고 다음 하나는 법률을 적용하여 해결한다는 것이다.

그런데, 항고소송의 대상인 처분은 법률상 쟁송, 보다 정확히 말하면 권리의무관계로 환원하기 어려운 경우가 적지 않다. 과세처분과 같

---

27) 김철수, 전게서, 1201면.
28) 가족관계의 등록에 관한 법률은 "가족관계의 발생 및 변동사항에 관한 등록과 그 증명에 관한 사무(이하 "등록사무"라 한다)는 대법원이 관장한다."고 규정하고(제2조), 등록사무를 시·읍·면의 장에게 위임하는 것으로 규정하고(제3조 제1항, 제4조), 등록사무의 감독에 관한 권한을 가정법원장에게 위임하는 것으로 규정하고 있다(제3조 제3항).
29) 김도창, 전게서, 733면.

이 조세채권과 조세채무를 발생시키는 처분도 있지만, 일반적으로 인허가에 대해 제3자가 다투는 경우 행정과 제3자 사이에 권리의무관계가 발생하는 것으로 보기는 어렵다. 특히 권력적 사실행위는 항고소송의 대상이 되지만 법적 행위가 아니고 권리의무관계에 직접 변동을 가져오지 않는다. 이와 같이 항고소송은 전통적인 의미의 법률상 쟁송이 존재하지 않는 경우에도 인정된다. 따라서, 행정소송을 사법에 포함시키기 위해서는 전통적인 의미의 법률상 쟁송의 개념을 수정할 필요가 있다. 즉 법률상 쟁송을 권리의무관계와 관련짓지 않고 "구체적인 법적 분쟁"으로 개념정의하는 것이 타당하고 사법을 "당사자 사이의 구체적인 법적 분쟁을 당사자의 소송의 제기에 의해 독립한 법원이 법을 적용하여 해결하는 작용"이라고 개념정의하는 것이 타당하다.30) 나아가 법원조직법에서도 구시대적 개념인 법률상 쟁송이라는 개념을 버리고, "구체적인 법적 분쟁"이라는 개념을 사용하는 것이 바람직하다.

전통적인 사법 개념인 "당사자 사이의 구체적인 권리의무관계에 대한 법률적용상의 분쟁을 법원이 법을 적용하여 해결하는 작용"이나 새로운 사법 개념인 "당사자 사이의 구체적인 법적 분쟁을 당사자의 소송의 제기에 의해 법원이 법을 적용하여 해결하는 작용"은 최협의의 실질적 사법 개념이다. 최협의의 사법 개념은 다음과 같은 의의를 갖는다. ① 구체적 법적 분쟁(법률상 쟁송)에 대하여는 국민의 재판을 받을 권리에 비추어 원칙상 재판이 허용되어야 한다. 명문의 규정이 없더라도 소송을 인정하여야 한다. 이와 관련하여 예방적 금지소송과 의무이행소송이 행정소송법상 명문의 규정이 없음에도 무명항고소송으로 인정될 수 있는지가 문제되는데, 헌법 제101조 제1항, 헌법상 재판을 받을 권리, 법치주의의의 원칙, 기본권 보장의무 등에 비추어 예방적 금지소송과

---

30) 법률상 쟁송(구체적인 권리의무관계에 관한 분쟁)을 "구체적 법적 분쟁"보다 다소 좁은 개념으로 보는 견해도 있지만, 법률상 쟁송과 구체적 법적 분쟁을 동의어로 사용하는 경우도 많다.

의무이행소송이 구체적 사건성을 갖는 한도 내에서 보충적으로 인정된
다고 보는 것이 헌법에 합치한다. ② 법적 분쟁이지만 구체적인 법적
분쟁이 아닌 사건(구체적 사건성이 없는 사건)은 명문의 규정이 없는 경우
사법의 본질상 당연히 행정소송의 대상이 될 수는 없고, 법률의 명문의
규정에 의해 사법의 대상이 되는 것으로 정해져야 사법의 대상이 된다.

　그런데, 오늘날 구체적인 법적 분쟁이 아닌 법적 분쟁을 재판의 대
상으로 규정하는 입법이 늘고 있는 점에 비추어[31] 최협의의 사법 개념
에 명문의 법률규정에 의해 인정되는 당사자 사이의 구체적인 법적 분
쟁이 아닌 법적 분쟁에 대한 재판(예, 추상적 규범통제소송, 민중소송, 기관
소송 등 객관소송)을 추가하여 협의의 사법이라고 할 필요가 있다. 즉, 협
의의 사법은 "법적 분쟁이 발생한 경우에 당사자의 소송의 제기에 의해
독립적 지위를 가진 법원이 법을 적용하여 당해 법적 분쟁을 해결하는
작용"을 말한다. 최협의의 사법이 아닌 협의의 사법에 해당하는 법적
분쟁은 명문의 규정이 있는 경우 재판의 대상이 될 수 있고, 그 재판권
은 실질적 의미의 사법권의 권한에 속하게 되며[32] 법원의 권한으로 인
정되어야 한다. 이에 대하여 권력분립의 원칙에 근거한 헌법상의 사법
권의 영역이 입법정책에 의해 좌우되어서는 안 되기 때문에 민중소송,
기관소송 등 객관소송을 사법의 본질인 「사건성의 요건」」을 충족하는

---

31) 법원조직법 제2조 제1항도 "법원은 헌법에 특별한 규정이 있는 경우를 제외한
　　일체의 법률상의 쟁송을 심판하고, 이 법과 다른 법률에 의하여 법원에 속하는 권
　　한을 가진다"라고 규정하고 있다. 행정소송법상의 민중소송, 기관소송 등 객관소
　　송은 최협의의 사법에 들어가지 않고, 입법정책상 인정된 소송이다. 그리고 입법
　　에 의해 공익소송이 늘고 있는 것은 세계적인 추세이다.
32) 사법은 그 본질에 있어서 법적 분쟁의 해결에 그 사명이 있다는 견해(성낙인, 전게
　　서, 683면)도 이에 해당한다. 이 견해는 헌법재판권도 실질적으로 사법권에 포함
　　되는 것으로 보면서 헌법개정론으로 사법권을 법원만에 한정할 것이 아니라 헌법
　　재판소까지 포함시켜야 한다고 주장한다(성낙인, 전게서, 686면). 이에 대하여 헌
　　법재판을 사법의 고유의 작용이 아니라 사법유사작용으로서 제4의 국가작용으로
　　이해하고. 헌법재판권을 사법권과 구별되는 제4의 국가권한으로 보는 견해(허영,
　　전게서, 849면, 854면)도 있다.

것으로 보면서 입법정책에 근거해서가 아니라 헌법상의 사법권의 개념에 내재된 것이라고 해석하는 견해도 있다.[33]

또한, 협의의 사법작용에 속하지 않는 사건(통치행위, 내부행위에 관한 분쟁 등)은 이론상 행정소송이 될 수 없다는 점에서 협의의 사법 개념의 인정 실익이 있다. 달리 말하면 법령을 적용하여 해결할 성질의 것이 아닌 사건(법적 분쟁이 아닌 사건)은 재판의 대상이 될 수 없고, 재판의 대상이 되는 것으로 규정하는 것도 타당하지 않다.

III. 사법의 개념과 행정소송

1. 행정재판권의 헌법적 근거

행정재판권의 헌법적 근거를 헌법 제107조 제2항에서 는 견해가 적지 않다.[34] 그런데, 헌법 제107조 제2항은 "명령·규칙 또는 처분이 헌법이나 법률에 위반되는 여부가 재판의 전제가 된 경우에는 대법원은 이를 최종적으로 심사할 권한을 가진다."라고 규정하고 있다. 즉 처분의 위헌·위법 여부가 재판에서 전제가 된 경우에 대법원이 최종적 심사권을 갖는다고 규정하고 있는 것이다. 달리 말하면 처분에 대한 직접적 재판적 통제가 아니라 처분에 대한 간접적 재판적 통제를 규정하고 있는 것이다. 그런데, 항고소송은 처분이 전제문제로 다투어지는 경우가 아니라 직접 다투어지는 경우이다. 그리고 행정소송 중 공법상 당사자소송에서는 항상 처분의 위헌·위법 여부가 재판에서 전제가 되는 것은 아니다. 따라서, 헌법 제107조 제2항은 행정재판의 헌법적 근거가 될 수는 없다. 이에 대하여 "헌법 제107조 제2항이 처분의 경우에도 '재판

---

33) 민병로, 전게논문, 455-456, 472면.
34) 한수웅, 전게서, 1332면.

의 전제성'이란 표현을 사용한 것은 명령·규칙과 처분이라는 서로 상이한 유형의 행정작용을 함께 규율하는 과정에서 발생한 입법기술적인 결함으로 보고, 여기서의 "재판의 전제성"이란 처분의 위헌·위법 여부에 관한 법원의 판단에 따라 재판의 결과, 즉 청구의 인용 여부가 달라지는 경우를 의미한다고 보아야 한다"는 견해가 있다.[35] 그러나, 이러한 견해는 해석의 한계를 넘은 자의적인 해석이고, 입법론으로 주장할 것을 해석론으로 주장한 것으로 볼 수밖에 없다. 헌법 제107조 제1항의 "재판의 전제성"과 헌법 제107조 제2항의 "재판의 전제성"을 다르게 해석하는 것도 문제이고, 헌법 제107조 제2항의 "재판의 전제성"을 명령·규칙의 경우와 처분의 경우에 다르게 해석하고 있는 것도 문제이다.

  그러면, 행정재판의 헌법적 근거를 어디에서 아야 할 것인가? 행정재판의 헌법적 근거는 "사법권은 법관으로 구성된 법원에 속한다."라고 규정하고 있는 헌법 제101조 제1항과 "모든 국민은 헌법과 법률이 정한 법관에 의하여 법률에 의한 재판을 받을 권리를 가진다."라고 규정한 헌법 제27조 제1항으로 보는 것이 타당하다. 행정재판도 최협의의 사법 즉 고유한 사법 개념에 포함되는 것이고,[36] 재판을 받을 권리에는 행정재판권이 포함된다고 보아야 한다. 재판을 받을 권리는 법원에 의한 재판제도가 존재하고 있는 것을 전제로 한다. 재판으로 해결해야 할 구체적 법적 분쟁에 대해서는 가능한 한 해석에 의해 재판을 인정하여야 하고, 해석으로 재판의 인정이 어려운 경우에는 입법으로 재판제도를 보완하여야 한다. "국민의 재판청구권은 사법제도 및 사법절차의 형성을 위한 가장 기본적인 기준 내지 지침이 되는 규범이라고 할 수 있

---

35) 한수웅, 상게서, 1332면.
36) 과거 유럽이나 일본에서 행정소송을 행정으로 보는 견해가 있었지만, 오늘날 행정소송을 재판작용 즉 실질적 의미의 사법으로 보는 것이 일반적 견해이다. 프랑스에서 행정최고법원인 국사원(Conseil d'Etat)은 행정조직의 일부이지만, 국사원에서 하는 행정소송의 성질을 재판작용이라고 보는 것이 프랑스에서의 일반적 견해이다.

다. 즉 재판청구권은 공정한 사법제도 내지 사법절차를 전제하는 것이
며, 재판청구권의 실질적 보장을 위해서는 헌법 제27조 제1항에서 규정
하고 있는 바와 같이 "헌법과 법률이 정한 법관에 의하여 법률에 의한
재판"을 공정하게 받을 수 있도록 법원조직과 사법절차가 구성되어야
하며, 헌법 제27조 제3항의 요청에 따라 재판의 신속성 또한 확보되어
야 한다."37)

2. 사법의 본질에 따른 행정소송의 한계

종래 행정소송도 사법이므로 사법의 본질에 따른 한계가 있다고
보았다. 즉 최협의의 사법에 속하는 소송의 경우 소송의 본질상 소송의
대상이 되기 위해서는 법적 분쟁으로서 구체적 사건성이 있어야 한
다.38)

구체적 사건성을 좁게 보는 전통적 견해에 의하면 구체적 사건이
라 함은 당사자 사이의 구체적인 권리의무에 관한 분쟁인 사건을 말하
는 것으로 본다. 그리고 구체적 사건성은 법규명령에 대한 항고소송을
부정하는 근거로 제시되었다. 구체적인 법적 분쟁을 전제로 함이 없이
법령의 효력 또는 해석 자체를 직접 다투는 소송(직접적 규범통제)은 원
칙상 인정할 수 없다고 보았다. 그러나, 오늘날에는 처분적 법규명령은
그 자체가 항고소송의 대상이 된다는 것이 판례 및 학설의 일반적 견해
이다. 그런데, 명령의 처분성을 인정하는 기준에 관하여 학설은 협의
설,39) 중간설,40) 광의설41) 등이 대립하고 있다. 판례는 협의설에 가까

---

37) 장영수, 전게서, 1046면.
38) 미국에서 행정입법의 구체적 사건성 요건은 개별사안의 구체적 사정을 기초로
판단되는 것이므로 대상적격의 문제가 아니라 권리보호필요성 내지 소의 이익의
문제라고 보아야 한다고 하는 견해가 있지만(박정훈, 앞의 책, 130면), 행정입법의
구체적 사건성 요건은 행정입법에 대한 사법심사의 가능성 여부의 문제이므로 대
상적격의 문제로 보는 것이 타당하다.

운 입장을 취하고 있다. 즉, 대법원은 "행정소송의 대상이 될 수 있는 것은 구체적인 권리의무에 관한 분쟁이어야 하고 일반적·추상적인 법령 그 자체로서 국민의 구체적인 권리의무에 직접적인 변동을 초래하는 것이 아닌 것은 그 대상이 될 수 없으므로 구체적인 권리의무에 관한 분쟁을 떠나서 재무부령 자체의 무효확인을 구하는 청구는 행정소송의 대상이 아닌 사항에 대한 것으로서 부적법하다."고 판시하였고[42], "조례가 집행행위의 개입 없이도 그 자체로서 직접 국민의 구체적인 권리의무나 법적 이익에 영향을 미치는 등의 법률상 효과를 발생하는 경우 그 조례는 항고소송의 대상이 되는 행정처분에 해당한다."고 판시하였다.[43] 그렇지만 법령보충적 고시의 처분성에 관하여는 중간설에 가까운 입장을 취하고 있다. 즉, "보건복지부 고시인 약제급여·비급여목록 및 급여상한금액표(보건복지부 고시 제2002-46호로 개정된 것)는 다른 집행행위의 매개 없이 그 자체로서 국민건강보험가입자, 국민건강보험공단, 요양기관 등의 법률관계를 직접 규율하는 성격을 가지므로 항고소송의

---

39) 이 견해는 명령이 별도의 집행행위 없이도 국민에 대하여 직접적이고 구체적인 법적 효과를 미치는 경우, 즉 국민의 권리의무에 직접 변동을 야기하는 경우에 한하여 처분적 명령으로 보는 견해이다.

40) 이 견해는 자동집행력을 갖는 법규명령(별도의 집행행위의 매개 없이 직접 국민의 권리의무를 규율하는 명령)을 항고소송의 대상이 되는 처분적 명령으로 보는 견해이다.

41) 이 견해는 별도의 집행행위 없이 직접 권리의무관계에 변동을 가져오는 명령을 포함하여 별도의 집행행위 없이 국민의 권익에 직접 영향을 미치는 명령을 처분적 명령으로 보는 견해이다.

42) 대법원 1987. 03. 24. 선고 86누656 판결: 구 국유재산법시행규칙(1980. 04. 29 재무부령 제1432호) 제58조 제1항이 처분이 아니라고 한 사례. 동지 판례: 대법원 2007. 04. 12. 2005두15168 판결[의료법시행규칙 제31조 무효확인등]): 의료기관의 명칭표시판에 진료과목을 함께 표시하는 경우 글자 크기를 제한하고 있는 구 의료법 시행규칙 제31조가 그 자체로서 국민의 구체적인 권리의무나 법률관계에 직접적인 변동을 초래하지 아니하므로 항고소송의 대상이 되는 행정처분이라고 할 수 없다고 한 사례.

43) 대법원 1996. 09. 20. 선고 95누8003 판결: 두밀분교폐교조례의 처분성을 인정한 사례.

대상이 되는 행정처분에 해당한다."고 판시하였다.[44]

입법례를 보면 프랑스나 미국의 경우에는 법규명령에 의해 국민의 구체적인 권익이 직접 침해되었거나 침해될 개연성이 있으면 법규명령 자체에 대해서도 일반 행정작용과 동일하게 취소소송을 인정하고 있다. 이에 반하여 독일에서는 법규명령에 대한 항고소송은 해석상 인정할 수는 없고 별도의 법률의 규정에 의해 규범통제소송으로 인정하여야 한다고 보고 있다.

생각건대, 다음과 같은 이유에서 법규명령으로 국민의 권익이 직접 구체적으로 영향을 받은 경우에는(직접 침해되거나 침해될 개연성이 있으면) 그에 대해 항고소송을 통한 권리구제의 길을 열어주는 것이 타당하다. 첫째, 법규명령도 기본적으로 행정작용이고 행정권의 공권력 행사이므로 일반 행정작용과 같이 항고소송의 대상으로 보는 것이 타당하다.[45] 둘째, 구체적 사건성은 더 이상 법규명령에 대한 항고소송을 배제하는 논거가 될 수 없다. 법규명령 자체에 의해 국민의 권익이 직접 침해된 경우에는 구체적 사건성이 갖추어진 것으로 보아야 한다. 미국에서도 초기 판례에서는 법규명령의 위법성에 관한 분쟁은 사건의 성숙성이 없는 것으로 보고, 사법의 본질상 구체적 사건성이 요구되므로 행정입법에 대한 직접적 규범통제를 인정하지 않다가 별도의 입법조치없이 판례에 의해 사건의 성숙성을 확대하여 직접적 규범통제인 집행전 사법심사를 인정하였다.[46] 법규명령 자체에 의해 국민의 권익이 직접 침해된 경우에는 행정소송을 통한 권리구제의 길을 열어 주는 것이 법치주의의 원칙 및 국민의 재판을 받을 권리상 요구되고, 사법의 본질에도 반하는 않는다고 보는 것이 타당하다. 따라서, 사법의 본질론, 구체적 사건성은

---

44) 대법원 2006. 09. 22. 선고 2005두2506 판결 [보험약가인하처분취소].
45) 법규명령을 규범작용으로 보는 견해는 법규명령은 일반 행정작용과 달리 규범통제소송의 대상이 되는 것으로 보아야 한다고 본다.
46) 박균성, 미국 행정입법제도의 시사점 - 사법적 통제를 중심으로 -, 행정법연구 제46호, 2016.8, 83-84면.

더 이상 명령에 대한 항고소송의 한계론이 될 수 없다고 보아야 한다.

판례가 항고소송의 대상인 처분과 관련하여 실체법적 개념설을 넘어 행정행위뿐만 아니라 권력적 사실행위,[47] 구속적 행정계획, 일정한 내부적 행위, 경고 등의 처분성을 인정하는 점에서 처분 개념을 넓혀 가고 있고,[48] 쟁송법적 처분개념설을 취하면서도[49] 법규명령의 처분성에 관하여는 처분개념을 좁게 보아 법률관계에 변동을 초래하는 경우에만 처분성을 인정하는 것은 논리의 일관성이 없다. 일반 행정작용의 처분 개념과 명령의 처분 개념을 달리 보는 것은 타당하지 않다. 명령도 기본적으로 행정작용이고 행정권의 공권력 행사이므로 명령으로 국민의 권익이 직접 구체적으로 침해된(직접 영향을 받은) 경우에는 그에 대해 행정소송을 통한 권리구제의 길을 열어주는 것이 타당하다.[50] 종래 우리나라에서는 행정입법을 준입법작용으로 보면서 처분과 엄격하게 구별하였지만, 최근 행정입법이 준입법작용의 성질을 가지기는 하지만, 기본적으로 행정작용이라고 보면서 행정작용이라는 점을 특히 강조하는 견해도 늘어나고 있다. 다만, 후술하는 바와 같이 법규명령의 규범작용으로서의 성질을 고려하여 법원에 의한 위법성 심사 및 판결의 내용

---

47) 대법원 2014. 02. 13. 선고 2013두20899 판결: 교도소장이 수형자 갑을 '접견내용 녹음·녹화 및 접견 시 교도관 참여대상자'로 지정한 사안에서, 위 지정행위(이에 따라 접견 시마다 사생활의 비밀 등 권리에 제한을 가하는 교도관의 참여, 접견내용의 청취·기록·녹음·녹화가 이루어짐)는 권력적 사실행위로서 항고소송의 대상이 되는 '처분'에 해당한다고 본 원심판단을 정당한 것으로 수긍한 사례.

48) 박균성, 전게서, 1121-1150면.

49) 판례가 실체법적 개념설을 취하고 있는지 쟁송법적 개념설을 취하고 있는지에 관하여 견해의 대립이 있으나. 판례가 종래와 달리 오늘날에는 "직접 변동을 초래하는"이라는 문구가 아니라 "직접 영향을 미치는" 내지는 "직접 관계가 있는" 이라는 문구를 사용하고 있을 뿐만 아니라 행정행위라고 볼 수 없는 권력적 사실행위, 건축신고 거부, 경고, 내부행위에 그치는 지목 변경 등의 처분성 인정하고 있는 점 등에 비추어 오늘날 판례는 쟁송법상 처분 개념을 취하고 있다고 보는 것이 타당하다.

50) 윤정인, "행정입법에 대한 사법적 통제", 한국공법학회·대법원 헌법연구회 공동학술대회 발표, 2016.5.28, 62면.

과 효력 등에서 행정입법의 특질을 고려할 수 있을 것이다.

IV. 새로운 사법 개념에 근거한 행정판례의 재검토 및 발전방향

1. 법질서의 통일과 행정판례

오늘날 사법의 기능을 구체적인 법적 분쟁의 해결에만 한정하는 것은 타당하지 않으며 司法의 법질서보장기능을 인정하여야 한다. 공법질서와 사법질서는 성질이 다르지만 한 국가의 법질서로서 통일성을 가져야 한다. 행정법질서과 형사법질서도 통일성을 가져야 한다. 이러한 법질서의 통일은 실정법령에서, 법집행자인 공무원의 의식에서, 법원에서, 학설에서 이루어져야 한다.

(1) 공법과 사법의 통일과 판례

대륙법계국가인 우리나라에서는 공법과 사법을 구별하지만, 공법과 사법은 하나의 법질서를 이루어야 하므로 상호 모순되어서는 안 되며 통일되어야 한다. 공법문제와 사법문제가 교착되는 경우에는 상호 관계가 모순없이 정립되어야 한다.

공법상 규제기준의 준수 여부가 불법행위책임에서의 위법성 판단 기준인 수인한도의 판단과 어떠한 관계를 갖는지가 문제된다. 판례는 "건축법 등 관계 법령에 일조방해에 관한 직접적인 단속법규가 있다면 그 법규에 적합한지 여부가 사법상 위법성을 판단함에 있어서 중요한 판단자료가 될 것이지만, 이러한 공법적 규제에 의하여 확보하고자 하는 일조는 원래 사법상 보호되는 일조권을 공법적인 면에서도 가능한 한 보장하려는 것으로서 특별한 사정이 없는 한 일조권 보호를 위한 최

소한도의 기준으로 봄이 상당하고, 구체적인 경우에 있어서는 어떠한
건물 신축이 건축 당시의 공법적 규제에 형식적으로 적합하다고 하더라
도 현실적인 일조방해의 정도가 현저하게 커서 사회통념상 수인한도를
넘은 경우에는 위법행위로 평가될 수 있다."고 보고 있다.[51] 환경정책
기본법의 환경기준과 관련하여서 판례는 "공법상 기준으로서 환경정책
기본법의 환경기준은 국민의 건강을 보호하고 쾌적한 환경을 조성하기
위하여 유지되는 것이 바람직한 기준, 즉 환경행정에서 정책목표로 설
정된 기준"이라고 보고, "도로소음으로 인한 생활방해를 원인으로 제기
된 사건에서 공동주택에 거주하는 사람들이 참을 한도를 넘는 생활방해
를 받고 있는지는 특별한 사정이 없는 한 일상생활이 실제 주로 이루어
지는 장소인 거실에서 도로 등 소음원에 면한 방향의 모든 창호를 개방
한 상태로 측정한 소음도가 환경정책기본법상 소음환경기준 등을 초과
하는지에 따라 판단하는 것이 타당하다."고 하였다.[52] 그런데, 환경정책
기본법의 환경기준을 "환경행정에서 정책목표로 설정된 기준"으로 보면
서 사법상 수인한도를 넘는지는 "측정한 소음도가 환경정책기본법상 소
음환경기준 등을 초과하는지에 따라 판단하는 것이 타당하다."고 한 것
은 모순되는 것은 아닌지 검토를 요한다.

　　학문상 인가는 행정법이론이면서 동시에 민법이론이다. 인가는 사
인의 사법상 법률행위의 효력을 행정기관의 결정에 맡기는 점에서 공익
을 이유로 민간의 자율을 제한하는 성격을 가진다. 민간영역의 자율적
운영능력이 부족한 과거에는 인가가 다소 넓게 인정될 수 있었겠지만,
민간의 자율적 운영능력이 행정을 능가할 정도로 성장한 오늘날 인가는
공익을 위해 필요한 최소한도로 제한되어야 한다. 2012.1.26 사립학교
법 개정에서 사립학교 정관에 대한 사전인가제가 폐지되고 사후보고제
로 전환된 것[53]도 이러한 의미를 갖는다. 그런데, 민법학자들은 행정법

---

51) 대법원 2014.02.27. 선고 2009다40462 판결.
52) 대법원 2015.09.24. 선고 2011다91784 판결.

상 인가에 대해 재량행위인 것은 "허가", 기속행위인 것은 "인가"라는 용어를 사용하고 있다.[54]

행정판례는 인가를 재량행위로 해석하는 경향이 있다. 판례가 인가제도의 입법취지 즉 공익을 재량행위의 인정근거의 하나로 들고 있는 것[55]은 인가를 재량행위로 보려는 판례의 입장을 보여주는 하나의 예이다. 그렇지만, 민간의 자율성을 보장하기 위해서는 구체적 타당성을 보장하기 위해 어쩔 수 없이 재량행위로 해야 할 경우를 제외하고는 원칙상 기속행위로 입법하고 해석해야 할 것이다. 민법학자들은 법인의 설립과 관련하여 법률에서 "허가"로 규정한 것은 재량행위로 보고, "인가"로 규정한 것은 기속행위로 보고 있다.[56] 민법 제42조 제2항의 정관 변경에 대한 주무관청의 "허가"는 본질상 주무관청의 재량행위로 보는 것이 민법학자의 일반적 견해이다.[57]

현행 행정소송법은 법률상 이익이 있는 자만이 항고소송을 제기할 수 있는 것으로 규정하고 있다(법 제12조, 제35조, 제36조). 판례는 '법률상 이익'을 '처분의 근거법규 내지 관계법규에 의해 보호되는 이익'이라고 좁게 해석하고 있다. 그런데, 프랑스나 미국의 경우에는 처분의 근거법규 내지 관계법규에 의해 보호되는 이익이 있는 자에 한정하지 않고 널리 개인적 이익이 침해된 자는 취소소송을 제기할 수 있는 것으로 하고 있다. 우리 나라에서도 처분에 대한 항고소송에서 원고는 사권의 침해를 법률상 이익으로 주장할 수 있는 것은 아닌지에 관하여 검토가 행해질 필요가 있다. 원고적격을 논함에 있어 보호규범을 처분의 근거 내지 관계법규에 제한하는 것은 타당하지 못하다. 자유주의, 자본주의 국가에서 이익은 불법이익이 아닌 정당한 이익인 한 법으로 보호해야 하는

---

53) 사립학교법 제45조.
54) 송덕수, 민법강의, 박영사, 2016, 398면, 433면 등.
55) 대법원 2015.5.29. 선고 2013두635 판결.
56) 송덕수, 전게서, 398면.
57) 송덕수, 상게서, 433면.

것이 타당하다. 물론 반사적 이익은 법적 이익이 아니고 법의 보호대상
에서 제외되어야 한다. 사적 이익도 법적 이익(정당한 이익)인 한 처분에
의해 침해된 경우에 법적인 보호의 대상이 되어야 한다. 따라서, 항고소
송에서 원고는 사권의 침해를 법률상 이익으로 주장할 수 있다고 보는
것이 타당하다.

실무상 국가배상사건은 민사사건으로 처리되고 있다. 법원은 국가
배상법을 민법 불법행위법의 특별법으로 보고 있는 것으로 보인다. 이
러한 점 때문인지 국가배상사건에 관한 판례는 국가배상법의 법리를 구
성함에 있어 행정법의 법리와 다른 법리에 입각하는 경우가 적지 않다.
우선 판례는 국가배상법상의 위법 개념을 항고소송에서의 위법 개념과
다르게 정의하고 있다. 본래 위법이란 문제의 행위가 법을 위반한 것을
말하는데, 판례는 국가배상책임에 있어서 법령 위반(위법)을 가해행위가
법을 위반한 것을 의미하는 것으로 보면서도 이것뿐만 아니라 "인권존
중·권력남용금지·신의성실과 같이 공무원으로서 마땅히 지켜야 할 준
칙이나 규범을 지키지 아니하고 위반한 경우를 비롯하여 널리 그 행위
가 객관적인 정당성을 결여하고 있는 경우"도 포함하는 것으로 본다.58)
또한, 국가배상법상의 위법을 행위의 위법뿐만 아니라 피침해이익의 종
류 및 성질, 침해행위가 되는 행정처분의 태양 및 그 원인, 행정처분의
발동에 대한 피해자측의 관여의 유무, 정도 및 손해의 정도 등 제반 사
정을 종합하여 가해행위가 객관적 정당성을 상실하였다고 인정될 정도
에 이른 경우를 의미하는 것으로 보는 상대적 위법성설을 지지한 것으
로 보이는 판결도 적지 않다.59) 민법원리인 공서양속까지 국가배상법상
위법규범으로 본 판례도 있다.60) 그렇지만, 국가배상법상 위법은 다음

---

58) 대법원 2015. 08. 27. 선고 2012다204587 판결.
59) 대법원 2000. 05. 12. 선고 99다70600 판결.
60) 대법원 2009. 12. 24. 선고 2009다70180 판결: 법령 위반이라 함은 엄격한 의미의 법
령 위반뿐만 아니라 인권존중, 권력남용금지, 신의성실, 공서양속 등의 위반도 포
함하여 널리 그 행위가 객관적인 정당성을 결여하고 있음을 의미한다"고 하였다.

과 같은 이유에서 행위 위법으로 보는 것이 타당하다. ① 국가배상법은 "공무원이 … 법령을 위반하여"라고 하여 공무원이 법령을 위반한 것을 국가배상법상의 위법으로 보고 있다. ② 법률에 의한 행정의 원칙상 공권력 행사는 법률에 의하여 규율되고 있고, 공법에서는 공권력 행사에 의한 국민의 법익에 대한 침해를 예정하고 있는 경우가 있고, 이 경우에는 타인의 손해를 야기하는 공권력 행사도 적법한 것이 된다. 또한, 공권력 행사의 수권법률에서 피침해이익의 성질 및 침해행위의 태양 등을 정하는 경우가 많다. 따라서, 위법한 공권력 행사에 의한 손해의 배상을 목적으로 하는 국가배상소송에 있어서는 제1차적으로 공권력 행사의 요건법규에의 적합성 여부를 판단하여야 한다. ③ 법률에 의한 행정의 원칙하에서 국가배상소송을 항고소송과 함께 행정통제(감시)기능을 갖는 제도로 이해하기 위하여는 행위위법설을 취하는 것이 타당하다. 직무상 의무 위반설도 가해행위가 직무상 의무를 위반한 것을 위법으로 보는 것이므로 행위위법설의 하나로 볼 수 있다.

공공단체의 공행정작용으로 인한 손해에 대한 배상책임에 국가배상법을 적용할 것인지 아니면 민법을 적용할 것인지 문제된다. 판례는 국가배상법 제2조 또는 제5조에 따른 국가배상책임이 아니라 민법 750조의 불법행위로 인한 배상책임 또는 758조의 공작물의 책임을 인정하면서도 배상책임의 요건의 인정에 있어서는 국가배상법의 법리를 적용하고 있는 경우가 있는 등 모호한 입장을 보이고 있다. 적용법규정으로 제750조와 국가배상법 제2조를 함께 들기도 한다. 즉 판례는 공무를 수탁받은 공공단체(구 한국토지공사)를 행정주체로 보고, 해당 공공단체가 수탁받은 공무를 수행하는 과정에서 불법행위로 손해를 발생시킨 경우 민법에 근거하여 배상책임을 인정하면서도 공무수탁자인 해당 공공단체는 국가배상법 제2조 소정의 공무원이 아니라고 보면서 국가공무원법상 공무원에게 인정되는 경과실면책의 적용대상인 공무원이 되지 않는다고 보았다. 실제로 공무를 수행한 공공단체의 직원이 국가배상법

제2조 소정의 공무원이라고 보았다.[61] '구 수산청장으로부터 뱀장어에 대한 수출추천 업무를 위탁받은 수산업협동조합이 수출제한조치를 취할 당시 국내 뱀장어 양식용 종묘의 부족으로 종묘확보에 지장을 초래할 우려가 있다고 판단하여 추천업무를 행하지 않은 것은 공무원이 그 직무를 집행함에 당하여 고의로 법령에 위반하여 타인에게 손해를 가한 때에 해당한다고 보아야 할 것이므로, 피고는 불법행위자로서 손해배상 책임을 부담한다 할 것이다.'라고 한 판례가 있다. 이 판결에서 참조조문으로 국가배상법 제2조 제1항과 민법 제750조를 들고 있다.[62] 고속도로의 확장으로 인하여 소음·진동이 증가하여 인근 양돈업자가 양돈업을 폐업하게 된 사안에서, 양돈업에 대한 침해의 정도가 사회통념상 일반적으로 수인할 정도를 넘어선 것으로 보아 한국도로공사의 손해배상 책임을 인정한 사례에서 참조조문으로 민법 제750조만 들고 있다.[63] 폭설로 차량 운전자 등이 고속도로에서 장시간 고립된 사안에서, 고속도로의 관리자가 고립구간의 교통정체를 충분히 예견할 수 있었음에도 교통제한 및 운행정지 등 필요한 조치를 충실히 이행하지 아니하였으므로 고속도로의 관리상 하자가 있다고 한 사례에서 참조조문으로 민법 제758조 제1항만 적시되고 있다.[64] 생각건대, 국가배상법이 국가와 지방자치단체의 배상책임만을 정하고 있고, 공공단체의 배상책임에 관하여는 특별한 규정을 두지 않은 것은 입법의 불비이며 해석을 통하여 이를 보충하여야 한다. 공공단체의 배상책임에 관한 명문의 규정이 없는 현행법의 해석론으로는 가해행위가 공행정작용인 점을 고려하여 공평의 원칙상 국가배상법 제2조 또는 제5조를 유추적용하여 공무수행으로 인한 공공단체의 배상책임에도 국가배상책임을 인정하는 것이 타당할 것이다.

---

61) 대법원 2010.1.28. 선고 2007다82950, 82967 판결.
62) 대법원 2003.11.14. 선고 2002다55304 판결.
63) 대법원 2001.02.09. 선고 99다55434 판결.
64) 대법원 2008.03.13. 선고 2007다29287 판결.

(2) 행정법과 형사법의 통일과 판례

행정법과 형법은 상호 독자의 법리를 가지면서도 하나의 법질서를 이루므로 통일성을 가져야 한다.

수리를 요하는 신고 영업의 경우 적법한 신고 후 수리되지 않았음에도 영업행위를 하면 신고를 하지 아니하고 영업을 한 자를 처벌하는 것으로 규정하고 있는 법정의 행정형벌을 받을 것인지가 문제된다. 수리를 요하는 신고의 경우에는 적법한 신고가 있더라도 행정청의 수리행위가 있어야 신고의 효력이 발생한다고 보고, 수리행위가 있어야 신고의 대상이 되는 행위를 할 수 있다고 보는 것이 행정판례의 입장이다.65) 그렇지만 형사판례도 이러한 입장을 취하는지는 명백하지 않다. 오히려 형사판례는 명확하지는 않지만, 자기완결적 신고와 수리를 요하는 신고를 구별하지 않고, 적법한 신고가 있었던 경우에는 신고의무를 이행한 것으로 보고, 수리가 거부되었어도 신고의 대상이 되는 행위를 한 것은 무신고행위가 아니므로 처벌할 수 없는 것으로 보는 경향이 있는 것으로 보인다. 대법원 1996. 2. 27. 선고 94누6062 판결은 체육시설업신고수리거부처분은 항고소송의 대상이 되는 행정처분이라고 판시하였다. 대법원이 체육시설업신고를 수리를 요하는 신고라고 명시하지는

---

65) 대법원 2000.05.26. 선고 99다37382 판결: 수산업법 제44조 소정의 어업의 신고는 행정청의 수리에 의하여 비로소 그 효과가 발생하는 이른바 '수리를 요하는 신고'라고 할 것이고, 따라서 설사 관할관청이 어업신고를 수리하면서 공유수면매립구역을 조업구역에서 제외한 것이 위법하다고 하더라도, 그 제외된 구역에 관하여 관할관청의 적법한 수리가 없었던 것이 분명한 이상 그 구역에 관하여는 같은 법 제44조 소정의 적법한 어업신고가 있는 것으로 볼 수 없다. ; 대법원 2011. 09. 08. 선고 2009두6766 판결 [납골당설치신고수리처분이행통지취소] : 납골당설치 신고는 이른바 '수리를 요하는 신고'라 할 것이므로, 납골당설치 신고가 구 장사법 관련 규정의 모든 요건에 맞는 신고라 하더라도 신고인은 곧바로 납골당을 설치할 수는 없고, 이에 대한 행정청의 수리처분이 있어야만 신고한 대로 납골당을 설치할 수 있다.

않았지만, 자기완결적 신고 수리거부의 처분성을 인정하지 않는 입장을
취하고 있는 판례가 체육시설업신고수리거부의 처분성을 인정한 점 등
에 비추어 체육시설업신고를 수리를 요하는 신고로 본 것으로 볼 수 있
다.66) 그런데, 형사판례는 "당구장업과 같은 신고체육시설업을 하고자
하는 자는 체육시설업의 종류별로 같은법시행규칙이 정하는 해당 시설
을 갖추어 소정의 양식에 따라 신고서를 제출하는 방식으로 시·도지사
에 신고하도록 규정하고 있으므로, 소정의 시설을 갖추지 못한 체육시
설업의 신고는 부적법한 것으로 그 수리가 거부될 수밖에 없고 그러한
상태에서 신고체육시설업의 영업행위를 계속하는 것은 무신고 영업행
위에 해당할 것이지만, 이에 반하여 적법한 요건을 갖춘 신고의 경우에
는 행정청의 수리처분 등 별단의 조처를 기다릴 필요 없이 그 접수시에
신고로서의 효력이 발생하는 것이므로 그 수리가 거부되었다고 하여 무
신고 영업이 되는 것은 아니다."라고 판시하고 있는 것67)은 수리를 요
하는 신고에서도 적법한 신고가 있었던 경우에는 신고의무를 이행한 것
으로 보고, 수리가 거부되었어도 신고의 대상이 되는 행위를 한 것은
무신고행위가 아니므로 처벌할 수 없는 것으로 본 것으로 해석할 수
있다. 생각건대, 수리를 요하는 신고로 별도의 법적 효력이 발생하는 것
으로 규정되어 있는 경우에는 수리를 요하는 신고에 따른 법적 효력은
적법한 신고만으로는 발생하지 않고 수리행위가 있어야 발생하는 것으
로 보는 것이 타당하다. 그렇지만, 처벌과 관련하여서는 수리를 요하는
신고도 신고인 점, 실정법령에서 신고를 하지 않은 것에 대한 처벌을
통상 "신고를 하지 아니하고 신고의 대상이 되는 행위를 한 것"으로 규
정하고 있는 점 등에 비추어 적법한 신고를 하였지만 수리가 거부된 경

66) 동지: 홍정선, 신고체육시설업의 신고는 수리를 요하는 신고가 아니다, 법률신문
2519호, 법률신문사, 1996.2.27. 다만, 홍정선 교수는 신고체육시설업의 신고를 수
리를 요하는 신고로 보는 것이 대법원의 일관된 입장임은 분명하지만, 신고체육
시설업의 신고는 수리를 요하는 신고가 아니라고 보는 것이 타당하다고 한다.
67) 대법원 1998. 04. 24. 선고 97도3121 판결 [체육시설의설치·이용에관한법률위반].

우에는 신고대상이 되는 행위를 하여도 처벌할 수 없다고 보는 것이 타
당하다. 형사판례에서는 수리를 요하는 신고에서도 적법한 신고를 하였
지만 수리가 거부된 경우에는 신고대상이 되는 행위를 하여도 처벌할
수 없다는 것을 명확히 하고, 행정판례에서도 이러한 점을 인정하여야
할 것이다. 다만, 수리를 요하는 신고의 대상이 영업인 경우 적법한 신
고가 있더라도 수리가 거부된 경우에는 수리 없이 행한 영업은 적법한
영업으로 볼 수는 없다고 하여야 한다.

　　행정범죄의 구성요건은 행정법규로 규정되고 있다. 이 경우 행정범
죄는 그 구성요건이나 위법성의 차원에서 행정법에 종속하게 된다는 입
장이 있는데, 이를 행정범죄의 행정종속성이라 한다. 달리 말하면 형법
의 행정종속성이라 함은 범죄구성요건의 내용이 행정행위나 행정법에
의해 보충됨으로써 비로소 확정되는 성질을 말한다.68) 이 경우 행정범
죄는 행정법의 개념 및 법리에 종속된다. 다만, 행정범죄의 구성요건인
행정법규에는 죄형법정주의가 적용된다. 판례도 "형벌법규의 해석은 엄
격하여야 하고 명문규정의 의미를 피고인에게 불리한 방향으로 지나치
게 확장 해석하거나 유추 해석하는 것은 죄형법정주의의 원칙에 어긋나
는 것으로서 허용되지 않으며, 이러한 법해석의 원리는 그 형벌법규의
적용대상이 행정법규가 규정한 사항을 내용으로 하고 있는 경우에 그
행정법규의 규정을 해석하는 데에도 마찬가지로 적용된다."고 보고 있
다.69) 이 판례는 행정형벌법규의 적용대상인 규정이 행정법규라는 것을
전제로 하면서도 그러한 행정법규는 형벌법규에 대한 엄격한 법해석 법
리의 적용을 받는다고 보고 있는 것으로 해석할 수 있다.

　　그렇지만, 과태료는 형벌이 아니므로 죄형법정주의의 규율대상에
해당하지 아니한다.70) 그렇지만, 과태료도 행정벌의 하나이고, 과태료

---

68) 장영민·박기석, 환경형법의 이론적 문제점에 관한 연구, 형사정책연구원 연구총
　　서, 1992.12, 35면.
69) 대법원 2007.6.29. 선고 2006도4582 판결.

는 행정형벌과 유사한 성질을 갖고 있는 점을 부인할 수 없기 때문에 과태료규정이나 과태료의 부과대상이 되는 행정법규사항의 해석·적용은 엄격히 하여야 한다.71) 판례도 과태료처분은 규정 위반자에 대하여 처벌 또는 제재를 가하는 것이므로 같은 법이 정하고 있는 처분대상인 위반행위를 함부로 유추해석하거나 확대해석하여서는 아니 된다고 판시하고 있다.72)

이와 같이 행정형벌이나 과태료의 대상이 되는 행위를 규정하는 행정법규를 엄격하게 해석하여야 하므로 행정형벌이나 과태료의 대상이 되는 행위를 규정함에 있어서는 이러한 점을 고려하여 신중하게 입법하여야 할 것이다. 죄형법정주의는 범죄의 구성요건을 법규명령에 구체적으로 위임하는 것을 금지하는 것은 아니다. 헌법재판소는 "처벌법규를 위임하기 위하여는 첫째, 특히 긴급한 필요가 있거나 미리 법률로써 자세히 정할 수 없는 부득이한 사정이 있는 경우에 한정되어야 하며, 둘째, 이러한 경우일지라도 법률에서 범죄의 구성요건은 처벌대상행위가 어떠한 것일 것이라고 이를 예측할 수 있을 정도로 구체적으로 정하여야 하며, 셋째, 형벌의 종류 및 그 상한과 폭을 명백히 규정하여야 한다."고 하고 있다.73) 죄형법정주의의 적용대상이 아닌 과태료의

---

70) 헌재 1998. 05. 28, 96헌바83 전원재판부.
71) 박정훈, 행정법의 체계와 방법론, 박영사, 2005.4.30, 350쪽.
72) 여객자동차 운수사업법 제76조, 제85조에서 정하는 과태료처분이나 감차처분 등은 규정 위반자에 대하여 처벌 또는 제재를 가하는 것이므로 같은 법이 정하고 있는 처분대상인 위반행위를 함부로 유추해석하거나 확대해석하여서는 아니 된다고 한 사례(대법원 2007.3.30. 선고 2004두7665 판결; 동지 대법원 2007.3.29. 자 2006마724 결정).
73) 헌재 1995.10.26. 93헌바62 전원재판부: 구 주택건설촉진법(1987.12.4. 법률 제3998호로 개정되어 1992.12.8. 법률 제4530호로 개정되기 전의 것) 제52조 제1항은 제32조의 규정을 위반한 자는 1년 이하의 징역 또는 500만원 이하의 벌금에 처한다고 규정하고 있는데, 구 주택건설촉진법(1981.4.7. 법률 제3420호로 개정되어 1994.1.7. 법률 제4723호로 개정되기 전의 것) 제32조 제1항이 "사업주체는 주택(부대시설 및 복리시설을 포함한다. 이하 이 조에서 같다)의 공급질서를 유지하기

부과대상이 되는 사항을 명령에 위임하는 데에 있어서는 형벌의 부과대
상이 되는 사항을 명령에 위임하는 것보다는 보다 유연할 수 있다고 하
여야 할 것이다. 그리고, 처벌의 대상이 되는 행위를 규율하는 행정법규
를 입법함에 있어서는 행정의 다양성을 충분히 포함할 수 있도록 입법
하여야 한다.

2. 행정입법의 사법적 통제

(1) 행정입법의 위법성 통제

법원에 의한 행정입법의 위법성 통제에는 절차상 하자의 통제와
내용상 하자의 통제가 있다.

우리나라 판례 중 행정입법의 절차상 하자를 통제한 판례는 아직
없다. 가장 큰 이유는 행정입법절차이기도 한 입법예고절차가 엄격하게
규정되어 있지 않고, 절차의 하자가 행정입법의 독자적 위법사유가 될
수 있는지의 문제에 관한 논의가 없었고, 실제 소송에서 행정입법절차
의 하자가 행정입법의 위법사유로 주장되지 않았기 때문이다. 절차의
하자를 처분의 독자적 취소사유로 본 것처럼 행정입법절차의 하자를 경
미한 경우를 제외하고는 행정입법의 독자적인 무효 내지 취소사유로 보
아야 할 것이다.74)

법원은 행정입법의 내용상 위법성을 심사할 권한을 갖는다. 헌법
제107조 제2항은 명령 등에 대한 법원의 심사권, 대법원의 최종적 심사
권을 부여하고 있다. 그리고 이론상 법령의 상위법령 위반의 문제는 법
의 문제이고, 법원은 법의 문제에 대한 최종적인 해결권한을 갖고 있다

위하여 건설부장관이 정하는 주택의 공급조건·방법 및 절차 등에 따라 주택을 건
설·공급하여야 한다."라고 규정하고 있는 것은 죄형법정주의와 위임입법의 한계를
넘지 않는다고 판시하였다.
74) 미국의 경우 절차의 하자를 행정입법의 독자적 무효 내지 취소사유로 본다(박균
성, 전게논문, 85면).

고 할 수 있다. 법원의 법령에 관한 해석은 행정권의 해석 보다 우월하
다. 이와 같이 이론상 법원은 명령 등에 대한 전면적인 통제권한을 갖
는다. 그렇지만, 실제에 있어서 법원은 행정입법의 내용상 하자에 대한
통제에 적극적이지는 않고, 법규명령의 위헌·위법을 인정하는 데에는
소극적인 것으로 보인다. 법규명령이 모호한 경우도 적지 않고, 상위 법
령에 반하는 경우도 적지 않은 것이 행정입법의 현실인데, 법규명령의
내용상 위법을 인정한 사례는 많지 않다.

　법규명령이 내용상 위법한 경우에는 법규명령이 수권의 한계를 넘
은 경우와 상위 법령에 반하는 경우가 있다.

　수권의 범위를 일탈한 명령은 위법한 명령이 된다. 판례는 법규명
령(법령보충적 고시 포함)이 위임의 한계를 준수하고 있는지 판단하는 기
준을 다음과 같이 제시하고 있다. : "법률의 위임 규정 자체가 그 의미
내용을 정확하게 알 수 있는 용어를 사용하여 위임의 한계를 분명히 하
고 있는데도 시행령이 그 문언적 의미의 한계를 벗어났다든지, 위임 규
정에서 사용하고 있는 용어의 의미를 넘어 그 범위를 확장하거나 축소
함으로써 위임 내용을 구체화하는 단계를 벗어나 새로운 입법을 한 것
으로 평가할 수 있다면, 이는 위임의 한계를 일탈한 것으로서 허용되지
않는다."[75]

　법규명령이 상위 법령에 반하는 경우에 그 법규명령은 내용상 위
법하다. 판례는 '상위법령합치적 법령해석'이라는 법리를 세우고, 위헌·
위법의 여지가 있는 법령도 해석을 통해 가능한 한 위법하지 않은 것으
로 판단하려고 한다. '상위법령합치적 법령해석'이라 함은 "하위법령은

---

75) 대법원 2012. 12. 20. 선고 2011두30878 전원합의체 판결 [화물자동차운행정지처분
　　취소]: 구 화물자동차 운수사업법 시행령 제6조 제1항 [별표 1] 제12호 (가)목에
　　규정된 '2인 이하가 중상을 입은 때' 중 '1인이 중상을 입은 때' 부분이 모법인 구
　　화물자동차 운수사업법 제19조 제1항 및 제2항의 위임범위를 벗어나 무효라고
　　한 사례; 대법원 2016.8.17. 선고 2015두51132 판결 [유가보조금환수및유가보조금
　　지급정지6개월처분취소] .

그 규정이 상위법령의 규정에 명백히 저촉되어 무효인 경우를 제외하고
는 관련 법령의 내용과 입법 취지 및 연혁 등을 종합적으로 살펴서 의
미를 상위법령에 합치되는 것으로 해석하여야 한다."는 것을 말한다.76)
상위법령합치적 해석의 법리는 어느 면에서는 행정입법의 위법을 가급
적 인정하지 않으려는 입장의 표현이기도 하다. '상위법령합치적 법령
해석'은 헌법합치적 법률해석의 법리를 차용한 것으로 보이는데, 그 타
당성에는 의문이 제기된다. 법률은 주권자인 일반 국민의 의사의 표현
으로서의 의미를 갖고 있고, 엄격한 절차를 거쳐 제정되고, 정치적 타협
과 합의의 과정을 거쳐 제정되므로 가능한 한에서 헌법합치적으로 해석
하는 것이 타당할 수 있겠지만, 법규명령은 법률과 달리 행정부내에서
제정되는 것으로서 넓은 의미의 행정작용의 하나이다. 그리고 판례가
제시하는 '상위법령합치적 법령해석'의 기준은 너무 법규명령을 존중하
는 입장이다. 판례의 기준에 의하면 법규명령이 상위법령에 명백히 저
촉되는 경우에 한하여 위법·무효가 되고, 상위법령에 저촉되는지에 관
하여 논란이 있는 경우에는 (위법하더라도) 위법·무효로 보아서는 안된
다는 것이다. 상위법령합치적 해석에도 법령해석의 한계에서 오는 한계
가 있다고 보아야 한다. 법규명령이 상위법령에 위반되는지에 관하여
논란이 있음에도 위법하지 않다고 보는 것은 상위법령에 따른 일반 국
민의 예측가능성을 침해할 우려가 있다. 문언상 명백히 상위법령에 반
하는 명령은 법령의 예측가능성을 보장하기 위하여 위법한 것으로 판단
하여야 한다. 법령의 해석에서는 입법취지(입법목적), 관련법규정과의 조
화로운 해석도 중요하지만 법령의 예측가능성의 보장을 위해서는 법령
의 문언과 문구를 중요시하는 것이 타당하다. 다음 사례는 법령 해석의
한계를 넘은 것으로 보인다. 즉, 국가유공자 등 예우 및 지원에 관한 법
률 시행규칙 제8조의3 [별표 4]가 영 제14조 제3항 [별표 3] 7급 8122

---

76) 대법원 2016. 6. 10. 선고 2016두33186 판결.

호의 장애내용에 관하여 '적절한 치료에도 불구하고 연골판 손상에 의
한 외상 후 변화가 엑스선 촬영 등의 검사에서 퇴행성이 명백히 나타나
는 사람'이라고 규정한 의미를 유기적·체계적으로 해석하면서 이를 '적
절한 치료에도 불구하고 연골판 손상에 의한 외상 후 변화가 엑스선 촬
영 등의 검사에서 퇴행성이 명백히 나타나고 그로 인하여 경도의 기능
장애가 있는 사람'을 뜻한다고 해석한 것(대법원 2016.6.10. 선고 2016두
33186 판결)은 해석의 한계를 넘은 것으로 보인다.

　법령 해석의 한계와 관련하여 제주해군기지사건을 검토할 필요가
있다. 이 사건에서 여러 쟁점이 있었는데, 여기에서는 법규명령의 위법
여부와 관련된 점만을 검토하기로 한다. 제주해군기지사건은 복잡한 사
건이라 법규명령의 위법 여부와 관련된 부분만을 간략하게 서술하면 다
음과 같다.77) 승인기관인 피고(국방부장관)는 2008. 6.경 환경부장관에게
사전환경성검토서에 대한 협의요청을 하였고, 2009. 1. 21. 구 국방·군
사시설사업에 관한 법률(이하 '국방사업법'이라 한다) 제4조에 따라 국방·
군사시설 실시계획 승인(이하 '이 사건 승인처분'이라 한다)을 하였다. 사업
시행자인 해군본부는 환경영향평가서를 2009. 7. 7. 피고(국방부장관)에
게 제출하였고, 승인기관인 피고 국방부장관은 제주특별자치도 설치 및
국제자유도시 조성을 위한 특별법 제299조에 따라 2009. 7. 8. 제주도지
사에게 제주해군기지사업에 대한 환경영향평가 협의요청을 하였다. 제
주해군기지 건설사업 입찰에 참가한 건설회사들은 2009.5. 경 제주해군
기지 건설을 위한 기본설계도서를 작성하여 제출하였고, 2009. 7. 24.경

77) 이 사건의 개요와 쟁점 및 그에 대한 판결요지 및 평석에 관하여는 다음을 참조하
　기 바란다: 이재덕·장현철, 국방·군사시설 설치시 환경영향평가서 제출시기와
　하자치유 여부 : 제주해군기지 사건을 중심으로, 송무자료집 14집, 2011, 대검찰청
　고등검찰청 ; 정성윤, 제주해군기지 건설사업과 환경영향평가제도, 법학논총 제30
　권 제2호, 2013년 6월, 한양대학교법학연구소; 신용인, 절대보전지역변경처분에
　관한 사법적 통제, 인권과 정의 426호, 2012. 6, 대한변호사협회 ; 박균성, 환경영
　향평가서의 제출시기, 협의요청시기 및 협의완료시기 등, 행정판례연구 XVIII-1,
　2013, 한국행정판례연구회.

기본설계에 대한 승인이 있었다.[78] 제주도지사의 환경영향평가서에 대
한 협의의견은 2009. 12. 21. 피고에게 제출되었다. 이 사건에서 2009.
1. 21. 자 '이 사건 승인처분'의 위법 여부가 다투어졌다. 이와 관련하여
구 환경영향평가법 시행령 [별표 1] 16. (가)목에서는 환경영향평가 대
상사업에 해당하는 이 사건 사업에 관한 환경영향평가서의 제출시기 및
협의요청시기를 '기본설계의 승인 전'으로 규정하고 있었고, 구 환경영
향평가법 제16조 제1항은 "실시계획등의 승인등"을 받기 전에 환경영향
평가서를 제출하도록 규정하고 있었다. 이 사건에서 구 환경영향평가법
시행령 [별표 1] 16. (가)목이 구 환경영향평가법 제16조 제1항에 위반
되는지가 문제되었다. 종전 대법원 판례[79]는 구 국방사업법 제4조의 실
시계획의 승인 전에 환경영향평가를 거치지 아니한 처분을 무효로 보았
다. 그런데, 이 사건 대법원 전원합의체 판결은 구 국방사업법 제4조의
실시계획의 승인전이 아니라 구 환경영향평가법 시행령 제23조 [별표
1] 제16호 (가)목의 '기본설계의 승인 전'에 환경영향평가서를 제출하면
되는 것으로 종전의 판례를 변경하였던 것이다.

　　제1심[80] 및 원심[81] 법원은 '이 사건 승인처분'은 환경영향평가 대
상사업에 관하여 환경영향평가를 거치지 아니한 중대하고 명백한 하자

78) 00중앙경리단장은 2009. 7. 24. 항만공사부분에 대한 실시설계적격자로서 피고보
　　조참가인들을 선정하여 통보하였는데, 구 건설기술관리법 시행령 제38조의11 제1
　　항에서 실시설계는 기본설계를 토대로 하도록 규정하고 있는 점에 비추어, 적어
　　도 피고보조참가인들이 실시설계적격자로 선정되었음이 통보된 2009. 7. 24.경에
　　는 기본설계에 대한 승인이 있었다고 봄이 상당하다(서울고등법원 2012.12.13. 선
　　고 2012누21170 판결【국방군사시설사업실시계획승인처분무효확인등】). 이 사안
　　에서 기본설계를 작성한 발주청이 누구인지 기본설계를 승인한 기관이 누구인지
　　는 밝혀지지 않았다.
79) 대법원 2006.6.30. 선고 2005두14363 판결【국방군사시설사업실시계획승인처분무
　　효확인】: 박주포 사격장 설치를 위한 구 국방사업법 제4조의 실시계획승인이 환경
　　영향평가절차를 거치지 않아 무효라고 한 사례.
80) 서울행법 2010.7.15. 선고 2009구합15258 판결
81) 서울고등법원 2012.12.13. 선고 2012누21170 판결

가 존재하여 무효라고 보았다. 즉, 제1심 및 원심 법원은 구 환경영향평
가법 시행령 [별표 1] 16. (가)목에서의 '기본설계'를 구 환경영향평가법
제16조 제1항의 "실시계획등"으로 보았다. 제1심 및 원심의 이러한 판
단의 문제점은 구 국방·군사시설사업에 관한 법률(이하 '국방사업법'이라
한다) 제4조에 "국방·군사시설 실시계획"이라는 용어가 있고, 구 건설기
술관리법 시행령(2009. 11. 26. 대통령령 제21852호로 개정되기 전의 것)상
'기본설계'라는 용어가 있고, 실제에 있어서도 구 국방·군사시설사업에
관한 법률(이하 '국방사업법'이라 한다) 제4조에 따른 "국방·군사시설 실시
계획 승인"과 건설기술관리법 시행령상의 '기본설계"에 대한 승인이 있
었는데, 환경영향평가법 시행령 [별표 1] 16. (가)목에서 환경영향평가
대상사업에 해당하는 이 사건 사업에 관한 평가서의 제출시기 및 협의
요청시기로 규정하고 있는 '기본설계의 승인 전'은 이 사건 사업의 실시
계획승인 이전의 시점을 가리키는 것으로 보면서 서로 다른 용어인 '기
본설계'와 "실시계획"을 동일한 개념으로 해석하였다는 것이다. 결과적
으로 상위법령합치적 법률해석을 한 것인데, 해석의 한계를 넘은 것이
아닌지 의문이 든다.

　　대법원은 구 환경영향평가법 시행령 제23조 [별표 1] 제16호 (가)
목에서 정한 '기본설계의 승인 전'을 구 건설기술관리법 시행령 제38조
의9에서 정한 '기본설계'의 승인 전을 의미한다고 해석하였다. 그리고,
그렇게 보는 것이 환경영향평가법의 위임 범위를 벗어나는 것도 아니라
고 하였다. 구 국방사업법 및 같은 법 시행령에 근거하여 행하는 실시
계획은 구 환경정책기본법상 사전환경성검토(현행 환경영향평가법상 전략
환경영향평가)의 대상이 되는 것으로 보았다. 그러나, 이러한 판시는 다
음과 같은 점에서 문제가 있다. 본래 환경영향평가 전에 행해졌던 구
환경정책기본법상 사전환경성검토(현행 환경영향평가법상 전략환경영향평
가)는 구체적인 실시계획 이전에 수립되는 일반적인 기본계획에 대해
행해지는 것이 일반적이다. 그런데, 구 국방·군사시설사업에 관한 법률

(이하 '국방사업법'이라 한다) 제4조상의 "국방·군사시설 실시계획"은 일반
적 성격의 기본계획이 아니고, 구체적 성격의 실시계획의 성격을 가지
므로[82] 구 국방·군사시설사업에 관한 법률(이하 '국방사업법'이라 한다) 제
4조상의 "국방·군사시설 실시계획"을 구 환경정책기본법상 사전환경성
검토(현행 환경영향평가법상 전략환경영향평가)의 대상으로 본 것은 타당하
지 않고, 환경영향평가법상 환경영향평가의 대상으로 보는 것이 타당하
다. 그리고, 구 건설기술관리법 시행령 제38조의9에서 정한 '기본설계'
및 구 환경영향평가법 시행령 제23조 [별표 1] 제16호 (가)목에서 정한
'기본설계'를 구 환경영향평가법 제16조 제1항의 "실시계획등"에 해당
한다고 본 것도 타당하지 않다. 구 건설기술관리법 시행령 제38조의9에
서 정한 기본설계의 승인 자체는 국민의 권리의무에 직접 영향이 있는
구체적 사실에 관한 법집행행위로서의 행정처분이라고 볼 수 없다. 그
리고, 환경영향평가법상 승인기관[83]의 승인의 대상이 되는 사업시행계
획의 수립과 환경영향평가는 사업시행자[84]가 하여야 하는 것인데, 구
국방·군사시설사업에 관한 법률(이하 '국방사업법'이라 한다) 제4조상의 "국
방·군사시설 실시계획"이 사업시행자인 해군참모총장(해군본부)이 작성
한 것인 반면에 구 건설기술관리법 시행령 제38조의9에서 정한 '기본설
계'는 발주청이 작성한 것이고 사업시행자가 작성한 것이 아니다. 대법
원의 다수견해도 결과적으로 상위법령합치적 법률해석을 한 것인데, 해
석의 한계를 넘은 것이 아닌지 의문이 든다.

이에 대하여 대법관 전수안, 대법관 이상훈의 반대의견은 환경영향
평가법 제16조 제1항은 구 국방사업법상 국방·군사시설사업에 대한 실
시계획 승인을 받기 전에 환경영향평가서를 제출하도록 규정하면서 그

---

82) 박균성, 환경영향평가서의 제출시기, 협의요청시기 및 협의완료시기 등, 행정판례
    연구 XVIII-1, 2013, 374면- 379면 참조.
83) 이 사안에서는 국방부장관이다.
84) 이 사안에서 사업시행자는 해군참모총장(해국본부)이었다.

범위 내에서 구체적인 제출시기를 대통령령에 위임한 것인데, 구 환경
영향평가법 시행령 제23조 [별표 1] 제16호 (가)목은 이와 같은 위임
범위를 벗어나 실시계획의 승인이 이루어진 후 실제 공사가 진행되는
과정의 하나로 보이는 구 건설기술관리법 시행령 제38조의9에서 정한
'기본설계의 승인 전'까지 환경영향평가서를 제출하도록 규정하고 있으
므로, 이는 근거가 되는 상위법률에 위반되는 무효인 규정으로 보면서
구 국방·군사시설 사업에 관한 법률에 따른 국방·군사시설사업의 경우
환경영향평가법 제16조 제1항의 '사업계획 등에 대한 승인 등'은 구 국
방사업법 제4조 제1항의 '실시계획의 승인'을 의미한다고 보아야 한다
고 하였다. 위에서 검토한 바와 같이 이 견해가 타당하다.

(2) 행정입법에 대한 소송에서 판결의 내용과 효력

현재 실무상 처분적 법규명령의 위법을 다투는 소송은 무효확인소
송으로 하고 있고, 해당 법규명령이 위법한 경우 무효확인판결을 내리
는 것으로 하고 있다. 그런데, 무효확인판결은 원칙상 대세효와 소급효
를 갖는다. 법규명령에 대한 무효확인판결의 소급효를 제한하는 것이
법리상 불가능한 것은 아니지만, 이에 관한 논의가 거의 없다.

법규명령은 불특정 다수인에게 효력을 미친다. 광의설에 따라 법규
명령의 처분성을 넓게 인정하면 할수록 법규명령의 단순 무효확인판결
의 효력이 미치는 영향은 더욱 커진다. 법규명령에 대해 단순무효확인
판결이 나면 해당 법규명령은 소급적으로 대세적으로 효력을 상실하고,
그에 따라 법규명령을 전제로 형성된 법률관계가 효력을 상실하게 된
다. 그리고 법규명령이 없는 상태 또는 해당 법규명령으로 폐지된 과거
의 시대에 뒤진 법규명령이 효력을 회복한다. 이러한 점 때문에 법규명
령에 대한 무효확인소송에서 판결의 내용과 효력을 다양하게 인정할 필
요가 있다.

법령에 대한 헌법소원의 경우 판결의 유형이 단순위헌결정, 헌법불

합치결정, 한정위헌결정, 한정합헌결정과 같이 다양하다.[85] 미국에서는 행정입법(rule)에 대한 취소소송에서 취소판결(단순취소, 취소하면서 일정 기간 집행을 유예하는 방식, 전부취소 또는 일부 취소), 환송판결(취소없는(무효확인 없는) 환송판결 또는 행정기관이 해당 행정입법의 개정 여부를 재검토하도록 하면서 판결을 유예하는 환송판결), 행정입법의 집행금지명령신청과 그에 대한 금지명령판결이 인정되고 있다. 이러한 다양한 유형의 판결은 법령의 규정에 의해 인정되는 것이 아니라 법원의 재량에 따라 인정된다.

법규명령의 무효확인판결과 취소판결에도 다양한 유형 또는 내용을 인정하는 것을 검토할 필요가 있다. 단순 취소판결이나 단순 무효확인판결의 문제점은 새로운 입법이 제정될 때까지 법의 공백이 생기고, 공익이 보호되지 못한다는 것이다. 새로운 입법을 촉구하면서 판결을 유예하는 방식, 공익상 필요한 경우에는 사정판결을 하는 방식, 상위법령합치적 해석에 따라 기각판결을 하면서 입법을 촉구하는 방식, 무효를 확인하면서 일정기간 집행을 유예하는 방식, 당해 사건 및 병행사건에는 소급효를 인정하되 불가쟁력이 발생한 다른 사건에 대해서는 무효확인판결의 소급효를 제한하는 판결, 일부 무효판결이나 일부 취소판결의 가능성을 모색해볼 필요가 있다.

또한, 법령보충적 고시도 법규명령의 성질을 갖는 점에 비추어 처분적 법규명령에 대해서는 무효확인소송을 제기하고, 법령보충적 고시에 대해서는 취소소송을 제기하고 있는 실무도 재검토를 요한다. 처분적 법규명령과 법령보충적 고시에 대해서 통일적으로 하자가 무효사유인 경우(중대·명백한 경우) 무효확인소송의 대상으로 하고, 하자가 취소사유인 경우(중대·명백하지 않은 경우) 취소소송의 대상이 하는 것이 타당한 것은 아닌지 검토를 요한다.

---

85) 정연주, 『헌법소송론』, 법영사, 2015, 442−449면.

3. 행정통제의 관점에서 본 행정판례의 과제

(1) 행정소송의 소송요건의 완화

행정판례는 지속적으로 행정소송의 소송요건을 완화하여 오고 있다. 소송요건의 완화는 행정결정에 대한 법원의 통제 가능성의 확대라는 의미를 갖는다. 행정판례는 특히 처분성, 원고적격의 요소인 법률상 이익, 소의 이익을 확대하고 있다.

처분성을 확대한 판례 중 대표적인 것을 보면 도시관리계획 등 구속적 행정계획의 처분성, 권력적 사실행위의 처분성86)을 인정한 것을 들 수 있다. 그리고, 법규명령과 법령보충적 고시가 처분성을 갖는 경우를 인정하고 있다. 다만, 전술한 바와 같이 법규명령의 처분성은 일반처분 개념에 비추어 좁게 인정하고 있다. 그리고, 행정규칙의 처분성은 아직 인정하지 않고 있다. 그리고 행정입법부작위는 부작위위법확인소송의 대상이 되지 않는 것으로 보고 있다. 그런데, 미국과 프랑스의 경우에는 법규명령뿐만 아니라 행정규칙도 직접 국민의 권익에 영향을 미치면 항고소송의 대상으로 보고 있다. 그리고 행정입법부작위도 직접 국민의 권익에 영향을 미치면 행정소송의 대상으로 보고 있다. 판례는 일반적으로 공권력 행사로서 국민의 권익에 직접 영향을 미치면 행정소송법상 처분으로 보고 있으므로 이런 처분 개념의 일반적 기준에 의하면 법규명령이나 행정규칙도 국민의 권익에 직접 영향을 미치면 처분으로 보는 것이 타당하고, 행정입법부작위도 국민의 권익에 직접 영향을 미치면 부작위위법확인소송의 대상이 되는 부작위로 보는 것이 타당하다. 이에 반하여 헌법재판소는 법규명령이나 행정규칙 그리고 행정입법

---

86) 교도소장이 수형자 갑을 '접견내용 녹음·녹화 및 접견 시 교도관 참여대상자'로 지정한 사안에서, 위 지정행위(이에 따라 접견 시마다 사생활의 비밀 등 권리에 제한을 가하는 교도관의 참여, 접견내용의 청취·기록·녹음·녹화가 이루어짐)는 권력적 사실행위로서 항고소송의 대상이 되는 '처분'에 해당한다고 본 원심판단을 정당한 것으로 수긍한 사례(대법원 2014. 02. 13. 선고 2013두20899 판결).

부작위가 헌법소원의 요건인 직접성, 구체성 및 자기관련성을 가지면 헌법소원의 대상이 된다고 보고 있다. 헌법소원은 항고소송과 경쟁관계에 있으면서 항고소송의 대상을 확대하는 자극적 역할을 수행하고 있다. 법규명령을 헌법소원의 대상으로 보는 헌법재판소의 결정이 있은 후 법규명령의 처분성을 인정하는 판례가 나오고, 일찍이 헌법재판소가 권력적 사실행위의 처분성을 인정하는 판시를 한 후, 최근 대법원 판례가 명시적으로 권력적 사실행위의 처분성을 인정하게 되었다.

원고적격의 확대에 있어서는 환경영향평가 대상지역 주민의 원고적격을 추정한 것, 이해관계인의 절차적 권리를 법률상 이익으로 본 것 등을 대표적인 예로 들 수 있다. 최근 단체의 원고적격도 확대하여 인정하고 있다. 대법원은 "甲 학교법인의 정상화 과정에서 서울특별시교육감이 임시이사들을 해임하고 정이사를 선임한 사안에서, 사립학교법 제25조의3 제1항이 학교법인을 정상화하기 위하여 임시이사를 해임하고 이사를 선임하는 절차에서 이해관계인에게 어떠한 청구권 또는 의견진술권을 부여하고 있지 않으므로, 乙 학교법인이 임시이사 해임 및 이사 선임에 관하여 사립학교법에 의해 보호받는 법률상 이익이 없다"판시하였는데,[87] 반대해석을 하면 의견진술권이 있는 이해관계인은 법적 이익이 있다고 판시한 것으로 볼 수 있다. 그 후 대법원은 대학교 교수협의회 및 총학생회에게 학교법인 정상화 과정에서 이루어진 이사선임처분의 취소를 구할 원고적격을 인정할 수 있는지 여부에 관하여 "임시이사제도의 취지, 교직원·학생 등의 학교운영에 참여할 기회를 부여하기 위한 개방이사 제도에 관한 법령의 규정 내용과 그 입법취지 등 여러 사정들을 종합하여 보면, 구 사립학교법령 및 상지학원 정관 규정은 헌법 제31조 제4항에 정한 교육의 자주성과 대학의 자율성에 근거한 원고 교수협의회와 원고 총학생회의 학교운영참여권을 구체화하여 이

87) 대법원 2014. 01. 23. 선고 2012두6629 판결[임시이사해임처분취소등].

를 보호하고 있다고 해석되므로, 위 원고들은 피고의 이 사건 각 이사 선임처분을 다툴 법률상 이익을 가진다고 할 수 있다."고 판시하였다.[88] 그러나, 아직 공익단체가 추구하는 이익은 법률상 이익으로 인정하지 않고, 공익단체에게 항고소송의 원고적격을 인정하지 않고 있다. 그러나, 공익단체가 공권력 행사를 다투는 공익소송을 인정하는 것이 세계적인 추세이다. 우리나라에서는 환경단체 등 공익단체의 원고적격을 인정하기 위해서는 독일의 입법례와 같이 특별법의 제정이 필요한 것으로 보는 견해가 일반적 견해이다. 그러나, 프랑스에서는 공권력 행사에 의해 환경단체의 존립목적인 환경이익이 침해받은 경우 환경단체의 항고소송의 원고적격을 판례에 의해 인정하고 있다. 미국의 경우에도 일정한 요건하에 환경단체에게 취소소송을 제기할 원고적격을 인정하고 있다. 환경단체도 법주체이고, 환경단체의 정관에 표시된 환경단체의 존립근거인 환경이익은 법주체인 환경단체의 개인적 이익으로 볼 수 있으므로 공권력 행사에 의해 환경단체의 존립목적인 환경이익이 직접 침해받은 경우 해당 환경단체에게 항소소송을 제기할 원고적격을 인정하는 것이 이론상 불가능한 것은 아니다. 미국이나 프랑스의 판례를 보아도 그러하다.

항고소송에서 소의 이익의 확대와 관련하여서는 최근 동일한 소송 당사자 사이에서 동일한 사유로 위법한 처분이 반복될 위험성이 있어 행정처분의 위법성 확인 내지 불분명한 법률문제에 대한 해명이 필요하다고 판단되는 경우 소의 이익을 인정한 것을 들 수 있다.[89] 헌법재판

---

88) 대법원 2015. 07. 23. 선고 2012두19496,19502 판결.
89) 피고(교도소장)가 제1심판결 선고 이후 원고를 위 '접견내용 녹음·녹화 및 접견 시 교도관 참여대상자'에서 해제하기는 하였지만 앞으로도 원고에게 '접견내용 녹음·녹화 및 접견 시 교도관 참여대상자' 지정행위(이 사건 처분)와 같은 포괄적 접견제한처분을 할 염려가 있는 것으로 예상되므로 이 사건 소는 여전히 법률상 이익(소의 이익)이 있다고 본 원심판단을 정당한 것으로 수긍한 사례(대법원 2014. 02. 13. 선고 2013두20899 판결).

소는 이미 이러한 취지의 헌법소원결정을 내리고 있다.[90]

(2) 정책결정의 위법성 통제

대법원이 정책결정 등 중대한 행정결정에 대한 항고소송에서 인용 판결을 내린 경우는 적다. 정책결정에서는 행정권에게 폭넓은 재량이 인정된다. 정책결정에서는 다양한 공익과 사익의 조정이 필요하므로 실제에 있어서 비례원칙에 의한 통제가 중요한 문제가 된다. 정책결정의 통제에서 행정의 책임성을 강조하는 견해도 있고, 이에 따라 비례의 원칙의 적용에 있어 심히 균형을 잃은 경우만 위법하다고 보는 견해도 있다. 이러한 주장은 이론상으로 타당한 면이 있지만, 우리의 현실을 고려할 때 재검토를 요한다. 정책결정이 심히 균형을 잃은 경우만 위법하다고 보는 이론은 정책결정에 대한 법원의 위법 판단에 장애가 될 수 있다. 정책결정에 있어 행정권의 남용이 적지 않은 현실에서 정책결정의 합리성을 보장하기 위해 정책결정에 대한 법원의 적극적인 통제가 요청된다. 이러한 점에서 법원이 행정기관의 이익형량을 어느 수위로 조정·통제할 것인가 하는 것은 법원의 몫으로 맡기고, 이익형량이 균형을 잃은 경우 위법하다고 보는 것이 타당하다. 형량의 하자에 관하여 이익형량의 균형 보다는 이익형량의 합리성과 객관성을 결한 경우를 위법하다고 판시한 판례[91]가 있는데, 이러함 점에 비추어 타당하다. 법원의 행정

---

90) 피청구인의 서신검열행위는 이미 종료되었고, 청구인도 형기종료로 출소하였다 하더라도 수형자의 서신에 대한 검열행위는 헌법이 보장하고 있는 통신의 자유, 비밀을 침해받지 아니할 권리 등과의 관계에서 그 위헌 여부가 해명되어야 할 중요한 문제이고, 이러한 검열행위는 행형법의 규정에 의하여 앞으로도 계속 반복될 것으로 보인다. 그런데 '미결수'에 대한 서신검열행위의 위헌여부에 대하여는 헌법재판소가 1995. 7. 21.에 선고한 92헌마144 서신검열 등 위헌확인 결정에서 헌법적 해명을 하였으나, '수형자'에 대하여는 아직 견해를 밝힌 사실이 없으므로 헌법판단의 적격성을 갖추었다고 인정되어 심판청구의 이익이 있다(헌재 1998. 08. 27, 96헌마398).

91) 대법원 2007. 04. 12. 선고 2005두1893 판결 <원지동 추모공원 사건>: "행정주체

권에 대한 통제력이 미약한 현실에서 법원에 힘을 실어줄 필요가 있다.

새만금판결[92])에서 대법원은 환경영향평가 대상지역 안 주민의 원고적격을 사실상 추정하고, 환경영향평가 대상지역 밖 주민이라 할지라도 공유수면매립면허처분 등으로 인하여 그 처분 전과 비교하여 수인한도를 넘는 환경피해를 받거나 받을 우려가 있는 경우에는, 공유수면매립면허처분 등으로 인하여 환경상 이익에 대한 침해 또는 침해우려가 있다는 것을 입증함으로써 그 처분 등의 무효확인을 구할 원고적격을 인정받을 수 있다고 하면서 원고적격을 획기적으로 넓혀 인정하면서도 본안에 있어서는 다음과 같이 소극적인 입장에서 기각판결을 하였다: ① 환경영향평가법령에서 정한 환경영향평가를 거쳐야 할 대상사업에 대하여 그러한 환경영향평가를 거치지 아니하였음에도 승인 등 처분을 하였다면 그 처분은 위법하다 할 것이나, 그러한 절차를 거쳤다면, 비록 그 환경영향평가의 내용이 다소 부실하다 하더라도, 그 부실의 정도가 환경영향평가제도를 둔 입법 취지를 달성할 수 없을 정도이어서 환경영향평가를 하지 아니한 것과 다를 바 없는 정도의 것이 아닌 이상, 그 부실은 당해 승인 등 처분에 재량권 일탈·남용의 위법이 있는지 여부를 판단하는 하나의 요소로 됨에 그칠 뿐, 그 부실로 인하여 당연히 당해 승인 등 처분이 위법하게 되는 것이 아니다라고 판시하였는데, 판례의 입장은 환경영향평가의 실체상 하자로 인한 사업계획승인처분의 하자의 인정에 있어서 너무 엄격한 입장이다. 환경영향평가의 하자는 사업계획승인처분의 절차의 하자이고, 판례는 절차의 하자를 독자적 위법사유로 보므로 환경영향평가의 부실이 경미하지 않고 중대한 한 이는 사업계획승인처분의 하자가 된다고 보아야 논리적이다. ② 새만금사업의

───────────────

가 행정계획을 입안·결정함에 있어서 이익형량을 전혀 행하지 아니하거나 이익형량의 고려 대상에 마땅히 포함시켜야 할 사항을 누락한 경우 또는 이익형량을 하였으나 정당성과 객관성이 결여된 경우에는 그 행정계획결정은 형량에 하자가 있어 위법하게 된다."

92) 대법원 2006.03.16. 선고 2006두330 전원합의체 판결[정부조치계획취소등].

이익과 그로 인한 불이익의 형량에서 개발이익 보다 환경가치 등을 더 큰 것으로 본 반대의견과 달리 다수의견은 새만금사업의 이익과 그로 인한 불이익 보다 큰 것으로 보았다.

'4대강 살리기 사업' 중 한강 부분에 관한 각 하천공사시행계획 및 각 실시계획승인처분의 취소를 구한 사안에서 행정계획의 수립 단계에서 사업성 또는 효율성의 존부나 정도를 정확하게 예측하는 것은 과학적·기술적 특성상 한계가 있을 수밖에 없으므로 사업성에 관한 행정주체의 판단에 정당성과 객관성이 없지 아니하는 이상 이를 존중할 필요가 있다고 하면서 행정청의 판단을 존중하여야 한다고 판단한 것[93])은 논란의 여지가 있다.

국토해양부 등에서 발표한 '4대강 살리기 마스터플랜'에 따른 '한강 살리기 사업' 구간 인근에 거주하는 주민들이 각 공구별 사업실시계획 승인처분에 대한 효력정지를 신청한 사안에서, 대법원이 "주민들 중 환경영향평가대상지역 및 근접 지역에 거주하거나 소유권 기타 권리를 가지고 있는 사람들이 위 사업으로 인하여 토지 소유권 기타 권리를 수용 당하고 이로 인하여 정착지를 떠나 타지로 이주를 해야 하며 더 이상 농사를 지을 수 없게 되고 팔당지역의 유기농업이 사실상 해체될 위기에 처하게 된다고 하더라도, 그러한 손해는 행정소송법 제23조 제 2 항에서 정하고 있는 효력정지 요건인 금전으로 보상할 수 없거나 사회관념상 금전보상으로는 참고 견디기 어렵거나 현저히 곤란한 경우의 유·무형 손해에 해당하지 않는다"고 본 원심판단을 수긍한 것[94])은 논란의 여지가 있다.

국가의 주요한 정책결정이 법원의 심판대상이 되는 경우가 늘어남에 따라 정치문제 내지 정책문제가 정치과정이나 행정결정과정에서 해결되는 것이 아니라 법원에 의해 해결되는 경우가 늘고 있다. 이에 따

---

93) 대법원 2015.12.10. 선고 2011두32515 판결[하천공사시행계획취소청구등].
94) 대법원 2011. 04. 21. 자 2010무111 전원합의체 결정.

라 정치 내지 정책의 사법화(judicialization of politics)현상이 나타나고 있다. 이러한 상황하에서 법원은 국가의 주요한 정책결정을 어떠한 기준에 의해 어느 정도 통제할 것인지를 결정하여야 한다.

미국의 Chevron판결에서 제시된 것처럼 행정이 고도로 전문적이고 기술적인 지식이나 경험을 토대로 이루어지거나 미래 예측적인 정책형성의 경우에는, 법원이 행정 측의 판단을 존중하더라도 별 무리는 없을 것이라고 보고, 이러한 영역에 대한 사법심사는 절차적 통제를 통해 가능할 것이라는 견해95)가 있다. 이러한 견해는 행정의 전문성, 행정의 책임성을 고려할 때 이론상 타당한 면이 있지만, 현실을 보면 정책결정에서의 행정의 전문성을 인정하기 어려운 면이 있고, 정책결정이 자의적으로 행해지는 것이 적지 않은 점 등에 비추어 정책결정에 대한 사법적 통제 강화의 필요성이 있다.96) 법률의 해석에 대한 통제와 관련하여 행정기관이 그 시행을 담당하고 있는 법률에 대한 행정기관의 해석을 그 해석이 합리적인 한 존중해주어야 한다는 Chevron이론은 우리나라에서는 타당하지 않다고 보아야 한다. 그 이유는 법률의 해석은 기본적으로 법문제이고, 우리 헌법 제107조 제2항은 법원에 법령의 최종적인 해석권을 부여하고 있을 뿐만 아니라 우리나라의 경우 행정부의 법령해석에 관한 전문성이 높지 못하고 법원이 법령해석에 관하여는 보다 전문성이 높다고 할 수 있기 때문이다. 다만, 법률에서 법률규정의 해석을 명시적으로 행정권에 위임한 경우에는 행정권은 수권의 범위내에서는

---

95) 다만, 행정판단의 과학성과 민주성 및 투명성을 담보하기 위해 그러한 영역에서의 행정결정에 대해서는 합의제행정기관을 통한 전문가시민단체 등 다양한 이해관계자가 폭넓게 참여하여 결정하는 방식을 취하도록 하고, 또 의회는 그러한 행정정책형성이나 정책결정과정을 입법으로 규정함으로써 통제하여야 할 것이라고 한다(강재규, 전게논문, 303-304면).

96) 사법권력의 본질과 기능을 종합하면 사법권력은 권력통제기관, 헌법 및 기본권수호기관, 정책결정기관으로서의 지위를 가지는 것으로 정리될 수 있다고 보는 견해가 있다(김종철, 사법제도의 개정 필요성과 방향, 헌법학연구 제16권 제3호, 2010.9, 114면).

재량을 갖는 것으로 볼 여지도 있으므로 그 해석명령이 명백히 불합리하지 않는 한 위법하지 않은 것으로 볼 수 있을 것이다. 행정입법은 정책결정의 의미를 갖는 경우가 많지만. 행정입법은 상위법령에의 위반여부가 문제되므로 법문제의 전문가이며 법문제에 대해 최종적 판단권을 갖는 법원으로서는 일반 정책결정 보다는 통제하려면 통제가 보다용이한 분야이다. 그렇지만, 전술하는 바와 같이 행정입법이 위헌·위법으로 판단된 사례는 많지는 않고 법원은 행정입법의 위헌·위법판결에 신중한 입장을 보이고 있다.

(3) 국가배상의 행정통제적 기능의 강화

법치국가의 원칙상 위법행위와 적법행위의 구별은 큰 의미를 갖는다. 그런데, 국가배상책임을 인정하기 위해서는 행정권 행사의 흠(위법·과실)을 판단해야 하므로 국가배상은 행정통제적 기능을 갖는다고 할 수 있다. 행정권 행사에 대한 직접적 통제기능은 항고소송이 수행하지만, 항고소송의 대상은 처분에 한정되는 등 항고소송의 행정통제적 기능에는 한계가 있다. 국가배상소송은 다음과 같이 항고소송을 보충하여 행정통제의 확대에 기여하는 면이 있다. 항고소송에서는 출소기간의 제한, 소의 이익 등에 의해 소제기에 제약을 받는 경우가 많은데, 국가배상소송에서는 이와 같은 제한 없이 소제기가 널리 인정될 수 있다. 또한, 처분이 아닌 공권력 행사의 위법성은 항고소송을 통하여 통제할 수는 없고 국가배상소송을 통해 인정할 수밖에 없다. 과실을 일종의 국가작용의 하자의 표현으로 볼 수 있다면 과실판단을 통하여 항고소송에서와는 다른 차원에서의 행정통제, 즉 공무원의 행위의 태양에 대한 통제가 가능하다.

실제로 피해자는 손해의 배상 보다는 국가작용에 흠이 있었다는 것을 판단받기 위해 국가배상소송을 제기하는 경우도 적지 않다. 그런데, 국가배상판례를 행정통제적 기능이라는 관점에서 살펴보면 재검토해야 할 점이 적지 않다.

우선 국가배상법상의 위법 개념에 관하여 판례는 전술한 바와 같이 행위 위법이 아닌 상대적 위법 등 항고소송에서의 위법과 다른 위법 개념을 채택하고 있는 경우가 적지 않다. 그러나, 법률에 의한 행정의 원칙하에서 국가배상소송을 행정통제(감시)기능을 갖는 제도로 이해하기 위하여는 행위위법설을 취하는 것이 타당하다.

다음으로 국가배상인정의 적극성 및 소극성에 관해 살펴보기로 한다. 명문의 규정이 없음에도 제한적이나마 공무원에게 직무상 손해방지의무를 인정하고 있는 것은 국가배상을 적극적으로 인정하려는 판례라고 할 수 있다. 즉, '일반적으로 국가 또는 지방자치단체가 권한을 행사할 때에는 국민에 대한 손해를 방지하여야 하고, 국민의 안전을 배려하여야 한다고 선언하고 있고,97) 행정기관의 권한을 불행사하여 (손해방지를 위하여) 필요한 조치를 취하지 아니하는 것이 현저하게 불합리하다고 인정되는 경우에는 그러한 권한의 불행사는 직무상의 의무를 위반한 것이 되어 위법하게 된다고 판시하고 있다.98) 다만, 명문의 규정이 없음에도 인정하는 직무상 손해방지의무는 제한적으로 인정되고 있다. "경찰관이 교통법규 등을 위반하고 도주하는 차량을 순찰차로 추적하는 직무를 집행하는 중에 그 도주차량의 주행에 의하여 제3자가 손해를 입었다고 하더라도 그 추적이 당해 직무 목적을 수행하는 데에 불필요하다거나 또는 도주차량의 도주의 태양 및 도로교통상황 등으로부터 예측되는 피해발생의 구체적 위험성의 유무 및 내용에 비추어 추적의 개시·계

97) 대법원 2001.10.23. 선고 99다36280 판결.
98) 대법원 1998.08.25. 선고 98다16890 판결: 경찰관이 농민들의 시위를 진압하고 시위과정에 도로 상에 방치된 트랙터 1대에 대하여 이를 도로 밖으로 옮기거나 후방에 안전표지판을 설치하는 것과 같은 위험발생방지조치를 취하지 아니한 채 그대로 방치하고 철수하여 버린 결과, 야간에 그 도로를 진행하던 운전자가 위 방치된 트랙터를 피하려다가 다른 트랙터에 부딪혀 상해를 입은 사안에서 국가배상책임을 인정한 사례 등

속 혹은 추적의 방법이 상당하지 않다는 등의 특별한 사정이 없는 한
그 추적행위를 위법하다고 할 수는 없다."고 하였다.[99] "국민의 생명,
신체, 재산 등에 대하여 절박하고 중대한 위험상태가 발생하였거나 발
생할 우려가 있어서 국민의 생명, 신체, 재산 등을 보호하는 것을 본래
적 사명으로 하는 국가가 초법규적, 일차적으로 그 위험 배제에 나서지
아니하면 국민의 생명, 신체, 재산 등을 보호할 수 없는 경우에는 형식
적 의미의 법령에 근거가 없더라도 국가나 관련 공무원에 대하여 그러
한 위험을 배제할 작위의무를 인정할 수 있을 것"이라고 하면서도 "그
와 같은 절박하고 중대한 위험상태가 발생하였거나 발생할 우려가 있는
경우가 아니라면 원칙적으로 공무원이 관련 법령을 준수하여 직무를 수
행하였다면 그와 같은 공무원의 부작위를 가지고 '고의 또는 과실로 법
령에 위반'하였다고 할 수는 없을 것"이라고 판시하고 있다.

　　실제 사건에서 명문의 규정이 없는 경우에도 공무원에게 손해방지
의무를 인정한 사례는 다음과 같다. 토석채취공사 도중 경사지를 굴러
내린 암석이 가스저장시설을 충격하여 화재가 발생한 사안에서, 토지형
질변경허가권자에게 허가 당시 사업자로 하여금 위해방지시설을 설치
하게 할 의무를 다하지 아니한 위법과 작업 도중 구체적인 위험이 발생
하였음에도 작업을 중지시키는 등의 사고예방조치를 취하지 아니한 위
법이 있다고 하였다.[100] 경찰관들이 총기를 사용하여 피의자를 제압한
후 바로 119에 신고하고 그로부터 5분 후 119구급대가 사고현장에 도
착하여 총상을 입은 피의자를 병원으로 후송하였으나 과다출혈로 사망
한 사안에서, 경찰관들이 119에 신고를 마친 때로부터 119구급대가 사
고현장에 도착할 때까지 지혈 등 기본적인 응급조치를 하지 않았다면

---

99) 달리 말하면 추적의 개시·계속 혹은 추적의 방법이 상당하지 않다는 등의 특별한
　　사정이 있으면 그 추적행위를 위법하다고 할 수는 있다는 것이다(대법원
　　2000.11.10. 선고 2000다26807 판결).
100) 대법원 2001. 03. 09. 선고 99다64278 판결.

부상을 당한 피의자에 대한 구호 기타 필요한 긴급조치의무를 다하지
않은 과실이 있다고 볼 여지가 있음에도 그에 관한 구체적인 심리 없이
국가의 배상책임을 부정한 원심 판결을 파기하였다.[101] 교도소 내에서
수용자가 자살한 사안에서, 담당 교도관은 급성정신착란증의 증세가 있
는 망인의 자살사고의 발생위험에 대비하여 계구의 사용을 그대로 유지
하거나 또는 계구의 사용을 일시 해제하는 경우에는 CCTV상으로 보다
면밀히 관찰하여야 하는 등의 직무상 주의의무가 있음에도 이를 위반하
여 망인이 사망에 이르렀다고 보았다.[102]

실제 사건에서 조리상 손해방지의무를 인정하지 않은 사례도 적지
않다. 에이즈 검사 결과 양성으로 판정된 후 자의로 보건당국의 관리를
벗어난 특수업태부에 대하여 그 후 국가 산하 검사기관이 실시한 일련
의 정기검진 결과 중에서 일부가 음성으로 판정된 적이 있음에도 불구
하고 위 검사기관이 이를 본인에게 통보하지 않고 그에 따른 후속조치
도 없었던 사안에서, 국가의 위자료 지급의무를 인정한 원심판결을 파
기하였다.[103] 원고 소유의 원심판결 별지목록 기재 토지(이하 '이 사건 토
지'라 한다)가 하천사업에 편입되는 사정이 생겼다고 하여 이 사건 점용
허가를 한 담당 공무원에 대하여 그와 같은 사정으로 인해 이 사건 점
용허가가 취소될 수 있고 그로 인해 이 사건 토지에 신축한 비행장 등
을 철거할 가능성이 있다는 사정을 원고에게 알려 주어 원고로 하여금
위 점용허가에 따른 비행장 설치 등으로 인한 손해를 입지 않게 할 주
의의무가 있다고 할 수 없다고 한 원심의 판단은 정당하다고 하였
다.[104] 어린이가 '미니컵 젤리'를 먹다가 질식하여 사망한 사안에서, 식
품의약품안전청장 등이 그 사고 발생시까지 구 식품위생법상의 규제 권
한을 행사하여 미니컵 젤리의 수입·유통 등을 금지하거나 그 기준과

101) 대법원 2010. 03. 25. 선고 2009다84424 판결.
102) 대법원 2010. 01. 28. 선고 2008다75768 판결.
103) 대법원 1998.10.13. 선고 98다18520 판결
104) 대법원 2005.06.10. 선고 2002다53995 판결.

규격, 표시 등을 강화하고 그에 필요한 검사 등을 실시하는 조치를 취하지 않은 것이 현저하게 합리성을 잃어 사회적 타당성이 없다거나 객관적 정당성을 상실하여 위법하다고 할 수 있을 정도에까지 이르렀다고 보기 어렵고, 그 권한 불행사에 과실이 있다고 할 수도 없다고 한 원심의 판단이 정당하다고 하였다.[105] 그런데, 어린이가 미니컵 젤리를 섭취하던 중 미니컵 젤리가 목에 걸려 질식사한 두 건의 사고가 연달아 발생한 뒤 약 8개월 20일 이후 다시 어린이가 미니컵 젤리를 먹다가 질식사한 사안에서, 식품의약품안전청장 등이 미니컵 젤리의 유통을 금지하거나 물성실험 등을 통하여 미니컵 젤리의 위험성을 확인하고 기존의 규제조치보다 강화된 미니컵 젤리의 기준 및 규격 등을 마련하지 아니하였다고 하더라도 이를 현저하게 합리성을 잃어 사회적 타당성이 없다고 볼 수 있는 정도에 이른 것이라고 보기 어렵다고 한 사례[106]는 재검토를 요한다. 동일한 사망사건이 이미 8개월 전에 2건 있었던 점에 비추어 손해발생의 방지를 위해 필요한 조치를 취할 의무가 보다 강하게 요구된다는 점을 고려하였어야 했다. 미니컵 젤리에 대한 법상 규제권이 충분하지 않더라도 법적 근거없이도 인정되는 행정지도권을 발동할 의무가 있다고 보아야 한다. 또한 미니컵 젤리사고 등 위험성에 관한 정보를 공개하여 소비자가 주의하도록 할 직무상 의무가 있다고 보아야 한다.

법정의 직무상 의무 위반은 이론상 그것만으로 위법인 것으로 보아야 한다. 그런데, 판례는 직무상 의무 위반이 위법이 되기 위하여는 직무상 의무를 게을리한 것이 의무 위반이 직무에 충실한 보통 일반의 공무원을 표준으로 객관적 정당성을 상실하였다고 인정될 정도에 이른 때에 해당하여야 한다고 본다.[107] 또한 행정권의 불행사로 인한 위법을 인

---

105) 대법원 2010. 09. 09. 선고 2008다77795 판결.
106) 대법원 2010. 11. 25. 선고 2008다67828 판결.
107) 대법원 2016. 8. 25. 선고 2014다225083 판결.

정함에 있어서 권한을 행사하지 아니한 것이 현저하게 불합리하다고 인정되는 경우108) 또는 현저하게 합리성을 잃어 사회적 타당성이 없는 경우에 한하여 위법한 것으로 보는 것109)도 너무 엄격한 것으로 보인다.

국가배상책임의 인정에 공무원의 직무상 의무의 사익보호성을 요구하고 있는 것110)도 비판의 대상이 되고 있다.

군인 등에 대한 이중배상을 금지하는 국가배상법 제 2 조 제 1 항 단서의 적용범위에 관하여 판례는 국가배상법 제 2 조 제 1 항 단서가 전투·훈련 또는 이에 준하는 직무집행뿐만 아니라 일반 직무집행에 관하여도 국가나 지방자치단체의 배상책임을 제한하는 것으로 본다.111) 그러나 이러한 판례는 국가배상법 제 2 조 제 1 항 단서의 입법취지 등 법률의 규정에 합치하지 않는 것은 아닌지 재검토를 요한다. 2005년 개정 전 국가배상법 제 2 조 제 1 항 단서에서는 "전투·훈련 기타 직무집행과 관련하거나 국방 또는 치안유지의 목적상 사용하는 시설 및 자동차·함선·항공기·기타 운반기구안에서 전사·순직 또는 공상을 입은 경우"라고 규정되어 있었는데, 2005년 개정에서 헌법과 실질적으로 동일하게 "전투·훈련 등 직무집행과 관련하여 전사·순직 또는 공상을 입은 경우"로 개정된 것이다. 2005년 개정의 취지가 기록상 명확하지 않지만, 2005년의 개정은 "전투·훈련 등 직무집행"을 "전투·훈련 및 이에 준하는 직무행위"만을 의미하는 것으로 하려는 개정이었다고 제한적으로 해석하는 것이 타당할 것이다. 국가배상법 제 2 조 제 1 항 단서는 예외규정이며 기본권인 국가배상청구구권을 제한하는 규정이므로 엄격히 해석하는 것이 타당하다. 그리고, 법령규정에서 "등"이라는 것은 앞

---

108) 대법원 2016.4.15. 선고 2013다20427 판결.
109) 대법원 2016.8.25. 선고 2014다225083 판결.
110) 판례는 직무상 의무의 사익보호성을 위법성의 요소로 보다가(대법원 2001. 10. 23. 선고 99다36280 판결[정수처리규정 위반사건]) 최근에는 상당인과관계의 요소로 보고 있다.
111) 대법원 2011. 03. 10. 선고 2010다85942 판결.

에 예시된 것에 준하는 것을 의미하는 것으로 보는 것이 타당하다. 또한, 현재 군인 등에 대한 특별법에 의한 보상액이 국가배상액에 비해 상당히 적은 점에 비추어도 국가배상법 제2조 제1항 단서를 확대하는 것은 실제에 있어서 국가배상청구권을 제한하는 결과를 가져온다.

국가배상판례의 발전을 위해서는 국가배상소송이 행정소송인지의 문제를 떠나 국가배상재판의 전문성, 국가배상판례와 항고소송판례의 통일성을 위해 국가배상사건을 행정법원의 관할로 하는 것이 타당하다. 그리고, 국가의 재정이 빈약하였던 60년대, 70년대에는 국가배상제도의 설계나 국가배상책임의 인정에서 국가재정을 어느 정도 고려하는 것이 타당할 수도 있었지만, 국가의 재정규모도 커지고 국가재정도 크게 부족하지 않은 오늘날에는 더 이상 국가배상에서 국가재정을 고려하는 것은 타당하지 않다.

V. 맺음말

정치권력이나 행정부에 비하여 사법부의 힘이 약한 현실하에서 정치권력이나 행정부로부터 사법부의 독립성을 확보하는 것이 일차적으로 중요한 사법의 과제이다. 사법부의 독립이 확고하지 못한 현재의 상황하에서는 법원에 의한 법의 해석 및 적용에 있어 철저한 법규범논리에 기초하는 것이 사법권의 독립을 지키면서도 행정부를 통제할 수 있는 길이 될 수 있다. 그렇지만, 판결시에 판결의 정책적인 영향을 전혀 고려하지 않는 것은 타당하지 않고, 원칙상 법규범논리에 충실하면서도 부수적으로 법의 해석·적용에서 정책적 고려를 하는 것이 현재로서는 사법정책적으로 타당하다고 생각한다.

전통적으로 실질적 의미의 사법은 법률상 쟁송을 재판절차에 따라 해결하는 작용을 말하는 것으로 보고, 법률상 쟁송은 '당사자 사이의 구체적인 권리의무관계에 대한 법률적용상의 분쟁'을 의미하는 것으로 보았다. 그러나, 현대의 행정소송을 사법에 포함시키기 위해서는 전통적인 의미의 법률상 쟁송의 개념을 수정할 필요가 있다. 즉 법률상 쟁송을 권리의무관계와 관련짓지 말고 "구체적인 법적 분쟁"으로 개념정의하는 것이 타당하고, 사법을 "당사자 사이의 구체적인 법적 분쟁을 당사자의 소송의 제기에 의해 독립한 법원이 법을 적용하여 해결하는 작용"이라고 개념정의하는 것이 타당하다. 또한, 오늘날 구체적인 법적 분쟁이 아닌 법적 분쟁을 재판의 대상으로 규정하는 입법이 늘고 있는 점에 비추어 사법의 개념에 명문의 법률규정에 의해 인정되는 당사자 사이의 구체적인 법적 분쟁이 아닌 법적 분쟁에 대한 재판을 추가할 필요가 있다. 이러한 사법개념의 확대는 사법의 기능 중 행정통제기능의 강화와도 관련이 있다.

사법의 개념 및 기능을 재조정함에 맞추어 행정소송의 근거 및 범위를 재조정할 필요가 있다. 우선 행정재판의 헌법적 근거는 헌법 제101조 제1항과 헌법 제27조 제1항으로 보는 것이 타당하다. 다음으로 사법의 본질론, 구체적 사건성은 더 이상 명령에 대한 항고소송의 한계론이 될 수 없다고 보고, 법규명령 자체에 의해 국민의 권익이 직접 침해된 경우에는 행정소송을 통한 권리구제의 길을 열어 주어야 한다.

새로운 사법 개념에 근거하여 행정판례를 재검토하고 그 발전방향을 제시할 필요가 있다. 우선 공법질서와 사법질서 그리고 행정법질서와 형사법질서가 통일성을 갖는 방향으로 행정판례를 형성해나가야 한다. 다음으로 행정입법의 위법성에 대한 법원의 통제를 보다 강화할 필요가 있다. '상위법령합치적 법령해석'에 대한 재검토가 필요하고, 문언상 명백히 상위법령에 반하는 명령은 법령의 예측가능성을 보장하기 위하여 위법한 것으로 판단하여야 한다. 법률의 해석에 대한 통제와 관련하여 행정기관이 그 시행을 담당하고 있는 법률에 대한 행정기관의 해석을 그 해석이 합리적인 한 존중해주어야 한다는 미국의 Chevron이론은 우리나라에서는 타당하지 않다고 보아야 한다. 행정입법은 정책결정의 의미를 갖는 경우가 많지만, 행정입법의 위법 여부는 상위법령에의 위반 여부의 법문제이므로 법문제에 대해 최종적 판단권을 갖는 법원은 일반 정책결정 보다는 보다 강한 통제를 해야 할 것이다.

국가의 중요한 정책결정이 법원의 심판대상이 되는 경우가 늘어나는 상황하에서 법원은 국가의 주요한 정책결정을 어떠한 기준에 의해 어느 정도 통제할 것인지를 결정하여야 한다. 정책결정이 자의적으로 행해지는 것이 적지 않은 점 등에 비추어 정책결정에 대한 사법적 통제 강화의 필요성이 있다. 정책결정이 심히 균형을 잃은 경우만 위법하다고 보는 이론은 정책결정에 대한 법원의 위법 판단에 장애가 될 수 있다. 정책결정에 있어 행정권의 남용이 적지 않은 현실에서 '이익형량이 균형을 잃은 경우' 위법하다고 보는 것이 타당하다.

국가배상소송은 항고소송을 보충하여 행정통제의 확대에 기여하는 면이 있다. 국가배상판례를 행정통제적 기능이라는 관점에서 재검토해야 한다. 법률에 의한 행정의 원칙하에서 국가배상소송을 행정통제기능을 갖는 제도로 이해하기 위하여는 국가배상법상 위법에 관하여 행위위법설을 취하는 것이 타당하다. 판례는 명문의 규정이 없음에도 제한적이나마 공무원에게 직무상 손해방지의무를 인정하고 있는데, 공무원의 직무상 손해방지의무를 보다 적극적으로 인정하여야 할 것이다. 국가배상책임의 인정에 공무원의 직무상 의무의 사익보호성을 요구하고 있는데, 이는 타당하지 않다. 국가배상재판의 전문성을 위해 국가배상사건을 행정법원의 관할로 하는 것이 타당하다.

현대적 사법 개념을 정립하고, 이에 맞추어 행정판례를 재검토하고, 현대적 사법 개념에 맞는 행정판례를 형성해나갈 수 있도록 학계와 실무계가 힘을 합쳐야 할 것이다.

참고문헌

김남진, 김연태, 행정법 I, 법문사, 2011.
김도창, 일반행정법(상), 청운사, 1992.5.
김철수, 헌법학개론, 박영사, 2001.
박균성, 행정법론 하, 박영사, 2016.
박정훈, 행정소송의 구조와 기능, 박영사, 2006.
박정훈, 행정법의 체계와 방법론, 박영사, 2005.4.
성낙인, 헌법학, 법문사, 2015.
송덕수, 민법강의, 박영사, 2016.
장영민, 박기석, 환경형법의 이론적 문제점에 관한 연구, 형사정책연구원
    연구총서, 1992.12.
장영수, 헌법학, 홍문사, 2014.
정연주, 헌법소송론, 법영사, 2015.
정종섭, 헌법학원론, 박영사, 2015.
정하중, 행정법개론, 법문사, 2015.
한수웅, 헌법학, 법문사, 2015.
허영, 한국헌법론, 박영사, 2011.
홍정선, 행정법특강, 박영사, 2015.
강재규, 헌법상 기능적 권력분립론의 행정법적 수용에 관한 연구, 공법연
    구 제41집 제1호, 2012.10.
김종철, 사법제도의 개정 필요성과 방향, 헌법학연구 제16권 제3호,
    2010.9.
문재완, 사법소극주의의 재검토, 외법논집 제27집, 2007.8.
민병로, 司法權의 槪念과 헌법소송 －일본에서의 논의를 중심으로－, 공
    법연구 제32집 제1호, 2003.11.
박균성, 미국 행정입법제도의 시사점 － 사법적 통제를 중심으로 －, 행

정법연구 제46호, 2016.8.

박균성, 환경영향평가서의 제출시기, 협의요청시기 및 협의완료시기 등, 행정판례연구 XVIII-1, 한국행정판례연구회, 2013.

박균성, 환경영향평가서의 제출시기, 협의요청시기 및 협의완료시기 등, 행정판례연구 XVIII-1, 2013.

신용인, 절대보전지역변경처분에 관한 사법적 통제, 인권과 정의 426호, 대한변호사협회, 2012.6.

윤정인, "행정입법에 대한 사법적 통제", 한국공법학회·대법원 헌법연구회 공동학술대회 발표, 2016.5.28.

이부하, 권력분립에서 기능법설에 대한 평가, 헌법학연구 제12권 제1호, 2006.3.

이재덕·장현철, 국방·군사시설 설치시 환경영향평가서 제출시기와 하자 치유 여부 : 제주해군기지 사건을 중심으로, 송무자료집 14집, 대검 찰청 고등검찰청, 2011.

임지봉, 사법적극주의·사법소극주의의 개념에 관한 새로운 모색과 그 적 용: 전두환·노태우 두 전직대통령에 관한 사건의 분석을 중심으로, 경희법학 제34권 제1호, 1999.

정성윤, 제주해군기지 건설사업과 환경영향평가제도, 법학논총 제30권 제 2호, 한양대학교법학연구소, 2013.6.

홍정선, 신고체육시설업의 신고는 수리를 요하는 신고가 아니다, 법률신 문 2519호, 법률신문사, 1996.2.27.

국문초록

　　그동안 행정판례의 발전과제에 대하여는 많은 연구가 있었지만, 사법의 개념과 기능의 관점에서 행정소송과 행정판례를 검토하는 연구는 많지 않았다. 따라서, 이 글에서는 행정소송 및 행정판례와 관련하여 사법의 개념과 기능을 새롭게 정립하고, 새롭게 정립된 사법의 개념과 기능에 입각하여 행정소송 및 행정판례를 조명하면서 행정판례의 발전방향을 모색해보고자 한다.

　　전통적으로 실질적 의미의 사법은 '법률상 쟁송을 재판절차에 따라 해결하는 작용'을 말하는 것으로 보고, 법률상 쟁송은 '당사자 사이의 구체적인 권리의무관계에 대한 법률적용상의 분쟁'을 의미하는 것으로 보았다. 그러나, 현대의 행정소송을 사법에 포함시키기 위해서는 전통적인 의미의 법률상 쟁송과 사법의 개념을 수정할 필요가 있다. 즉 법률상 쟁송을 권리의무관계와 관련짓지 말고 "구체적인 법적 분쟁"으로 개념 정의하는 것이 타당하고, 사법을 "당사자 사이의 구체적인 법적 분쟁을 당사자의 소송의 제기에 의해 독립한 법원이 법을 적용하여 해결하는 작용"이라고 개념 정의하는 것이 타당하다. 이러한 사법개념의 확대는 사법의 기능 중 행정통제기능의 강화와 관련이 있다.

　　새로운 사법 개념에 근거하여 행정판례를 재검토하고 그 발전방향을 제시할 필요가 있다. 행정입법의 위법성에 대한 법원의 통제를 보다 강화할 필요가 있다. 정책결정이 심히 균형을 잃은 경우만 위법하다고 보는 견해는 정책결정에 대한 법원의 위법 판단에 장애가 될 수 있다. 정책결정에 있어 행정권의 남용이 적지 않은 현실에서 '이익형량이 균형을 잃은 경우' 위법하다고 보는 것이 타당하다. 국가배상판례를 행정통제라는 관점에서 재검토해야 한다. 국가배상법상 위법개념에 관하여 행위위법설을 취하는 것이 타당하다. 공무원의 직무상 손해방지의무를 보다 적극적으로 인정하여야 할 것이다. 국가배상책임의 인정에 공무원의 직무상 의무의 사익보호성을 요구하고 있는데, 이는 타당하지 않다. 국가배상재판의 전문성을 위해 국가배상 사건을 행정법원의 관할로 하는 것이 타당하다.

주제어: 사법, 사법의 개념, 사법의 기능, 행정판례, 행정소송

Abstract

Functions of the Jurisdiction and Administrative Cases

PARK Kyun Sung*

Having been a lot of studies on the development issues of administrative cases, there have been a few studies examining administrative litigations and administrative cases in terms of concept and function of the jurisdiction. Therefore, this paper aims newly to establish concept and function of jurisdiction in relation to the administrative litigations and cases, and seek improvement of administrative litigations and cases based on their new concept and function proposed above.

Traditionally, substantial meaning of jurisdiction is considered as 'the act solving legal dispute according to the judicial procedure', and legal dispute is regarded as 'the dispute applying the law to the specific rights and duties relationship between the parties'. However, the concept of legal disputes and jurisdiction in the traditional sense is necessary to be revised in order to include modern administrative litigation in jurisdiction. In other words, it is reasonable to define the concept of legal disputes as 'specific legal disputes' without binding them to rights and duties relationship, and define jurisdiction as 'act settling specific legal disputes between parties by filing a lawsuit in an independent court according to laws'. Such expansion of judicial

---

* Professor of Kyung—Hee University Law School

concepts is related to strengthening the function of administrative control among the functions of the jurisdiction.

Therefore, it is necessary to review administrative cases based on new concept of jurisdiction, and to present improvement plan about them. There is a need to further strengthen the court's control power over the illegality of administrative rule. The view that a policy decision is unlawful, if it is highly unbalanced only, can be an obstacle to make judicial review of policy decisions. It is reasonable to think that 'the balancing interest not balanced' is unlawful, considering reality in which executive branch sometimes misuse her power of policy decision. They have to review the national compensation cases in terms of administrative control. It is reasonable to take theory, violating law by action, over concept of illegality under the National Compensation Act. It should admit more actively an public official's obligation prevening damage officially. It is not appropriate for some cases to require protective nature for private interest in official's duties as a element for national compensation responsibility. To improve the expertise of the national compensation trial, it is reasonable to transfer the national compensation lawsuit to the administrative court.

Keywords: jurisdiction, concept of jurisdiction, function of jurisdiction, administrative cases, administrative litigation

투고일 2017. 5. 26.
심사일 2017. 6. 13.
게재확정일 2017. 6. 16.

行政節次 및 情報公開

行政調查 및 行政節次의 法的問題 (金容燮)

行政調査 및 行政節次의 法的問題[*]

金容燮[**]

대상판결: 대법원 2016. 10. 27. 선고 2016두41811 판결

[사실관계와 판결요지]

Ⅰ. 사실관계

　　주식회사 송도(이하 '송도'라 한다)는 교육시설 운영업 등을 목적으로 하는 법인이다. 원고는 송도의 대표이사이고, 피고는 가평군수이다. 송도의 주주는 원고 등 5명이고, 원고가 61.6%, 원고의 여동생이 30%, 원고의 자녀 2인이 각 3%, 자녀 1인이 2. 4%의 지분을 소유하고 있다.

　　그런데, 송도는 2007. 9. 3. 원고로부터 경기 가평군 상면 행현리 914, 같은 리 918-1, 같은 리 918-5, 같은 리 918-6의 각 토지를 매수하여 그 지상에 교육연구시설(연수원) 2동을 신축한 후 2008. 7. 28.

* 이 논문은 2016년도 전북대학교 연구교수 연구비지원에 의하여 연구되었음
** 전북대 법학전문대학원 교수

피고로부터 사용승인을 받았다. 송도는 2007. 9. 3.경 원고로부터 같은
리 918, 같은 리 918-3 토지 지상의 단독주택을 매수하여 같은 달 18
일 그 명의로 소유권이전등기를 마쳤는데, 위 단독주택은 원고가 건축
주로서 2007. 7. 13. 사용승인을 받았다(이하 위 교육연구시설 2동과 단독주
택을 합쳐 '이 사건 각 건물'이라 한다).

한편 가평소방서장은 관내 특정소방대상물에 대한 소방특별조사를
하여 이 사건 각 건물의 무단 용도변경사실을 적발하고, 2014. 4. 25.
피고에게 이를 통보하였다.

피고 소속 공무원인 소외인은 전화로 원고에게 이 사건 각 건물에
대한 현장조사가 필요하다는 사실을 알리고 현장조사 일시를 약속한 다
음, 2014. 5. 14. 오후 원고가 참석한 가운데 이 사건 각 건물에 대한 현
장조사를 실시하였다.

현장조사 과정에서 소외인은 무단증축면적과 무단용도변경 사실을
확인하고 이를 확인서 양식에 기재한 후, 원고에게 위 각 행위는 건축
법 제14조 또는 제19조를 위반한 것이어서 시정명령이 나갈 것이고 이
를 이행하지 않으면 이행강제금이 부과될 것이라고 설명하고, 위반경위
를 질문하여 답변을 들은 다음 원고로부터 확인서명을 받았는데, 위 확
인서 양식에는 "상기 본인은 관계 법령에 의한 제반허가를 득하지 아니
하고 아래와 같이 불법건축(증축, 용도변경)행위를 하였음을 확인합니
다."라고 기재되어 있다.

이에 피고는 별도의 사전통지나 의견진술기회 부여 절차를 거치지
아니한 채, 현장조사 다음 날인 2014. 5. 15. 원고가 건축법상 위반행위
를 함으로써 건축법 제14조 및 제19조를 위반하였다는 것을 이유로 원
고에 대하여 건축법 제79조에 따라 원상복구를 명하는 시정명령(이하
'이 사건 처분'이라 한다)을 내렸다.

II. 이 사건 소송의 경과

1. 제1심(의정부지방법원) 판결[1]

송도와 송도의 대표이사인 원고가 피고 가평군수와 경기도지사를 상대로 제기한 시정명령처분취소 등 청구소송에서 제1심 법원인 의정부지방법원은 송도의 이 사건 소를 각하하고, 피고 가평군수가 2014. 5. 15. 원고에 대하여 한 시정명령을 취소한다는 청구부분과 경기도지사가 별지목록기재 각 부동산에 관하여 2010. 11. 19. 경기도 제2청 고시 제 2010-5213호로 한 가평군관리계획(용도지역변경)결정은 무효임을 확인한다는 청구부분에 대하여 기각판결을 내렸다.

송도가 경기도지사를 상대로 제기한 위 무효확인 청구는 법률관계의 확인을 구할 이익이 없다고 보아 소각하 판결을 내렸다.

참고적으로 원고의 청구에 대하여 제1심 법원은 절차적 하자와 관련하여 다음과 같이 판단하였다. ① 이 사건 처분을 함에 있어 처분의 당사자에 처분사유에 관한 의견진술의 기회가 충분히 보장되고, 실제로 의견진술이 이루어졌다면 행정절차법 제21조 제1항, 제3항에 따른 적법한 사전통지절차가 있었다고 보아야 한다. ② 행정절차법 제26조의 불복 고지절차를 하였다는 증거는 없으나, 원고가 제소기간 내에 이 사건 소를 제기하여 이 사건 처분의 적법여부를 다투고 있는 이상 피고 가평군수가 위와 같은 내용의 고지를 하지 않았다는 사정만으로 이 사건 처분까지 취소해야 할 정도의 절차상 하자가 수반된다고 보기 어렵다.

---

1) 의정부지방법원 2015. 6. 16. 선고 2014구합8204[시정명령처분취소등]

2. 원심(서울고등법원) 판결2)

제1심 판결에 불복하여 송도의 대표이사인 원고(항소인)는 피고(피항소인)를 상대로 항소하였다.3)

원심 법원은 다음과 같은 이유를 제시하면서 원고의 항소를 기각하였다.

첫째로, 사전통지 및 의견청취절차의 하자 존부와 관련하여, 행정조사과정에서 확인서의 교부와 담당공무원의 안내는 행정절차법 제21조 제1항에 규정된 처분의 사전통지의 실질을 갖는 것으로서 이 사건 처분의 사전통지에 해당하고, 설사 그렇지 않다고 할지라도 행정절차법 제21조 제4항 제3호에 규정된 '해당 처분의 성질상 의견청취가 현저히 곤란하거나 명백히 불필요하다고 인정될 만한 상당한 이유가 있는 경우'에 해당한다고 봄이 타당하다.

둘째로, 행정절차법 제26조 불복고지 등의 위법여부와 관련하여, 불복고지를 하였다는 증거는 없으나, 원고가 제소기간 내에 이 사건 소를 제기하여 이 사건 처분의 적법여부를 다투고 있는 이상 피고가 위와 같은 내용을 고지하지 아니하였다는 사정만으로 이 사건 처분을 취소해야 할 정도의 절차상 하자가 있다고 보기 어렵다.

셋째로, 행정조사기본법 위반여부와 관련하여, 행정조사기본법 제17조 제1항에 의하면 행정조사를 실시하고자 하는 행정기관의 장은 제9조에 따른 출석요구서, 제10조에 따른 보고요구서·자료제출요구서 및 제11조에 따른 현장출입조사서(이하 "출석요구서 등"이라 한다)를 조사개

---

2) 서울고등법원 2016. 5. 11. 선고 2015누49728판결[시정명령처분취소등]
3) 이에 대하여 원심법원에서는 절차하자에 대한 판단과 더불어 건축법 제79조 제1항
   에 따른 시정명령의 상대방은 건축물의 소유자뿐만 아니라 건축물의 위법상태를
   직접 초래하거나 또는 그에 관여한 바 있는 건축주 등도 시정명령의 대상자로 한
   다고 보아 원고가 시정명령처분의 상대방이라고 보았다. 건축법위반의 주장과 관
   련하여 제1심 판결의 이유를 그대로 원용하면서 원고의 주장을 일축하고 있다.

시 7일 전까지 조사대상자에게 서면으로 통지하여야 하되, 그 예외사유로 제3호에서 '제5조 단서에 따라 조사대상자의 자발적인 협조를 얻어 실시하는 행정조사의 경우에는 행정조사의 목적 등을 조사대상자에게 구두로 통지할 수 있다' 고 규정하고 있다. 위 인정 사실에 의하면 소외인 등은 현장조사에 앞서 원고에게 조사의 목적 등을 알리면서 조사일정을 조율하였는바, 소외인 등의 현장조사는 원고의 자발적인 협조를 얻어 실시한 경우라고 할 것이므로, 이 사건 처분에 앞서 이루어진 행정조사에 행정조사기본법을 위반한 위법이 있다고 할 수 없다.

이에 불복하여 원고는 상고를 하였고, 대법원은 아래에서 보는 바와 같은 이유로 원심판결을 파기하고, 이 사건을 서울고등법원에 환송하였다.[4]

III. 대법원 판결의 요지

1. 행정조사기본법 제5조에 의하면 행정기관은 법령 등에서 행정조사를 규정하고 있는 경우에 한하여 행정조사를 실시할 수 있으나(본문), 한편 '조사대상자의 자발적인 협조를 얻어 실시하는 행정조사'의 경

---

4) 환송법원인 서울고등법원 2017. 1. 10. 선고 2016누71159 판결에서 "제1심판결을 취소하고, 피고가 2014. 5. 15. 원고에 대하여 한 시정명령을 취소한다. 소송비용은 피고가 부담한다"라는 판결이 내려졌고, 동 판결은 확정되었다. 이 판결문상의 이유의 구조는 1. 처분의 경위 2. 이 사건 처분이 적법여부 가. 원고의 주장 나. 관계법령 다. 판단 3. 결론의 순으로 되어 있고, 특히 2. 다. 판단 부분에서 실체법적 위법성 판단을 먼저하고 절차적 하자는 나중에 판단하였다. 즉 1) 원고가 시정명령처분의 적법한 상대방인지 여부 2) 건축법위반사항이 있는 지 여부 3) 이 사건 처분에 절차적 하자가 있는지 여부 가)행정조사기본법 위반여부 나) 사전통지 및 의견청취절차의 하자 존부의 순으로 판단하였다. 다만, 원고가 주장한 바 있는 행정절차법 제26조 불복고지를 하지 않은 부분에 대하여는 제1심법원과 원심법원의 판결문과는 달리 이에 관하여 별도로 판단하지 않고 있는 점이 특징이다.

우에는 그러한 제한이 없이 실시가 허용된다(단서). 행정조사기본법 제5
조는 행정기관이 정책을 결정하거나 직무를 수행하는 데에 필요한 정보
나 자료를 수집하기 위하여 행정조사를 실시할 수 있는 근거에 관하여
정한 것으로서, 이러한 규정의 취지와 아울러 문언에 비추어 보면, 단서
에서 정한 '조사대상자의 자발적인 협조를 얻어 실시하는 행정조사'는
개별 법령 등에서 행정조사를 규정하고 있는 경우에도 실시할 수 있다.

　　2. 행정절차법 제21조 제1항, 제3항, 제4항, 제22조에 의하면, 행정
청이 당사자에게 의무를 부과하거나 권익을 제한하는 처분을 하는 경우
에는 미리 '처분의 제목', '처분하려는 원인이 되는 사실과 처분의 내용
및 법적 근거', '이에 대하여 의견을 제출할 수 있다는 뜻과 의견을 제출
하지 아니하는 경우의 처리방법', '의견제출기관의 명칭과 주소', '의견
제출기한' 등의 사항을 당사자 등에게 통지하여야 하고, 의견제출기한
은 의견제출에 필요한 상당한 기간을 고려하여 정하여야 하며, 다른 법
령 등에서 필수적으로 청문을 하거나 공청회를 개최하도록 규정하고 있
지 아니한 경우에도 당사자 등에게 의견제출의 기회를 주어야 하며, 다
만 '해당 처분의 성질상 의견청취가 현저히 곤란하거나 명백히 불필요
하다고 인정될 만한 상당한 이유가 있는 경우' 등에 한하여 처분의 사전
통지나 의견청취를 하지 아니할 수 있다. 따라서 행정청이 침해적 행정
처분을 하면서 당사자에게 사전통지를 하거나 의견제출의 기회를 주지
아니하였다면, 사전통지나 의견제출의 예외적인 경우에 해당하지 아니
하는 한, 처분은 위법하여 취소를 면할 수 없다.
　　그리고 여기에서 '의견청취가 현저히 곤란하거나 명백히 불필요하
다고 인정될 만한 상당한 이유가 있는 경우'에 해당하는지는 해당 행정
처분의 성질에 비추어 판단하여야 하며, 처분상대방이 이미 행정청에
위반사실을 시인하였다거나 처분의 사전통지 이전에 의견을 진술할 기
회가 있었다는 사정을 고려하여 판단할 것은 아니다.

IV. 관련 판례

1. 대법원 2016. 12. 15. 선고 2016두47659 판결
[증여세등부과처분취소]

국세기본법은 제81조의4 제1항에서 "세무공무원은 적정하고 공평한 과세를 실현하기 위하여 필요한 최소한의 범위에서 세무조사를 하여야 하며, 다른 목적 등을 위하여 조사권을 남용해서는 아니 된다."라고 규정하고 있다. 이 조항은 세무조사의 적법 요건으로 객관적 필요성, 최소성, 권한 남용의 금지 등을 규정하고 있는데, 이는 법치국가원리를 조세절차법의 영역에서도 관철하기 위한 것으로서 그 자체로서 구체적인 법규적 효력을 가진다. 따라서 세무조사가 과세자료의 수집 또는 신고내용의 정확성 검증이라는 본연의 목적이 아니라 부정한 목적을 위하여 행하여진 것이라면 이는 세무조사에 중대한 위법사유가 있는 경우에 해당하고 이러한 세무조사에 의하여 수집된 과세자료를 기초로 한 과세처분 역시 위법하다. 세무조사가 국가의 과세권을 실현하기 위한 행정조사의 일종으로서 과세자료의 수집 또는 신고내용의 정확성 검증 등을 위하여 필요불가결하며, 종국적으로는 조세의 탈루를 막고 납세자의 성실한 신고를 담보하는 중요한 기능을 수행하더라도 만약 남용이나 오용을 막지 못한다면 납세자의 영업활동 및 사생활의 평온이나 재산권을 침해하고 나아가 과세권의 중립성과 공공성 및 윤리성을 의심받는 결과가 발생할 것이기 때문이다.

2-1. 대법원 1987. 11. 24. 선고 87누529 판결
[차량면허취소처분취소]

자동차운수사업법 제31조 등의 규정에 의한 사업면허의 취소 등의 처분에관한 규칙(교통부령) 제7조 제3항의 고지절차에 관한 규정은 행정처분의 상대방이 그 처분에 대한 행정심판의 절차를 밟는데 있어 편의를 제공하려는데 있으며 처분청이 위 규정에 따른 고지의무를 이행하지 아니하였다고 하더라도 경우에 따라서는 행정심판의 제기기간이 연장될 수 있는 것에 그치고 이로 인하여 심판의 대상이 되는 행정처분에 어떤 하자가 수반된다고 할 수 없다.

2-2. 대법원 2008. 6. 12. 선고 2007두16875 판결
[건축허가취소처분취소]

피고가 이 사건 처분시에 행정심판의 제기절차 등을 고지하지 않은 것이 구 행정절차법 제26조에 위반된다고 하더라도, 같은 법에 그 위반의 효과에 관하여 규정하고 있지 아니하고, 행정소송법은 행정심판법 제18조 제6항과는 달리 제소기간의 불고지로 인한 효과에 관한 규정을 두고 있지 아니한 점에 비추어 보면, 그 위반의 효과로써 원고가 이 사건 처분이 있은 날부터 1년 이내에 행정소송을 제기할 수 있게 된다고 볼 수 없다는 이유로, '이 사건 처분이 있은 날부터 1년 이내에 제기된 이 사건 소가 행정소송법 제20조 제2항에 따라 적법하다'는 취지의 원고 주장을 배척하였다.

[판례연구]

I. 쟁점의 소재

1. 적법절차원칙은 입법·행정·사법 등 모든 국가 공권력에 의한 국민의 생명·자유·재산의 침해가 반드시 합리적이고 정당한 법률을 근거로 하고 정당한 절차에 따른 경우에만 유효하다는 원리를 의미한다. 이러한 적법절차원칙은 실질적 법치주의와 맥을 같이하며 그 이념적 뿌리

가 대륙법계통의 법치주의라기 보다는 영미법의 법의 지배로부터 비롯
되었다고 볼 것이다.5) 미국에서 적법절차원칙은 행정절차에서도 공정
한 통지 및 청문절차(notice and fair hearing)가 반드시 보장되어야 하는
것으로 이해된다. 아울러 1946년에 제정된 미국의 행정절차법(APA)에서
는 실체적 하자와 더불어 절차적 하자를 독자적인 처분의 취소사유로
명기하고 있다.6)

　헌법재판소7)는 "헌법 제12조 제3항 본문은 동조 제1항과 함께 적
법절차원리의 일반조항에 해당하는 것으로서, 형사절차상의 영역에 한
정하지 않고 입법·행정 등 국가의 모든 공권력의 작용에는 절차상의
적법성뿐만 아니라 법률의 실체적 내용도 합리성과 정당성을 갖춘 실체
적인 적법성이 있어야 한다는 적법절차의 원칙을 헌법의 기본원리로 명
시한 것이다"라고 판시하고 있다. 이처럼 헌법재판소는 헌법 제12조의
적법절차조항을 신체의 자유에 국한시키하여 판단하지 않고 그와 같은 규
정양식이나 위치에 관계없이 신체의 자유뿐만 아니라 모든 기본권에 적
용하였고, 형사절차를 포함하여 입법작용과 행정작용 등 모든 국가의
공권력 작용에 까지 그 적용범위를 확장하면서 모든 국가작용을 지배하
는 헌법의 독자적인 기본원리로 보았다.8) 한편, 대법원9)은 "헌법 제12

---

5) 허영, 「헌법이론과 헌법」, 박영사, 2006, 480면. 한편, 헌재 1994. 6. 30. 선고 93헌
　바9 결정에서 "오늘날의 법치주의는 국민의 권리·의무에 관한 사항을 법률로써
　정해야 한다는 형식적 법치주의에 그치는 것이 아니라 그 법률의 목적과 내용 또
　한 기본권보장의 헌법이념에 부합되어야 한다는 실질적 적법절차를 요구하는 법
　치주의를 의미하며, 헌법 제38조, 제59조가 선언하는 조세법률주의도 이러한 실질
　적 적법절차가 지배하는 법치주의를 뜻하므로, 비록 과세요건이 법률로 명확히
　정해진 것일지라도 그것만으로 충분한 것은 아니고 조세법의 목적이나 내용이 기
　본권 보장의 헌법이념과 이를 뒷받침하는 헌법상 요구되는 제 원칙에 합치되어야
　한다"고 판시하여 조세법률주의의 적용과 관련하여 적법절차를 내포하는 실질적
　법치주의를 표방하고 있다.
6) 박정훈, "행정소송과 행정절차(1)", 행정소송의 구조와 기능, 박영사, 2006, 563면.
7) 헌재 1992. 12. 24. 92헌가8 결정
8) 정영철, "행정법의 일반원칙으로서의 적법절차원칙", 공법연구 제42집 제1호,

조 제1항에서 규정하고 있는 적법절차의 원칙은 형사소송절차에 국한
되지 아니하고 모든 국가작용 전반에 적용된다. 세무조사는 국가의 과
세권을 실현하기 위한 행정조사의 일종으로서 과세자료의 수집 또는 신
고 내용의 정확성 검증 등을 위하여 불요불가결하며, 종국적으로는 조
세의 탈루를 막고 납세자의 성실한 신고를 담보하는 중요한 기능을 수
행한다. 이러한 세무공무원의 세무조사권의 행사에서도 적법절차의 원
칙은 마땅히 준수되어야 한다."고 판시한 바 있다. 이처럼 적법절차 원
칙은 일반적으로 형사절차상의 영역에 한정되지 않고 행정조사와 행정
절차에 있어서도 그 적용이 있다.

2. 기본권 보장을 이념으로 하는 현대의 실질적 법치국가에 있어서
행정의 공정성과 적정성을 기하고 민주적 행정을 실현하기 위한 제도로
서 행정절차가 가지는 의미는 매우 크다.[10] 절차를 통한 공행정의 정당
성의 확보는 오늘날 복잡한 사회에 있어서 결정을 합리적으로 받아들이
기 위해 필요 불가결하다. 실질적 법치주의가 강조됨에 따라 결과 그
자체도 중요하지만 결과에 이르는 과정 내지 절차의 정당성이 중시되고
있다.

행정조사는 행정청의 일상적인 활동에 속한다. 행정청은 법치국가
내에서 각각의 행정결정을 하기에 앞서 사실관계를 충분히 조사하여야
하는 과제와 의무를 동시에 갖는다. 그 이유는 법을 적용하기에 앞서
사실관계의 확정에 있어 담당 공무원이 실체적 진실을 인식하고 있다는
전제위에서 행정결정이 이루어져야 하기 때문이다.[11] 이처럼 행정조사
는 행정의 활동을 위한 정보의 획득 수단이면서 올바른 행정정책의 수

2013, 592면
9) 대법원 2014. 6. 26. 선고 2012두911판결
10) 최송화, "절차상 흠 있는 행정행위의 법적 효과- 청문을 중심으로-", 고시계,
95/9, 340면.
11) Bettina Spilker, 「Behördliche Amtsermittlung 」, Mohr Siebeck, 2015, Vorwort.

립과 행정결정 및 집행을 위한 전제가 되는 행정의 작용형식이다. 우리
의 다수의 개별 법률12)에서 행정조사에 관하여 명문의 규정을 두고 있
으며 아울러 일반법으로서 행정조사기본법이 제정되어 시행중에 있다.

행정조사는 법치국가의 관점에서 문제점의 하나로서 그것이 개인
의 기본권에 대한 침해를 수반하는 것임에도 불구하고 형사절차가 아니
라는 이유로 각 개별법령상의 근거만 있으면 언제든지 발동할 수 있는
것으로 인식되고 있다. 넓은 의미의 행정절차의 성격을 띠는 행정조사
는 형사소송절차와 구별되는 점을 부정할 수 없지만, 개인에게 발생하
는 침해의 성격이 동일함에도 행정조사라는 이유만으로 헌법상의 기본
권 제한의 일반 원리를 무시할 수는 없을 것이기 때문이다.

종래 행정조사는 실무상 중요한 의의를 가짐에도 불구하고 그것이
법적 행위가 아니고 그 준비단계인 사실행위로 파악되었고, 행정조사의
방법·대상 등이 다종다양함으로 인해 그것을 통일적인 법적 도구개념으
로 구성하는데 어려움이 적지 않았다. 행정조사의 문제는 행정법학과
형사소송법학의 접경영역에 속하는 문제라고 할 것이다. 사실상 수사로
서 기능하는 행정조사는 순수한 행정조사로 접근할 것이 아니라 형사소
송법적인 수사로 취급하여 변호인의 조력권, 진술거부권, 영장주의 원
칙 관철 등으로 대처해 나갈 필요가 있다.13) 행정조사는 예방작용, 관

---

12) 일반적으로 행정조사의 실정법적 근거의 예로서 제시하는 통계법 제7조, 식품위생
   법 제17조의 경우는 직접 범죄 혹은 범칙행위와의 관련을 맺고 있지 않은 일상적
   인 행정조사를 의미한다고 할 수 있다. 그러나, 경찰관직무집행법 제3조, 풍속영
   업의 규제에 관한 법률 제9조, 총포·도검·화약류등 단속법 제44조, 국세징수법 제
   25조 내지 제27조, 독점규제 및 공정거래에 관한 법률 제49조 제1항, 제50조 제5
   항의 경우에는 이미 실정법상으로도 일상적인 행정조사로 파악할 수 있는 범위를
   넘어서 광범위한 수권이 행하여지고 있다.
13) 이와 관련하여 사실상 수사로서 기능하는 행정조사에 대하여 형사소송법 원칙의
   적용을 부정하는 듯한 판례로는 대법원 2013. 9. 26. 선고 2013도7718 판결[마약류
   관리에관한법률위반(향정)]을 들 수 있다. 즉, 대법원은 "관세법 제246조 제1항,
   제2항, 제257조, '국제우편물 수입통관 사무처리'(2011. 9. 30. 관세청고시 제
   2011-40호) 제1-2조 제2항, 제1-3조, 제3-6조, 구 '수출입물품 등의 분석사무

리·감독 작용을 근간으로 하는 행정작용의 성격으로 파악된다면 행정
절차의 일반 원칙을 준수하는 것으로 족할 수 있으나, 사실상 수사의
기능을 하는 조사의 경우 형사소송절차의 원칙을 지킬 필요가 있다. 오
늘날 행정 조사활동의 중요성에 대한 인식이 높아지고 있으며, 순수한
임의적 조사활동의 측면보다는 강제조사 내지 간접적 강제력을 갖는 경
우에 그에 대한 법적 통제를 어떻게 확보할 것인가의 문제가 중요한 문
제라고 할 것이다. 이 사건 대상판결에 있어서는 개별법상의 법적 근거
가 있음에도 행정조사를 자발적 협조의 방식으로 한 경우 행정조사기본
법의 적용과 관련하여 엄격한 조사절차의 규율을 회피할 수 있는 지 여
부가 문제된다.

　　행정절차와 관련하여, 대법원 판례는 절차위반이 언제나 그 자체로
서 처분의 무효나 취소할 수 있는 사유가 되는 것이 아니라는 입장이
다. 중요한 절차위반일 경우에는 실체에 영향을 미치는지 여부와는 무
관하게 처분의 위법성을 주장할 수 있으며, 아울러 경미한 절차하자라
할지라도 실체에 영향을 미치는 경우에는 그 자체로 처분의 취소사유가
되고 있다. 행정절차법 제26조상 불복고지절차를 제대로 이행하지 않은
경우에 그 절차하자는 처분의 위법에 영향이 없다고 보는 입장이 법원
의 주류적인 태도라서 이 부분에 대한 법원의 행정통제는 미약한 실정
이다.

　　개별 법률이나 행정절차법에서 규정하고 있는 절차를 지키지 않은
경우에는 비록 실체에 영향이 없더라도 절차적 위법을 이유로 법원이

　　처리에 관한 시행세칙'(2013. 1. 4. 관세청훈령 제1507호로 개정되기 전의 것) 등과
관세법이 관세의 부과·징수와 아울러 수출입물품의 통관을 적정하게 함을 목적으
로 한다는 점(관세법 제1조)에 비추어 보면, 우편물 통관검사절차에서 이루어지는
우편물의 개봉, 시료채취, 성분분석 등의 검사는 수출입물품에 대한 적정한 통관
등을 목적으로 한 행정조사의 성격을 가지는 것으로서 수사기관의 강제처분이라
고 할 수 없으므로, 압수·수색영장 없이 우편물의 개봉, 시료채취, 성분분석 등 검
사가 진행되었다 하더라도 특별한 사정이 없는 한 위법하다고 볼 수 없다."고 판
시한 바 있다.

위법한 처분에 대한 취소판결을 내릴 경우에 국민의 권익보호와 더불어
행정에 대한 적법성 통제를 강화하는 것이 된다. 우리와 같이 그동안
결과지향적 급속한 성장일변도의 정책을 실현하는 과정에서 민주적인
절차를 경시하였던 타성적 행정의 업무처리의 측면에 비추어 보거나 절
차의 잘못으로 인해 다시금 제대로 된 절차를 거치는 과정에서 오히려
행정업무의 비효율적인 측면을 감안할 때, 개별 법률이나 행정절차법에
서 정한 절차를 제대로 준수하지 아니한 경우 법원은 실체적 위법성이
없더라도 적극적으로 처분의 위법성을 인정하여 행정을 통제할 필요가
있다.14)

II. 행정조사의 법적 문제

1. 행정조사의 의의와 체계적 지위

행정조사는 일반적으로 "행정기관이 사인으로부터 행정상 필요한
자료나 정보를 수집하기 위하여 행하는 일체의 행정작용"이라 정의한
다. 이와는 달리 행정조사를 좁게 "행정기관이 궁극적으로 행정작용을
적정하게 실행함에 있어서 필요로 하는 자료·정보 등을 수집하기 위하
여 행하는 권력적 조사활동"이라고 정의하는 견해15)가 있다. 행정조사
를 권력적 조사활동이라고 한정할 경우 행정조사의 법률적 근거의 필요

---

14) 그렇다고 우리가 미국보다 더 절차를 강조하는 입장이라고 단정할 것은 아니다.
  일반적으로 미국은 절차적 사고를 중시하고, 독일 등 대륙법 계통의 국가는 실체
  법적 사고를 중시한다고 말해져 왔다. 그러나 오늘날 독일도 유럽화의 영향으로
  인해 실체위주의 사고에서 전환이 일어나고 있어 접근해 가는 경향에 있다. 우리
  가 독일과 문화와 법체계가 다르기 때문에 독일 연방행정절차법에서와 마찬가지
  로 절차하자의 효과를 소극적으로 해석할 것은 아니다.
15) 다른 학자를 대표하여, 김동희, 「행정법 I」, 박영사, 2015, 500면.

성이 드러나고 그 한계의 설정이 가능해지는 등 행정법학적으로 논리체계를 구성함에 있어 장점이 있다. 그러나 행정조사는 그 본질이 자료나 정보를 수집하는 활동이므로 비권력 작용을 포함한다고 볼 것이다.16)

행정조사기본법 제2조 제1호에서 실정법상의 개념정의를 하고 있는바, "행정조사란 행정기관이 정책을 결정하거나 직무를 수행하는 데 필요한 정보나 자료를 수집하기 위하여 현장조사 · 문서열람 · 시료채취 등을 하거나 조사대상자에게 보고요구 · 자료제출요구 및 출석 · 진술요구를 행하는 활동을 말한다"고 하고 있다.

정보화 사회의 진전에 따른 행정조사를 정보의 조사, 수집, 처리, 보존과정에서의 개인 또는 사생활의 보호라는 관점에서 접근하고 있을 뿐만 아니라, 즉시강제로부터 분리하는데 그치지 아니하고 독자적인 행정의 행위형식으로 파악하는 등 다양한 논의가 전개되고 있다.

일본의 경우 행정조사를 행정기관이 행하는 정보수집활동을 행정조사의 항목에서 설명하는 것이 일반적이다. 그럼에도 불구하고 학자에 따라서는 행정조사를 전통적인 즉시강제로부터 분리하여 4가지 관점에서 새롭게 체계화하고 있다. 즉, ① 행정기관의 행위유형의 하나로서 간접강제를 특징으로 하는 행위유형으로 설명하는 견해 ② 행정상의 제도로서 설명하는 견해 ③ 행정절차의 하나의 단계로서 위치설정하는 견해 ④ 다양한 관점으로부터 검토하면서 사인의 권리·이익의 시각에서 행정조사를 파악하는 견해가 바로 그것이다.17)

여기서는 행정조사를 넓은 의미에서 행정절차의 일종으로 행정청이 올바른 결정을 위하여 정보를 수집하고 확보하는 행정의 행위형식의 일종이며, 당사자의 절차참여 등의 권리 보장적 측면에서 파악할 수 있다.18) 또한, 행정조사는 법치국가의 실현을 위해 행정청의 사실인정의

---

16) 김용섭 · 이경구 · 이광수, 「행정조사의 사법적 통제방안 연구」, 박영사, 2016, 10-11면.
17) 須藤陽子, 「行政强制と行政調査」, 法律文化社, 2014, 65-66面.
18) 다만 행정조사는 조사의 태양에 따라 처분적 성격과 사실행위의 성격을 갖는 경우

정확성 요청에 부응하는 행정제도이면서 다른 한편으로 사실적 수사로
서 기능하는 경우에는 형사소송절차적 권익보장의 관점에서 파악할 필
요가 있으며, 행정조사는 그 자체로서 행정의 작용형식의 하나로서 행
정처분을 하기에 앞서 정보를 수집하는 광의의 행정절차의 일종으로 이
해하고자 한다.[19)]

2. 행정조사의 법적 성질

가. 종래 행정조사 그 자체를 일률적으로 비권력적 사실행위나 권
력적 사실행위로 파악하는 견해가 적지 않았으나, 오늘날 유력설은 행
정조사의 유형에 따라 달리 접근하여 사실행위로서의 행정조사와 처분
적 내용의 행정조사로 구분하고 있다.

가령 출석명령이나 보고서제출명령의 경우는 처분적 성질을 지니
고 있는 반면에 현장조사나 입회검사의 경우 등은 사실행위의 성격을
지닌다고 보게 된다.[20)]

이론상으로는 일부 행정조사에 대하여 "처분성"을 인정함이 다수
설이다. 행정조사가 서류제출명령 등과 같은 행정행위의 형식으로 이루
어지는 경우 그 처분성이 인정된다. 현장조사가 예고된 경우 그 법적
성격이 기본적으로 사실행위라 판단되지만 이 경우 행정조사가 권력적

가 있는바, 처분적 성격을 띠는 경우에는 개별법, 행정조사기본법과 더불어 행정
절차법의 적용이 있게 된다.
19) 이러한 관점에서 행정조사에서 권력적 조사와 함께 임의적 조사도 함께 다루어 나
가는 것이 바람직하다. 비록 강제력을 갖는 조사가 아니라 임의적 조사일지라도
조사에 불응하는 경우에 형벌이나 과태료의 제재를 가하는 것을 전제로 행정기관
의 조사에 응하도록 강제하는 간접강제력을 갖는 행정조사를 어떤 관점에서 법적
통제를 할 것인지의 문제가 중요하고, 특히 위법사실의 조사와 같이 형사소송법
상의 수사와 접촉하는 영역의 문제로서 고발 등의 절차를 거쳐 수사절차로 이행
되는 경우에 증거능력의 문제 등에 대하여도 폭넓게 논의할 필요가 있다.
20) 박균성, 「행정법강의」, 박영사, 2017, 358면.

조사일 경우에는 행정소송법 제2조가 규정하는 "처분"에 해당할 여지가 있으므로 취소소송을 제기할 수 있다.

나. 일반적으로 행정조사에 대하여 판례는 처분성을 인정하고 있지 않다. 다만, 세무조사와 관련하여 처분성을 최초로 인정한 대법원 2011.3.10. 선고 2009두23617,23624 판결이 있다. 이 판결에 의하면, "부과처분을 위한 과세관청의 질문조사권이 행해지는 세무조사결정이 있는 경우 납세의무자는 세무공무원의 과세자료 수집을 위한 질문에 대답하고 검사를 수인하여야 할 법적 의무를 부담하게 되는 점, 세무조사는 기본적으로 적정하고 공평한 과세의 실현을 위하여 필요한 최소한의 범위 안에서 행하여져야 하고, 더욱이 동일한 세목 및 과세기간에 대한 재조사는 납세자의 영업의 자유 등 권익을 심각하게 침해할 뿐만 아니라 과세관청에 의한 자의적인 세무조사의 위험마저 있으므로 조세공평의 원칙에 현저히 반하는 예외적인 경우를 제외하고는 금지될 필요가 있는 점, 납세의무자로 하여금 개개의 과태료 처분에 대하여 불복하거나 조사 종료 후의 과세처분에 대하여만 다툴 수 있도록 하는 것보다는 그에 앞서 세무조사결정에 대하여 다툼으로써 분쟁을 조기에 근본적으로 해결할 수 있는 점 등을 종합하면, 세무조사결정은 납세의무자의 권리·의무에 직접 영향을 미치는 공권력의 행사에 따른 행정작용으로서 항고소송의 대상이 된다."고 보았다.

다. 위법한 행정조사행위가 진행되고 있는 경우 조사행위 그 자체에 대해 취소소송을 제기할 수 있는가의 문제가 제기된다. 이에 대해서는 단순한 물리력행사로서 처분성을 인정할 수 없다는 견해도 있을 수 있으나, 우리 행정소송법이 처분을 광의로 이해하고 있으므로 사실행위인 행정조사에 있어서 처분성을 인정할 수 있다.[21] 위법한 권력적 조사가 계속되고 있다면 그 행위를 중지시킬 필요성이 있으므로 처분성을

인정할 필요가 있다. 그러나 비권력 사실행위일 경우에는 행정쟁송뿐만
아니라 헌법소원이 허용되지 않는다.

3. 행정조사절차의 하자와 처분의 효력과의 관계

(1) 행정조사절차의 하자와 처분의 효력논의는 행정절차의 하자의
차원의 문제로 환원할 것인지 아니면 행정조사의 특유한 절차하자의 문
제로 볼 것인지 논란이 있다. 적극설에 의하면 행정조사가 행정과정 전
체에서 수행하는 기능의 측면에서 행정조사상의 하자는 절차하자의 문
제로 파악할 수 있다고 본다.[22] 이에 반하여 행정조사는 행정결정에 선
행하여 이루어지는 행정절차와는 달리 법령에 특별한 규정이 없는 한
행정조사와 행정결정은 상호 별개의 독자적 제도이지 양자가 하나의 절
차를 구성하고 있다고 볼 수 없다고 보는 견해[23]도 있다.

다만, 행정조사는 매우 복잡한 유형과 양상으로 나타나기 때문에
절차하자의 측면으로 완전히 해소할 수 없는 측면이 있다. 이러한 관점
에서 절충설이 제기되고 있다. 행정조사에 중대한 위법사유가 있거나
행정조사로 보기 어려울 정도로 요건을 결한 경우에 한하여 처분에 하
자가 있는 것으로 보는 견해이다. 관련판례 1.에서 세무조사에 중대한
위법사유가 있는 경우에는 과세처분이 위법하다고 본 판례가 이러한 절

---

21) 행정상 사실행위에 대한 처분성에 관하여는 김용섭, "행정상 사실행위의 법적 문
   제", 인권과 정의 통권 208호, 2000, 148면 이하, 최근의 대법원 2014. 2. 13. 선고
   2013두20899판결에서 교도소장의 접견내용 녹음·녹화 및 접견시 교도관 참여대상
   자 지정행위에 대하여 이를 항고소송의 대상이 되는 처분이라고 판시하였다. 이
   는 권력적 사실행위에 대하여 항고소송의 대상성을 인정한 의미 있는 판결이라고
   할 것이다.
22) 박균성, 「행정법강의」, 박영사, 2017, 366면.; 김중권, 「김중권의 행정법」, 법문사,
   2013, 414면. 김중권 교수는 세무조사결정의 처분성을 인정한 판례가 나온 점을
   계기로 세무조사결정과 그것의 실행행위인 세무조사행위는 구별하여야 한다는 입
   장이다.
23) 박윤흔, 「최신행정법 강의」, 634면.; 김남철, 「행정법강론」, 박영사, 2016, 465면.

충설의 관점에 서 있다고 보여진다.

생각건대, 행정조사는 침익행정과 급부행정뿐만 아니라 인프라 행정 등 모든 행정활동을 위해 사전 준비적 활동으로 이루어진다. 위법한 행정조사의 결과로 획득한 자료를 바탕으로 행정행위가 행하여진 경우에 위법한 행정조사가 행정행위에 어떤 법적 효력이 미치는지가 문제된다. 행정행위를 하기 위한 예비적 활동에 불과하다고 보게 되면 설사 행정조사절차를 위반하였다고 할지라도 그로 인해 후속적인 처분이 위법하게 되는 것은 아니라고 보게 된다. 반면에 행정조사 역시 광의의 행정절차의 일종이라고 보게 되면 절차하자의 효과의 법리가 행정조사에도 그대로 적용될 여지가 있다.[24]

(2) 세무조사 절차에 위법이 있는 경우 그에 따라 이루어진 과세처분의 효력이 문제된다.[25] 이에 대해서는 위법성 인정설은 헌법상의 적법절차에 관한 원칙과 아울러 질문검사에 법원이 개입하는 사전의 사법적 억제제도가 없는 현행 세법 규정상, 그러한 과세처분의 효력을 인정한다면 위법한 조사에 대한 사후구제도 사실상 없게 되는 결과를 가져올 위험이 내포되어 있다는 점을 강조하여 납세자 보호에 주안점을 두게 된다. 위법성 부정설은 세무조사의 절차는 과세관청이 과세요건의 내용이 되는 구체적 사실의 존부를 조사하기 위한 절차로서 그 조사절차에 위법이 있어도 그 위법이 지극히 중대하여 처분의 내용에 영향을 미칠 정도의 경우가 아닌 한 그 자료에 기한 과세처분은 객관적인 소득에 합치하는 한에 있어서 적법하다고 보게 되어 조세행정의 공익성을 강조한다.

---

24) 행정조사 그 자체를 위법하게 행한 경우에 이에 근거하여 내려진 처분이 위법하게 되는가의 문제는 행정조사가 처분적 성격을 띠고 있는가 아닌가에 따라 설명방법이 달라진다고 볼 것이다.
25) 김용섭·이경구·이광수, 「행정조사의 사법적 통제방안 연구」, 박영사, 2016, 74-75면.

판례26)는 위법한 세무조사에 의한 과세처분의 효력과 관련하여 무효로 본 판례27)로 있고, 중복조사는 중대한 하자에 해당한다고 보고, 이를 기반으로 이루어진 부과처분은 위법하여 취소되어야 한다고 보고 있다. 같은 맥락에서 세무조사대상선정을 그르쳐 과세자료를 수집한 후 과세처분을 하는 것은 단순위법으로 취소할 수 있는 경우에 해당한다고 본 판례28)도 있다.

4. 자발적 협조를 받아 실시하는 현장조사의 경우 행정조사기본법의 해석 · 적용

가. 문제의 제기

이 사건 대상판결에서 "행정조사기본법 제5조에 의하면 행정기관은 법령 등에서 행정조사를 규정하고 있는 경우에 한하여 행정조사를 실시할 수 있으나(본문), 한편 '조사대상자의 자발적인 협조를 얻어 실시하는 행정조사'의 경우에는 그러한 제한이 없이 실시가 허용된다(단서). 행정조사기본법 제5조는 행정기관이 정책을 결정하거나 직무를 수행하는 데에 필요한 정보나 자료를 수집하기 위하여 행정조사를 실시할 수 있는 근거에 관하여 정한 것으로서, 이러한 규정의 취지와 아울러 문언

---

26) 대법원 2006. 6. 2. 선고 2004두12070 판결
27) 대법원 1992. 3. 31. 선고 91다 32053판결
28) 대법원 2014.6.26. 선고 2012두911 판결에서 "세무조사대상의 기준과 선정방식에 관한 구 국세기본법(2006. 12. 30. 법률 제8139호로 개정되기 전의 것, 이하 '구 국세기본법'이라 한다) 제81조의5가 도입된 배경과 취지, 구 국세기본법 제81조의5가 포함된 제7장의2에 관한 구 국세기본법과 개별 세법의 관계 등을 종합하여 보면, 구 국세기본법 제81조의5가 마련된 이후에는 개별 세법이 정한 질문·조사권은 구 국세기본법 제81조의5가 정한 요건과 한계 내에서만 허용된다. 또한 구 국세기본법 제81조의5가 정한 세무조사대상 선정사유가 없음에도 세무조사대상으로 선정하여 과세자료를 수집하고 그에 기하여 과세처분을 하는 것은 적법절차의 원칙을 어기고 구 국세기본법 제81조의5와 제81조의3 제1항을 위반한 것으로서 특별한 사정이 없는 한 과세처분은 위법하다."고 판시한 바 있다.

에 비추어 보면, 단서에서 정한 '조사대상자의 자발적인 협조를 얻어 실시하는 행정조사'는 개별 법령 등에서 행정조사를 규정하고 있는 경우에도 실시할 수 있다."고 판시하고 있다.

이와 관련하여, 행정조사기본법 제5조(행정조사의 근거)에서는 "행정기관은 법령등에서 행정조사를 규정하고 있는 경우에 한하여 행정조사를 실시할 수 있다. 다만, 조사대상자의 자발적인 협조를 얻어 실시하는 행정조사의 경우에는 그러하지 아니하다."고 되어 있고, 행정조사기본법 제17조 제1항 단서29)에서 사전통지의 예외에 관한 규정을 두고 있다. 과연 대법원판례가 적절한 법해석을 한 것인지 법령과 기본권포기법리에 비추어 종합적으로 살펴보기로 한다.

나. 행정조사기본법과 행정절차법과의 관계

행정조사기본법은 2007. 5. 17. 법률 제8482호로 제정·공포되어, 2007. 8. 17. 부터 시행하고 있다. 행정조사에 관한 일반법이면서 기본법의 성격을 아울러 띠고 있다.

행정조사기본법과 행정절차법과의 관계에 관하여는 양 법률에서 아무런 연결점을 제공하고 있지 않다. 기본적으로 행정절차법이 정보를 획득하는 것을 목표로 한다는 점에서 행정조사기본법과 맥을 같이 하며, 행정조사와 행정절차 이후에 처분이 발해지는 경우를 염두에 둔다

---

29) 행정조사기본법 제17조(조사의 사전통지) ① 행정조사를 실시하고자 하는 행정기관의 장은 제9조에 따른 출석요구서, 제10조에 따른 보고요구서·자료제출요구서 및 제11조에 따른 현장출입조사서(이하 "출석요구서등"이라 한다)를 조사개시 7일 전까지 조사대상자에게 서면으로 통지하여야 한다. 다만, 다음 각 호의 어느 하나에 해당하는 경우에는 행정조사의 개시와 동시에 출석요구서등을 조사대상자에게 제시하거나 행정조사의 목적 등을 조사대상자에게 구두로 통지할 수 있다.
   1. 행정조사를 실시하기 전에 관련 사항을 미리 통지하는 때에는 증거인멸 등으로 행정조사의 목적을 달성할 수 없다고 판단되는 경우
   2. 「통계법」 제3조제2호에 따른 지정통계의 작성을 위하여 조사하는 경우
   3. 제5조 단서에 따라 조사대상자의 자발적인 협조를 얻어 실시하는 행정조사의 경우

면 양자 모두 절차법적 성격을 함께 한다고 볼 것이다. 다만 행정조사
중에는 그 자체가 처분적인 내용도 있으므로 그와 같은 경우에는 별도
의 행정절차가 적용된다고 할 것이다. 또한 행정조사기본법에서는 개별
법률에서 정한 일부 행정조사의 경우에는 그 적용의 일부가 배제되고
있다.

행정조사기본법은 그 목적에서 밝히고 있는 바와 같이 행정조사로
인한 국민의 불편을 해소하기 위한 법으로 기본적으로 조사활동을 행하
는 행정청을 구속하는 내용의 절차법이라고 할 것이다. 아울러 개별 법
률에 근거한 행정조사와는 별도로 행정조사기본법에 규정된 조사원칙
에 따라 행하여 져야 한다.

다. 행정조사기본법의 관련규정

행정조사기본법은 이 법률 제1조의 목적에서 밝히고 있는 바와 같
이, "행정조사의 기본원칙, 행정조사의 방법 및 절차 등에 관한 공통적
인 사항을 규정함으로써 행정의 공공성, 투명성 및 효율성을 높이고 국
민의 권익을 보호함을 목적으로 한다"고 되어 있다. 그러나, 이 법률은
종래 우리의 행정조사제도를 둘러싸고 제기되었던 문제점을 종합적으
로 해결하는 법률은 아니다. 이 법률의 제정을 통하여 행정조사에 관하
여 종래 국민이 가졌던 불편을 다소간 해소하는 한편, 행정청에게도 행
정조사의 효율성을 제고할 수 있는 기회를 제공하는 두 마리의 토끼를
쫓는다고 할 수 있다.

행정조사기본법 제7조 제1항에서 "행정조사를 실시하고자 하는 행
정기관의 장은 제9조에 따른 출석요구서, 제10조에 따른 보고요구서·
자료제출요구서 및 제11조에 따른 현장출입조사서(이하 "출석요구서등"이
라 한다)를 조사개시 7일 전까지 조사대상자에게 서면으로 통지하여야
한다"고 규정하고 있다. 이처럼 행정절차법에서와 유사한 사전통지에
관한 조항을 두고 있다.

  행정조사의 사전 통지를 받은 조사대상자에게 의견제출권 및 조사
원 교체신청권을 부여하고, 조사를 행하는 행정기관에 대하여는 조사권
남용을 방지하기 위한 조사권 행사의 제한장치를 설정하며, 조사결과를
사후에 통지하도록 하는 등 조사대상자의 권익보장을 위한 법적 장치를
명문으로 도입한 것은 매우 긍정적으로 평가할 수 있다. 행정조사기본
법에서는 사전통지만을 명문화 하고 있고, 이유제시에 대하여는 아무런
규정을 두고 있지 않으나, 이유제시는 상대방의 임의적 협력을 통해 조
사를 원활히 운영되는데도 기여하고, 행정기관의 부당한 조사권의 행사
를 방지하여 피조사자의 정당한 권리를 보장하기 위해 시급히 도입되어
야 할 제도라고 본다.30)

  또한, 행정조사기본법 제11조에서는 현장조사에 대하여 상세한 규
율을 두고 있다. 즉, 조사원이 가택·사무실 또는 사업장 등에 출입하여
현장조사를 실시하는 경우에는 행정기관의 장은 조사목적, 조사기관과
장소, 조사원의 성명과 직위, 조사범위와 내용, 제출자료, 조사거부에
대한 제재(근거법령 및 조항 포함), 그 밖에 당해 행정조사와 관련하여 필
요한 사항이 기재된 현장출입조사서 또는 법령등에서 현장조사시 제시
하도록 규정하고 있는 문서를 조사대상자에게 발송하여야 한다.

  무엇보다 행정청은 출석·진술 요구를 하고자 할 경우 출석요구서
보고를 요구하고자 할 경우에는 보고요구서, 자료제출을 요구하고자 할
경우에는 자료제출요구서를 사전에 발송할 의무를 진다. 조사원이 가택·
사무실 또는 사업장 등에 출입하여 현장조사를 실시하는 경우에는 현장
출입조사서 또는 법령 등에서 현장조사시 제시하도록 규정하고 있는 문
서를 조사 대상자에게 발송하여야 한다. 아울러 현장조사는 시간적 제
약이 있는바, 해가 뜨기 전이나 해가 진 뒤에는 할 수 없는 야간조사 금

---

30) 김영조, "행정조사에 관한 연구— 특히 세무조사의 법적 문제를 중심으로—, 경희
    대 법학박사학위 논문, 1998. 참조.; 早坂禧子, "行政調査— 强制の視點を中心にし
    て", 公法研究, 201面

지원칙이 적용된다.[31] 현장조사를 하는 조사원은 그 권한을 나타내는 증표를 지니고 이를 조사대상자에게 내보여야 하는 증표제시원칙이 적용된다.

나아가 행정조사기본법 제20조(자발적인 협조에 따라 실시하는 행정조사)에서 당사자가 언제든지 조사대상자는 문서·전화·구두 등의 방법으로 당해 행정조사를 거부할 수 있으며, 행정조사에 대하여 조사대상자가 조사에 응할 것인지에 대한 응답을 하지 아니하는 경우에는 법령 등에 특별한 규정이 없는 한 그 조사를 거부한 것으로 보도록 규정하고 있다.

아울러 행정조사기본법 제21조(의견제출) 제1항에서 "조사대상자는 제17조에 따른 사전통지의 내용에 대하여 행정기관의 장에게 의견을 제출할 수 있다.", 제2항에서 "행정기관의 장은 제1항에 따라 조사대상자가 제출한 의견이 상당한 이유가 있다고 인정하는 경우에는 이를 행정조사에 반영하여야 한다."고 되어 있는바, 이 사건 대상판결 사안의 경우에는 당사자가 자발적 협조를 하였을 뿐 의견제출의 기회를 제대로 주지 않았다고 보여진다.

다. 기본권포기에서의 동의의 의미

기본권의 포기란 기본권의 주체가 국가나 다른 기본권주체가 행하는 구체적 기본권제약행위에 대하여 사전에 동의하는 것을 말한다.[32] 이와 관련하여 기본권 침해의 법적근거가 없더라도 당사자의 동의만으로 그 근거를 충족한다고 볼 것인지 논란이 있다. 이는 헌법적으로 기

---

31) 야간조사의 예외는 1. 조사대상자(대리인 및 관리책임이 있는 자를 포함한다)가 동의한 경우
    2. 사무실 또는 사업장 등의 업무시간에 행정조사를 실시하는 경우
    3. 해가 뜬 후부터 해가 지기 전까지 행정조사를 실시하는 경우에는 조사목적의 달성이 불가능하거나 증거인멸로 인하여 조사대상자의 법령등의 위반 여부를 확인할 수 없는 경우의 3가지 경우이다.
32) 허완중, "기본권포기", 헌법학연구 제15권 제1호, 2009, 520면.

본권 포기33)의 문제로서 다루어지는 문제라고 볼 수 있다.

　기본권의 포기에서 결정적으로 중요한 문제는 개개인이 특정의 기본권에서 보장되는 지위를 유효하게 포기할 수 있는가의 문제이다. 따라서 여기서 말하는 기본권의 포기라 함은 기본권적 지위에 있어서의 개인적 처분가능성의 문제와 기본권의 보호영역에서 당사자의 동의에 따라 법률적 근거없이 어떤 국가적인 침해가 허용되는지의 문제를 말한다. 이는 동의는 불법을 조각한다(volenti non fit iniuria)는 법리와 밀접한 연관이 있다. 예컨대 어떤 사람이 법관의 영장없이도 경찰이 자신의 집을 수색하는 것을 허용하거나 어떠한 법률적인 근거도 존재하지 아니함에도 경찰의 보호에 스스로 맡기는 경우, 어떤 사람이 법률적으로 규정되지 아니함에도 우체국에 도청을 하도록 허용하는 경우, 또는 영화의 사전검열이 불필요한 경우에도 사전검열을 스스로 받는 경우 등을 예시할 수 있다.

　기본권 포기의 경우 동의의 의미와 관련하여 관계자가 명확하게 인식할 수 있어야 하며 자발적이어야 한다. 자기 행위의 결과나 그 위험 등을 명확하게 인식할 수 있어야 한다.34) 강요된 상태라든가 기망에 의한 경우에는 기본권 포기가 유효하게 성립될 수 없다. 그런 경우에도 포기를 허용한다면 개인의 기본권의 자유보호가 위험에 놓이게 되기 때문이다. 또한 당사자가 포기의 의미를 분명하게 인식가능하여야 한다. 기본권의 포기 그 자체가 개인의 자유로운 인격발현에 있음에 비추어 보아도 알 수 있다. 따라서 구조적으로 불평등한 국가와 개인의 관계에서 동의의 결과 기본권의 포기의 결과가 이로 인하여 얻는 동의자의 이익에 비하여 과도하게 부담이 되는 경우에는 동의에 있어 임의성 내지

---

33) 여기에서 기본권의 포기와 구별하여야 할 것으로서 기본권의 불행사가 있다. 기본권의 불행사란 기본권능력을 가진 자가 사실상 기본권을 행사하지 아니하는 경우 즉 집회에 참여하지 아니하였거나 어떤 단체에 가입하지 아니한 경우를 말한다.
34) 허완중, 앞의 논문, 531면.

자발성이 있다고 볼 것이 아니라 사실상 강제로서 이루어 진 것으로 보아야 한다.[35)]

라. 행정조사의 경우 법적근거의 요부

행정조사에 있어서 법률의 근거가 필요한가의 문제는 우선 조직법적 근거를 넘어서서 작용법적인 근거를 갖추어야 하는가의 문제라고 할 것이다. 적어도 조직법적인 근거는 권력적 행정조사의 경우이건 비권력적 행정조사이건 구비해야 한다.

이와 관련하여 법적 근거의 필요성이 인정되는 강제조사에 대한 법적 근거의 설정은 조직법적 근거에 의한 포괄적인 근거설정만으로는 부족하고 구체적인 작용법적 근거가 추가로 필요하다고 본다. 이와 관련하여 강제조사뿐만 아니라 임의조사의 경우에도 행정기관이 국민의 자유와 권리에 본질적인 영향을 미칠 수 있는 조사작용의 경우 구체적인 작용법적 근거가 추가적으로 필요한지 문제가 된다.

생각건대, 권력적 행정조사의 경우 법률유보의 필요성은 당연히 인정되는 것이고, 상대방이 임의적으로 협력한다고 하더라도 자료제출명령 등 행정행위에 의한 명령을 수단적 기초로 하는 경우에는 법적 근거가 있어야 하며, 사실행위 방식에 의한 행정조사의 경우에도 수색이나, 압수와 같이 강제적 수단을 사용하는 경우에는 법령의 근거가 요구된다. 그리고 비권력적 행정조사의 경우에도 당해 행정조사의 목적에 따라 단순한 실태조사만이 목적인 경우에는 법령의 근거의 필요성이 부인될 수도 있을 것이나, 그 이외의 경우로서 기본권 침해의 위험성이 있고 일종의 간접적 강제가 수반되는 경우에는 침해의 확장으로 파악될 수 있어 법률의 근거가 필요하다.[36)] 특히 국민의 자유와 권리에 본질적인 영향을 미치게 되는 사항에 대한 법적 근거의 설정은 조직법적 근거

---

35) 강태수, "기본권포기론", 공법연구 제29집 제2호, 2001, 138-140면.
36) 김용섭, "법치행정원리에 대한 재검토', 경희법학 제33권 제1호, 1998, 217면.

만으로는 부족하고, 구체적인 작용법적 근거가 추가적으로 필요하다.37) 일반적으로 행정조사의 법적근거의 필요성을 권력적 행정조사와 비권력적 행정조사로 나누어 검토한다. 모든 권력적 행정조사의 경우 이에 대한 법적 근거의 필요성을 인정한다. 다만, "동의는 불법을 조각한다(volenti non fit iniuria)"는 법원칙에 따라 동의가 있는 경우에는 법적 근거가 없어도 무방하다.38)

마. 현장조사시 당사자의 동의만으로 법적 절차를 생략할 수 있는가

상대방의 동의를 전제로 하는 임의조사의 경우에도 단순히 동의가 있다는 이유만으로 법적 근거가 없어도 무방하지만, 그렇다고 법령에 규정되어 있는 행정조사의 방법을 회피하는 수단으로 임의적 협력을 얻는 것은 바람직하지 않다. 그 이유는 당사자가 동의를 받기 전에 명확히 조사절차의 자발적 협력을 요구한 것이 아니라 당사자의 입장에서는 동의를 받지 않을 경우에 더 큰 불이익이 생기는 경우를 미연에 방지하기 위하여 동의를 한 경우일 수 있으므로, 동의는 법률에 의하여 거쳐야 할 제약을 회피하는 탈법을 정당화 해주는 수단으로 전락하지 않아야 한다.

대법원판례39)에서 청문절차를 협약을 통하여 배제하는 것이 허용

---

37) 이러한 작용법적 근거로서는 행정조사에 관한 근거조항만으로는 부족하고, 개별 법률이나 행정조사기본법에서 ① 행정조사의 목적에 대한 구체적인 제시 ② 행정조사의 대상의 확정, ③ 행정조사의 수단에 대한 개별적·구체적 제시 ④ 행정조사의 방식식에 대한 구체적 제시 ⑤ 행정조사의 절차에 대한 구체적 제시 ⑥ 행정조사를 상대방이 거부하는 경우 강제수단의 필요성 및 그 구체적인 수단 등이 명시되는 것이 바람직하다.

38) 개인정보보호법상의 동의, 의료법상의 informed consens의 의미 동의, 사후부관의 허용성과 관련하여 동의 등의 문제가 고려될 수 있다.

39) 대법원 2004. 7. 8. 선고 2002두8350판결에서 "행정청이 당사자와 사이에 도시계획사업의 시행과 관련한 협약을 체결하면서 관계 법령 및 행정절차법에 규정된 청문의 실시 등 의견청취절차를 배제하는 조항을 두었다고 하더라도, 국민의 행

되지 않는 것과 마찬가지로 이 사건 평석대상판결 사안의 경우에는 사전통지 절차를 거쳐야 하는 것으로 보는 것이 합리적 해석이라고 볼 것이다. 행정조사기본법은 기본적으로 조사절차에 있어서 규제완화적 차원에서 기업을 옥죄는 행정조사는 그 법적 한계를 준수하도록 행정조사의 기본원칙을 정한 것이므로 그 예외를 적용하려면 자발적 협조의 과정에 있어서 조사의 범위와 내용 등에 대하여 충분히 설명하여야 하고, 아울러 이러한 조사는 위법사실에 대한 조사로서 당사자에게 변호사 등의 조력자의 참여를 보장할 필요가 있기 때문이다.

바. 소결

당사자의 자발적 협조가 의미를 갖는 것은 법적인 근거가 없이 행정조사를 하는 경우를 말하고, 이미 개별법의 법적인 근거가 있어 행정조사를 하는 경우에는 행정조사기본법 제5조 단서에 의한 자발적 협의의 방식으로 돌아가 행정조사의 엄격한 절차를 회피하지 않도록 할 필요가 있다. 자발적 협조를 얻어 행정조사를 하는 경우에도 행정조사의 개시와 동시에 출석요구서등을 조사대상자에게 제시하거나 행정조사의 목적 등을 조사대상자에게 구두로 통지할 수 있다고 되어 있으므로 조사목적만 알려서는 곤란하고 행정조사기본법 제11조 제1항 제1호 내지 제7호에 기재된 사항에 대하여 상세히 알려야 한다. 일부 사항에 대하여만 알리는 것으로 충분히 방어권을 보장하는데 무리가 있고 과연 그와 같은 경우에도 자발적 협조를 얻어 동의를 한 것으로 볼 것인지 의

정참여를 도모함으로써 행정의 공정성·투명성 및 신뢰성을 확보하고 국민의 권익을 보호한다는 행정절차법의 목적 및 청문제도의 취지 등에 비추어 볼 때, 위와 같은 협약의 체결로 청문의 실시에 관한 규정의 적용을 배제할 수 있다고 볼 만한 법령상의 규정이 없는 한, 이러한 협약이 체결되었다고 하여 청문의 실시에 관한 규정의 적용이 배제된다거나 청문을 실시하지 않아도 되는 예외적인 경우에 해당한다고 할 수 없다."고 판시한 것과 같이 청문을 실시하지 않기로 하는 협약만으로 그 정당성이 인정될 수 없다고 보아야 한다.

문이기 때문이다.

　이 사건 대상 판결에서는 행정조사와 관련하여 개별 법률의 법적 절차를 밟도록 되어 있는 경우에도 행정조사기본법상의 자발적 협조에 의한 경우로 보아 법규정의 잠탈을 용인해 주는 듯한 판시태도는 문제가 있다고 본다.

III. 행정절차의 법적 문제

1. 행정절차의 기능

　행정절차는 가장 좁은 의미에서는 행정처분을 내리기 전 단계에 법령상 거치도록 되어 있는 일련의 과정을 말한다. 그런데 이와 같은 행정절차의 기능과 관련하여 행정절차는 그 자체가 목적이 아니며 행정결정의 법률적합성·합목적성의 보장을 확보하고 행정절차에 관계하는 자들의 권리를 보장하는 등 실체적 결정을 정당화하기 위한 수단으로 봉사적 기능을 수행한다고 보는 입장40)과 행정절차 그 자체가 하나의 독자적 의미를 갖는 자체목적적 기능을 수행한다는 입장으로 구분된다.

　행정절차를 봉사적 기능의 관점에서 파악하면, 절차가 비록 하자가 있더라도 후속되는 행정처분의 실제적 결정에 아무런 영향을 미치지 않아 그 절차하자 만으로 처분의 실체적 효력에 영향이 없다고 보게 된다. 이에 반해 행정절차 그 자체를 자기목적적인 작용으로 보게 되면 행정절차의 하자 그 자체만으로도 행정처분의 실체적 효력에 영향을 미치게 된다고 볼 여지가 많아진다.

---

40) 홍정선, 「행정법원론 (상)」, 박영사, 2015, 585면.

2. 행정절차법상 청문실시의 예외적 사유

가. 청문절차의 구조와 종류

(1) 청문의 의의와 구조

청문제도란 행정청이 행정결정이나 처분을 하기에 앞서 당사자 또는 이해관계인에게 변명과 유리한 자료를 제출하여 행정의 의사결정과정에 당사자로 하여금 참여할 기회를 보장하여 스스로 방어할 기회를 제공하는 것으로 사전적 권리구제장치이자 행정절차의 핵심적 요소이다.

청문제도는 침익적 행정처분을 하기에 앞서 당사자에게 진술권을 법적으로 보장하여 행정의 민주화 요청을 충족하고 실질적 법치주의 이념을 실현하는 데 이바지한다. 그러나 행정절차법은 그 적용의 예외사유를 마련하여 모든 경우에 청문을 해야 하는 것은 아니다.[41]

이와 같은 청문제도는 국민에게 불이익한 행정처분을 하면서 행정청의 주관적인 의사나 독단과 편견에 의한 결정을 방지하고 객관적이며 공정한 결과를 이끌어내고, 행정결정의 적정성을 확보하기 위한 것으로

---

41) 먼저 대법원 2013. 1. 16. 선고 2011두30687 판결[직권면직처분취소]에서는 별정직 공무원의 직권면직처분에 대하여 행정절차법의 적용예외에 해당하는지 여부가 쟁점이 된 사안에서 대법원은 다음과 같이 판시하고 있다. "구 행정절차법(2012. 10. 22. 법률 제11498호로 개정되기 전의 것) 제21조 제1항, 제4항, 제22조에 의하면, 행정청이 당사자에게 의무를 과하거나 권익을 제한하는 처분을 하는 경우에는 미리 처분하고자 하는 원인이 되는 사실과 처분의 내용 및 법적 근거, 이에 대하여 의견을 제출할 수 있다는 뜻과 의견을 제출하지 아니하는 경우의 처리방법 등의 사항을 당사자 등에게 통지해야 하고, 다른 법령 등에서 필수적으로 청문을 실시하거나 공청회를 개최하도록 규정하고 있지 아니한 경우에도 당사자 등에게 의견제출의 기회를 주어야 하되, '당해 처분의 성질상 의견청취가 현저히 곤란하거나 명백히 불필요하다고 인정될 만한 상당한 이유가 있는 경우' 등에는 처분의 사전통지나 의견청취를 아니 할 수 있도록 규정하고 있다. 따라서 행정청이 침해적 행정처분을 하면서 당사자에게 위와 같은 사전통지를 하거나 의견제출의 기회를 주지 않았다면, 사전통지를 하지 않거나 의견제출의 기회를 주지 않아도 되는 예외적인 경우에 해당하지 않는 한, 그 처분은 위법하여 취소를 면할 수 없다."

청문주재자를 누구로 할 것인지, 청문결과의 구속력을 인정할 것인지, 청문절차를 어떤 구조로 할 것인지가 매우 중요하다.

청문의 구조와 관련하여 영미식의 당사자주의와 대륙식의 직권주의 방식이 대립되고 있으나 양 제도는 서로 접근하여 수렴되는 추세이다.

우리나라의 청문제도는 당사자주의 요소와 직권주의 요소가 혼합되어 있다. 우선 청문주재자가 중립적 제3자의 지위에서 당사자의 주장과 증거를 판단하는 당사자주의적 요소로는 청문대상의 확정, 청문대상자의 출석진술권(행정절차법 제31조 제2항), 증거제출 및 참고인·감정인에 대한 질문 등(행정절차법 제31조 제2항, 제33조 제1항)을 들 수 있다. 한편 직권주의적 요소로는 처분청의 출석 및 의견진술권(행정절차법 제33조 제3항), 직권에 의한 증거조사(행정절차법 제33조 제1항)를 들 수 있다.

우리 행정절차법상 청문의 기본구조는 순수한 영미식도 순수한 대륙식도 아닌 영미식 당사자주의에 대륙식 직권주의가 가미된 형태의 혼합적 구조라고 볼 것이다. 우리의 경우에는 대륙법계통의 국가이면서 영미법적인 절차적 사고를 가미하고 있다. 우리의 경우 판례[42]는 청문절차를 결여한 경우에 법률에 특별한 규정이 없는 한 취소사유에 해당하는 것으로 보고 있다.

(2) 청문의 종류

행정절차법 제22조에서 넓은 의미의 청문을 의견청취라 부르고, 그 안에 청문, 공청회 및 의견제출을 포함시키고 있다.

의견청취절차는 국민에게 불이익을 주는 처분을 하거나 다수의 국민의 이해관계가 대립하는 처분을 하는 경우 의견제출, 청문, 공청회 등 행정과정에 국민이 참여할 기회를 제공하여 국민의 권익침해를 미연에

---

42) 대법원 2001. 4. 13. 선고 2000두3337판결; 대법원 2007. 11. 16. 선고 2005두15700 판결

방지하기 위한 사전권익구제절차의 일종이라고 할 것이다.

그러나, 행정절차법 제2조 제5호의 규정에 따라, 좁은 의미의 청문은 행정청이 어떠한 처분을 하기 전에 당사자등의 의견을 직접 듣고 증거를 조사하는 절차를 말한다. 행정절차법 제22조 제1항에서 청문을 하여야 할 경우를 3가지 경우로 나누어 규율하고 있다. 즉, 제1호에서는 "다른 법령등에서 청문을 하도록 규정하고 있는 경우"로 규정하고 있고, 제2호에서는 "행정청이 필요하다고 인정하는 경우"로 규정하고 있으며, 제3호에서는 "인허가등의 취소, 신분·자격의 박탈, 법인이나 조합 등의 설립허가의 취소시에 행정절차법 제21조 제1항 제6호에 따른 의견제출기한 내에 당사자등의 신청이 있는 경우"로 규정하고 있다. 이처럼 협의의 청문은 제1호의 의무적 청문, 제2호의 임의적 청문 그리고 제3호의 신청에 의한 청문의 3가지로 구분된다.[43]

나. 청문실시의 예외사유

(1) 행정절차법 제21조 제4항

행정절차법 제21조 제4항에서 청문실시 3가지의 예외사유를 마련하고 있다. 특히 동조 제4항 제3호에서는 "당해 처분의 성질상 의견청취가 현저히 곤란하거나 명백히 불필요하다고 인정될만한 상당한 이유가 있는 경우"에 사전통지를 거치지 않아도 되도록 하였다. 이와 같은 사전통지의 예외와 같은 행정절차법의 적용이 배제되는 경우에 법원은 이하의 판례에서 보는 바와 같이 그 문구의 해석을 엄격하게 하여 행정절차법의 적용의 배제를 제한적으로 인정하여 왔다.

---

43) 2010년 행정안전부 조사결과 개별 법령에서 청문을 실시하도록 규정함에 따라 의무적으로 실시한 경우 32,819건(81.5%), 행정청이 필요하다고 인정하여 임의적으로 실시한 경우 7,476건(18.6%)으로 나타났으며, 인허가의 취소 등 당사자 등이 신청이 있는 경우에 청문을 하도록 되어 있는 경우는 2014. 1. 28 개정되어 2014. 3. 1.부터 시행되고 있는 사항으로 당시로서는 통계가 파악되지 않고 있다.

(2) 청문실시의 예외에 관한 판례의 입장

이 사건 평석대상 판결이 내려지기 전까지 청문실시의 예외사유 중에서 행정절차법 제21조 제4항 제3호에 해당하는지 여부와 관련하여 다음과 같은 판례가 있었으며, 이 사건 판결에서 그대로 원용하고 있다.

먼저 대법원 2001. 4. 13. 선고 2000두3337 판결44)을 들 수 있다. 이 판결은 구 공중위생법(1999. 2. 8. 법률 제5839호 공중위생관리법 부칙 제2조로 폐지)상 유기장업허가취소처분을 함에 있어서 두 차례에 걸쳐 발송한 청문통지서가 모두 반송되어 온 경우, 행정절차법 제21조 제4항 제3호에 정한 청문을 실시하지 않아도 되는 예외 사유에 해당한다고 단정하여 당사자가 청문일시에 불출석하였다는 이유로 청문을 거치지 않고 이루어진 위 처분이 위법하지 않다고 판단한 원심판결을 파기한 사례로, 행정절차법 제21조 제4항 제3호와 관련하여 내린 리딩케이스와 같은 판결이다.45)

---

44) 행정절차법 제21조 제4항 제3호는 침해적 행정처분을 할 경우 청문을 실시하지 않을 수 있는 사유로서 "당해 처분의 성질상 의견청취가 현저히 곤란하거나 명백히 불필요하다고 인정될 만한 상당한 이유가 있는 경우"를 규정하고 있으나, 여기에서 말하는 '의견청취가 현저히 곤란하거나 명백히 불필요하다고 인정될 만한 상당한 이유가 있는지 여부'는 당해 행정처분의 성질에 비추어 판단하여야 하는 것이지, 청문통지서의 반송 여부, 청문통지의 방법 등에 의하여 판단할 것은 아니며, 또한 행정처분의 상대방이 통지된 청문일시에 불출석하였다는 이유만으로 행정청이 관계 법령상 그 실시가 요구되는 청문을 실시하지 아니한 채 침해적 행정처분을 할 수는 없을 것이므로, 행정처분의 상대방에 대한 청문통지서가 반송되었다거나, 행정처분의 상대방이 청문일시에 불출석하였다는 이유로 청문을 실시하지 아니하고 한 침해적 행정처분은 위법하다.

45) 이와 관련하여 상반된 내용의 평석이 있다. 먼저 김춘환, "청문절차를 결여한 침해적 행정처분의 위법성: 대법원 2001. 4. 13. 선고 2000두 3337 판례를 중심으로", 연세법학연구 제8권 제1호, 2001. 김 교수는 2차례 반송되어 왔음에도 청문을 거치도록 하는 부분에 대하여 비판적 관점에서 평석을 하고 있으며 법원은 처분의 성질을 중심으로 판단하라고 하지만 구체적인 기준제시가 미흡하다고 비판하고 있다. 한편 실무적 관점에서 엄격하게 해석하여 청문절차의 예외를 인정하지 않았다는 점을 긍정적으로 평가하는 견해로는 김용찬, "행정절차법에 의한 청문을 실시하지 않고 행한 침해적 행정처분의 효력(행정절차법 제21조 제4항 제3호의

한편, 대법원 2000. 11. 14. 선고 99두5870 판결[지하수개발이용수
리취소및원상복구명령취소]에서는 "행정청이 온천지구임을 간과하여
지하수개발·이용신고를 수리하였다가 행정절차법상의 사전통지를 하거
나 의견제출의 기회를 주지 아니한 채 그 신고수리처분을 취소하고 원
상복구명령의 처분을 한 경우, 행정지도방식에 의한 사전고지나 그에
따른 당사자의 자진 폐공의 약속 등의 사유만으로는 사전통지 등을 하
지 않아도 되는 행정절차법 소정의 예외의 경우에 해당한다고 볼 수 없
다는 이유로 그 처분은 위법하다"는 취지로 판시한 바 있다. 전체적으
로 살펴볼 때 이 사건 평석대상 판결을 비롯하여 사전통지와 청문실시
의 예외의 인정을 엄격하게 해석하여 제한적으로 받아들이고 있는 대법
원판례의 태도는 타당하다고 볼 것이다.

3. 행정절차법 제26조 불복고지절차위반의 효과

가. 문제의 제기

행정절차법 제26조에서 고지제도를 명문화하고 있다. 즉, 행정청이
처분을 할 때에는 당사자에게 그 처분에 관하여 행정심판 및 행정소송
을 제기할 수 있는지 여부, 그 밖에 불복을 할 수 있는지 여부, 청구절
차 및 청구기간, 그 밖에 필요한 사항을 알려야 한다. 행정심판법 제58
조에서 행정청이 처분을 할 때에는 처분의 상대방에게 해당 처분에 대
하여 행정심판을 청구할 수 있는지, 행정심판을 청구하는 경우의 심판
청구 절차 및 심판청구 기간을 알리도록 명문의 규정을 두고 있다. 또
한 행정청은 이해관계인이 요구하면 다음 각 호의 사항 (1. 해당 처분이
행정심판의 대상이 되는 처분인지 2. 행정심판의 대상이 되는 경우 소관 위원회
및 심판청구 기간)을 지체 없이 알려 주어야 한다. 이 경우 서면으로 알려

의미)", 대법원판례해설, 2002를 들 수 있다.

줄 것을 요구받으면 서면으로 알려 주어야 한다.

한편, 행정심판법 제23조 제2항에서 행정청이 같은 법 제58조에 의한 행정심판청구절차를 고지하지 않거나 잘못 고지하여 심판청구서를 다른 기관에 제출한 경우에는 그 다른 행정기관은 정당한 권한이 있는 행정기관으로 청구서를 이첩할 의무가 있음을 규정하고 있다. 행정심판법 제27조 제6항에 의하면 행정청이 심판청구 기간을 알리지 않는 경우에는 처분이 있음을 알았다고 하더라도 심판청구기간이 처분이 있은 날을 기준으로 기산하여 180일까지 연장되는 등 불고지의 경우 법적 효과를 마련하고 있다.

이와 같은 행정절차법상 고지절차를 제대로 이행하지 않은 경우에 절차하자가 중대한 것인지 아니면 실체에 아무런 영향을 미치지 않는 것인지 문제이다. 실체에 영향을 미쳐야만 절차하자가 처분의 위법사유가 되는 것은 아니므로 행정심판법상의 불고지와 오고지의 효과가 있다고 할지라도 그것만으로 처분의 효력에 아무런 영향을 미치지 않는다고 해석하는 것은 행정절차법을 마련하여 불복고지제도를 두고 있는 취지를 몰각하게 된다. 이와 관련하여 행정절차법 제26조에 따른 불복고지를 하지 않은 경우 절차하자로 볼 것인지 아니면 절차하자가 아니라고 볼 것인지, 절차하자라고 할지라도 처분에 아무런 영향이 없다고 볼 것인지, 절차하자에 해당하지만 소송이나 행정심판을 제기하면 하자가 치유된다고 볼 것인지 아니면 이유제시 등 다른 절차하자의 경우와 마찬가지로 처분의 하자가 된다고 볼 것인지 논란이 야기된다.

행정절차법은 1998. 1. 1.부터 시행되고 있는 바, 행정절차법이 시행되기 10년 전에 나온 1987년도 대법원판례는 리딩케이스가 될 수 없다. 행정절차법 제26조에서 불복고지제도에 관하여 명문의 규정을 두고 있는 마당에 법원에서 이를 훈시규정으로 보아 행정청이 그 절차를 지키지 않아도 무방하다면 절차중시의 행정문화의 확립은 요원하다고 할 것이다.

나. 고지절차의무 위반에 대한 대법원판례의 태도

(1) 앞에서 소개한 바 있는 관련판례 2-1. 대법원 1987. 11. 24. 선고 87누529판결에서 판시한 바와 같이 당시 개별법령인 교통부령[46]에 따라 고지의무가 있음에도 불고지하였다 하여 처분의 위법이 되지 않는다고 판시한 대법원판례는 행정절차법이 제정되기 전의 판례이므로 행정절차법 제26조가 제정되고 난 이후에도 그대로 유지하는 것이 적절한 것인지 의문이다. 대법원은 당시 위 교통부령에서 정한 고지절차를 위반한 것과 관련하여 처분청이 고지의무를 이행하지 않았다고 하더라도 행정심판의 청구기간이 연장될 수 있는 것에 그치고 이로 인하여 심판의 대상이 되는 행정처분에 어떤 하자가 수반된다고 할 수 없다고 판시하였으나, 행정절차법에 명문의 규정을 두고 있지 않고 행정심판법에만 규정을 두고 있어 오늘날에도 이러한 해석을 그대로 유지될 것인지 논란이 있을 수 있다.

관련판례 2-2. 대법원 2008. 6. 12. 선고 2007두16875판결에서는 행정절차법 제26조 위반이 있다고 하면서도 행정절차법에 절차하자의 효과에 관한 규정을 두고 있지 않다고만 말하고 있을 뿐 이에 관하여 본안에서 그 위법성 여부를 전혀 판단하지 아니하고 취소소송의 제기요건 중의 하나인 제소기간의 도과여부만을 판단하고 있다. 행정소송법에서는 행정심판법과는 달리 불고지와 오고지의 효과에 대하여 아무런 명문을

---

46) 자동차운수사업법제31조등의규정에의한사업면허의취소등의처분에관한규칙([시행 1985.4.1.] [교통부령 제811호, 1985.3.11., 일부개정] 제7조 (처분의 통지) ① 처분 관할관청이 처분을 행한 때에는 지체없이 관할경찰서장 및 자동차 사용자에게 이를 서면으로 통지하여야 한다. <개정 1985.3.11.>
② 제1항의 규정에 의하여 관할경찰서장에게 사업정지 또는 운행정지의 처분을 행하였음을 통지하는 때에는 별지 제2호서식의 처분장을 첨부하여야 한다.
③ 처분 관할관청이 제1항의 규정에 의하여 자동차사용자에게 처분을 통지하는 경우에는 소원을 제기할 수 있다는 뜻과 제기하는 경우의 재결정, 경유절차 및 제기기간을 알려야 한다. <신설 1985.3.11.>

규정을 두고 있지 않으므로 제소기간에 영향이 없다는 해석의 타당여부
는 별론으로 하고, 행정소송에 있어서 고지절차를 이행하지 않은 절차하
자가 있음에도 처분을 취소할 수 없다는 것은 납득이 되지 않는다. 행정
절차법 제26조에 고지절차가 명문화 되었음에도 이를 준수하지 않아 하
자가 있음에도 다른 절차위반의 경우와 달리 처분의 효력에 아무런 영향
을 미치지 않는다면 납득할 수 있는 논거와 설명이 뒤따라야 할 것이다.

다. 하급심 판결례

(1) 행정절차법 제26조에 따른 고지의무를 불이행한 경우에 처분
의 위법으로 보아 취소할 수 있다는 적극적 입장

- 인천지방법원 2006. 11. 2. 선고 2006가합3895 판결
  : 항소[손해배상등]

"행정심판 등 불복절차를 고지하지 않았거나 잘못 고지한 절차상
의 하자가 있다 하더라도 이러한 불복절차 고지규정은 행정처분의 상대
방이 그 처분에 대한 행정심판 등 불복절차를 밟는 데 있어 편의를 제
공하기 위한 것인 점, 행정심판 등 불복절차에 관한 불고지 또는 오고
지에 관하여 행정심판법과 행정소송법에서 행정심판과 행정소송의 제
기기간에 관한 연장규정을 두고 있고 있는 점 등에 비추어 이러한 불복
절차 고지규정 위반은 행정처분의 당연무효사유가 아니라 단지 취소 사
유에 불과하다."

(2) 행정절차법 제26조에 따른 고지의무를 불이행한 경우에 처분
을 취소해야 할 정도의 절차상 하자로 보기 어렵다는 소극적 입장
- 서울고등법원 2016. 5. 11. 선고 2015누49728 판결
  [시정명령처분취소등]

"피고가 이 사건 처분을 하면서 원고에게 행정절차법 제26조에서 정한 바에 따라 행정심판 및 행정소송을 제기할 수 있는지 여부, 청구절차 및 청구기간 등을 알렸음을 인정할 증거는 없다. 그러나 원고가 제소기간 내에 이 사건 소를 제기하여 이 사건 처분의 적법 여부를 다투고 있는 이상 피고가 위와 같은 내용을 고지하지 아니하였다는 사정만으로는 이 사건 처분을 취소해야 할 정도의 절차상 하자가 있다고 보기 어렵다. 원고의 이 부분 주장도 이유 없다."

(3) 행정절차법 제26조에 따른 고지의무를 불이행한 경우 제소기간 내에 이 사건 소를 제기한 이상 처분이 위법하다고 볼 수 없다는 입장

■ 서울행정법원 2014. 1. 23. 선고 2012구합41585 판결
: 항소[교육프로그램폐쇄명령취소]

"행정절차법 제26조는 처분상대방에게 행정처분에 대한 불복절차를 고지하도록 규정하고 있는바, 위 고지절차에 관한 규정은 행정처분의 상대방이 그 처분에 대한 행정심판 등의 불복 절차를 밟는 데 있어 편의를 제공하려는 데 있으므로, 처분청이 위 규정에 따른 고지의무를 이행하지 아니하였다고 하더라도 경우에 따라서는 행정심판의 제기기간이 연장될 수 있는 것에 그치고 그러한 사정만으로 심판의 대상이 되는 행정처분에 어떤 하자가 수반된다고 할 수 없다(대법원 1987. 11. 24. 선고 87누529 판결 취지 참조). 나아가 원고는 행정소송법이 정한 제소기간 내에 이 사건 소를 제기하였으므로 피고가 이 사건 처분 당시 불복방법을 고지하지 아니하였다는 사정만으로 이 사건 처분이 위법하다고 보기 어렵다. 원고의 이 부분 주장은 이유 없다."

(4) 처분에 절차하자가 있다고 하더라도 제소기간내에 소를 제기

한 경우 하자치유가 되었다는 입장

- 서울행정법원 2012. 7. 13. 선고·2012구합6216 판결
  [별도보상적용제외처분무효확인등]

"행정절차법 제26조에 의하면, 행정청은 처분 당시에 불복절차 및 청구기간 등을 고지할 의무가 있고, 행정심판법 제58조 제1항에서도 행정청은 해당 처분에 대하여 행정심판을 청구할 수 있는지 여부 및 그 절차와 청구기간을 고지할 의무를 규정하고 있다. 한편, 행정심판법 제23조 제2항에서는 행정청이 같은 법 제58조에 의한 행정심판청구절차를 고지하지 않거나 잘못 고지하여 심판청구서를 다른 기관에 제출한 경우에는 그 다른 행정기관은 정당한 권한이 있는 행정기관으로 청구서를 이첩할 의무가 있음을 규정하고 있고, 행정심판법 제27조 제6항에 의하면 행정청이 심판청구 기간을 알리지 않는 경우에는 심판청구기간을 연장하도록 하는 등 행정청의 잘못된 고지나 고지의무 해태에 대한 구제수단을 마련하고 있는 점에 비추어, 피고가 이 사건 환류처분을 하면서 불복절차에 대한 고지의무를 해태한 것만으로 위법하다고까지 보기는 어렵다. 설령, 이 사건 환류처분에 그와 같은 절차적 하자가 있다고 하더라도, 원고들이 위 처분에 대하여 소정 기간 내에 국민건강보험법 제76조 제1항에 의한 이의신청절차를 경유한 후, 제소기간 내에 이 사건 소를 제기하였던 사정에 비추어, 그러한 하자는 치유되었다고 볼 것이다. 따라서 원고들의 이 부분 주장은 이유 없다."

라. 종합검토

행정절차법 제26조의 불복고지 절차를 거치지 아니한 경우일지라도 처분의 효력에 영향을 미치지 않는다면 행정절차법의 규정에도 불구하고 담당공무원이 이를 준수하지 않을 수 있다. 불복 고지절차는 이유

부기 못지않게 절차적 프로세스에 관한 정보를 마련해 주는 것으로 정
보를 제대로 안주어 행정심판을 거치지 않거나 필요적 행정심판전치주
의가 적용되는 사안인지 일반국민이 이를 잘 모르고 곧바로 행정소송을
제기하는 수가 있으므로 행정청의 담당공무원이 이 부분을 반드시 처분
서에 기재하여 고지하도록 할 필요가 있다고 본다. 이와 같이 처분을
함에 있어서 고지를 하지 않은 담당 공무원에 대한 적절한 징계 등의
조치와는 별개로 행정처분의 효력에 영향을 미치도록 할 필요가 있다고
보여진다. 청문의 경우에 청문주재도 대부분 해당 부처 소속 공무원이
수행하고, 그 결과의 반영여부도 의무적이 아닌 실정에서 이를 거치지
않았다고 하여 처분이 위법하게 되는 것으로 보는 것과 비교해 볼 때
행정절차법상 불복고지를 하지 않은 경우에도 절차가 적법하게 된다고
보는 것은 납득하기 어렵다.

불복고지절차를 행정절차법 제26조에 규정하였음에도 불구하고
이러한 조항을 무시하고 고지를 하지 않은 경우에도 처분의 효력에 아
무런 영향을 미치지 않는다고 본 하급심의 판례는 문제가 있다고 할
것이다.

이와 관련하여, 이 사건 평석대상 1심판결에서는 정면으로 고지절
차위반이 위법하지 않다고 보았고, 원심판결도 이 부분이 특히 문제되
지 않는다고 보았다. 그런데 서울행정법원의 다수 판결이 이를 절차하
자가 아니라고 보고 있으나, 인천지방법원의 판결은 절차하자의 문제로
보아 처분의 취소사유가 된다고 적절히 파악하고 있다. 행정절차법상의
규정중 일부는 훈시규정이고, 일부는 강행규정으로 보는 것은 적절하지
않다. 만약에 고지절차가 중요하지 않은 절차라고 한다면, 중요한 절차
와 중요하지 않은 부수적 절차를 구분하는 기준은 무엇인지 설명할 필
요가 있다. 일부 견해[47]는 절차적 권리가 인정된 경우에 중요한 절차로

47) 김유환, "행정절차하자의 법적효과– 절차 및 하자의 유형론과 당사자의 절차적
권리의 관점에서의 검토–", 법학논집 제8집 제1호, 2003, 137면.

파악하고 있다. 그렇다면 당사자가 변호사 등의 법률전문가의 조력을 받지 아니하고 행정소송 등을 제기할 수 있는 불복고지를 요청할 수 있는 절차적 권리를 인정할 수 있기 때문에 이는 중요한 절차로 볼 여지가 있다. 또한 절차하자가 치유되었다는 식의 일부 하급심판결의 논리 역시 행정청의 일정한 하자치유 노력이 없음에도 불구하고 당사자가 취소소송을 그 기간 내에 제기한 것만으로 하자가 치유된다는 논리는 설득력이 떨어진다.

5. 절차 하자와 법원의 절차적 위법성의 심사문제

가. 행정소송의 주된 기능

행정절차 하자의 효과를 행정절차와 행정실체 및 행정소송과의 연결적 입체적인 관점에서 종합적 고찰이 필요하다.[48]

행정소송의 기능과 제도적 목적은 일반적으로 권리구제와 행정통제의 2가지를 든다.[49] 행정소송이 2가지 기능 중 통설의 입장은 권리구제를 주된 기능으로 이해하고, 행정통제를 부수적 기능으로 이해하는데 반해서, 행정재판은 헌법상으로 행정작용의 적법성을 통제하는 객관소송의 성격에 비추어 행정통제가 주된 기능이라는 견해[50]가 대립하고 있다.

---

48) 아울러 행정소송의 기능을 어떻게 이해할 것인가의 문제와 관련이 있는 문제이다. 가령 행정소송의 기능을 권익구제에 초점을 맞출 것인지 아니면 행정통제에도 주안점을 맞출 것인지의 문제인데, 기본적으로 행정소송은 1차적으로 권익구제장치라고 할 것이다. 이 점에 대하여는 학설상의 다툼은 없다고 보여진다. 이는 행정소송법 제1조를 통해서도 쉽게 알 수 있다. 이와 관련하여 행정소송의 주된 기능을 행정통제에 두는 견해는 행정소송법 제1조, 제12조 등에 반한다고 보여진다. 이러한 행정소송의 기능논의와 행정절차의 하자의 효과문제는 뒤에서 살펴보는 바와 같이 상호연관성이 있다고 보여진다.
49) 김철용, 「행정법」, 고시계사, 2016, 424면.
50) 박정훈, "행정소송법 개정의 주요쟁점", 공법연구 제31집 제3호, 2003, 41면 이하.

우리의 행정소송법 제1조에서는 "이 법은 행정소송절차를 통하여 행정청의 위법한 처분 그밖에 공권력의 행사·불행사 등으로 인한 국민의 권리 또는 이익의 침해를 구제하고, 공법상의 권리관계 또는 법적용에 관한 다툼을 적정하게 해결함을 목적으로 한다"라고 하여 법문만 놓고 보면 권리구제를 도모하면서 행정통제를 동시에 달성하는 것과 같은 문구로 되어 있다. 행정소송법 목적(제1조)와 법률상 이익이 있는 자에 한하는 취소소송의 원고적격(제12조), 무효확인소송에서 사정판결(28조)의 적용배제 등을 종합적으로 살펴볼 때, 주관적 권리구제와 법원을 통한 위법한 행정활동에 대한 통제를 동시에 도모한다고 볼 것이다. 이처럼 양기능의 조화적 관점에서 당사자의 절차하자의 주장은 보충적 예비적으로 주장한 것으로 선해하여 실체적 판단을 먼저하고 절차적 하자의 판단을 후속적으로 하는 것이 필요하다고 볼 것이다.

나. 절차하자에 대한 통제와 권리구제

우리의 판례에 비추어 볼 때 절차적 하자가 있는 처분의 효력을 언제나 일의적으로 판단하여 위법하다고 할 수 없고, 차별적 고찰이 필요하다고 보여진다. 절차하자가 언제나 처분에 효력을 미치는 것은 아니라고 보아야 하며, 어떤 경우에는 무효[51]로 어떤 경우에는 적법[52]한 것으로 보고 있으며, 단순 위법으로 취소[53]로 보는 것이 일반적이다.

---

51) 절차하자를 처분의 무효사유로 본 판결의 예로는, 대법원 2006. 6. 30. 선고 2005두14363판결; 대법원 2007. 4. 12. 선고 2006두20150판결 ;대법원 2016. 12. 27. 선고 2016두 49228판결 등을 들 수 있다.

52) 절차하자를 처분이 적법하다고 본 판결의 예로는, 대법원 1994. 3. 22. 선고93누18969 판결; 대법원 2015. 8. 27. 선고 2013두1560판결; 대법원 2007. 4. 12. 선고 2005두2544판결; 대법원 2015. 10. 29. 선고2012두28728판결; 대법원 2014. 2. 27. 선고 2011두7489판결; 대법원 2015. 12. 10. 선고 2012두6322판결; 대법원 2001. 6. 29. 선고 99두9902판결 등을 들 수 있다.

53) 절차하자를 처분의 취소사유로 본 판결의 예로는, 대법원 2012. 2. 23. 선고 2011두5001판결; 대법원 2001. 4. 13. 선고 2000두3337 판결; 대법원 2015. 11. 26. 선고 2013두765판결; 대법원 20078. 3. 15. 선고 2006두15906판결 등을 들 수 있다.

물론, 절차하자가 있거나 절차상의 흠결이 있는 경우 올바른 절차를 준수하도록 할 수 있는 가장 효과적인 수단은 행정소송을 통한 사법적 통제라고 할 것이다.54) 이와 관련하여, 대법원55)이 그 환경영향평가의 내용이 다소 부실하다 하더라도, 그 부실의 정도가 환경영향평가제도를 둔 입법 취지를 달성할 수 없을 정도이어서 환경영향평가를 하지 아니한 것과 다를 바 없는 정도의 것이 아닌 이상 그 부실은 당해 승인 등 처분에 재량권 일탈·남용의 위법이 있는지 여부를 판단하는 하나의 요소로 됨에 그칠 뿐, 그 부실로 인하여 당연히 당해 승인 등 처분이 위법하게 되는 것이 아니라고 판시하고 있는 바와 같이 절차하자의 문제를 곧바로 실체하자로 전환하여 파악하는 판례를 살펴보면 다음과 같다.

- 대법원 2004. 5. 28. 선고 2004두961 판결
  [폐기물처리사업계획서신청서류반려처분취소]
  "폐기물처리업 허가와 관련된 법령들의 체제 또는 문언을 살펴보면 이들 규정들은 폐기물처리업 허가를 받기 위한 최소한도의 요건을

---

54) 김태오, "행정절차 하자의 독자적 취소사유에 대한 기능론적 재검토— 시청자 의 견청취절차의 부실이행을 이유로 한 방송사업 재허가 거부처분취소소송을 중심으로—", 행정법연구 제42호, 2015. 7, 27면.

55) 대법원 2004.12.09. 선고 2003두12073 판결: "구 환경영향평가법 제4조에서 환경영향평가를 실시하여야 할 사업을 정하고, 그 제16조 내지 제19조에서 대상사업에 대하여 반드시 환경영향평가를 거치도록 한 취지 등에 비추어 보면, 같은 법에서 정한 환경영향평가를 거쳐야 할 대상사업에 대하여 그러한 환경영향평가를 거치지 아니하였음에도 승인 등 처분을 하였다면 그 처분은 위법하다 할 것이나, 그러한 절차를 거쳤다면, 비록 그 환경영향평가의 내용이 다소 부실하다 하더라도, 그 부실의 정도가 환경영향평가제도를 둔 입법 취지를 달성할 수 없을 정도이어서 환경영향평가를 하지 아니한 것과 다를 바 없는 정도의 것이 아닌 이상 그 부실은 당해 승인 등 처분에 재량권 일탈·남용의 위법이 있는지 여부를 판단하는 하나의 요소로 됨에 그칠 뿐, 그 부실로 인하여 당연히 당해 승인 등 처분이 위법하게 되는 것이 아니다 (대법원 2001. 6. 29. 선고 99두9902 판결 참조)"

규정해 두고는 있으나, 사업계획 적정 여부에 대하여는 일률적으로 확정하여 규정하는 형식을 취하지 아니하여 그 사업의 적정 여부에 대하여 재량의 여지를 남겨 두고 있다 할 것이고, 이러한 경우 사업계획 적정 여부 통보를 위하여 필요한 기준을 정하는 것도 역시 행정청의 재량에 속하는 것이므로, 그 설정된 기준이 객관적으로 합리적이 아니라거나 타당하지 않다고 볼 만한 다른 특별한 사정이 없는 이상 행정청의 의사는 가능한 한 존중되어야 할 것이나, 그 설정된 기준이 객관적으로 합리적이 아니라거나 타당하지 않다고 보이는 경우 또는 그러한 기준을 설정하지 않은 채 구체적이고 합리적인 이유의 제시 없이 사업계획의 부적정 통보를 하거나 사업계획서를 반려하는 경우에까지 단지 행정청의 재량에 속하는 사항이라는 이유만으로 그 행정청의 의사를 존중하여야 하는 것은 아니고, 이러한 경우의 처분은 재량권을 남용하거나 그 범위를 일탈한 조치로서 위법하다."

- 대법원 2015.8.27. 선고 2013두1560 판결
  【건축신고반려처분취소】

"민원사무를 처리하는 행정기관이 민원 1회방문 처리제를 시행하는 절차의 일환으로 민원사항의 심의·조정 등을 위한 민원조정위원회를 개최하면서 민원인에게 회의일정 등을 사전에 통지하지 아니하였다 하더라도, 이러한 사정만으로 곧바로 민원사항에 대한 행정기관의 장의 거부처분에 취소사유에 이를 정도의 흠이 존재한다고 보기는 어렵다. 다만 행정기관의 장의 거부처분이 재량행위인 경우에, 위와 같은 사전 통지의 흠결로 민원인에게 의견진술의 기회를 주지 아니한 결과 민원조정위원회의 심의과정에서 고려대상에 마땅히 포함시켜야 할 사항을 누락하는 등 재량권의 불행사 또는 해태로 볼 수 있는 구체적 사정이 있다면, 거부처분은 재량권을 일탈·남용한 것으로서 위법하다."

다. 법원의 당사자의 주장과 그 판단방법

비록 당사자가 절차하자를 주장하였다고 할지라도 법원은 행정소
송에서 당사자가 실체하자에 주안점을 두는 것인지 아니면 절차하자를
통해 행정공무원의 법적용의 잘못을 탓하는데 있는 것인지, 당사자의
주된 관심사를 석명권을 행사하여 살펴볼 필요가 있다. 하급심의 판결
문의 이유를 보면 그 설시방식이 법원마다 법관마다 구구각색이지만,
법원은 판결이유에서 당사자가 실체하자와 절차하자를 주장한 경우에
손쉽게 절차하자를 먼저 판단하여 사건을 종결지을 것이 아니라, 실효
적인 권리구제와 법원의 신뢰를 위해 특별한 사정이 없는 한 실체하자
를 먼저 판단하고 그 다음에 절차하자를 판단하는 것이 보다 올바른 순
서라고 볼 것이다.

문제는 당사자가 실체적 하자와 더불어 절차적 하자를 주장하였을
경우에 법원이 그 중에서 사건판단을 용이하게 하기 위해 적절한 순서
에 따라 위법을 판단하면 족한 것으로 보는 법원의 실무적 관행에 따를
경우 당사자는 소송을 제기하고서도 실효적인 권리구제를 받지 못하는
경우가 비일비재하게 된다.

법원은 당사자가 일차적으로 실체적 위법을 주장하고, 이차적으로
절차적 위법을 주장하는 것으로 보아 순차적으로 판단하는 것이 정도이
며, 당사자가 비록 실체적 위법성 주장과 더불어 절차적 위법성 주장을
한 경우에는 절차적 하자는 부차적인 위법성의 주장임에도 실체적 위법
에 대한 판단을 생략한 채 절차하자로 손쉽게 판단을 하게 되는 결과
승소판결후에 있어서 행정청에서 다시금 행정절차를 거치는 등 이를 보
완한 후에 동일한 내용의 처분이 내려지게 될 가능성이 있게 되어 당사
자의 권리구제의 불만족으로 인해 사법에 대한 불신과 신뢰손상이 야기
될 수 있다.

일부 견해56)에 의하면, 절차하자를 독자적인 취소사유로 인정하게

되면 그로 인하여 원고가 불리한 판결을 받을 수도 있다는 점을 지적하면서, 법원은 실체적인 판단이 어려운 경우에 절차를 이유로 판결을 하면서 사건을 빨리 마무리 지으려는 유혹을 받을 수 있고 그렇게 되면 원고로서는 실체적 판단을 받을 수 있는 기회를 잃게 된다고 지적하고 있다. 일견 타당한 지적이라고 사료된다. 다만, 실체적 하자가 없는 경우라면 절차하자를 이유로 승소판결을 받게 될 수 있으므로 당사자의 법적 이익이 전혀 없지 않다. 소송비용의 부담에서 벗어날 수 있고, 상대방에게 소송비용을 물릴 수 있으며, 절차하자로 인해 공무원에 대한 징계절차를 밟을 수 있고, 손해배상을 청구하는 등 책임을 물을 수 있기 때문이다.

그럼에도 불구하고 당사자가 절차하자의 주장을 한 경우 법원은 사려 깊게 판단할 필요가 있다. 먼저 절차하자를 실체적 하자와의 연관성 속에서 그 주장에도 불구하고 법원에서 선해하여 판단할 수 있다. 가령 이유제시의무를 제대로 하지 않거나 행정조사를 게을리 한 경우에는 사실오인이나 재량권 행사의 형량을 제대로 하지 않은 위법으로 판단하는 방법이 있다. 다음으로 절차하자와 실체하자를 함께 주장하는 경우에는 특별한 사정이 없는 한 실체하자를 먼저 판단한 후에 절차하자를 판단하고, 실체적 하자를 판단하지 않은 단계에서 절차하자 만으로 취소판결을 내리지 않도록 하는 것이 중요하다.

IV. 맺음말

이상에서 고찰한 바와 같이 행정조사를 둘러싸고, 자발적 협조에 기초하여 행정조사를 한 경우 그 법적 근거를 충족하는 차원을 넘어서

56) 김광수, "절차하자의 법적 효과─의견청취절차를 중심으로─", 행정작용법, 박영사, 2005. 884면

서 이미 개별법령 등에서 법적 근거를 확보한 경우에도 행정조사기본법
의 절차규정을 잠탈하는 수단으로 활용되는 점을 경계할 필요가 있다.
기본적으로 행정조사기본법의 제정이유가 행정조사로부터 권익이 침해
되는 기업이나 개인의 사전적인 권익보호를 지향하기 위해서 제정된 것
이지, 행정청이 개별 법률에 따른 엄격한 행정조사절차를 완화시켜 주
는 창구로서 기능하기 위해서 그와같이 제정된 것이 아니므로 그 입법
취지를 감안할 때 그 예외의 가능성은 엄격하게 제한적으로 받아들이는
것이 필요하다.

따라서, 개별 법률의 법적근거가 없는 경우에는 당사자의 동의로
행정조사의 정당성의 근거를 확보될 수 있으나, 개별 법률이나 행정조
사기본법에 명확하게 행정조사절차규정을 두고 있는 경우에는 자발적
협조라는 동의의 방식을 통하여 그 예외를 넓히는 것은 행정조사절차의
예외를 엄격하게 해석하여야 한다는 관점에서 문제가 있다.

법원에서 국민의 입장을 헤아리고 내린 훌륭한 내용의 판결도 있
지만 일반적으로 절차적 하자를 먼저 판단하고 실체적 하자를 나중에
판단하는 실무관행이 지속되어 왔다. 그러나 이와 같은 법원의 판단순
서는 절차하자가 위법하지 않은 경우라면 모르되, 절차하자와 실체하자
가 동시에 인정되는 경우에는 그 순서는 실체하자를 먼저 판단하는 것
이 바람직하다고 할 것이다. 그 이유는 당사자가 일반적으로 실체적 위
법성을 판결이유에 설시 받아 판결의 기속력이 미치도록 하고자 하기
때문이며, 법원에서 실체적 위법이 있음에도 이 부분에 대한 판단을 하
기에 앞서 미리 절차하자를 내세워 취소판결을 내리게 될 경우에 당사
자의 입장에서는 근본적인 권리구제가 되지 않기 때문이다. 당사자가
법원에 소송을 제기하여 절차하자의 위법을 이유로 승소판결이 확정된
후에도 처분청이 다시금 절차만을 거쳐 동일한 처분을 하게 되면 다시
금 소송을 제기하여 다투어야 하므로 불합리한 문제가 있다.

행정절차의 하자와 관련하여 당사자가 행정소송에서 실체적 하자

와 절차적 하자를 모두 주장한 경우에 우선적으로 실체적 하자를 먼저 판단하려는 것이라고 보아 실체적 하자의 판단을 건너뛰고 절차하자를 이유로 취소판결을 내리는 것은 바람직하지 않다.57) 법원은 실체적 하자가 있는 경우라면 당사자가 절차하자의 주장을 하더라도 다소 수고스럽더라도 실체적 판단을 모두 한 다음에 절차하자를 판단하는 것이 정도(正道)라고 할 것이다.58)

따라서 당사자가 절차하자를 주장하였음에도 실체적 하자로 연결시킬 수 있다면 법원은 더 이상 절차하자를 문제 삼지 않고 실체하자의 판단요소로 파악할 수 있는지를 우선 검토하고, 나아가 절차하자를 당사자의 예비적 주장으로 보아야 할 것이므로 실체적 하자에 대한 판단을 먼저 한 후 행정에 대한 통제의 측면에서 절차하자에 대하여도 함께 판단할 필요가 있다.59)

---

57) 박정훈, "행정소송과 행정절차(1)", 행정소송의 구조와 기능, 박영사, 2016, 575면. 박정훈 교수는 법원은 원고가 명백히 요구하는 경우에는 실체적 위법성 여부를 먼저 판단할 것이 요청되며, 원고가 주장하지 않거나 아니면 예비적으로 주장한 절차적 하자를 이유로 처분을 취소하여 사건을 행정청에 되돌려 보내서는 안된다고 적절히 지적하고 있다.
58) 물론 경우에 따라서는 당사자의 입장에서 절차하자를 우선적으로 다투는 경우도 있을 수 있다, 그러한 경우를 제외하고는 보충적으로 절차하자를 다투는 것으로 이해하는 것이 타당하다.
59) 그것은 행정소송이 국민에 대한 주관적 권리구제장치이면서 객관적으로 행정활동에 대한 통제적 의미가 있기 때문이다. 일반적으로 법원에서 절차적 하자를 먼저 판단하여 이를 이유로 처분을 취소하고 있으나, 이러한 판시태도는 문제가 있다고 볼 것이다. 우선 법원에서 실체적 하자에 대하여 판단하고 아울러 실체적 하자 부분과 더불어 절차적 하자도 판시하는 것이 바람직하고, 실체적 하자의 판단을 하지 않고 절차적 하자만을 판단하게 될 경우에는 행정청에서 다시금 행정절차를 새롭게 할 가능성이 있기 때문이다.

참고문헌

강태수, "기본권포기론", 공법연구 제29집 제2호, 2001.

김광수, "절차하자의 법적 효과- 의견청취절차를 중심으로-", 행정작용
　　법, 박영사, 2005.

김남진, "부령이 정한 청문을 결한 처분의 효력- 대법원 1987. 2. 10. 선
　　고 84누 350사건-", 행정판례연구 제1집, 1992.

김남철, 「행정법강론」, 박영사, 2016.

김동희, 「행정법 I」, 박영사, 2015.

김영조, "행정조사에 관한 연구- 특히 세무조사를 중심으로-", 경희대
　　박사학위논문, 1998.

김영조, "행정조사기본법의 문제점과 개선방안", 공법학연구 제8권 제3호,
　　2007.

김용섭, "법치행정원리에 관한 재검토", 경희법학 제33권 제1호, 1998.

김용섭, "행정상 사실행위의 법적 문제", 인권과 정의 통권 208호, 2000.

김용섭, 이경구, 이광수, 「행정조사의 사법적 통제방안」, 박영사, 2016.

김용찬, "행정절차법에 의한 청문을 실시하지 않고 행한 침해적 행정처분
　　의 효력(행정절차법 제21조 제4항 제3호의 의미)", 대법원판례해설,
　　2002.

김유환, "행정절차하자의 법적효과- 절차 및 하자의 유형론과 당사자의
　　절차적 권리의 관점에서의 검토-", 법학논집 제8집 제1호, 2003.

김의환, "실무가가 본 행정절차법 제정의 의의- 대법원 판례분석을 중심
　　으로-, 행정절차와 행정소송, 피앤씨미디어, 2017.

김중권, 「김중권의 행정법」, 법문사, 2013.

김철용, 「행정법」, 고시계사, 2016.

김춘환, "청문절차를 결여한 침해적 행정처분의 위법성 : 대법원 2001. 4.
　　13. 선고 2000두 3337 판례를 중심으로", 연세법학연구 제8권 제1호,

2001.

김태오, "행정절차 하자의 독자적 취소사유에 대한 기능론적 재검토 - 시청자 의견청취절차의 부실이행을 이유로 한 방송사업 재허가 거부처분취소소송을 중심으로 -", 행정법연구 제42호, 2015. 7.

박정훈 "행정소송과 행정절차(1) - 비교법적 고찰 및 네 개의 접점문제 -", 행정소송의 체계와 구조, 박영사, 2007.

박정훈, "행정소송법 개정의 주요쟁점", 공법연구 제31집 제3호, 2003.

박윤흔, "이유부기의 하자와 행정행위의 효력", 고시계 95/5, 1995.

서원우, "행정상의 절차적하자의 법적 효과", 서울대학교 법학 제27권 2·3호, 1986.

선정원, "행정조사의 법적 구조와 과제", 행정소송(1), 한국사법행정학회, 2008.

송진경, "압수, 수색으로서 실질적 의미를 가지는 행정조사에 있어서 영장주의의 준수필요성에 대한 소고", 법과 정책 제20집 제3호, 2014

오준근, "행정절차법 시행 이후의 행정절차관련 행정판례의 동향에 관한 몇가지 분석", 행정판례연구 제7집, 2002.

오준근, "행정조사제도의 법리적 논의·입법동향의 평가와 개선방안에 관한 연구", 토지공법연구 제45집, 2009.

이희정, "사실조사행위의 적법성과 행정처분의 효력 - 동의를 결한 채혈에 기한 운전면허취소처분의 허용성 -", 공법연구 제45집 제2호, 2016.

이희정, "위법한 행정조사에 근거한 처분의 흠 - 대법원 1985. 11. 12. 선고 84누250판결 -", 행정판례평선 개정판, 2016.

정영철, "행정행위하자론에서의 환경영향평가의 하자와 행정행위의 효력", 홍익법학 제14권 제3호, 2013.

정영철, "행정법의 일반원칙으로서의 적법절차원칙", 공법연구 제42집, 2013. 10.

정하중, 「행정법개론」, 법문사, 2017.

정효현, "흠 있는 행정절차와 법적 효력에 관한 연구", 아태 공법연구 제

10집, 2002.

조해현, "행정처분의 근거 및 이유제시의 정도", 행정판례연구 8집, 2003.

최계영, "항고소송에서 본안판단의 범위- 원고의 권리침해가 포함되는지 또는 원고의 법률상 이익과 관계없는 사유의 주장이 제한되는지의 문제를 중심으로-", 행정법연구 제42호, 2015.

최송화, "절차상 흠있는 행정행위의 법적효과- 청문을 중심으로-", 고 시계 95/5, 1995.

허 영, 「헌법이론과 헌법」, 박영사, 2006.

허완중, "기본권포기", 헌법학연구 제15권 제1호, 2009.

홍정선, 「행정법원론(상)」, 박영사, 2015.

須藤陽子, 「行政強制と行政調査」, 法律文化社, 2014.

須藤陽子, "行政調査に關する一考察- 警察權の分散と規制的豫防的行政活 動の導入-", 立命館法學 320号, 2008. 4.

伊藤鐵男·荒井喜美, "行政調査における事情聽取の抱える問題點- 犯罪搜 査における取調べの現實的課題を踏まえて", NBL, No. 998, 2013.

Bettina Spiker, 「Behördliche Amtsermittlung」, Mohr Siebeck, 2015.

Hermann Pünder, "Die Folgen von Fehlern im Verwaltungsverfahren", JA 2015.

국문초록

이 논문은 행정조사 및 행정절차의 법적문제를 다루면서 대법원 판례에 대한 판례평석을 한 것이다. 대상 판결의 핵심 쟁점중이 하나인 행정조사와 관련하여, 개별 법률의 법적근거가 없는 경우에는 당사자의 동의는 행정조사의 정당성의 근거가 될 수 있다. 다만, 개별 법률이나 행정조사기본법에 명확하게 행정조사절차 규정을 두고 있는 경우에는 자발적 협조라는 동의의 방식을 통하여 그 예외를 넓히는 것은 행정조사절차의 예외를 엄격하게 해석하여야 한다는 관점에서 행정조사기본법의 절차규정을 잠탈하는 문제가 있다.

대법원판례의 입장은 절차위반이 언제나 실체적 하자를 야기하는 것은 아니며, 중요한 절차위반일 경우에는 실체에 영향을 미치는지 여부와는 무관하게 처분의 위법성을 주장할 수 있으며, 아울러 경미한 절차하자라 할지라도 실체에 영향을 미치는 경우에는 그 자체로 독립적 취소사유로 보고 있다.

이와 관련하여, 당사자가 취소소송에서 실체적 하자와 절차적 하자를 모두 주장한 경우에는 우선적으로 실체적 하자를 먼저 판단받기를 바라는 것이므로 실체적 하자를 건너뛰고 절차하자를 이유로 취소판결을 내리는 것은 바람직하지 않다. 법원이 심리한 결과 실체적 하자가 있는 경우라면 절차하자를 주장하였다고 할지라도 실체적 하자에 대한 판단을 먼저 한 다음에 절차하자에 대하여 판단하는 것이 국민을 위한 사법의 길이라고 본다.

개별 법률이나 행정절차법에서 규정하고 있는 절차를 지키지 않은 경우에는 비록 실체에 영향이 없더라도 절차적 위법을 이유로 처분의 취소판결을 내려 통제하는 것은 그 자체로 법치국가실현의 통제장치라고 할 것이다.

끝으로 대법원판례는 행정절차법 제26조에서 규정하고 있는 불복고지절차 위반이 있더라도 처분의 위법이 되지 않는다고 판시하고 있으나, 이 경우에도 절차하자로 보아 실체에 영향이 있는지 여부와 무관하게 처분이 위법하다고 보는 것이 절차적 정의의 관점에 비추어 보거나 행정절차법에서 고지에 관한 명문의 규정을 마련한 제정목적에 비추어 타당하다고 할 것이다.

주제어: 행정조사, 행정절차, 절차하자, 행정절차법, 행정조사기본법

Abstract

Legal Issues of Administrative Investigation and Procedures
—Reviewed Case: No. 2016—DU—41811 judged by Supreme Court on Oct. 27, 2016—

Kim Yong—Sup*

This paper is an interpretation of the Supreme Court's judgment for a case dealing with legal issues of administrative investigation and administrative procedures. In connection with administrative investigation, one of the key issues in the ruling, the parties' consent may be grounds for the legitimacy of administrative investigation in case that there is no legal basis for an individual law. However, if the provisions of administrative investigation procedures are explicitly set forth in an individual law or the Framework Act on Administrative Investigations, broadening the range of exception through consensus of voluntary cooperation may be understood itself to lock down the procedural rules of the Framework Act on Administrative Investigations in terms of the rule that exceptions of administrative investigation procedures shall be strictly interpreted.

The position of the Supreme Court precedents is that procedural violation does not always lead to substantive defects, but if procedures are seriously violated, the irregularity of disposition may be asserted regardless of whether they affect the substance of the case, and even a small procedural defect may be an independent cancellation reason

* Professor. Dr. Chonbuk National University

itself if it affects the substance of the case.

In this regard, if a party alleges both substantive and procedural defects in a revocation suit, it is the desire of the party that the substantive defect be judged first, therefore it is not desirable to skip the substantive defect and make a cancellation decision for the reason of procedural defect. If the court acknowledges the substantive defect as a result of the hearing, it should judge the substantive defect first and judge the procedural defect later even if the procedural defects is claimed. It is considered the judicial way for the people.

If the procedures prescribed in individual laws or the Act on Administrative Procedures are not observed, even if the substance is not affected, the disposition cancellation ruling for the reason of procedural violation itself will come to be an obstacles to the realization of the rule of law.

Finally, the Supreme Court's precedent rules that even if there is a violation of the disobedience notification procedures prescribed in Article 26 of the Administrative Procedure Act, it does not constitute illegality of disposition. Even in this case, however, the ruling of disposition cancellation for the reason of procedural defects without regard to the substantive influence is considered reasonable in the light of the viewpoint of procedural justice or the purpose of enactment of the provisions in the Act on Administrative Procedures.

Keywords: administrative investigation, administrative procedures. procedural defect, the Act on Administrative Procedures, the Framework Act on Administrative Investigations

투고일 2017. 5. 26.
심사일 2017. 6. 13.
게재확정일 2017. 6. 16.

行政의 實效性確保手段

홈페이지 閉鎖命令에 대한 法의 解釋과 比例의 原則
(성봉근)

홈페이지 閉鎖命令에 대한 法의 解釋과 比例의 原則

成奉根*

Ⅰ. 머리말

스피넬로(Spinello)는 인터넷이 헌법상 표현의 자유가 가지는 잠재적인 힘을 블로그, 페이스북, 트위터 등 SNS를 통하여 더욱 확장시켜왔다고 지적한다. 갓윈(Godwin) 역시 인터넷 망과 SNS 망들은 언론의 자유를 개인의 손에 최대한도로 쥐어주었다고 하고 있다.[1]

기본권 이론과 법이론은 그동안 오프라인을 배경을 주로 정립되어왔다. 그러나 이제는 사이버상에서까지 논의의 대상이 되는 시간과 장소가 확대되고 의사표현의 방법이 다양해지고 있다. 과연 사이버상의 표현의 자유에 대하여 보장의 폭을 어떻게 설정할 것인가. 또한 사이버상의 표현의 자유의 제한에 대하여는 오프라인에서의 그것과 동일하게 접근할 것인가 아니면 다르게 접근할 것인가? 사이버 상에서 표현의 자

---

* 고려대학교 강사, 법학박사.
1) Spinello, Free Speech and Content Controls in Cyberspace, in Cyberethics − Morality and Law in Cyberspace, 5th edition, Jones & Bartlett Learning, 2014, at 63.

유에 대한 기본권 제한이 정당성과 적법성을 획득하기 위해서 어떠한 법학적 논의를 바탕으로 타당한 방법을 거쳐야 할 것인가? 수많은 미지의 새로운 과제가 우리 법원에게 무겁게 주어지고 있다. '정보화사회'(情報化社會; Informationsgesellschaft, Information Society)2)에서 사이버상에서의 표현의 자유에 대한 제한은 판례가 충분히 축적되지 못한 미지의 것이다. 따라서 법관들의 창의적이고 실험적인 정신으로 가득한 휴리스틱적인 접근 역시 함께 필요하다.

이러한 법학 방법론적 과제가 엄중하게 주어져 있는 상황 속에서 최근 우리 대법원에 정보화사회에서 중요한 시금석이 될 수 있는 사건이 상정되었다. 방송통신위원회는 진보네트워크에 게재된 위법한 게시물들을 이유로 개개의 게시물 삭제, 게시판 제거, 사이트 폐쇄명령 등 세 가지 방법 중에서 폐쇄명령이라는 초강수를 선택재량으로 행사하였다.

'정보화 사회'에서 표현의 자유는 매우 예민하고 민감한 법치주의 문제이다. 사이버 상에서는 표현의 자유는 다른 기본권들을 보장하는 '대문'(Gate)이자 '방어벽'(Wall)이라고 볼 수 있기 때문이다. 사이버 상에서 표현의 자유가 함부로 제한될 수 있다면, 이로 인한 정보에 대한 자유, 행동의 자유나 행복추구권, 인간의 존엄성, 언론·출판의 자유 등 다른 기본권들도 함께 용이하게 침해될 수 있기 때문이다.

그런데 대법원 2015. 3. 26. 선고 2012두26432 판결의 사안에서 핵심적인 논의의 대상은 법원의 결론이라고 하기 보다는 결론에 이르는 판결 형성의 논증에 있다. 법원은 이 사건의 해결점에 도달하기 위해서는 '법의 해석'(Auslegung des Rechts, interprétation du droit)과 '비례의 원

---

2) Hoffmann—Riem, Verwaltungsrecht in der Informationsgesellschaft — Einleitende Problemskizze, in Hoffmann—Riem/Schmidt—Aßmann(Hrsg.), Verwaltungsrecht in der Informationsgesellschaft, Nomos Verlagsgesellschaft, Baden—Baden, 1.Auflage, 2000, S.10.

칙' 등에 대한 논증을 정확하게 하여야만 한다. 이 사건은 대법원의 법률심으로서의 수준이 어디까지 도달해 있는지 질적 평가가 '법 해석학'(Juristische Hermeneutik)과 '법 도그마틱'(Rechtsdogmatik) 등에서 이루어지게 되는 매우 중요한 의미를 지니는 것으로 자리매김을 하게 된다.

법원이 방송통신위원회의 선택재량에 대하여 손을 들어주기 위해서는 논리적으로 표현의 자유의 제한에 대한 법률유보를 충족하고 있고, 비례의 원칙 등 이익형량에 문제가 없다는 입장을 취하여야만 한다. 그런데. 이 사안은 충분한 논증을 하지 못하고 결론을 내린 뒤 결론에 부합할 수 있는 판결의 논리를 만들어 낸 것이 아닌지 의심해 볼 필요가 있다.

법률유보와 관련하여 방송통신위원회가 선택재량으로 행사한 사이트 폐쇄명령의 요건이나 효과에 대한 직접적인 문언은 없고, 확장해석(ausdehnende Auslegung)을 통하여 근거규정을 찾고 있다.

정보통신망 이용촉진 및 정보보호 등에 관한 법률 제44조의 7 제3항을 근거로 이러한 법해석이 가능하기 위해서는 법률유보의 원칙과 관련하여 두 가지의 무리수를 사용하게 된다. 첫 번째는 '사이트 자체를 정보로 볼 수 있다'는 '확장해석'이다. 두 번째는, '취급거부명령 안에 사이트 폐쇄명령도 포함한다'고 '확장해석'을 하여 사이트 폐쇄명령을 내릴 수도 있다고 하는 것이다.

비례의 원칙 등을 통한 이익형량의 측면에서도 사이버상에서의 표현의 자유의 제한을 함부로 할 수 없다는 명제를 충족한다고 정당화를 시켜 줄 수 있는지도 의심해 보아야 한다. 왜냐하면 이 판결의 중요한 의미는 '사이버상에서 표현의 자유와 제한'에 대한 '법의 해석'과 '이익형량' 등에 대한 시금석이 될 것이기 때문이기 때문이다. 만일 이번 대법원 판결의 방식이 정보화 사회를 규율하고 전자정부의 행동기준으로서 자리매김할 수 있을 정도의 가치를 가지기에 부족하다면 판례의 접근방식을 수정하여야 한다.

더욱이 유럽인권법원에 필적하는 수준의 아시아인권법원의 설립을 추진 중인 상황이어서 우리 법원의 태도에 대한 OECD국가들과 국제사회의 주목을 받고 있다.

우리 법원의 판시 내용들을 검토해 보면서, 이에 대한 평가를 내리고 개선점을 찾아보기로 한다.

Ⅱ. 판례의 내용

1. 사실관계3)

(1) 사실관계와 처분의 경위

원고는 「진보네트워크센터」로서 '진보넷(http://jinbo.net)'이라는 인터넷 사이트를 개설한 뒤 회원들에게 이메일 계정 및 인터넷 홈페이지를 구축할 수 있는 웹호스팅 서버공간을 제공하고 있었다. 한국대학총학생회연합(이하 '한총련'이라 한다)은 원고로부터 계정과 서버공간을 제공받아 'http://hcy.jinbo.net'라는 사이트와 홈페이지를 개설한 뒤 게시판 등을 통해 회원들에게 북한정권에 대한 정보 등을 제공하여 왔다.

한편, 경찰청장은 2011. 3. 18. 한총련이 이 사건 사이트를 통해 김일성·김정일을 찬양하고 북한정권의 정통성을 강변하는 한편, 주체사상에 입각한 자주·민주·통일과 반미자주화 투쟁, 북한식 조국통일투쟁을 선전·선동하는 내용의 정보를 제공하고 있다는 이유로 피고인 「방송통신위원회」에게 해당 사이트를 이용 해지하여 줄 것을 요청하였다.

이에 피고인 「방송통신위원회」는 2011. 3. 21. 및 같은 해 6. 23.

---

3) 논의의 편의상 소제목은 저자가 붙였으며, 쟁점별 목차 순서를 일부 조정하였고, 표현상 불분명한 점을 분명하게 하는 범위 내에서 표현을 수정하였음을 밝혀두는 바이다.

「방송통신심의위원회」에 이 사건 사이트에 관한 심의를 요청하였고, 「방송통신심의위원회」는 2011. 6. 29. 이 사건 사이트의 이용해지를 내용으로 하는 시정요구를 하였다.

그러나 시정요구에도 불구하고 이 사건 사이트에 관한 차단조치가 이루어지지 아니하자 피고인 「방송통신위원회」는 2011. 8. 18. 원고인 「진보네트워크센터」에게 「정보통신망 이용촉진 및 정보보호 등에 관한 법률」(이하 '「정보통신망법」'이라 한다) 제44조의7 제3항에 따른 「취급거부명령」의 규정에 근거하여 「사이트의 이용을 해지하도록 시정을 명령」하는 이른바 「사이트 폐쇄명령」을 통보하였다.

(2) 방송통신위원회의 사이트 폐쇄 명령 결정의 사유

이 사건 사이트는 '한총련 소개', '속보', '자료실', '문화국', '게시판' 등 5개 메뉴로 구성되어 있으며, '한총련 소개' 메뉴에는 한총련의 '강령과 규약' 내용이 게시되어 있고, '속보' 메뉴에는 총 70,458건(2011. 6. 24.) 현재의 게시물이 게재되어 있으며, '자료실' 메뉴에는 문서 자료 5,400여 건과 선전자료 1,169건 등이 게재되어 있고, '문화국' 메뉴에는 '문예자료', '문예이론 토론방', '동아리 운영' 하위메뉴에 100여 건의 게시물이 게재되어 있으며, '게시판' 메뉴에는 5,100여 건의 게시물이 게재되어 있다.

경찰청 요청자료에 따르면, 한총련은 대법원으로부터 지속적으로 이적단체로 판결되고 있어 한총련의 행위 등은 사실상 모두 불법이며, 「정보통신망 이용촉진 및 정보보호 등에 관한 법률」 제44조의7 제3항에 따른 삭제명령을 불이행함에 따라 고발 조치(5차)된 바 있고, 이 사건 사이트에는 노동신문, 구국전선, 우리민족끼리 등 북한체제 선전사이트에 게시된 수 천 건에 이르는 이적표현 게시물을 그대로 게재하고 있는 것으로 판단하고 있다.

해당 정보는 김일성·김정일 부자를 미화찬양하고, 선군정치 등 북

한의 주의·주장을 선전·선동하는 내용으로서, 경찰청의 요청 사유 등을
종합적으로 검토하여 볼 때, 국가보안법에서 금지하는 행위를 수행하는
내용의 불법정보에 해당하여 이용해지의 시정요구로 의결하였다.

2. 서울행정법원의 1심 판결

(1) 법률의 우위 위반에 대한 판단

원고가 진보넷을 개설하여 회원들에게 이메일 계정 및 인터넷 홈
페이지를 구축할 수 있는 웹호스팅 서버공간을 제공하고 있는 사실은
앞서 본 바와 같고, 을 제1호증의 기재에 변론 전체의 취지를 종합하면,
진보넷에 홈페이지를 만들기 위해서는 매월 정기적으로 회비가 출금되
는 후원회원으로 가입을 하여야 하고, 회원가입을 완료한 이후 원고에
서버 계정신청을 할 수 있는 사실, 원고는 후원금을 납부한 회원에게
홈페이지를 사용할 수 있도록 계정을 개설하여 주고 계정정보 및 사용
메뉴얼을 발송하여 주는 사실, 진보넷은 회원들에게 메일링리스트, 전
자우편 수신 계정(Post Office Protocol 3, POP3), 대용량 데이터 저장 장
치 등을 제공함에 있어 회비 납부액에 따라 메일 계정의 개수나 저장용
량 등에 차등을 두고 있는 사실이 인정된다. 위 인정사실에 의하면, 원
고는 후원금 명목의 돈을 지급받고 그 대가로 홈페이지를 개설하여 주
는 등의 웹호스팅 용역을 제공하고 있으므로, 영리를 목적으로 전기통
신역무를 이용하여 정보의 제공을 매개하는 자에 해당한다고 봄이 보아
야 한다.

(2) 명확성의 원칙에 대한 판단

법치국가원리의 한 표현인 명확성의 원칙은 기본적으로 모든 기본
권제한 입법에 대하여 요구된다. 규범의 의미내용으로부터 무엇이 금지
되는 행위이고 무엇이 허용되는 행위인지를 수범자가 알 수 없다면 법

적 안정성과 예측가능성은 확보될 수 없게 될 것이고, 또한 법집행 당
국에 의한 자의적 집행을 가능하게 할 것이기 때문이다.[4]

「정보통신망법」제44조의7 제1항 제8호는 피고가 정보통신서비스
제공자에게 '국가보안법에서 금지하는 행위를 수행하는 내용의 정보'의
취급을 거부·정지 또는 제한할 수 있도록 규정하고 있다. 국가보안법은
제3조부터 제12조에 걸쳐 반국가단체를 구성하거나 이에 가입 또는 가
입을 권유하는 행위, 반국가단체나 그 구성원 또는 그 지령을 받은 자
의 활동을 찬양·고무·선전 또는 이에 동조하거나 국가변란을 선전·선동
하는 행위, 형법 제2편 제2장 외환의 죄에서 정한 행위 등 국가의 안전
을 위태롭게 하는 반국가활동을 금지한다고 규정하고 있다. 국가보안법
이 금지하는 각 그 소정의 행위가 국가의 존립·안전을 위태롭게 하거나
자유민주적 기본질서에 위해를 줄 명백한 위험이 있을 경우에만 축소적
용되는 것으로 해석할 경우 헌법에 위반되지 않는다는 헌법재판소의 결
정이 이미 여러 차례 있어 왔고[5], 북한이 적화통일의 목표를 버리지 않
고 각종 도발을 자행하고 있는 현실에서 대한민국 국민의 생존 및 자유
를 수호하기 위하여 위와 같은 체제 파괴행위를 어느 정도 포괄적으로
규제하는 것은 불가피하며, 「정보통신망법」제44조의7 제1항 제8호 소
정의 '국가보안법에서 금지하는 행위를 수행하는 내용의 정보'라는 부분
은 국가보안법에서 처벌되는 범죄행위를 수행하기 위한 정보를 의미하
는 것으로 누구나 예측할 수 있다고 할 것이므로, 위 규정이 명확성의
원칙에 반한다고 할 수 없다.

「정보통신망법」제44조의7 제3항에서 말하는 '해당 정보의 취급
거부·정지 또는 제한'이라 함은 「방송통신위원회의 설치 및 운영에 관한
법률 시행령」제8조 제1항의 취지에 비추어 당해 정보의 개별적 삭제명

---

4) 헌법재판소 2002. 1. 31. 선고 2000헌가8 결정 등 참조
5) 헌법재판소 1997. 1. 16. 선고 92헌바6·92헌바26, 1990. 4. 2. 선고 89헌가113 결정
   등 참조

령 뿐만 아니라 사이트 폐쇄명령이나 사용자 명칭(ID) 정지명령 등을 가리킨다고 봄이 상당하다. 따라서 수범자로서는 시정요구의 내용에 관하여 규정하고 있는 「정보통신망법」 및 관계 법령의 입법체계 및 그 취지를 통하여 「정보통신망법」 제44조의7 제3항에서 말하는 '해당 정보의 취급 거부·정지 또는 제한'의 범위에 관하여 「충분히 예측할 수 있다」고 할 것이므로 위 조항이 기본권제한입법에 요구되는 명확성을 결여하였다고 보기 어렵다. 원고의 주장은 이유 없다.

(3) 비례의 원칙에 대한 판단

피고가 정보통신서비스 사용자에게 해당 사이트의 폐쇄명령까지 할 수 있도록 규정하고 있는 「정보통신망법」 제44조의7 제3항이 과잉금지원칙에 위배되는지 살펴본다.

「정보통신망법」 제44조의7 제3항에 따른 해당 정보의 취급 거부·정지 또는 제한은 정보통신서비스제공자가 방송통신심의위원회의 시정요구에 불응할 경우 행해지게 되는데, 위 시정요구의 내용은 앞서 살펴본 바와 같이 해당 정보의 삭제 또는 접속차단, 이용자에 대한 이용정지 또는 이용해지로서 해당 정보의 불법성 내지 시정필요성의 경중에 따라 정보통신서비스제공자에게 단계적으로 적절한 시정요구를 함으로써 해당 정보게시자의 표현의 자유에 대한 제한을 최소화할 수 있을 뿐만 아니라, 정보통신서비스제공자가 시정요구에 따르지 아니하는 경우 비로소 피고가 해당 정보의 취급 거부·정지 또는 제한명령을 발령하는 경우에도 관계 중앙행정기관장의 요청이라는 추가적 요건이 규정되어 있다. 인터넷을 통해 유통되는 정보는 종전의 고전적인 통신수단과는 비교할 수 없을 정도의 복제성, 확장성, 신속성을 가지고 유통되기 때문에 불법정보에 대하여 신속하게 적절한 조치를 취하지 않으면 그로 인해 발생할 수 있는 개인적 피해와 사회적 혼란 등을 사후적으로 회복하기란 사실상 불가능에 가깝다. 따라서 불법정보에 대한 심의 및 시정요

구 제도를 통해 정보통신망을 건전하고 안전하게 이용할 수 있는 환경
을 조성할 공익(「정보통신망법」 제1조)을 보호할 필요성은 매우 큰 반면
사이트 폐쇄는 당해 정보통신서비스 제공자가 운영하는 서비스에 한정
되는 것이어서, 이용자는 그 밖의 정보통신망 이용에 대하여는 아무런
제한을 받지 아니하는 점, 이 사건과 같이 해당 정보를 제공한 이용자
가 삭제명령에 불응하며 반복적으로 동일하거나 유사한 내용의 불법정
보를 게시하는 경우 사이트 폐쇄명령을 인정하지 아니한다면, 달리 이
에 대처할 적절한 방법을 생각하기 어려운 점(더욱이 이 사건의 경우 이 사
건 사이트의 관리주체가 한총련 회원 중 누구인지조차 알 수 없는 상태이다), 이
사건 사이트와 같이 홈페이지 메뉴 전반에 걸쳐 불법정보가 난무하여
개별 정보의 삭제만으로는 수천 건에 이르는 불법정보를 차단할 수 없
는 지경에 이를 경우 사이트를 폐쇄하는 것 이외에 불법정보의 규제수
단으로 표현의 자유를 덜 침해할 방법을 발견하기도 어려운 점6)을 종
합하여 볼 때, 위와 같은 규제수단의 인정은 부득이한 것으로서 지나친
것으로 보기 어렵다. 결국 이 사건 조항이 과잉금지원칙에 위배된다는
원고의 주장은 이유 없다.

(4) 이용해지요청의 요건 충족 여부 판단

경찰청장이 2011. 3. 18. 피고에게 이 사건 사이트에 관하여 이용
해지명령을 내려줄 것을 요청하였고, 이에 피고는 2011. 3. 21. 및 같은
해 6. 23. 방송통신심의위원회에 이 사건 사이트에 관한 심의를 요청하
였던 사실, 방송통신심의위원회는 2011. 6. 29. 이 사건 사이트에 대한
이용해지를 내용으로 하는 시정요구를 하였으나, 원고가 이에 불응하여
이 사건 처분에 이르게 된 사실은 앞서 본 바와 같다. 위 인정사실에 의
하면, 피고가 이 사건 처분을 함에 있어 「정보통신망법」 제44조의7 제3

---

6) 헌법재판소 2012. 2. 23. 선고 2011헌가13 결정 참조

항 제1호가 규정하는 '관계 중앙행정기관의 장의 요청이 있었을 것'이라는 요건을 충족하였다고 봄이 상당하고(정부조직법 제2조 참조), 이와 다른 전제에 선 원고의 주장은 이유 없다.

3. 서울고등법원의 2심 판결

(1) 영리 목적의 존부와 법률유보의 원칙 위반 여부

원고인 「진보네트워크센터」가 운영하는 진보넷 사이트에 홈페이지를 만들기 위해서는 매월 정기적으로 회비가 출금되는 후원회원으로 가입하여야 하고, 원고인 「진보네트워크센터」는 후원금을 납부한 회원에게 홈페이지를 사용할 수 있도록 계정을 개설하여 주되, 회비 납부액에 따라 메일 계정의 개수나 저장용량 등에 차등을 두고 있다. 이에 의하면, 원고인 「진보네트워크센터」가 제공하는 메일 계정, 저장장치와 원고가 회원들로부터 수령하는 후원금 명목의 금원 사이에는 대가적 관계가 있다고 볼 것인데, 정기적·계속적으로 재화나 용역을 공급하고 그 대가를 수령한다면 다른 특별한 사정이 없는 한 영리를 목적으로 재화나 용역을 공급한다고 봄이 타당하므로, 원고가 회원들로부터 후원금을 받고 홈페이지 개설 등의 용역을 공급하는 것은 영리를 목적으로 하고 있다고 볼 것이다.

한편, 원고인 「진보네트워크센터」가 후원금 등을 회원 등에게 분배하지 않는다고 하더라도 이는 원고가 비영리단체라는 것을 의미할 뿐 그와 같은 사정만으로 원고의 용역제공이 비영리사업이 되는 것은 아니다.

원고인 「진보네트워크센터」는 후원금을 납부하지 않는 일부 회원들에게도 홈페이지를 개설해주고 있어 영리의 목적이 없다고도 주장하는바, 이에 따르면 회원들로부터 받은 비용의 일부로 다른 회원들에 대한 용역제공 비용을 충당하고 있다는 것이 되고, 따라서 후원금을 납부하는 회원들에 대한 관계에서는 용역제공에 소요되는 비용 보다 많은 금액을 수령하는 것이 되므로, 오히려 위 사정을 고려하면 원고에게 경제적 이익의 취득 목적이 확연히 드러난다.

(2) 국가보안법에서 금지하는 행위를 수행하는 내용의 정보 여부와 법률우위의 원칙 위반 여부

국가보안법에서 금지하는 행위를 수행하는 내용의 정보는 국가보안법에 의하여 처벌되는 범죄행위를 수행하기 위한 정보를 의미하고, 구체적으로는 당해 정보가 국가보안법에서 규정하는 행위의 수단 또는 객체이거나 행위 그 자체에 해당하는 경우를 의미한다. 을 제3호중의 기재에 변론 전체의 취지를 종합하면, 이 사건 사이트에 게재된 정보 대다수가 국가보안법상 금지되는 행위의 수단 또는 그 객체에 해당되거나 그 행위 자체에 해당됨을 알 수 있으므로, 원고인 「진보네트워크센터」의 이 부분 주장도 이유 없다.

(3) 비례의 원칙 위반 여부

이 사건 사이트에 대하여 5차에 걸쳐 70건의 삭제를 요청하였음에도 전혀 시정되지 않고 있고, 위 사이트의 운영자가 누구인지조차 명확히 알려진바 없으며, 그럼에도 이 사건 사이트에 유사 정보가 지속적으로 게재되고 있는 점과 인터넷의 전파속도 등을 고려하면, 이 사건 처분이 비례의 원칙에 위반되어 위법하다고 볼 수 없다. 원고의 이 부분 주장도 받아들일 수 없다.

4. 대법원7)

(1) 영리 목적의 존부와 법률유보의 원칙 위반 여부

원심은 '정보통신서비스 제공자'의 정의를 규정한 「정보통신망법」 제2조 제3호의 '영리를 목적으로 전기통신사업자의 전기통신역무를 이용하여 정보를 제공하거나 정보의 제공을 매개하는 자'에서 '영리의 목적'이란, 널리 경제적인 이익을 취득할 목적을 말하는 것임을 전제로 하여, 원고에게 영리의 목적을 긍정하고 원고가 정보통신서비스 제공자에 해당한다고 판단하였다. 원심의 이러한 판단은 정당하다.8)

(2) '정보의 취급 거부 등'에 웹사이트의 웹호스팅 서비스 중단 포함 여부

정보통신망 이용촉진 및 정보보호 등에 관한 법률 제44조의7 제3항이 정한 '정보의 취급 거부 등'에 웹사이트의 웹호스팅 서비스 중단도 포함되는지 여부에 관하여 본다.

1) 요건상의 개념 해당 여부와 판단여지9)

「정보통신망법」상 '정보'라 함은 정보화촉진기본법 제2조 제1호가 규정한 '정보'의 정의 규정에 따라 "자연인 또는 법인이 특정목적을 위하여 광 또는 전자적 방식으로 처리하여 부호·문자·음성·음향 및 영상 등으로 표현한 모든 종류의 자료 또는 지식"을 뜻한다(제2조 제2항).

---

7) 대법원 2015. 3. 26. 선고 2012두26432 판결
8) 불필요한 문구는 이 부분에서 논의의 편의상 삭제하였음을 밝힌다.
9) 요건 규정에 불확정 개념이 사용되는 경우에 인정되는 행정청의 판단의 자유를 재량이 아니라 '판단여지'라고 별도로 구별하여 용어를 사용하는 것이 타당하다. 그러나 판례는 아직까지 판단여지라는 용어를 사용하지 못하고 있다. 판례에서 사용되는 지나치게 낡은 용어들과 부정확한 용어들에 대한 개선은 점진적으로라도 반드시 이루어져 나가야 한다. 이는 마치 맞춤법이 틀린 책자를 계속 발간하는 것처럼 독자들에게 고통을 준다. 판단여지라는 소목차는 이러한 점들을 고려하고 판례를 분석하기 위한 편의상 저자가 붙인 것임을 밝혀두고자 한다.

'정보통신망'이란 "「전기통신사업법」 제2조 제2호에 따른 전기통신설비
를 이용하거나 전기통신설비와 컴퓨터 및 컴퓨터의 이용기술을 활용하
여 정보를 수집·가공·저장·검색·송신 또는 수신하는 정보통신체제"를
말한다(제2조 제1항 제1호). '정보통신서비스'란 "전기통신역무와 이를 이
용하여 정보를 제공하거나 정보의 제공을 매개하는 것"을 뜻한다(제2조
제1항 제2호). 여기서 '전기통신역무'는 "전기통신설비를 이용하여 타인
의 통신을 매개하거나 전기통신설비를 타인의 통신용으로 제공하는 것"
을 말한다(전기통신사업법 제2조 제6호).

한편 「정보통신망법」 제44조의7 제1항 제8호, 제3항에 따르면, 누
구든지 정보통신망을 통하여 "국가보안법에서 금지하는 행위를 수행하
는 내용의 정보"를 유통하여서는 아니 되고, 이에 해당하는 정보에 관
하여 관계 중앙행정기관의 장의 요청, 방송통신심의위원회의 심의 및
시정 요구, 그 시정 요구에 대한 정보통신서비스 제공자 등의 불응이라
는 요건을 모두 갖춘 경우 방송통신위원회는 정보통신서비스 제공자 등
에게 해당 정보의 취급을 거부·정지 또는 제한하도록 명하여야 한다.

2) 효과상의 재량의 범위 해당 여부

이와 같은 「정보통신망법」상 정보, 정보통신, 정보통신서비스 등의
의미 및 정보통신서비스 제공자 등에 대한 '국가보안법에서 금지하는
행위를 수행하는 내용의 정보' 등의 취급 거부·정지 또는 제한 명령에
관한 각 규정의 형식 및 내용과 아울러, ① 웹사이트(website)는 그 제작
자 또는 운영자가 웹프로그래밍 등 전자적·기술적 방식을 기반으로 개
설목적에 맞는 이용자들의 유인 등 특정한 제작 의도에 따라 다수 개별
정보들을 체계적으로 분류하고 유기적으로 통합시킨 것으로서 그 자체
가 「정보통신망법」상 '정보'에 해당한다고 볼 수 있는 점, ② '정보통신
망'의 의미에 비추어 정보통신망에서 '정보의 취급'이란 정보의 제공 또
는 제공을 매개하기 위하여 전기통신설비와 컴퓨터 등을 이용하여 정보

를 수집·가공·저장·검색·송신 또는 수신하는 등의 행위를 뜻한다고
보이는 점, ③ 웹호스팅은 정보통신망에 웹사이트를 구축하고자 하는
고객을 위하여, 자신의 서버를 임대하고 서버의 운영·관리 및 정보통신
망 연결 등을 대행함으로써 고객이 독자적인 설비를 갖추지 않더라도
웹사이트를 운영할 수 있도록 해주는 역무이므로, 이러한 웹호스팅 서
비스도 정보 제공의 매개를 목적으로 자신의 전기통신설비 등을 이용하
여 정보를 수집·가공·저장·검색·송신 또는 수신하는 등의 '정보의 취
급'에 해당한다고 보아야 하는 점, ④ 「정보통신망법」 제44조의7 제1항
제8호가 정한 '국가보안법에서 금지하는 행위를 수행하는 내용의 정보'
에는 국가보안법에서 금지하는 행위에 해당하는 정보는 물론, 국가보안
법에서 금지하는 행위의 직접적인 수단이거나 국가보안법 제7조 제5항
이 정한 이적표현물에 해당하는 등 금지행위의 객체에 해당하는 경우
등도 포함된다고 보이는 점 등을 종합적으로 고려하여야 한다.

따라서 특정 웹사이트가 국가보안법에서 금지하는 행위를 수행하
는 내용의 정보에 해당하고, 「정보통신망법」 제44조의7 제3항이 정한
나머지 요건을 충족하는 경우, 피고는 '해당 정보에 대한 취급 거부'로
서 해당 웹사이트에 대한 웹호스팅 서비스를 제공하는 자를 상대로 해
당 웹사이트의 웹호스팅 서비스를 중단할 것을 명할 수 있다고 보아야
한다.

(3) 「특정 웹사이트」를 '국가보안법에서 금지하는 행위를 수 행하는 내용의 정보'로 판단할 수 있는지 여부와 판단여 지의 한계[10]

특정 웹사이트를 「정보통신망법」 제44조의7 제1항 제8호가 정한
'국가보안법에서 금지하는 행위를 수행하는 내용의 정보'로 보아 해당

---

10) 마찬가지로 판단여지라는 소목차는 판례의 용어개선을 촉구하고 판례를 분석하기
위한 편의상 저자가 붙인 것임을 밝혀두고자 한다.

웹사이트에 대한 웹호스팅 중단명령을 하기 위한 요건에 관하여 살핀다.

1) 헌법상 표현의 자유 보장과 제한의 법리

헌법 제21조 제1항에서 보장하고 있는 표현의 자유에는 인터넷에서 의사를 표현·전파하는 것도 포함되고, 그 기본권도 헌법 제37조 제2항에 따라 국가안전보장, 질서유지 또는 공공복리를 위하여 법률로서 제한할 수 있다. 그런데 앞서 본 바와 같이 특정 웹사이트에 대한 웹호스팅 중단도 「정보통신망법」 제44조의7 제3항의 문언 해석상 '해당 정보의 취급 거부'에 포섭시킬 수 있다 하더라도, 이는 해당 웹사이트를 인터넷상에서 폐쇄시키는 결과를 초래하므로 개별 정보의 삭제나 그 게시자에 대한 이용 정지 등을 명하는 것과 달리 해당 웹사이트에 존재하는 적법한 다른 정보의 유통까지 제한하고 위법한 정보를 게시한 이용자뿐 아니라 해당 웹사이트를 이용하는 다른 이용자들의 표현의 자유도 위축시킴으로써 표현의 자유를 침해할 우려가 있다.

또한 민주주의 사회에서 표현의 자유가 차지하는 기능 등을 고려하면 표현의 자유를 제한하는 입법이 명확하게 규정되어야 하고 또한 목적 달성에 필요한 범위를 넘어 과도하게 제한하여서는 아니 된다는 헌법적 요청은, 법률의 해석·적용에 있어서도 그대로 적용된다고 할 것이므로 어떤 법률의 개념이 다의적이거나 포괄적이어서 그 어의의 테두리 안에서 여러 가지 해석이 가능할 때, 헌법을 최고법규로 하는 통일적인 법질서의 형성을 위하여 헌법에 합치되는 해석을 하여야 하며, 이에 의하여 위헌적인 결과가 될 해석은 배제하면서 합헌적이고 긍정적인 면은 살려야 한다.[11]

2) 표현의 자유의 제한에 대한 이익형량의 접근방법론

표현의 자유 제한에 관한 이러한 법리를 기초로 살피건대, 개별 정보의 집합체인 웹사이트 자체를 대상으로 삼아 「정보통신망법」 제44조

---

11) 대법원 2005. 1. 27. 선고 2004도7488 판결 등 참조

의7 제3항에 따라 그 취급 거부 등을 명하기 위하여는, 그 취급 거부의 대상이 '제1항 제7호 내지 제9호에 해당하는 정보'로 정해져 있는 점 등에 비추어, 원칙적으로 웹사이트 내에 존재하는 개별 정보 전체가 제1항 제8호의 유통이 금지된 정보에 해당하여야 할 것이나, 웹사이트 내에 존재하는 개별 정보 중 일부가 이에 해당한다 하더라도 해당 웹사이트의 제작 의도, 웹사이트 운영자와 게시물 작성자의 관계, 웹사이트의 체계, 게시물의 내용 및 게시물 중 위법한 정보가 차지하는 비중 등 제반 사정을 고려하여, 전체 웹사이트를 구 「정보통신망법」 제44조의7 제1항 제8호에 위반하는 정보로 평가할 수 있고 그에 대한 웹호스팅 중단이 불가피한 경우에는 예외적으로 해당 웹사이트에 대한 웹호스팅 중단을 명할 수 있다고 보아야 한다.

(4) 「정보통신망법」의 비례의 원칙 위반 여부

「정보통신망법」 제44조의7 제3항이 명확성의 원칙에 반하는지 여부 및 앞서 본 해석론이 과잉금지원칙에 반하는지 여부에 관하여 살핀다.

1) 규정의 명확성의 원칙 위반 여부

앞서 본 바와 같이 「정보통신망법」이 '정보의 취급 거부·정지·제한'이라고만 규정하고 그 '정의 규정을 두고 있지 아니하더라도', '통상의 해석방법'에 의하여 그 의미내용을 합리적으로 파악할 수 있다고 할 것이므로 위 규정이 명확성의 원칙에 반한다고 볼 수 없다.

2) 수단의 적합성

「정보통신망법」 제44조의7 제3항은 정보통신망을 건전하게 이용할 수 있는 환경을 조성하기 위한 것으로서 그 입법목적의 정당성이 인정되고, 이를 실현하기 위한 수단으로 유통이 금지되는 정보의 취급 거부 등의 명령의 근거를 마련한 것은 적합하다.

3) 필요성의 원칙

그리고 그 처분에 이르기까지 의견 제출 기회 제공 등 정보통신서비스제공자 또는 이용자의 권익을 보호하기 위한 제도적 장치를 마련하고 있고, 방송통신심의위원회의 시정요구 불이행 이외에 관계 중앙행정기관의 장의 요청이라는 추가적 요건이 규정되어 있어 시정요구의 불이행만으로 곧바로 위와 같은 명령을 받게 되는 것은 아니며, 취급 거부·정지·제한명령에 대하여 행정소송을 통한 사법적 사후심사가 보장되어 있는 점 등에 비추어 권리 침해의 최소성의 요건도 충족한다.

4) 상당성의 원칙

또한 인터넷의 특수성으로 인하여 불법정보에 대하여 신속하게 적절한 조치를 취하지 않으면 그로 인해 발생할 수 있는 개인적 피해와 사회적 혼란 등을 사후적으로 회복하기란 사실상 불가능에 가까운 점, 반면 앞서 본 해석론에 의하면 전체 웹사이트에 대한 웹호스팅 중단은 전체 웹사이트를 위법한 정보로 평가할 수 있는 경우에 한하여 예외적으로만 가능한 점 등에 비추어, 보호되는 입법목적 내지 공익과 제한되는 표현의 자유 등 기본권과의 사이에 불균형이 있다고 할 수 없다.

5) 전체적인 판단

따라서 「정보통신망법」 제44조의7 제3항이 정보의 취급 거부 등의 명령의 근거를 규정한 것이나 그 명령에 웹사이트에 대한 웹호스팅 중단이 포함된다고 해석하는 것이 헌법상 과잉금지원칙에 위반된다고 볼 수 없다.[12]

원심판결의 이유 중 일부가 적절하지 아니하나, 원심이 「정보통신망법」 제44조의7 제3항의 정보의 취급 거부에 '이용해지(웹사이트 폐쇄)'

---

12) 대법원 2009. 5. 14. 선고 2009도329 판결, 헌법재판소 2002. 6. 27. 선고 99헌마480 결정, 헌법재판소 2012. 2. 23. 선고 2011헌가13 결정, 헌법재판소 2014. 9. 25. 선고 2012헌바325 결정 등 참조.

가 포함되는 것으로 해석하더라도 위헌이 아니라고 본 것은 취급 거부
의 내용으로 웹호스팅 중단이 허용된다는 의미로 이해할 수 있으므로
결국 원심의 결론은 정당하고, 거기에 상고이유에서 주장하는 바와 같
이 헌법상 표현의 자유 제한에서 과잉금지원칙이나 명확성의 원칙에 관
한 법리를 오해하는 등의 위법이 없다.

(5) 홈페이지 폐쇄명령의 재량의 일탈·남용 여부

원심판결 이유에 의하면, 원심은 한국대학총학생회연합(이하 '한총
련'이라 한다)은 원고인 「진보네트워크센터」로부터 계정과 서버공간을
제공받아 이 사건 사이트를 개설한 뒤 게시판 등을 통해 회원들에게 북
한정권에 대한 정보 등을 제공하여 온 사실, 피고는 이 사건 처분에 이
르기 이전에 5차례에 걸쳐서 70여건의 이적표현물에 관하여 삭제명령
을 하였으나 한총련이 이에 불응하였고, 그 이후에도 유사 정보가 지속
적으로 게재된 사실, 이후 경찰청은 피고에게 이 사건 사이트의 폐쇄
조치를 요청하였고, 방송통신심의위원회가 심의를 거쳐 원고인 「진보네
트워크센터」에 대하여 시정 요구를 하였으나 원고가 이에 불응하자 피
고인 「방송통신위원회」가 원고인 「진보네트워크센터」에 대하여 이 사
건 처분을 한 사실, 이 사건 사이트에 게재된 개별 정보 대다수가 국가
보안법상 금지되는 행위의 수단 또는 그 객체에 해당되거나 그 행위 자
체에 해당하는 사실 등을 인정한 다음, 이 사건 처분이 비례원칙에 위
반했다고 볼 수 없다고 판단하였다.

원심이 인정한 사실관계에 더하여 이 사건 기록으로부터 알 수 있
는 다음과 같은 사정, 즉 ① 이 사건 사이트의 운영자 및 정보게시자의
인적사항이 명확히 밝혀지지 아니하였으나 이 사건 사이트가 한총련의
웹사이트를 표방하고 있고 이 사건 처분에 이르기까지의 경위 및 이 사
건 사이트의 내용 등에 비추어 이 사건 사이트의 운영자는 한총련이라
는 단체로 볼 수 있는 점, ② 한총련은 여러 차례에 걸쳐서 법원으로부

터 국가보안법 제7조 소정의 이적단체로 판단 받은 바 있고, 이 사건 사이트의 개설 목적이 구「정보통신망법」 제44조의7 제1항 제8호에 해당하는 정보를 게시하기 위한 것인 점, ③ 실제 이 사건 사이트 내의 정보 상당 부분도 구「정보통신망법」 제44조의7 제1항 제8호에 해당하는 정보로 평가할 수 있는 점, ④ 이 사건 사이트에 정보를 게시한 자는 모두 한총련 또는 그 하부 기구로서 사실상 동일한 것으로 보이고 이와 달리 볼 만한 사정도 발견되지 아니하는 점 등에 비추어 보면, 이 사건 사이트 전체를 구「정보통신망법」 제44조의7 제1항 제8호에 해당하는 정보로 볼 수 있다.

또한 피고인 「정보통신망법」의 거듭된 정보 삭제 명령에 대하여 한총련이 불응하고 있는 사정 등에 비추어보더라도, 개별 정보의 삭제 명령만으로는 구「정보통신망법」이 달성하고자 하는 공익을 달성할 수 없다고 보이므로, 이 사건 처분이 달성하고자 하는 공익과 제한되는 표현의 자유 등 기본권과의 사이에 불균형이 있다고 볼 수도 없다.

따라서 원심이 이 사건 처분이 비례원칙에 위반되지 않는다고 본 것은 정당하고, 거기에 상고이유에서 주장하는 비례원칙에 관한 법리를 오해하는 등의 위법이 없다.

Ⅲ. 판례 평석

1. 표현의 자유의 제한에 대한 법률유보의 원칙

기본권을 제한하기 위해서는 법률유보의 원칙을 충족하여야 한다.[13] 법률유보의 원칙의 범위에 대하여는 침해유보설, 전부유보설, 급

---

[13] 김남진·김연태, 행정법 Ⅰ, 법문사, 제20판, 2016, 34면 ; 정하중, 행정법개론, 제10판, 법문사, 2016, 29면; 홍정선, 행정법특강, 제15판, 박영사, 2016, 20면 ; 박균성,

부행정유보설, 중요사항유보설 등이 논의된다. 이에 대하여 다수설과 판례의 입장은 본질성설로도 불리는 중요사항유보설의 입장에 있다.14) 다만 법률유보의 범위와 강도에 대하여 차이를 두어야 하며, 그 기준은 분야의 성질과 기본권관련성 등을 사안별로 판단하여야 한다는 주장들이 설득력 있게 제기되고 있음은 참고할 만하다.15)

이 사건의 핵심적 쟁점은 방송통신위원회가 사이트 폐쇄명령을 통하여 표현의 자유를 제한하는 것이 적법한가 하는 것에 있다. 서울행정법원과 서울고등법원 및 대법원의 판시 내용을 종합하면 결국은 표현의 자유의 제한의 적법성과 관련하여 법률유보의 원칙, 법률규정의 해석, 비례의 원칙 등이라고 판단할 수 있다.

이 사건에서는「정보통신망 이용촉진 및 정보보호 등에 관한 법률」제44조의7 제3항에 따른 '취급거부명령'의 법률적 근거만 존재하고, '사이트 폐쇄명령'의 직접적인 근거는 존재하지 않는다는 점에 문제의 출발점이 있다.

동 사건에서 1심과 2심에서는 다루어지지 않았던 핵심적인 법률유보에 대한 이 논의가 대법원에서 이루어지게 된다. 대법원은 전체 웹사이트를 구「정보통신망법」제44조의7 제1항 제8호에 위반하는 정보로 해석할 수 있고 따라서 해당 웹사이트에 대한 웹호스팅 중단을 명할 수 있는 법적 근거도 될 수 있다는 취지의 판시를 하고 있다.

이러한 대법원의 해석이 타당한지에 대한 논증이 필요하다. 동 사건은 법률유보의 원칙과 법해석의 방법이 논리적으로 직결되어 있다. 만일 대법원의 이러한 해석이 법해석의 범위를 벗어난 것이라면 법률유보의 원칙에 위반된다고 보아야 한다. 그렇지 않다면 법률유보의 원칙

행정법강의, 제13판, 박영사, 2016. 14면.
14) 김남진·김연태, 앞의 책 (주 13), 435면 ; 정하중, 앞의 책 (주 13), 31면 ; 홍정선, 앞의 책 (주 13), 2016, 23면 ; 박균성, 앞의 책 (주 13), 17면.
15) 정하중, 앞의 책 (주 13), 31면; 박균성, 앞의 책 (주 13), 17면; 김남진·김연태, 앞의 책 (주 13), 37면.

을 충족하게 된다. 따라서 동 사건은 법해석에 대한 대법원의 태도에 대하여 검토하고 방향을 점검해 볼 수 있는 의미 있는 경우라고 할 것이다.

이 사건은 결론에 대한 것 보다는 대법원의 접근방식이 과연 법치주의와 법이론적인 점에서 타당한지에 대한 검토가 필요하다. '정보화 사회'에서 이미 살고 있는 우리 사회에서 앞으로 이러한 개별 정보에 대한 삭제나 게시의 제한이 아니라 사이트 자체에 대한 폐쇄가 종종 행해질 가능성을 열어 둔 대법원의 이번 판례의 의미를 되짚어 보고 넘어갈 필요가 있다.

2. 표현의 자유 제한에 대한 법률규정의 해석에 대한 원칙

(1) 법의 해석론

'법의 해석'은 불분명한 규범으로부터 의미의 내용을 정확하게 이끌어내는 것이 중하다. '법의 해석'에 대하여 목적론적 해석(teleologische Auslegung)이 있기는 하지만, 어떠한 방법으로 규범의 목적에 접근하여야 하는지 까지 알려주지 못하는 한계를 가지고 있다. 따라서 사뷔니(Savigny)가 제시한 법해석방법들이 광범위하게 함께 사용된다. 문리해석(grammatische Auslegung), 논리해석(logische Auslegung), 체계적 해석(Systematische Auslegung), 역사적 해석(historische Auslegung) 등이 이루어지면서 행정의 법률적합성에 부합하는 결론을 내리게 된다.[16] 최근에는 헌법합치적 해석과 비교법적 해석 등이 행해지게 된다.[17] 헌법합치

---

16) Ehlers und Pünder, Verwaltung und Verwaltungsrecht im demokratischen und sozialen Rechtsstaat, in Ehlers und Pünder (Hrsg.), Allgemeines Verwatungsrecht, 15. Aufl., Walter de Gruyter GambH, Berlin/Boston, 2016, § 2, Rn. 14.

17) 박정훈, 행정법과 법해석 —법률유보 내지 의회유보와 법형성의 한계, (대법원 2014.4.10. 선고 2011두31604 폐차신고수리거부처분취소사건의 판결을 중심으로), 행정법연구, 제43호, 2015.11, 25면.

적 해석은 체계적 해석의 일환으로서 개별법을 따로 놓고 보는 것이 아
니라 전체 법체계에 부합하도록 해석하는 것이므로 타당하다.18) 또한
비교법적 해석 역시 사안에 최적화된 해석을 내리기 위하여 접근방식들
이라고 할 수 있다.

'법의 해석'에 대하여 법철학적인 관점에서 상이한 접근이 이루어
질 수 있다. 법실증주의자들은 철저하게 문리해석을 고수하는 것을 이
상적으로 보게 될 것이다. 그러나 자연법주의자들은 법률의 규정에 구
속되지 않으며 법률의 규정에 대한 위헌성을 용이하게 검토하려 들게
된다. 실용주의나 공리주의에서는 이익형량을 통한 최대한의 이익을 도
출하는 해석을 시도하게 된다.19) 반면에 법역사학파의 입장에서는 당시
법률의 해석이 처한 상황과 역사 등 각종 사정을 고려하여 정치적인 이
익형량을 허용하려 할 것이다. 하버마스 등의 대화이론에서는 결론을
미리 내려놓고 합리화를 위한 법해석을 지양하고 관점의 교환을 통한
대화와 소통이 가능한 법해석을 지향하게 될 것이다.20)

생각건대, 이러한 관점들을 종합적으로 고려하여 법의 해석을 시도
하여야 할 것이다. 문리해석에 지나치게 국한되거나, 법의 해석의 한계
를 초과하는 확장해석이나 목적론적 해석은 조화롭지 못한 법의 해석을
초래하고 말 것이다.

그렇다면 합리적이면서 조화로운 해석은 어떠하여야 하는가? 그것
은 법의 해석의 구체적인 대상이 가지는 성질과 상황, 이와 관련된 이
해관계들을 종합적으로 검토하여야 한다. 그러나 사안의 경우는 표현의
자유와 사이버상의 질서유지와 안보 등 이해관계가 상충하고 충돌되고
있다. 이러한 상충구조를 어떻게 해결하여야 할 것인지 방법론에 대한
논의가 필요하다.

---

18) Ehlers und Pünder, a.a.O. (Fn 16.), § 2, Rn. 14.
19) 골딩(Golding), 장영민(역), 법철학, 세창출판사, 2004, 54-55면.
20) 위르겐 하버마스(장춘익 역), 의사소통이론1, 나남, 2006, 57면

(2) 충돌되는 상충구조 속의 해결방법

첫 번째, '보호가치 서열론'은 뒤리히(Dürig)에 의하여 대표되듯이 기본권 사이에 보호가치 서열이 있음을 전제로 하여 기본권 체계를 제시하였다. 그러나 가치서열의 방법은 가치절대주의를 전제하며, 이 사건에서 역시 안전의 공익과 표현의 자유 중에서 어느 하나가 완전히 배제될 수 있는 단점이 있다.

두 번째, '이익형량에 의한 해결'은 기본권의 보호가치는 동등할 뿐이며, 가치상대주의에 입각하고 있다. 따라서 상황과 사정에 따라서 이익형량하여 판단하여야 한다는 방법론이다. 우리 대법원[21])과 헌법재판소[22])도 이익형량의 방법을 최근에는 많이 활용하여 판단하고 있다.

유럽인권재판소(ECtHR; European Court of Human Rights)와 유럽연합사법재판소(CJEU; Court of Justice of the European Union) 역시 『유럽연합기본권헌장』(ECHR; The Charter of Fundamental Rights of the European Union) 제8조를 해석 및 적용과 관련하여, 정보보호권은 절대적인 보호가치를 가지는 것이 아니며, 다른 권리들과 이익형량하여 판단하여야 한다고 판시한다.[23])

세 번째, '규범조화적 방법'은 이익형량에 의하여 어느 하나의 기본권이나 가치를 우선시키는 것에 반대하고, 상충하는 두 가치에 대하여 각각의 일정한 양보를 요청하여 양립시킨다. 그리하여 상충하는 이해관계 모두 최대한 기능과 효과를 나타낼 수 있도록 조화로운 방법을 모색하려는 방법론이다. 두 가치를 모두 충족시킬 수 있는 대안을 찾는 것도 마찬가지이다. 우리 헌법재판소는 때로는 규범조화적인 방법을 취하

---

21) 대법원 2010. 4. 22. 선고 2008다38288 전원합의체 판결; 대법원 2014. 7. 24. 선고 2012두12303 판결; 대법원 2012. 10. 11. 선고 2010두18758 판결; 대법원 2011. 11. 24. 선고 2009두19021 판결 등
22) 헌재 2005. 11. 24. 2002헌바95; 헌재 2004. 8. 26. 2003헌마457 등
23) 함인선(역), 유럽정보보호법, 전남대학교 출판부, 2014. 34면.

고 있기도 하다.24)

(3) 헌법적 관점을 고려한 법의 해석

체계적 해석을 통하여 정확한 의미를 파악해 내기 위해서는 무엇
보다도 헌법과의 관련성을 고려하지 않을 수 없다.

베르너(Werner)가 지적하였듯이 행정법은 '구체화된 헌법'(konkretisiertes
Verfassungsrecht)으로서25) 헌법과 분리하여 고찰할 수 없는 면이 있다.
방송통신위원회의 이 사건 사이트 폐쇄명령의 적법성 역시 마찬가지로
헌법적 측면을 고려하여 행정판례를 형성하여야 한다. 사안에서 「정보
통신망 이용촉진 및 정보보호 등에 관한 법률」, 「방송통신위원회의 설
치 및 운영에 관한 법률」, 「방송통신위원회의 설치 및 운영에 관한 법
률 시행령」 등 실정법의 해석의 문제는 법실증주의에만 매달리거나 반
대로 정치적인 관점에서 접근하는 것은 타당하지 않다. 상반되는 관점
속에서 갈등과 대립을 해결하는 타당한 방법론중의 하나는 헌법적인 관
점과 결합하는 것이다. 헌법합치적인 해석에 대한 비중을 높이는 것이
현실(Sein)과 규범(Sollen)이 교차하는 사안들에 대하여 법원이 앞으로
취하여야 할 방법론이라고 생각된다. 그러한 점에서 서울행정법원과 서
울고등법원 및 대법원의 판례 모두 헌법적 접근의 비율과 농도가 부족
하다는 점을 지적할 수 있다.

(4) 가치상대주의와 방어적 민주주의의 숨은 관점

헌법적 관점을 고려한 「정보통신망 이용촉진 및 정보보호 등에 관
한 법률」등의 해석과 관련하여 가치상대주의와 가치절대주의의 대립과
조화가 판결의 이면에 숨어있다. 이러한 정치적인 사건과 관련하여서는
독일 연방헌법재판소의 판결들을 참고할 필요가 있다.

---

24) 헌재 1991. 9. 16. 89헌마165; 헌재 2007. 10. 25. 2005헌바96 등
25) 김남진·김연태, 앞의 책 (주 13), 2016, 29면.

독일연방헌법재판소에서는 독일공산당해산판결(KPD)에서 뢰벤슈타인(Löwensteun) 등이 주장26)한 '방어적 민주주의'(Streitbare Demokratie; Militant Democracy)의 개념을 수용하면서, 민주주의는 국민주권과 자유 및 평등과 정의를 실현시키기 위한 것이므로 나치스와 같은 독재정권을 탄생시킬 수 있는 내용에 대하여는 관용을 베풀지 않을 수 있다고 판결하였다.27) 마찬가지로 사이버 안전은 함부로 프라이버시와 자유 및 평등을 침해하는 명분이 될 수 없지만, 자유와 평등을 부정하는 정보나 표현에 대하여는 사이버 상의 질서와 안전이 우선할 수 있다는 제한적인 가치상대주의가 적용되어 '가치구속성'을 어느 정도 인정하게 된다.

그러나, 방어적 민주주의이론도 자칫 자유를 부정하는 검열의 명분으로 남용되거나 악용되어, '민주주의의 자기파괴'가 자행될 수 있으므로 신중함과 주의를 요한다.28) 독일연방헌법재판소 역시 사회주의제국당(SRP) 판결29)과 공산당(KPD)판결30) 등에서 다원성을 인정하기 위한 필요최소한도의 전제로서 가치구속성을 조심스럽게 인정하였다.31)

사이버 상에서도 이러한 맥락에서 심각하게 다투어진 사건이 있다. 프랑스에서 야후(Yahoo)는 야후 내의 옥션 웹사이트에서의 거래를 자유롭게 대하였다. 그 결과 히틀러(Hitler)의 자서전인 '나의 투쟁'(Mein Kampf)를 비롯한 나찌(Nazi) 관련물들이 버젓이 거래되었다. 이에 '프랑스 유대인 학생 연합'(FUJS)와 '인종차별 및 반대유대주의에 반대하는

---

26) 오향미, 독일 기본법의 "방어적 민주주의" 원리: 그 헌법이론적 논거의 배경, 의정연구 제17권 제2호, 2011, 114면.
27) BVerfGE 5, 85 (KPD Verbot) ;
    http://www.servat.unibe.ch/dfr/bv005085.html#Opinion 최종 방문일 2016.10.20.
28) 장영수, 정당해산 요건에 대한 독일 연방헌법재판소의 판단기준에 관한 연구, 헌법학연구, 제20권 제4호. 2014.12, 297면.
29) BVerfGE 2, 1 (SRP Verbot); http://www.servat.unibe.ch/dfr/bv002001.html 최종 방문일 2016.10.20.
30) BVerfGE 5, 85 (KPD Verbot) ;
    http://www.servat.unibe.ch/dfr/bv005085.html#Opinion 최종 방문일 2016.10.20.
31) 장영수, 앞의 논문 (주 28), 304면.

국제연맹(ILRAS) 등 두 단체는 파리지방법원에 야후를 상대로 제소하였
다.32) 이에 파리 지방법원 1심 판사인 고메즈(Gomez)는 두 단체의 승소
로 결론을 내리면서, 야후에 대하여 프랑스 시민들이 히틀러의 자서전
과 나찌관련물들에 대한 '웹페이지에 대한 접근차단명령'이 적법하다는
판결을 내렸다.33) 이러한 프랑스 파리 지방법원의 결정은 방어적 민주
주의와 같은 맥락에서 가치구속성을 인정하여 사이버안전을 자유나 평
등보다 우위에 둔 것으로 평가할 수 있다. 따라서 이에 대하여는 반대
의 시각에서는 표현의 자유가 사이버상의 질서와 안전보다 우위에 있으
며, 표현의 자유를 본질적이고 중대하게 침해하는 것으로 보아 잘못된
판결이라고 비판한다.34)

그러나 우리 대법원은 '웹페이지에 대한 접근차단명령'보다도 훨씬
강력한 '사이트 폐쇄명령'이 법의 확장해석을 통하여 적법하다고 하고
있어 더욱 사이버상의 질서와 안전 등 공익에 비중을 둔 방어적인 판시
를 하고 있다는 점에서 차이가 있다.

(5) 표현의 자유의 보장의 폭

헌법 제21조 제1항에서는 표현의 자유를 명시적으로 보장하고 있
다. 특히 표현의 자유에 대하여는 헌법 제21조 제2항에서 허가제를 금
지하도록 하여 허가제를 금지하지 않는 다른 기본권들과 구별하고 있
다. 물론 표현의 자유라고 하더라도 무제한적인 것이 아니라, 헌법 제21
조 제3항에서 보듯이 타인의 명예나 권리와 같은 제3자의 이익 또는 공
중도덕이나 사회윤리와 같은 공익 등 이익형량을 통하여 제한받을 수
있다.

---

32) Spinello, Cyberethics — Morality and Law in Cyberspace, 5th Edition, Jones & Barlett Learning, LLC, an Ascend Learning Company, 2014, at 53.
33) Spinello, Id. (Fn. 32.), at 54.
34) Spinello, Id. (Fn. 32.), at 53.

헌법 규범은 표현의 자유를 보장하는 폭을 다른 기본권들에 대하여 최대한 확장하도록 하면서, 그 제한은 최소한도로 할 것을 요구하고 있다고 해석할 수 있다.

헌법에서 보장하는 표현의 자유의 특성을 고려하지 아니하고 일반적인 재량의 일탈·남용에 대한 판단의 기준을 사용하여서는 안 될 것이다. 서울행정법원은 물론 서울고등법원에 일반적인 기본권과 동일한 정도로만 그 폭과 범위를 설정한 것에 비하여 대법원이 표현의 자유의 특성을 고려하여 넓게 설정함으로써 법리를 수정한 것은 매우 타당한 접근이라 보여 진다.

대법원은 표현의 자유를 최대한 보장하는 것을 원칙으로 하면서도 예외적으로만 이익형량상 제한이 가능하다는 방식을 1심과 2심보다 강하고 엄격하게 다음과 같이 요구하고 있다. 표현의 자유에 대하여는 원칙적으로 최대한 보장하고 예외적으로 최소한 제한하는 접근방식이 타당하다고 할 것이다.

특정 웹사이트에 대한 웹호스팅 중단도 구「정보통신망법」제44조의7 제3항의 문언 해석상 '해당 정보의 취급 거부'에 포섭시킬 수 있다 하더라도, 이는 해당 웹사이트를 인터넷상에서 폐쇄시키는 결과를 초래하므로 개별 정보의 삭제나 그 게시자에 대한 이용 정지 등을 명하는 것과 달리 해당 웹사이트에 존재하는 적법한 다른 정보의 유통까지 제한하고 위법한 정보를 게시한 이용자뿐 아니라 해당 웹사이트를 이용하는 다른 이용자들의 표현의 자유도 위축시킴으로써 표현의 자유를 침해할 우려가 있다.

또한 민주주의 사회에서 표현의 자유가 차지하는 기능 등을 고려하면 표현의 자유를 제한하는 입법이 명확하게 규정되어야 하고 또한 목적 달성에 필요한 범위를 넘어 과도하게 제한하여서는 아니 된다는 헌법적 요청은, 법률의 해석·적용에 있어서도 그대로 적용된다고 할 것이므로 어떤 법률의 개념이 다의적이거나 포괄적이어서 그 어의의 테두

리 안에서 여러 가지 해석이 가능할 때, 헌법을 최고법규로 하는 통일
적인 법질서의 형성을 위하여 헌법에 합치되는 해석을 하여야 하며, 이
에 의하여 위헌적인 결과가 될 해석은 배제하면서 합헌적이고 긍정적인
면은 살려야 한다.[35]

표현의 자유 제한에 관한 이러한 법리를 기초로 살피건대, 개별 정
보의 집합체인 웹사이트 자체를 대상으로 삼아「정보통신망법」제44조
의7 제3항에 따라 그 취급 거부 등을 명하기 위해서는 원칙적으로 웹사
이트 내에 존재하는 개별 정보 전체가 제1항 제8호의 유통이 금지된 정
보에 해당하여야 할 것이나, 제반 사정을 고려하여, 전체 웹사이트를
「정보통신망법」제44조의7 제1항 제8호에 위반하는 정보로 평가할 수
있고 그에 대한 웹호스팅 중단이 불가피한 경우에는 예외적으로 해당
웹사이트에 대한 웹호스팅 중단을 명할 수 있다고 보아야 한다.

(5) 법해석방법론과 관련된 대법원 판례 평가

1) 법해석의 출발점과 한계

짐바브웨이(Zimbabwei)와 같은 독재국가에서는 효과적으로 '인터넷
에 대한 셧다운(Shut Down)제도'를 실시하고 있다.[36] 중국 정부의 경우
역시 직접적인 법제도에 근거하여 규제를 하고 있다. 중국의 경우 만리
장성 방화벽(the Great Firewall)과 황금 방패(Golden Shild) 및 지방정부의
별도의 감시 시스템 등과 같은 SNS와 인터넷상에서의 의사표현에 대한
검열과 규제를 계속 행하기도 한다.[37]

그러나 우리의 경우에는 직접적인 근거규정이 있기 보다는 법의
해석에 의하여 근거규정이 있다고 판시하고 있다. 이러한 점에서 표현

---

35) 대법원 2005. 1. 27. 선고 2004도7488 판결 등 참조
36) Alejandre, IT Security Governance Legal Issues, in Human Rights and Ethics
  —Concepts, Methodologies, Tools, and Applications, IGI Global, 2015, at 56.
37) Spinello, Id. (Fn. 32.), at 95.

의 자유를 보장하는 것을 원칙으로 하고 있고 예외적으로 제한하고 있어서 중국 등과 커다란 차이가 존재한다.

이 사건에 대하여 법원은 직접적이고 구체적인 근거 규정은 찾을 수 없고, 그렇다고 하여 근거규정의 침묵이나 모호성을 들어 판결을 거부할 수 없기에 법의 해석을 통하여 판결을 도출해 내고자 하고 있는 것이다.

왈린(Waline) 역시 이러한 경우 판사가 일반원칙과 법해석에 의지하여 판결해 내야 한다고 하면서도 '법관에 의한 법의 창조의 문제'(Le Problème de la création du droit par le juge) 38)에 대하여 주의하여야 한다고 신중하게 접근하고 있다.39)

따라서 법조문의 해석에 대한 한계를 지키면서도 표현의 자유를 최대한 보장하는 해석방식으로 판시하였어야 한다.

법해석의 출발점과 마지막 한계점은 규범의 문언에 있다고 할 것이다.40) 어쩌면 이 문제는 행정법상 침익적 행정행위의 유추금지에 대한 논리적 해석 여부에 대한 논란을 불러일으킬 수도 있다. 안슈츠(Anschütz)의 부정설, 옐리네크(Jellinek)의 긍정설, 포르스토프(Forsthoff)의 절충설 등이 대립하지만, 이익형량에 따른 절충적인 시각이 현재 지배적인 입장이다.41)

그런데 대법원은 '웹사이트도 정보에 해당한다'는 논리적 해석을 시도하여 확장해석을 한 뒤, 이에 대한 판시를 하고 있다. 그러나 통상적인 언어의 의미는 사이트는 정보의 거래와 게시 등이 행하여지는 플

---

38) Waline, Droit administratif, 23e édition, 2010, Nr. 312.
39) Waline, Id. (Fn. 38.), Nr. 312.
40) BVerfGE 92, 130, 134; BVerfGE 121, 205,232; 122, 248, 283.
41) 이에 대하여 상세한 논의는 박정훈, 행정법과 법해석 -법률유보 내지 의회유보와 법형성의 한계(대법원 2014.4.10. 선고 2011두31604 폐차신고수리거부처분취소사건의 판결을 중심으로), 행정법연구, 제43호, 2015.11, 31면; 법해석(Rechtsauslegung)과 법창조(Rechtsschöpfung), 법형성(Rechtsfortbildung)의 차이에 대하여는 같은 책, 26면 참고.

랫폼과 같은 것이지 정보자체는 아니라고 볼 수 있다. 웹사이트는 존재의 집이며, 그 안에 게시되는 정보들이 불법성을 판단하게 되는 존재들로 보는 것이 일반적인 언어의 이해라고 할 것이다.

입법자도 동 규정에서 '정보'와 '정보의 취급'을 구별하여 입법하고 있다. 사안에서 불법적인 게시물들은 '정보'에 해당하며, 웹사이트는 '정보의 취급'에 해당한다고 보는 것이 언어의 이해에 보다 자연스럽다.

따라서 대법원이 사이트도 '정보'라고 무리하게 논리를 구성하는 해석보다는 사이트 운영을 '정보의 취급'행위로 보아 정보의 취급 거부·정지 및 제한 규정에 부합한다고 해석하는 것이 논리해석상으로도 타당하다.

그러나, 엘러스(Ehlers)와 퓬더(Pünder)는 오늘날 논리적 해석의 역할이 점차 축소되고 있다고 방법론적인 결함을 지적한다. 그러면서 독일 연방헌법재판소의 관점에 의하면 입법절차에 참가한 기관들의 주관적인 생각들이 결정적인 해석의 방법이 될 수도 없다고 한다. 엘러스(Ehlers)와 퓬더(Pünder)는 입법자의 객관적 의사가 드러난 표현에 입법목적에 대한 권위 있는 해석이 이루어질 수 있다고 본다.[42)]

　　2) 목적론적 해석의 관점

　　그렇다면 과연 정보통신망 이용촉진 및 정보보호 등에 관한 법률 제44조의7을 입법한 입법자의 객관적 의도는 무엇인가? 정보통신망법 제44조의7 제3항 등 쟁점조문의 입법배경과 적용과정상의 한계에 주의하여 살펴보아야 한다. 이는 동법 제1조의 목적조항을 함께 고려함으로써 보다 분명하게 파악될 수 있다. 동법의 목적은 정보통신망의 이용을 촉진하려는데 있지 제한하려는 데에 있지 않다. 나아가서 개인정보를 보호하는 것을 주요한 목적으로 설정하면서, 정보통신서비스 제공자의 '책임'도 개인정보보호와 관련하여 강화하려는 데에 초점이 맞추어져 있

---

42) Ehlers und Pünder, a.a.O. (Fn 16.), § 2, Rn. 14.

다.43) 동법의 목적이 나아가서 정보통신망을 건전하고 안전하게 이용할 수 있는 환경을 조성하는 공익목적도 추가하고 있음도 물론이기는 하다. 그러나 주된 목적은 질서유지가 아니라 정보통신망 이용촉진 등을 통한 공공복리의 도모에 있음을 동법 제1조의 목적 조항을 통하여 알 수 있다. 법원은 이러한 점을 충분히 고려하여야 한다.

결국, 동 규정에서의 정보는 사이버상에서 표현의 자유를 최대한 보장하기 위하여 개별정보를 의도적으로 입법한 것으로 보아야 한다. 또한 사이트 폐쇄는 '정보'의 거부·정지나 제한이 아니라 '정보의 취급의 거부·정지나 제한에 해당할 수 있도록 입법한 것으로 것이 보다 입법자의 객관적인 의사라고 할 수 있다.

따라서 대법원은 '웹사이트도 정보에 해당한다'고 무리하게 판시하기 보다는 '웹호스팅 서비스'도 정보 제공의 매개를 목적으로 자신의 전기통신설비 등을 이용하여 정보를 수집·가공·저장·검색·송신 또는 수신하는 등의 '정보의 취급'에 해당한다고 해석하였어야 한다.

대법원은 사안에서 원고의 홈페이지의 운영 등의 행위가 정보통신망 이용촉진 및 정보보호 등에 관한 법률 제44조의7 제1항에서 금지하는 '정보의 취급'에 해당하고 이에 따라 정보통신망 이용촉진 및 정보보호 등에 관한 법률 제44조의 7 제3항에 근거한 해당 '정보의 취급'을 거부·정지 또는 제한하는 처분으로서 사이트 폐쇄를 명하는 것이 적법할 수 있다'고 판시하였어야 한다.

「정보통신망법」 제44조의7 제1항 제8호가 정한 '국가보안법에서 금지하는 행위를 수행하는 내용의 정보'에 특정 웹사이트가 국가보안법에서 금지하는 행위를 수행하는 내용의 정보에 해당한다는 판시를 한 것 역시 아무래도 해석의 범위를 고려하고 표현의 자유라는 특성을 고려할 때 논리적으로 자연스럽지 못하다. 차라리 이 부분 판시는 삭제하

---

43) http://www.law.go.kr/lsInfoP.do?lsiSeq=181842&lsId=&efYd=20170323&chrClsCd=
010202&urlMode=lsEfInfoR&viewCls=lsRvsDocInfoR#0000 최종 방문일 2017.6.20.

는 것이 바람직해 보인다.

3) 체계적 해석의 관점

체계적 해석(systematische Auslegung)과 관련하여 대법원이 전체 웹사이트를 「정보통신망법」 제44조의7 제1항 제8호에 위반하는 정보로 해석할 수 있고 따라서 해당 웹사이트에 대한 웹호스팅 중단을 명할 수 있는 법적 근거도 될 수 있다는 취지의 해석을 시도하는 것은 사이버상에서 표현의 자유를 최대한 보장하는 우리의 헌법과 법률의 원칙적인 태도에 모순되는 면이 있다. 「정보통신망법」 제44조의7조를 고립시켜서 개별적으로 해석하여서는 안 되고, 헌법과 상위법과의 전체적인 체계속에서 해석하여야 한다. 그러한 면에서 표현의 자유와 관련된 행정작용에 대한 판결은 더욱 헌법적인 관점을 고려하여 판시하는 접근방식이 필요하다.

4) 중간결론

이러한 판결을 실질적으로 세계적인 판결들과 비교할 때 수준 있고 의미 있는 판결로 내세울 수 있을 것인지 생각해 보아야 한다. 그 나라의 법치주의의 발전 수준은 표현의 자유와 인권 등을 얼마나 보장하며, 합리적인 제한의 기준을 가지고 제한이 행해지는가에 있다고 보여진다. 그런데, 이러한 점에서 합리적인 판결의 모습을 과연 충분하게 보여 주었는지 의문이 든다.

앞으로 우리 판례의 수준은 국내적인 기대와 기준을 충족하는 것에 머물러서는 안 될 것이고, 세계적인 수준으로 발전해 나가야 한다. 논리적 해석 방법에 입각하여 단순히 확장하거나 포함 또는 축소해석에 의하여 해결하려 하기 보다는 입법자의 객관적 의사의 도출, 헌법과 상위 법령들과의 전체적인 체계 속에서의 해석 등을 하여야 한다. 이때 법철학적 토대도 법실증주의에만 매몰되기 보다는 다양한 관점의 교환 속에서 이익형량을 하는 대화과정이 필요하다.

정보화사회에서 온라인 상의 표현의 자유의 보장과 제한이라는 중대하고 본질적인 기본권침해 부분을 다루면서 이에 대한 실질적인 논증을 충분히 하지 않고 결론에 도달하고 있다는 점을 지적하고 싶다. 온라인 상의 표현의 자유에 대한 실질적인 법리를 충분히 제대로 제공하고 있지 않으므로 판결의 질적 저하를 가져 올 수 있다.

정보화 사회에서 기본권의 제한을 위한 과학기술적 법개념이 불확정개념으로서 사용되어 있어 판단여지의 한계에 대한 매우 중대한 판시가 이루어지는 부분이다. 따라서 대법원은 왜 웹 사이트 자체도 정보에 해당한다고 해석할 수 있는지에 대한 목적론적인 논증 및 체계적인 논증을 정보화 사회의 상황을 고려하여 정치하게 하여야 한다. 표현의 자유의 보장과 제한에 대한 중대한 문제에 대한 법원의 판결방식에 대한 개선이 필요하다.

3. 표현의 자유의 제한에 대한 법률요건 규정과 판단여지[44]

(1) 요건 규정의 명확성

서울행정법원은 판시내용에 의하면,「정보통신망법」제44조의7 제3항에서 말하는 '해당 정보의 취급 거부·정지 또는 제한'이라 함은「방송통신위원회의 설치 및 운영에 관한 법률 시행령」제8조 제1항의 취지에 비추어 당해 정보의 개별적 삭제명령 뿐만 아니라 사이트 폐쇄명령이나 사용자 명칭(ID) 정지명령 등을 가리킨다고 봄이 상당하다. 따라서 수범자로서는 시정요구의 내용에 관하여 규정하고 있는「정보통신망법」및 관계 법령의 입법체계 및 그 취지를 통하여「정보통신망법」제44조의7 제3항에서 말하는 '해당 정보의 취급 거부·정지 또는 제한'의 범위에 관하여 충분히 예측할 수 있다고 할 것이므로 위 조항이 기본권제한

---

44) 판단여지라는 소목차는 역시 판례 용어의 개선을 고려하고 판례를 분석하기 위한 편의상 저자가 붙인 것임을 밝혀두고자 한다.

입법에 요구되는 명확성을 결여하였다고 보기 어렵다.

그러나 서울행정법원의 판시와 달리 과연 정보의 취급 거부 등이 개별 정보의 차단만을 의미하는지 아니면, 아니면 해당 홈페이지 부분에 대한 접근만을 차단하는지, 사이트 전체에 대한 폐쇄까지도 명령할 수 있다는 의미인지 법률전문가들이 아닌 일반인들이 충분히 예측할 수 있다고 볼 수 있을 것인지는 단정할 수 없다.

대법원도 「정보통신망법」이 '정보의 취급 거부·정지·제한'이라고만 규정하고 그 정의 규정을 두고 있지 아니하더라도, 통상의 해석방법에 의하여 그 의미내용을 합리적으로 파악할 수 있다고 할 것이므로 위 규정이 명확성의 원칙에 반한다고 볼 수 없다고 한다.

다만, 법원은 통상의 해석방법이라는 추상적이고 모호한 표현 속에서 해석의 한계를 쉽게 넘을 수 있는 위험을 내재시키고 있어 문제이다. 법의 해석방법에서 문리해석, 체계해석, 목적론적 해석, 역사적 해석 등등에 따라 해석의 결과는 달라질 수 있다. 특히 사안의 경우는 사이트 폐쇄라는 수단까지 포함하고 있는지, 아니면 개별 정보의 취급만 거부나 정지 및 제한을 하도록 되어 있는지 명시되어 있지 않기 때문이다. 확장해석이 허용되는 경우의 것인지는 법원이 제시하는 '통상의 해석방법'만으로 용이하게 드러나지 않는다. 특히 표현의 자유의 제한에 대하여 '통상의 해석방법'이라는 해석방법을 제시하여 법원 판결의 정당성을 획득하기에는 설득력이 떨어질 수 있다. 법원은 보다 구체적이고 세심한 해석방법을 사용하였어야 한다.

(2) 법의 해석의 범위와 한계

1) 사이트 전체를 '정보'로 포섭하거나 포함 해석할 수 있는지 여부

(가) 사이트 폐쇄명령의 법적 근거와 요건에 대한 판단여지

「정보통신망법」 제44조의7 제3항의 요건 규정은 '불확정개념'

(unbestimmter Rechtsbegriff)의 일종이므로, '웹사이트도 정보에 해당'하는
지 여부에 대하여 판단할 수 있는 자유가 방송통신위원회에게 존재한다.

이러한 요건에 대한 판단의 자유에 대하여 과거 요건재량설의 입
장에서 재량으로 보기도 하였다.[45] 그러나 최근에는 요건에 대한 판단
의 자유인 판단여지와 효과에 대한 결정의 자유 및 선택의 자유 등을
의미하는 협의의 재량을 구별하는 입장이 설득력을 얻고 있다.[46] 판단
여지와 재량은 근거규범의 구조가 상이하고, 법원에 의하여 존중되는
것인지 입법자에 의하여 주어지는지 차이가 있으므로 구별하는 입장이
타당하다. 따라서 대법원은 판단여지(Beurteilungsspielraum)에 대한 존중
과 그 한계(Grenzfälle)의 위반 여부에 대한 검토를 하였어야 한다.[47]

참고로 독일 연방헌법재판소는 판단여지의 인정범위를 상대적으로
축소하면서 한계심심사를 기본권의 해석을 통하여 강화하고 있으며,[48]
이러한 경향은 최근 독일 연방행정법원의 판결에 반영되고 있다는 평석
이 있다.[49] 이는 우리 법원에서 참고할 만한 점이라고 생각한다.

  (나) 대법원의 판시내용

대법원은 '「정보통신망법」 제44조의 7 제3항의 금지되는'정보」의
규정, 「정보통신망법」 제44조의7 제1항 제8호, 제3항의 국가보안법상
금지되는 행위를 수행하는 정보의 유통금지규정 등을 종합적으로 고려
하여' 라고만 하면서, 특정 웹사이트가 국가보안법에서 금지하는 행위

---

45) 김남진·김연태, 앞의 책 (주 13), 216면; 정하중, 행정법개론, 제10판, 법문사, 2016,
    183면; 홍정선, 행정법특강, 제15판, 박영사, 2016, 195면; 박균성, 행정법강의, 제
    13판, 박영사, 2016. 225면.
46) 김남진·김연태, 앞의 책 (주 13), 215면; 정하중, 행정법개론, 제10판, 법문사,
    2016, 183면; 홍정선, 행정법특강, 제15판, 박영사, 2016, 195면; 박균성, 행정법강
    의, 제13판, 박영사, 2016. 224면.
47) 김남진·김연태, 앞의 책 (주 13), 215면; 정하중, 행정법개론, 제10판, 법문사, 2016,
    183면; 홍정선, 행정법특강, 제15판, 박영사, 2016, 196면; 박균성, 행정법강의, 제
    13판, 박영사, 2016. 225면.
48) BVerfGE 84,34
49) BVerwGE 91, 211; 정하중, 행정법개론, 제10판, 법문사, 2016, 184면

를 수행하는 내용의 정보에 해당한다고 판시하고 있다.

대법원은 설득력이 있을 정도의 구체적인 논증이 없이 곧바로 해당 웹 사이트도 정보에 해당한다고 판단한 뒤, 따라서 정보에 대한 취급거부의 한 방법으로서 해당 사이트 폐쇄명령이 가능하다고 판결하고 있다.

웹사이트(website)는 그 제작자 또는 운영자가 웹프로그래밍 등 전자적·기술적 방식을 기반으로 개설목적에 맞는 이용자들의 유인 등 특정한 제작 의도에 따라 다수 개별 정보들을 체계적으로 분류하고 유기적으로 통합시킨 것으로서 그 자체가 구「정보통신망법」상 정보에 해당한다고 볼 수 있다고 하고 있을 뿐이다.

과연 이러한 논증이 국경을 초월하는 사이버 공간상에서의 표현의 자유의 제한에 대한 합리적인 해석이나 국제적인 법률시장에 제시할 수 있는 충분한 논리로 받아들여 질 수 있을 것인지 의문이다.

2) 기타 판시에 대한 평가

정보통신서비스 제공자로서 영리목적으로 서비스를 제공하는지 여부나 관계 중앙행정기관의 장의 요청에 대한 요건을 충족하였는지 여부 등에 대하여는 법논리상 설득력이 있다고 보여진다.

4. 표현의 자유의 제한에 대한 법률효과 규정과 재량의 일탈·남용

(1) 효과 규정의 명확성

대법원은 이 사건 사이트 폐쇄명령의 근거 규정인 「정보통신망법」 제44조의7 제3항이 예측가능하므로 명확성의 원칙에 위반되지 않는다고 판시한 점은 논리적으로 하자가 없어 보인다.

다만, 독일 연방헌법재판소는 명확성의 정도와 관련하여 '역비례의

원칙'(Je-Desto-Regel)을 적용하여 규율의 효력이 중대할수록 법률의
규정상의 요건은 더욱 구체적이고 정확해야 할 것을 요구한다.[50] 앞으
로 우리 판례의 발전을 위하여 예측가능성만으로 간단하게 명확성이 충
족된다고 쉽게 넘어가서는 안 될 것이다.

(2) 비례의 원칙을 활용한 판단

1) 비례의 원칙의 의의

비례의 원칙(Verhältnismäßigkeitsprinzip; Principe de proportionalité)은
목적을 달성하기 위한 수단은 적합하여야 하고, 최소한의 침해를 수반
하는 필요성을 충족하여야 하며, 이익형량상 상당성의 원칙을 요구한
다.[51] 슈미트-아스만(Schmidt-Aßmann)은 광범위하고 포괄적인 헌법
화(die umfassende Konstitutionalisierung) 작업에 의하여 비례의 원칙
(Verhältnismäßigkeitsprinzip), 자의금지의 원칙(Willkürverbot), 신뢰보호
의 원칙(Vertrauensschutz), 위법한 결과제거의무(Folgenbeseitigungspflicht)
등이 헌법 속에 정착되게 되었다고 한다.[52] 따라서 비례의 원칙을 비롯
한 일반원칙들은 헌법적 가치를 가지기도 한다.[53] 최근 행정법의 일반원
칙에 대하여 이러한 내용을 소개하면서, 불문법원리이기는 하지만 때때
로 성문화 되어 반영되기도 하며, 동태적으로 형성되어가기도 한다는 점
을 지적하고, 환경법이나 경찰법의 특별원칙들과 구별되는 것이라는 심
도 깊은 발표가 이루어지고 있다.[54] 이들 일반원칙과 구별되는 특별원칙
들은 행정법의 일부 분야에서만 적용된다는 점에서 차이가 있는데, 이에
대하여 클뢰퍼(Kloepfer)는 위험사전배려의 원칙(Risikpvorsorge),[55] 원인자
책임의 원칙(Verursacherprinzip)[56] 협력의 원칙(Kooperationsprinzip)[57]

---

50) BVerfGE 49, 168 (181) 등 in 정남철, 현대행정의 작용형식, 법문사, 2016, 118면
51) 대법원 2015.3.26.선고 2012두26432판결 등
52) Schmidt-Aßmann, Verwaltungsrechtliche Dogmatik — Eine Zwischenbilanz zu
    entwicklung, Reform und Künftigen Aufgaben, Mohl Siebeck, 2013, S. 48.
53) Cabrillac, Introduction Générale au Droit, dalloz, 9e édition, 2011, p. 159.
54) 김남진, 행정법의 일반원칙, 학술원통신, 제283호, 2017.2, 6면.
55) Kloepfer, Umweltschutzrecht, 2. Auflage, Verlag C.H.Beck, 2011, § 3, Rn. 8.

및 가장 최근에 추가된 통합의 원칙(Integrationsprinzip)[58] 등을 들고 있다. 경찰법상의 특별원칙의 대표적인 경우는 경찰책임의 원칙(Verantwortlichkeit)[59] 등을 들 수 있다.

비례의 원칙 등 일반원칙을 적극적인 활용에 대하여 왈린(Waline)처럼 비판적인 입장도 있기는 하다.[60] 왈린의 이러한 입장은 타당한 면이 분명히 있으며, 일반원칙의 남용을 주의시키고자 하는 의도를 알 수 있다.

그럼에도 불구하고 오센뷜(Ossenbühl)처럼 일반원칙을 발견해 나가면서 행정법상의 문제들을 적극적으로 해결해 나가는 것에 대하여 찬성하는 입장이 타당하다고 생각한다. 행정법의 일반원칙들은 행정법의 특성상 이미 완성되어 버린 것이 아니라 계속적으로 형성되어 가는 것이라고 보아야 한다.[61] 비례의 원칙을 비롯하여 수익적 행정행위의 취소·철회의 제한, 취소와 무효의 원칙과 예외, 신뢰보호의 원칙 등을 그 예로 들 수 있다.

왈린 역시도 행정법의 특성상 그 어떤 근거도 제시되어 있지 않은 경우들이 오늘날까지 종종 발생하게 되는데, 이때 일반원칙을 활용하는 작업을 통하여 법의 지배에 부합하도록 판결을 내려야 한다고 한다. 재량의 일탈·남용 등을 판단하기 위해서 행정법원 판사가 공들여 가면서 만들어 나가는 법리와 일반원칙은 행정법의 정수(noyau dur; Hard core)를 구성해 나간다고 하고 있다. 왈린 역시도 일반원칙의 활용 자체에 대하여는 긍정적이다.

---

56) Kloepfer, a.a.O. (Fn 35.), § 3, Rn. 18.
57) Kloepfer, a.a.O. (Fn 35.), § 3, Rn. 27.
58) 전통적으로 개별 분야별 처리를 지향해 왔으나, 이제는 전체적으로 파악하여 환경 보호를 하여야 한다는 원칙이다. 상세는 Kloepfer, a.a.O. (Fn 35.), § 3, Rn. 34.
59) Kugelmann, Polizei- und Ordnungsrecht, 2. Aufl., Springer-Verlag Berlin Heidelberg, 2012, § 8, Rn. 1.
60) Waline, Id. (Fn. 38.), Nr. 312.
61) 김남진, 앞의 논문 (주 54), 6면.

그러나 사안에서 보듯이 사이버상의 각종 규제 등 실정법이 미처 따라가지 못하는 휴리스틱적인 입법상황 속에서 비례의 원칙을 활용하는 것은 의미 있고 중요한 방법론으로서 타당하다. 비례의 원칙을 비롯한 행정법의 일반원칙과 실정법 사이의 관계는 모호하지만,62) 산만하게 흩어져 있는 텍스트들이 방만하게 존재할 때에 일반원칙을 인식하고 이에 의하여 역할을 하는 원칙에 의하여 법원이 도움을 받는 것은 올바르다.63)

다만, 비례의 원칙 등을 보다 세심하고 전문적이며 안정적으로 활용할 수 있도록 법원은 노력을 게을리 하지 말아야 한다.

2) 효과 규정의 비례의 원칙 위반 여부

대법원은 「정보통신망법」 제44조의7 제3항에 대한 입법목적의 정당성이 인정되고, 이를 실현하기 위한 수단으로서의 적합성 및 침해의 최소성, 그리고 이익형량상 상당성의 원칙도 충족하고 있다고 판시하고 있다.

다만, 대법원은 이러한 논증 하에 「정보통신망법」 제44조의7 제3항이 '정보의 취급 거부 등의 명령의 근거를 규정한 것'이 비례의 원칙에 부합한다고만 판시를 끝맺지 아니하고, 곧바로 '그 명령에 웹사이트에 대한 웹호스팅 중단이 포함된다'고 확장해석을 하는 것이 헌법상 과잉금지원칙에 위반된다고 볼 수 없다고 이어서 판시하고 있다.

그러나 근거규정에 정보의 취급 거부 등에 대한 '입법행위'와 정보의 취급 거부 규정에 웹사이트에 대한 웹호스팅 중단이 포함되는지 여부에 대한 '해석 행위'는 분명히 구별되는 논리적 단계이다. 대법원은 이것을 간과하고 논리적 단계를 생략한 채 동일한 판단을 내리고 있다.

이 사건의 핵심은 '정보의 취급 거부 등에 대한 입법행위'에 있다기보다는 정보의 취급 거부 규정에 웹사이트에 대한 웹호스팅 중단이 포

---

62) Cabrillac, Id. (Fn. 53.), p. 159.
63) Cabrillac, Id. (Fn. 53.), p. 158.

함되는지 여부에 대한 '해석 행위'에 있다. 이 사건에서 '입법행위'는 다소 포괄적으로 되어 있어 웹 호스팅 중단이 포함되는지에 대하여는 명확하게 규정되어 있지 않다. '입법행위'에 대한 비례의 원칙에 대한 판단이 어찌하여 '해석 행위'에 대한 비례의 원칙에 대한 판단을 생략하게 할 수 있는 것인지 문제가 있다고 생각된다. 대법원의 결론이 틀렸다는 것이 아니라 대법원의 법리에 대한 판단의 대상이 정작 중요한 핵심적인 논증에 해당하는 '해석 행위'에 대한 판시 단계를 흠결하거나 미흡하다는 점에서 논리적인 오류가 있다.

3) 사이트 폐쇄명령의 재량의 일탈·남용과 비례의 원칙

서울행정법원은 인터넷상의 표현의 자유보다는 복제성, 확장성, 신속성 등 유통성으로 인한 제한의 공익에 비중을 두는 판결을 하고 있다.

서울고등법원 역시 인터넷의 전파속도 등을 고려한 공익에 비중을 두어 판결하였으며, 인터넷상의 표현의 자유의 보장에 대하여는 충분한 고려를 하고 있지는 않다.

대법원 역시 방송통신위원회의 홈페이지 폐쇄명령에 대하여 이 사이트 전체를 정보에 해당한다는 법해석과 논리를 바탕으로 비례의 원칙을 판단하고 있다. 원심들보다 몇 가지를 더 판단의 기초를 삼은 뒤, 대법원은 '정보통신망법'이 달성하고자 하는 공익을 구체적으로 밝히지는 않으면서 이러한 공익에 비중을 두는 평가를 하여 비례의 원칙에 부합한다고 판시하고 있다. 대법원은 이익형량의 관점에서 접근하면서 '방송통신위원회'의 거듭된 정보 삭제 명령에 대하여 한총련이 불응하고 있는 사정 등에 비추어, 개별 정보의 삭제명령만으로는 '정보통신망법'이 달성하고자 하는 공익을 달성할 수 없다고 보이므로, 이 사건 처분이 달성하고자 하는 공익과 제한되는 표현의 자유 등 기본권과의 사이에 불균형이 있다고 볼 수도 없다고 판시하고 있다.

이익형량의 접근방식에 의하여 재량의 일탈·남용을 판시한 것은

방법론적으로 타당하지만, 충돌되는 이익의 내용에 대하여 보다 상세하고 구체적인 검토가 필요하다. 표현의 자유는 민주법치국가에서 다른 기본권을 보장하는 관문과도 같은 것이기 때문에 보다 강화된 심사가 이익형량단계에서 요청된다 할 것이다.

5. 법원이 고려하였어야 할 추가적 관점

우리 법원이 시간과 상황 및 장소 등의 변화에 부합하면서도 지적으로 보다 풍요로운 수준의 판결을 양산해 내기 위해서는 다음과 같은 점들을 추가적으로 고려하여야 한다.

호프만 – 림(Hoffmann – Riem) 역시 이제는 정보화사회에서 결정의 정당성을 좌우하는 질적 변화가 모든 차원에서 발생하여 귀결되어가고 있다고 지적한다. 특히 정보화사회에서 통제에 대한 결정은 통제의 강도의 관점에서 필요하고 적합한가를 고려하여야 한다.

따라서 이제는 과거와 달리 좁은 의미에서의 법률적합성(Rechtsmäßigkeit)뿐만 아니라 법률의 규정과 비례의 원칙을 활용한 통제의 강도의 단계적 차이, 그리고 최적합성(Optimalität), 수용가능성(Akzeptabilität), 실현가능성(Implementierbarkeit) 등도 포함하여 결정하여야 한다.[64]

(1) 인터넷상 표현의 자유와 컨텐츠에 대한 제한

1) 미연방대법원 판결

미연방대법원은 '레노(Reno) 대(對) 미국시민자유연합(ACLU)'사건에서[65] 종래의 소커뮤니케이션 유형과 인터넷 커뮤니케이션 유형 사이에

64) Hoffmann – Riem, a.a.O. (Fn 2.), S. 31.
65) Reno v. American Civil Liberties Union, 1997 in
    https://supreme.justia.com/cases/federal/us/521/844/case.html 최종 방문일 2017.1.18.

는 차이가 존재함을 인정하는 것을 고려하여 뉴앙스의 차이를 두는 판결을 하였다. 미연방대법원의 이 판결에서 스티븐스(Stevens) 대법관은 인터넷상에서는 평범한 소시민들도 팜플렛의 발행인이자 가두에서 외치는 대변인으로서 그 어떤 가두연설에서 보다 표현의 자유를 행사할 수 있다고 판시하고 있다.66)

미연방대법원은 오프라인에서의 표현의 자유에서보다 온라인상에서의 표현의 자유가 보다 강하게 보호될 수 있다는 특성을 충분히 고려한 뒤, 공익과 사익의 비교형량을 하고 있다,

따라서 사이버상의 「통신품위법」(The Communications Decency Act)에서 극소수의 잠재적으로 유해할 수 있는 표현의 게재를 막기 위해서 헌법에서 보장하는 성인들의 상호 의견을 주고 받을 수 있는 표현의 자유를 지나치게 광범위하게 제한하는 것은 과도한 정도의 것이라고 하지 않을 수 없다고 판시하고 있다. 예를 들면 아동을 보호하려는 공익이 존재하기는 하지만, 성인들의 표현의 자유를 과도한 범위까지 억제하는 것은 필요성의 원칙에도 반한다.67)

이러한 점에서 우리 대법원도 이러한 특성과 차이를 충분히 고려하고 반영하여야만 표현의 자유와 제한에 대한 이익형량이 정당성을 획득하게 될 것이다.

2) 오프라인과 온라인 상의 표현의 자유의 보장의 차이
(가) 법원의 입장
그럼에도 불구하고 서울행정법원이나 서울고등법원은 물론이고 대법원 판례에게서 부족한 점은 사안에서는 사이버상의 표현의 자유라는 특성과 차이점을 충분히 고려하고 있지 못하다는 점이다. 이 사안에 대

---

66) https://en.wikipedia.org/wiki/Reno_v._American_Civil_Liberties_Union 최종 방문일 2017.1.18; Spinello, Id. (Fn. 1.), at 63.
67) https://en.wikipedia.org/wiki/Reno_v._American_Civil_Liberties_Union 최종 방문일 2017.1.18.

한 판결의 의미는 정치적인 문제에 대한 행정법적 접근에 국한되지 않을 것으로 보인다. 이 사건에 대한 판결의 본질이나 의미는 오히려 다른 데에 있다. 대법원의 이번 판결은 '정보화 사회에서 표현의 자유와 제한에 대한 시금석이 될 것으로 보인다. 법원의 판결에서 오프라인에서의 표현의 자유에 대한 제한과 온라인에서의 표현의 자유에 대한 제한을 과연 동일하게 취급하는 것은 바람직한 모습일까?

(나) 헌법재판소의 입장

헌법재판소는 사이버 상에서의 표현의 자유를 오프라인에서의 표현의 자유보다 강조하는 방향으로 이익형량을 하고 있어 주목된다.

공직선거법 제93조 제1항 등은 선거일 전 180일부터 선거일까지 선거에 영향을 미치게 하기 위한 행위 등을 금지하고 처벌하는 규정이다. 이들 조항에서 처벌의 대상이 되는 '기타 이와 유사한 것' 부분에 인터넷이나 SNS에서 등에서 보듯이 '정보통신망을 이용하여 인터넷 홈페이지 또는 그 게시판·대화방 등에 글이나 동영상 등 정보를 게시하거나 전자우편을 전송하는 방법'이 포함된다고 해석하여 처벌할 수 있는지가 쟁점이었다. 헌법재판소는 사이버상의 표현의 자유가 가지는 특성을 인정하면서 비례의 원칙에 반하는 과도한 사이버상 표현의 자유를 침해하는 법률규정으로 보아 한정위헌결정을 내렸다.[68]

---

68) 인터넷은 누구나 손쉽게 접근 가능한 매체이고, 이를 이용하는 비용이 거의 발생하지 아니하거나 또는 적어도 상대적으로 매우 저렴하여 선거운동비용을 획기적으로 낮출 수 있는 정치공간으로 평가받고 있고, 오히려 매체의 특성 자체가 '기회의 균형성·투명성·저비용성의 제고'라는 공직선거법의 목적에 부합하는 것이라고도 볼 수 있는 점, 후보자에 대한 인신공격적 비난이나 허위사실 적시를 통한 비방 등을 직접적으로 금지하고 처벌하는 법률규정은 이미 도입되어 있고 모두 이 사건 법률조항보다 법정형이 높으므로, 결국 허위사실, 비방 등이 포함되지 아니한 정치적 표현만 이 사건 법률조항에 의하여 처벌되는 점, 인터넷의 경우에는 정보를 접하는 수용자 또는 수신자가 그 의사에 반하여 이를 수용하게 되는 것이 아니고 자발적·적극적으로 이를 선택(클릭)한 경우에 정보를 수용하게 되며, 선거과정에서 발생하는 정치적 관심과 열정의 표출을 반드시 부정적으로 볼 것은

(다) 앞으로의 판결의 지향점

앞으로 대법원이나 헌법재판소 모두 오프라인에서의 표현의 자유에 대한 제한과 온라인에서의 표현의 자유에 대한 접근을 구별하는 것이 필요하다. 오프라인상에서의 표현의 자유는 온라인상에서의 자유보다 더욱 보장되는 방향으로 접근할 필요가 있다. 또한 온라인상에서의 공익과 사익에 대한 비교형량 역시 그 내용이 오프라인에서의 것과는 달라야 할 것이다. 판결문의 내용에 변화가 필요하다.

(2) 거리의 법칙

법원은 일반화의 오류를 경계하여야 한다. 담당하고 있는 사건의 특성을 고려하여 행정청이 적절하게 시장과의 거리를 유지하거나 조절하는 행정작용을 하였는지를 판단하여야 한다.[69] 법원은 판결을 할 때 일반론에서 출발하면서도 시장의 특성을 고려하여 시장과의 거리에 따른 판단에 최종 이르는 논증 과정을 거쳐야 한다. 이러한 논증과정을 거치는 판결을 통하여 통일적이고 체계적이며, 일관되게 합리적인 판결이 가능해 진다.

재량(Auswahlermessen)의 일탈·남용은 시장의 종류와 특성, 상황에 따라 행정청과 시장의 거리를 파악하여 어떠한 규제의 종류가 제어행정의 수단으로서 적합한지 여부로 판단하게 된다. 이를 제어국가에서는 '거리의 원칙'(Distanzgebot; Distance Principle)이라고 한다.[70]

아니라는 점 등을 고려하여야 한다. 헌재 2011. 12. 29. 2007헌마1001 등. [한정위헌]

69) 성봉근, 규제에 대한 판결의 새로운 패러다임 —건축신고 판례의 예를 중심으로—, 행정판례연구 XXI-1, 한국행정판례연구회, 박영사, 2016, 28면, 37면.

70) Schmidt—Aßmann, Das allgemeine Verwaltungsrecht als Ordnungsidee, 2004, §2 Rn .3, §2 Rn81, §5 Rn 37. ; Schuppert, Der Gewährleistungsstaat —modisches Label oder Leitbild sich wandelnder Staatlichkeit? in Schuppert (Hrsg.), Der Gewährleistungsstaat—Einleitbild auf dem Prüfstand, 1.Auflage, Nomos Verlagsgesellschaft, Baden—Baden, 2005, S. 49.

(3) 공법적 특성의 입체적 고려의 부족 개선

최근 우리 대법원의 태도에서 종종 공법적인 관점에서 입체적으로 사안을 바라보지 못하고 민사판례와 구별되지 않는 평면적인 판시를 하고 있는 경향이 두드러지고 있다고 생각된다. 이는 대법원이 충분한 공법적인 관점에서의 서비스를 제공할 수 없는 능력의 한계를 드러내고 있다. 무엇보다도 대법원의 구성이 공법분야의 전문 대법관에 대한 비중을 충분히 확대하지 못하는 구조적인 한계에 기인해 보인다. 이를 위한 비교법적인 연구가 필요하고, 법제도의 개선이 요청된다.

IV. 결 론

사안은 방송통신위원회가 진보네트워크에 대하여 위법한 게시물을 게재한 것을 이유로 사이트 폐쇄명령이라는 재량행위를 발급한 사건이다.

첫째, 판례의 비판적인 부분에 대하여는 정보통신망 이용촉진 및 정보보호 등에 관한 법률 제44조의 7에 사이트 자체가 정보에 해당한다고 확장해석할 수 있는지와 정보취급거부명령 안에 사이트 폐쇄명령도 포함되는지 두 가지가 핵심적인 법해석 쟁점에 있어서 문제가 있다.

이 부분이 제대로 이루어지지지 않는다면 법률유보에 대한 법원의 논리에 문제가 생기게 된다.

그런데, 대법원은 '웹사이트도 정보에 해당한다'는 논리적 해석을 시도하여 확장해석을 한 점은 법해석의 한계를 넘어서는 위험이 있으며, 입법자의 객관적인 의사에 반하는 해석이라고 생각된다. 또한 체계적 해석의 관점에서 헌법과의 관계를 충분하게 고려하였다고 보여 지지 않다. 오프라인과 구별되는 사이버상에서의 표현의 자유에 대한 특색 있는 판결로서 특징을 갖추지 못하고 있다.

그밖에도 여전히 판단여지에 대한 구별을 하지 않고 있으며, 판결 대상이 되는 시장의 특성과 종류 및 상황 등을 고려하여 거리의 법칙에 따른 탄력적인 판결이 결여되어 있다.

둘째, 판례의 긍정적인 부분과 관련하여 침익적 행정작용의 위법성에 대하여 법원이 법률유보의 원칙을 준수하고 법의 해석을 통하여 위법성을 판단하고자 시도한 점은 방법론상 출발점은 타당하다. 또한 비례의 원칙을 통하여 근거 법령의 무효 여부와 재량행위의 일탈·남용을 판단하고자 하였음은 방법론상 역시 타당하다. 다만, 비례의 원칙 등 행정법의 일반원칙을 실제로 휴리스틱적인 행정법 사건에서 체계적이고 안정적이며 구체적 타당성을 함께 도모할 수 있도록 판결하기 위한 노력을 계속해서 기울여 가야 할 것이다.

셋째, 판례의 개선을 위한 구조적인 문제에 대한 제언을 첨언하고자 한다.

민사 판례와 잘 구별되지 않는 대법원의 행정법 분야의 판시가 종종 행해지고 있다. 이를 극복하고 공법분야의 입체적이고 특색 있으며 수준 높은 판시를 할 수 있어야 한다.

무엇보다도 대법원을 비롯한 법원의 인적 구성에 공법 분야의 전문가들이 많이 참여할 수 있도록 비중의 확대와 변화가 필요하다. 공법 부분에 있어서는 실무 법조인만으로 구성된 재판부보다 학자 등 민간전문가가 참여하는 재판부의 구성이 보다 질적으로 향상되고 수준 높은 판결을 이끌어 낼 것이라는 점을 강조하고 싶다.

참고문헌

국내문헌

단행본
골딩(Golding), 장영민(역), 법철학, 세창출판사, 2004.
김남진, 행정법의 기본문제, 제4판, 법문사, 1996.
김남진·김연태, 행정법 Ⅰ, 법문사, 제20판, 2016.
김남진·김연태, 행정법 Ⅱ, 법문사, 제19판, 2015.
박균성, 행정법강의, 제13판, 박영사, 2016.
박정훈, 행정법의 체계와 방법론, 박영사, 2010.
정하중, 행정법개론, 제10판, 법문사, 2016.
위르겐 하버마스(장춘익 역), 의사소통이론1, 나남, 2006.
정남철, 현대행정의 작용형식, 법문사, 2016
함인선(역), 유럽정보보호법, 전남대학교 출판부, 2014.

논문
김남진, 행정법의 일반원칙, 학술원통신, 제283호, 2017.2.
성봉근, 규제에 대한 판결의 새로운 패러다임-건축신고 판례의 예를 중
    심으로-, 행정판례연구 XXⅠ-1, 한국행정판례연구회, 박영사, 2016.
_____, 보장국가로 인한 행정법의 구조변화, 지방자치법연구, 제15권 제
    3호, 2015.9.
오향미, 독일 기본법의 "방어적 민주주의" 원리: 그 헌법이론적 논거의 배
    경, 의정연구 제17권 제2호, 2011.
박정훈, 행정법과 법해석-법률유보 내지 의회유보와 법형성의 한계, (대
    법원 2014.4.10. 선고 2011두31604 폐차신고수리거부처분취소사건의
    판결을 중심으로), 행정법연구, 제43호, 2015.11.

장영수, 정당해산 요건에 대한 독일 연방헌법재판소의 판단기준에 관한
연구, 헌법학연구, 제20권 제4호. 2014.12.

독일문헌

Ehlers und Pünder, Verwaltung und Verwaltungsrecht im
demokratischen und sozialen Rechtsstaat, in Ehlers und Pünder
(Hrsg.), Allgemeines Verwatungsrecht, 15. Aufl., Walter de Gruyter
GambH, Berlin/Boston, 2016.

Hoffmann−Riem,   Verwaltungsrecht   in   der
Informationsgesellschaft−Einleitende   Problemskizze,   in
Hoffmann−Riem/Schmidt−Aßmann(Hrsg.),   Verwaltungsrecht in
der   Informationsgesellschaft,   Nomos   Verlagsgesellschaft,
Baden−Baden, 1.Auflage, 2000.

Kugelmann, Polizei−und Ordnungsrecht, 2. Aufl., Springer−Verlag
Berlin Heidelberg, 2012.

Skrobotz, Das elektronische Verwaltungsverfahren, Duncker &
Humblot, Berlin, Band 14, 2005.

Maurer, Allgemeines Verwaltungsrecht, 18. Aufl., Verlag C.H. Beck,
2011.

Kloepfer, Umweltschutzrecht, 2. Auflage, Verlag C.H.Beck, 2011.

Schmidt−Aßmann, Das allgemeine Verwaltungsrecht als Ordnungsidee,
Springer−Verlag Berlin Heidelberg, 2004.

───────────, Verwaltungsrechtliche Dogmatik−Eine Zwischenbilanz
zu entwicklung, Reform und Künftigen Aufgaben, Mohl Siebeck,
2013.

Schuppert, Der Gewährleistungsstaat −modisches Label oder Leitbild
sich wandelnder Staatlichkeit? in Schuppert (Hrsg.), Der
Gewährleistungsstaat − Einleitbild auf dem Prüfstand, 1.Auflage,
Nomos Verlagsgesellschaft, Baden−Baden, 2005.

프랑스문헌

Cabrillac, Introduction Générale au Droit, dalloz, 9e édition, 2011.
Waline, Droit administratif, 23e édition, 2010.

영미문헌

Alejandre, IT Security Governance Legal Issues, in Human Rights and
    Ethics －Concepts,
Methodologies, Tools, and Applications, IGI Global, 2015.
Spinello, Free Speech and Content Controls in Cyberspace, in
    Cyberethics－Morality and
Law in Cyberspace, 5th edition, Jones & Bartlett Learning, 2014.

국문초록

대법원 2015. 3. 26. 선고 2012두26432 판결의 사안에서 핵심적인 논의의 대상은 법원의 결론이라고 하기 보다는 결론에 이르는 판결 형성의 논증에 있다. 법원은 이 사건의 해결점에 도달하기 위해서는 '법의 해석' (Auslegung des Rechts, interprétation du droit)과 '비례의 원칙' 등에 대한 논증을 정확하게 하여야만 한다. 이 사건은 대법원의 법률심으로서의 수준이 어디까지 도달해 있는지 질적 평가가 '법 해석학'(Juristische Hermeneutik)과 '법 도그마틱'(Rechtsdogmatik) 등에서 이루어지게 되는 매우 중요한 의미를 지니는 것으로 자리매김을 하게 된다.

특히 이 사안에서는 사이버상의 표현의 자유와 관련하여 법원에게 어려운 과제를 던지고 있다. 사이버상의 표현의 자유의 보장의 폭을 어떻게 설정할 것인가. 또한 사이버상의 표현의 자유의 제한에 대하여는 오프라인에서의 그것과 동일하게 접근할 것인가 아니면 다르게 접근할 것인가? 사이버 상에서 표현의 자유에 대한 기본권 제한이 정당성과 적법성을 획득하기 위해서 어떠한 법학적 논의를 바탕으로 타당한 방법을 거쳐야 할 것인가? 수많은 미지의 새로운 과제가 우리 법원에게 무겁게 주어지고 있다. '정보화사회'에서 사이버상에서의 표현의 자유에 대한 제한은 판례가 충분히 축적되지 못한 미지의 것이다. 따라서 법관들의 창의적이고 실험적인 정신으로 가득한 휴리스틱적인 접근 역시 함께 필요하다.

이러한 법학 방법론적 과제가 엄중하게 주어져 있는 상황 속에서 최근 우리 대법원에 정보화사회에서 중요한 시금석이 될 수 있는 사건이 상정되었다고 볼 수 있다. 방송통신위원회는 진보네트워크에 게재된 위법한 게시물들을 이유로 개개의 게시물 삭제, 게시판 제거, 사이트 폐쇄명령 등 세 가지 방법 중에서 폐쇄명령이라는 가장 강력한 수단을 선택재량으로 행사하였다.

'정보화 사회'에서 표현의 자유는 매우 예민하고 민감한 법치주의 문제이다. 사이버 상에서는 표현의 자유는 다른 기본권들을 보장하는 '대문'(Gate)이자 '방어벽'(Wall)이라고 볼 수 있다. 사이버 상에서 표현의 자유가 함부로 제한될 수 있다면, 이로 인한 정보에 대한 자유, 행동의 자유나 행복추구권, 인간의 존엄성, 언론·출판의 자유 등 다른 기본권들도 함께 용이하게 침해될 수 있다.

이러한 점들을 고려할 때, 판례가 비판받아야 할 점과 긍정적으로 평가받을 부분들을 다음과 같이 논의하였다.

첫째, 판례가 비판받아야 할 점으로서 정보통신망 이용촉진 및 정보보호 등에 관한 법률 제44조의 7에 사이트 자체가 정보에 해당한다고 확장해석할 수 있는지와 정보취급거부명령 안에 사이트 폐쇄명령도 포함되는지 두 가지가 핵심적인 법해석 쟁점에 있어서 문제가 있다.

이 부분이 제대로 이루어지지지 않는다면 법률유보에 대한 법원의 논리에 문제가 생기게 된다. 그런데, 대법원은 '웹사이트도 정보에 해당한다'는 논리적 해석을 시도하여 확장해석을 한 점은 법해석의 한계를 넘어서는 위험이 있으며, 입법자의 객관적인 의사에 반하는 해석이라고 생각된다. 또한 체계적 해석의 관점에서 헌법과의 관계를 충분하게 고려하였다고 보여지지 않다. 오프라인과 구별되는 사이버상에서의 표현의 자유에 대한 특색 있는 판결로서 특징을 갖추지 못하고 있다.

그밖에도 여전히 판단여지에 대한 구별을 하지 않고 있으며, 판결 대상이 되는 시장의 특성과 종류 및 상황 등을 고려하여 거리의 법칙에 따른 탄력적인 판결이 결여되어 있다.

둘째, 판례가 긍정적으로 평가받을 부분과 관련하여 침익적 행정작용의 위법성에 대하여 법원이 법률유보의 원칙을 준수하고 법의 해석을 통하여 위법성을 판단하고자 시도한 점은 방법론상 출발점은 타당하다. 또한 비례의 원칙을 통하여 근거 법령의 무효 여부와 재량행위의 일탈·남용을 판단하고자 하였음은 방법론상 역시 타당하다. 다만, 비례의 원칙 등 행정법의 일반원칙을 실제로 휴리스틱적인 행정법 사건에서 체계적이고 안정적이며 구체적 타당성을 함께 도모할 수 있도록 판결하기 위한 노력을 계속해서 기울여 가야 할 것이다.

주제어: 홈페이지 폐쇄명령, 법의 해석, 비례의 원칙, 판단여지, 정보화 사회, 표현의 자유, 인터넷상 표현의 자유

Abstract

The Case Study on the Principles for the Interpretation of Law and Rule of Proportionality on the Homepage Closure Order

Sung, Bong Geun*

Freedom of expression is a very sensitive related to rule of law in 'information society'. Freedom of expression in cyberspace can be regarded as a 'gate' and 'wall' that guarantees other fundamental rights.

If the freedom of expression on cyberspace can be restricted easily, then other basic rights such as freedom of information, freedom of movement, right to pursue happiness, human dignity, freedom of press and publication can be more easily infringed.

The case of supreme court 2012 du 26432 is an event in which the Korea Broadcasting and Communications Commission issued discretionary act of order to close the site because of posting illegal post to the jinbo network.

At first, I criticizes the decision of the court in this case whether government and court can extend that the site itself is to correspond to the information so that government can close the site with Article 44-7 of 'Act on Promotion of Information and Communications Network Utilization and Information Protection etc.'. There is a problem related with legal interpretation using extended analysis and inclusion analysis.

If this is not done properly, there will be a serious problem with the court's logic about rule of legal reservations.

---

* Ph.D. in Law, Korea University, The Department of Law.

However, Supreme Court attempted logical interpretation that "Web site corresponds to information" using included interpretation and extended interpretation. There is risk that exceeds limit of law interpretation, and it seems to be interpretation against objective intention of legislator. It seems also not fully considering the relationship with the Constitution in terms of systematic interpretation. It is not qualified as a characteristic court's decision on the freedom of expression in cyberspace that is different from offline.

In addition, there is still lack of consideration of distinction as to the scope of judgment, and there is no flexible ruling in accordance with the 'law of distance' which needs of taking into consideration the characteristics, kinds and circumstances of the market subject to the judgment.

At second, I support the positive part of the judicial precedent, the point that the court tried to judge the illegality by observing 'the principle of reserving the law' and interpreting the law about the illegality of the administrative action reasonably.

In addition, the methodology is also valid in order to judge the invalidation of the grounded statute and the deviation or abuse of the discretionary act through 'the principle of proportionality' related with legal dogma.

However, we should continue to make efforts to judge cases using the general principles of administrative law, such as the principle of proportionality, so that systemic, stable and concrete feasibility can be achieved together with actual heuristic administrative law cases.

Key Words: Homepage Closure Order, Interpretation of Law, Rule of Proportionality, interpretation discretion, information society, freedom of expression, freedom of expression in internet

투고일 2017. 5. 26.
심사일 2017. 6. 13.
게재확정일 2017. 6. 16.

取消訴訟의 對象

都市計劃施設決定廢止申請拒否와
計劃變更請求權의 問題

鄭永哲*

대상판결 : 대법원 2015. 3. 26. 선고 2014두42742 판결

Ⅰ. 사건의 개요 및 판결요지

1. 사실관계

건설부장관은 1977. 3. 31. 건설부고시 제53호로 화성군 반월면 사리(이후 행정구역 변경으로 이 사건 토지가 속한 '안산시 상록구 사동'이 됨) 일대 1,090,000㎡를 자연공원으로 결정하였고, 이후 건설부장관은 1985.

---

* 광운대학교 법학부 교수

9. 17. 건설부고시 제399호로 위 1977년 도시계획시설(공원)결정을 폐지
하면서 화성군 반월면 사리 일대 1,100,000㎡(이하 '이 사건 토지'라 함)를
자연공원으로 결정하였고, 경기도지사는 1987. 9. 17. 경기도고시 제246
호로 위와 같이 결정된 공원에 대한 지적승인 고시를 하였다. 이후 이
사건 토지에 도시계획시설(공원)의 설치에 관한 사업이 시행되지 아니하
여 오다가 안산시장은 2009. 6.경 안산시 공원녹지 관리계획 결정(변경)
및 조성계획 수립용역을 진행하여 2011. 1.경 '2020 안산공원녹지기본
계획'을 수립하였는데, 위 계획에 따르면 이 사건 토지 일대의 사동공원
에 대하여 현재 자연발생적으로 근린공원 형태의 산책로 및 등산로, 약
수터로 이용되고 있는 현황을 수용하고, 2단계 신도시 조성 후 증가할
공원수요를 충족시키기 위하여 근린공원으로 지정하도록 되어 있다.

안산시장은 이 사건 토지를 포함한 미집행 도시계획시설에 대하여
단계별 집행계획을 공고하여 왔는데, 이에 따르면 이 사건 토지에 대한
공원설치의 단계별 집행계획은 2011. 11. 1.에는 2012년부터 단계별 진
행되는 것으로(안산시 공고 제2011-1002호), 2012. 9. 3.에는 2017년 이후
집행되는 것으로(안산시 공고 제2012-981호), 2013. 7. 1.에는 2014년부터
단계별 진행되는 것으로(안산시 공고 제2013-906호) 변경되었다가 2015.
12. 30.에는 2015년부터 2019년까지 5개년에 걸쳐 집행되는 것으로(안
산시 공고 제2015-1779호) 다시 변경되었다.

안산시장은 2015. 9. 17. '2020 안산공원녹지기본계획'의 내용을 반
영하여 안산시 고시 제2015-136호로 사동공원을 도시자연공원에서 근
린공원으로 변경하고 지적공부상 면적을 기준으로 42,249.6㎡를 공원면
적으로 정정하며 공원조성과 관련한 세부계획을 결정하는 내용의 도시
계획결정(변경) 및 공원조성계획결정(변경) 고시를 하였다.

한편 해안주택조합은 1998년경부터 안산시장에게 사동공원에 대한
도시계획시설(공원) 결정을 해제하여 주거나 이 사건 토지를 매수하여
줄 것을 요청하여 왔는데, 2012. 11.경 안산시장에게 이 사건 토지 등에

대한 사동공원 도시계획시설(공원) 해제를 신청하였다. 2012. 11. 15. 안산시장은 '사동공원의 도시계획시설(공원) 결정은 관계 법령에 의하여 토지이용상황 등을 종합적으로 감안하여 이루어진 것으로서 개발 여건과 필요성을 분석하여 근린공원 또는 도시자연공원 구역지정 등을 검토할 예정으로 공원용지해제가 불가하고, 토지보상은 공원녹지기본계획수립용역 결과 및 시의 재정여건에 따라 판단할 계획이다'는 취지로 회신하여 왔다. 이에 동 주택조합은 안산시장을 상대로 위 거부회신에 대한 취소소송을 제기하였고, 원심은 제1심 판결을 인용하여 안산시장의 회신이 항고소송의 대상이 되는 행정처분에 해당하지 아니한다고 판단하였다.

2. 판결요지

1) 원심판결요지

도시계획시설로 결정된 안산시 상록구 사동 산179 임야 38,728㎡ 외 3필지(이하 '이 사건 각 토지'라 한다)에 관하여 원고에게 도시계획시설에서 해제하여 줄 것을 신청할 수 있는 법규상 또는 조리상의 신청권이 없다는 이유로 원고의 도시계획시설결정 해제신청을 받아들이지 아니한 피고의 회신이 항고소송의 대상이 되는 행정처분에 해당하지 아니한다.[1]

2) 대법원판결요지

국토의 계획 및 이용에 관한 법률은 국토의 이용·개발과 보전을 위한 계획의 수립 및 집행 등에 필요한 사항을 규정함으로써 공공복리를 증진시키고 국민의 삶의 질을 향상시키는 것을 목적으로 하면서도 도

---

[1] 서울고등법원 2014. 9. 18. 선고 2013누51604 판결.

시계획시설결정으로 인한 개인의 재산권행사의 제한을 줄이기 위하여, 도시·군계획시설부지의 매수청구권(제47조), 도시·군계획시설결정의 실효(제48조)에 관한 규정과 아울러 도시·군관리계획의 입안권자인 특별시장·광역시장·특별자치시장·특별자치도지사·시장 또는 군수(이하 '입안권자'라 한다)는 5년마다 관할 구역의 도시·군관리계획에 대하여 타당성 여부를 전반적으로 재검토하여 정비하여야 할 의무를 지우고(제34조), 주민(이해관계자 포함)에게는 도시·군관리계획의 입안권자에게 기반시설의 설치·정비 또는 개량에 관한 사항, 지구단위계획구역의 지정 및 변경과 지구단위계획의 수립 및 변경에 관한 사항에 대하여 도시·군관리계획도서와 계획설명서를 첨부하여 도시·군관리계획의 입안을 제안할 권리를 부여하고 있고, 입안제안을 받은 입안권자는 그 처리 결과를 제안자에게 통보하도록 규정하고 있다. 이들 규정에 헌법상 개인의 재산권 보장의 취지를 더하여 보면, 도시계획구역 내 토지 등을 소유하고 있는 사람과 같이 당해 도시계획시설결정에 이해관계가 있는 주민으로서는 도시시설계획의 입안권자 내지 결정권자에게 도시시설계획의 입안 내지 변경을 요구할 수 있는 법규상 또는 조리상의 신청권이 있고, 이러한 신청에 대한 거부행위는 항고소송의 대상이 되는 행정처분에 해당한다.2)

II. 문제의 소재

행정계획의 특성상 행정계획에서는 행정목표 달성을 위한 전문적

---

2) 대상판결로 인하여 수원지방법원 합의부에서 다시 재판이 진행되었고, 재판부는 이 사건 토지에 대한 도시계획시설(공원) 결정이 실효되었는지 여부, 신뢰보호원칙 위배 여부, 비례원칙 위반 여부를 쟁점으로 보았으나 결국 원고의 청구를 기각하였다. 수원지방법원 2016. 6. 14. 선고 2015구합63082 판결 참조.

이며 기술적인 면이 강조되고, 미래지향적인 정책적 의도로 인해 공익 간의 충돌을 넘어 공익과 사익의 충돌, 현재와 미래의 충돌 등 수많은 이해관계를 내포하고 있다. 이러한 행정계획의 특수성은 곧바로 행정계획의 개념정의와 법적 형식, 사법적 통제에 대한 다양한 의견개진으로 연결된다.

이러한 상황에서 행정계획과 관련된 행정법학계의 논의방향은 크게 두 가지 측면에서 전개되어 왔는데, 행정계획의 법적 성격과 관련하여 처분성을 인정할 수 있을 것인가에 대한 논의가 첫 번째이다. 또 다른 논의는 행정계획의 사법통제의 통제기준으로서의 형량명령의 필요성에 관한 것으로, 이는 도시계획결정의 취소소송 등과 같이 행정계획의 위법성을 다투는 경우 그 위법 판단의 기준은 행정계획의 고유한 특성으로 인하여 일반 행정처분의 사법적 통제기준이 그대로 적용되기 어렵다는 인식에서 출발한다. 특히 행정계획의 규범구조가 조건명제의 형식이 아닌 목적규범의 형식으로 되어 있다는 것과 행정계획에서 행정청에게 광범한 계획형성의 자유(planerische Gestaltungsfreiheit)를 가진다는 행정계획의 본질적 특징은 사법통제에서도 행정계획 특유의 형량명령 이론에 의하여 이루어져야 한다는 것이다.[3] 그러나 대상판결은 위의 두 가지 논의 중에서 전자와 관련된다는 점에서 전자에 국한하여, 특히 행정계획의 변경청구권과 관련하여 논의를 전개하기로 한다.

행정계획의 처분성과 관련하여 행정계획 그 자체에 의하여 권리침해가 예정되어 있는 경우 비록 사후에 그 계획에 따른 구체적 처분이 있다고 하여도 그 효력을 다투는 것이 이미 실효성이 없기 때문에 행정계획 그 자체에 대하여 권리구제적 측면에서 처분성을 인정하려고 하는 것이 지배적인 학설의 경향이다.[4] 대법원도 도시·군관리계획 등 이른

---

3) 이에 대하여는 정영철, 환경계획재량의 통제규범으로서의 형량명령, 공법학연구 제14권 제4호, 2013, 208-284면; 최승필, 행정계획에서의 형량, 토지공법연구 제73집 제1호, 2016, 232면 이하를 참조할 것.

바 구속적 행정계획의 처분성을 인정하여 행정계획결정 그 자체를 항고
소송으로 다툴 수 있는 길을 열었으며,5) 도시정비법상의 관리처분계획
의 처분성도 인정하고 있다.6)

　이러한 처분성에 관한 논의는 기존의 행정계획의 해제 또는 변경
을 신청하였으나 행정청이 이를 거부한 경우 그 거부를 항고소송으로
다툴 수 있는가의 문제를 포함한다. 이에 대하여 대상판결은 '도시계획
구역 내 토지 등을 소유하고 있는 사람과 같이 당해 도시계획시설결정
에 이해관계가 있는 주민은 도시시설계획의 입안권자 내지 결정권자에
게 도시시설계획의 입안 내지 변경을 요구할 수 있는 법규상 또는 조리
상의 신청권이 있고, 이러한 신청에 대한 거부행위는 항고소송의 대상
이 되는 행정처분에 해당한다'고 판시함으로써 일정한 요건하에서 행정
계획의 변경청구권을 인정하고 있으며, 이는 최근의 대법원의 일관된
태도로 보인다.

　여기에 대하여 행정계획의 특수성이나 본질의 관점에서 계획변경
청구권을 일반적으로 인정하는 것은 법리적으로 타당하지 않다는 비판
의 목소리도 등장하고 있으며, 이와는 반대로 국민에 대한 권리보장적
측면에서 환영하는 견해도 존재한다. 대상판결이 이러한 쟁점에 대하여
직접적으로 언급하지 않았음에도 계획변경청구권이 행정계획의 해제
또는 변경 거부의 처분성, 즉 도시계획변경신청 거부의 처분성 인정을

---

4) 송동수, 계획변경청구권과 취소소송의 소송요건, 헌법판례연구 Ⅵ, 박영사, 2004,
　366면.
5) 대법원 1982. 3 9. 선고 80누105 판결.
6) 대법원 2002. 12. 10. 선고 2001두6333 판결(도시재개발법에 의한 재개발조합은 조
　합원에 대한 법률관계에서 적어도 특수한 존립목적을 부여받은 특수한 행정주체
　로서 국가의 감독하에 그 존립 목적인 특정한 공공사무를 행하고 있다고 볼 수 있
　는 범위 내에서는 공법상의 권리의무 관계에 서 있는 것이므로 분양신청 후에 정
　하여진 관리처분계획의 내용에 관하여 다툼이 있는 경우에는 그 관리처분계획은
　토지 등의 소유자에게 구체적이고 결정적인 영향을 미치는 것으로서 조합이 행한
　처분에 해당하므로 항고소송의 방법으로 그 무효확인이나 취소를 구할 수 있다).

위한 신청권의 근거로 작용할 수 있는지를 중심으로 이하에서 상론하기
로 한다.

Ⅲ. 행정계획의 의의와 처분성

1. 행정계획의 의의

행정계획의 개념에 대한 실정법상의 정의는 현재 존재하지 않는다.
하지만 강학상 대체로 '행정주체가 일정기간 내에 도달하고자 하는 목
표를 설정하고 그를 위하여 필요한 수단들을 조정하고 통합하는 작용
또는 그 결과로 설정된 활동기준'으로 행정계획의 개념을 정의한다.[7]
이러한 개념정의에 대하여 미래와 관련된 체계적인 결정의 과정이나 결
정행위로 이해되는 기획(Planung)과 그 과정과 행위의 결과물로 정의되
는 구체적 계획(Plan)으로 구분하는 견해[8]도 있으나, 구체적 계획(Plan)
은 결정과정으로 이해되는 기획(Planung)의 대상으로 남아 있기 때문에
그러한 구체적 계획도 결코 정적이거나 최종적이라고 할 수 없어 양자
의 개념적 차이는 그리 크지 않다고 할 수 있다.[9]

그리하여 대법원[10]도 "행정계획이란 행정에 관한 전문적 · 기술적
판단을 기초로 하여 특정한 행정목표를 달성하기 위하여 서로 관련되는
행정수단을 종합 · 조정함으로써 장래의 일정한 시점에서 일정한 질서를
실현하기 위한 활동기준으로 설정된 것"으로 이해하여 결정과정이나 행

---

7) 김동희, 행정법 Ⅰ, 박영사, 제21판, 2015, 186면.
8) 정하중, 행정법개론, 법문사, 제9판, 2015, 303면; Hartmut Maurer, Allgemeines
   Verwaltungsrecht, 17. Aufl., 2009, C. H. Beck, §16, Rn. 14.
9) Werner Hoppe, Planung, in: Isensee/Kirchhof (Hrsg.), HStR Ⅲ, 2. Aufl., 1996, §71,
   Rn. 3.
10) 대법원 1996. 11. 29. 선고 96누8567 판결.

위적 측면인 기획(Planung)과 그러한 과정의 결과물(Plan)을 아우르는 개념으로 행정계획을 설정하고 있다고 판단된다.11)

이것은 행정계획이 다른 행정작용과 달리 종합적 성격으로 인하여 특수한 규범형식과 구조를 가진다는 것을 의미하며, 그러한 특이한 행위형식(Handlungsform)은 개념필수적으로 법형식(Rechtsform)에 따른 법적 성격과 대상적격으로서의 처분성에 대한 다양한 견해의 대립으로 연결된다.

2. 행정계획의 법적 성격과 처분성

1) 법적 성격에 관한 논의

행정계획이 대부분의 행정법문헌에서 다루어지기는 하나 그것을 독립된 하나의 행정작용형식으로 보는 데는 견해가 일치하지 않고 있다.

행정계획은 향후에 일정한 행정질서의 형성이라는 목표를 설정하고 이를 달성하기 위한 수단을 동원하는 활동의 기준을 설정하는 것이므로 일종의 일반적·추상적 성격을 갖는 규범의 설정행위와 유사하다. 그리하여 행정계획은 법률, 법규명령, 행정규칙의 형식으로 등장하는 경우가 많은데, 이 경우의 행정계획은 법규범으로 볼 수 있다.12)

행정계획 중에는 법률관계의 변동이라는 효과를 가져오는 행정행위의 개념적 징표에 포섭되는 행정행위적 성질을 가지는 것도 존재한다. 반면에 행정청만을 구속하고 국민에 대한 법적 효력을 미치지 않는 행정계획, 예를 들어 도시기본계획13)과 환경정책기본법상의 국가환경종합계획이나 행정내부적인 효력만을 갖는 예산안은 국민의 구체적 권

---

11) 정영철, 앞의 논문, 277면.
12) 김성수, 일반행정법, 홍문사, 제7판, 2015, 383면.
13) 대법원 2007. 4. 12. 선고 2005두1893 판결(도시기본계획은 도시의 장기적 개발방향과 미래상을 제시하는 도시계획 입안의 지침이 되는 장기적·종합적인 개발계획으로서 행정청에 대한 직접적인 구속력은 없다.)

리의무관계에 직접적 영향을 미치지 않으므로 행정행위적 성격을 가지
지 않는다고 볼 것이다.14)

다시 말해 행정소송법 제2조 제1호에서 행정청이 행하는 구체적
사실에 관한 법집행으로서의 공권력의 행사 또는 그 거부와 그 밖에 이
에 준하는 행정작용으로 지칭되는 처분 개념에 특정 공공시설의 건설을
위한 전문계획(Fachplanung)이나 직접적으로 국민의 권리와 의무관계를
규율하는 구속적 계획은 국민의 구체적 권리의무에 직접적인 변동을 초
래하므로 행정행위적 성격을 가진다.15) 이와 관련하여 판례는 구속적
계획에 대하여는 행정처분의 성격을 인정하고 있으나, 행정내부적 결정
에 해당하는 혁신도시 입지선정행위에 대하여는 행정처분성을 부인하
는 것으로 보아16) 아직은 실체법상의 행정처분개념에 정주하고 있는
듯한 인상을 주고 있다. 이것은 곧 하명적 계획과 정보제공적 계획, 그
리고 유도적 계획으로 분류되는 행정계획의 법적 성격을 하나로 귀결할
수 없어 구체적·개별적으로 판단할 수밖에 없으며, 그리하여 행정계획
의 법적 성격의 문제는 결국 행정계획의 처분성을 인정할 것인가의 문
제로 귀착된다는 것을 의미한다.17)

---

14) 김성수, 앞의 책, 380면.
15) 대법원 2000. 9. 8. 선고 99두1113 판결 참조(일반적으로 항고소송의 대상이 되는
행정처분이라 함은 행정청의 공법상의 행위로서 특정 사항에 대하여 법규에 의한
권리의 설정 또는 의무의 부담을 명하고 기타 법률상의 효과를 발생케 하는 등 국
민의 권리의무에 직접적 변동을 초래하는 행위를 가리킨다.)
16) 대법원 2007. 11. 15. 선고 2007두10198 판결(국가균형발전특별법과 법시행령 및
이 사건 지침에는 공공기관의 지방이전을 위한 정부 등의 조치와 공공기관이 이
전할 혁신도시 입지선정을 위한 사항 등을 규정하고 있을 뿐 혁신도시입지 후보
지에 관련된 지역 주민 등의 권리의무에 직접 영향을 미치는 규정을 두고 있지 않
으므로, 피고가 원주시를 혁신도시 최종입지로 선정한 행위는 항고소송의 대상이
되는 행정처분으로 볼 수 없다.)
17) 백윤기, 도시계획결정에 있어서 이웃사람과 계획재량, 원광법학 제23권 제2호,
2007, 301면.

2) 처분성에 대한 판례의 태도

행정계획의 법적 성질에 대한 논쟁의 핵심은 항고소송 중심의 현행 권리구제절차로 인한 행정계획의 처분성 인정여부에 있고, 특히 우리나라에서는 구속적·명령적 계획인 도시계획의 법적 성질에 초점을 두어 논의가 전개되었다.

행정계획의 처분성 인정단계의 전환점 판결로 거론되는 도시계획시설지정승인취소처분취소 사건[18]에서 제소기간의 도과로 인하여 도시계획결정처분에 대한 행정소송을 제기하지 못해 원고가 패소하였으나 적어도 이 판결에서 도시계획결정처분에 대한 행정소송의 제기가능성을 언급한 것으로 보아 도시계획결정의 처분성을 인정하였다고 볼 여지가 있다.[19]

그럼에도 이 판결에서 명시적으로 도시계획의 처분성 인정에 대하여 언급을 하지 않아 이를 도시계획의 처분성을 긍정한 최초의 판결로 거시하기에는 주저하게 된다. 그 후 행정계획의 처분성 인정에 대한 최초의 명시적인 결정인 도시계획변경처분취소 사건에서 대법원은 "도시계획법 제12조 소정의 도시계획결정이 고시되면 도시계획구역안의 토지나 건물 소유자의 토지형질변경, 건축물의 신축, 개축 또는 증축 등 권리행사가 일정한 제한을 받게 되는바 이런 점에서 볼 때 고시된 도시계획결정은 특정 개인의 권리 내지 법률상의 이익을 개별적이고 구체적

---

18) 대법원 1978. 12. 26. 선고 78누281 판결(피고의 지형도면의 승인은 승인의 대상인 그 도면이 건설부장관이 결정한 도시계획과 사이에 착오가 없는 한 승인하도록 되어 있는 것으로서 그 자체 새로운 법률적 효과가 형성되는 것은 아니라 할 것이므로 전제되는 선행처분인 건설부장관의 도시계획결정의 위법을 이유로 피고의 도면승인처분의 위법을 주장할 수 있을 것이지만 위 도시계획결정처분에 대하여 소원이나 행정소송을 제기할 법정기간을 경과하여 그 위법성을 주장할 수 없게 된 이상 후행행위인 피고의 승인처분이 위법하다고 말할 수 없다.)
19) 신봉기, 형량하자 있는 행정계획에 대한 사법심사, 행정판례연구 Ⅴ, 서울대학교출판부, 2000, 109면.

으로 규제하는 효과를 가져 오게 하는 행정청의 처분이라 할 것이고, 이는 행정소송의 대상이 되는 것이라 할 것이다"라고 언급하여 행정계획인 도시계획결정의 처분성을 긍정하였다.[20)

또한 도시계획변경결정에 대하여도 대법원은 "공람공고절차를 위배한 도시계획변경결정신청은 위법하다고 아니할 수 없고 행정처분에 위와 같은 법률이 보장한 절차의 흠결이 있는 위법사유가 존재하는 이상 그 내용에 있어 재량권의 범위 내이고 변경될 가능성이 없다 하더라도 그 행정처분은 위법하다."라고 판시하여 그 처분성을 인정하고 있다.[21)

3) 소결

행정계획을 일반적 형태로 추상화하고 범주화하는 것은 그다지 커다란 의미가 없다는 견해[22)에 의하면 독립된 행정법적 작용형식인 행정계획의 존재는 부정되고, 그것의 법적 성질과 관련 법규정에 비추어 그때그때 판단되어야 할 천차만별한 현상의 집합개념에 불과하게 된다.[23)

그러나 이것은 행정계획의 행위형식과 법형식(Rechtsform)을 명확히 구별하지 못하는 데서 비롯된 것이다. 이러한 이유에서 '행정의 행위형식에는 정원(numerus klausus)이 있을 수 없다'는 법언이 이를 웅변한다. 복잡다기한 현대행정을 고전적인 행위형식으로 범주화하려는 시도는 오히려 무리수에 가깝다.[24) 행정계획은 독립된 법형식이 아니라 법률, 법규명령, 조례, 행정내부적 결정, 행정행위, 행정규칙, 사실행위 등

---

20) 대법원 1982. 3 9. 선고 80누105 판결.
21) 대법원 1988. 5. 24. 선고 87누388 판결.
22) 홍정선, 행정법원론(상), 박영사, 제21판, 2013, 278-279면.
23) Maurer, a.a.O., Rn. 13.
24) 정남철, 이익충돌의 문제해결수단으로서 계획법상 최적화명령, 공법연구 제31집 제5호, 2003, 301면.

의 전통적인 법형식에 의거하여 표시된다는 점에서 개별 계획의 법적 형식이 먼저 탐색되어야 할 것이다. 그럼에도 행정계획이 전통적인 법형식의 외피를 착용하고 있지만 독자적 작용형식이 인정된다는 점에서 계획마다 구체적·개별적으로 그 법적 성격을 논구하는 것이 타당하다고 본다.[25]

IV. 도시계획변경신청거부와 계획변경청구권의 문제

1. 도시계획변경신청거부의 처분성

1) 거부행위의 개념

거부행위란 행정청이 국민으로부터 어떤 신청을 받고 그 신청에 따르는 내용의 행위를 하여 그에 대한 만족을 주지 아니하고 형식적 요건의 불비를 이유로 그 신청을 각하하거나 또는 이유가 없다고 하여 신청된 내용의 행위를 하지 않을 뜻을 표시하는 행위를 말한다.[26] 다시 말해 거부처분은 처분을 구하는 당사자의 신청에 대하여 처분의 발급을 거부하는 행정청의 행정작용을 말한다. 이러한 거부처분은 신청을 받아들이지 않았다는 점에서 부작위와 같으나, 적극적으로 거부의사를 나타냈다는 점에서 부작위와 구별된다.[27]

2) 거부행위의 처분성 요건으로서의 신청권

행정청이 그 신청에 따른 행위를 하지 않겠다고 거부한 행위가 항

---

25) Maximilian Wallerath, Allgemeines Verwaltungsrecht, 6. Aufl., 2009, ESV, §10, Rn. 106.
26) 대법원 1984. 10. 23. 선고 84누227 판결.
27) 사법연수원, 행정구제법, 2012, 103면.

고소송의 대상인 처분에 해당되어야 하며, 이것에 대한 판단은 원칙적
으로 행정소송법 제2조 제1항 제1호의 처분개념에 합치하느냐에 의존
한다. 따라서 어떤 행정작용이 처분에 해당하는가 하는 점이 문제될 경
우 원칙적으로 행정소송법상의 처분개념에 따라 그 문제를 판단하여야
함은 자명하다. 행정청의 '거부'가 '처분'에 해당하는가는 거부의 대상이
되는 행정작용이 '행정청이 행하는 구체적 사실에 관한 법집행으로서의
공권력의 행사 또는 그 거부와 그 밖에 이에 준하는 행정작용'으로서의
성질을 가지는가에 따라 판단하면 되는 것이다.

　　그럼에도 대법원은 거부의 처분성 판단에서 — 학설의 비판적인
견해28)에도 불구하고 — 독자적인 이론구성을 전개하고 있음은 주지의
사실이다. 대법원은 국민의 행위신청에 대한 거부가 항고소송의 대상인
행정처분이 되려면, 그 신청한 행위가 공권력의 행사 또는 이에 준하는
행정작용이어야 하고 그 거부행위가 신청인의 법률관계에 어떤 변동을
일으키는 것이어야 하며 그 국민에게 그 행위발동을 요구할 법규상 또
는 조리상 신청권이 있어야 한다고 한다.29)

　　대법원이 처분요건을 세 가지로 제시하고 있지만 기실 핵심적인
내용은 '신청권'이다. 어떠한 거부행위가 행정소송의 대상이 되는 처분
에 해당하는지 여부는 '그 거부된 행위가 행정소송법 제2조 제1항 제1
호의 처분에 해당하는가'의 여부에 의하여 판단되는 것이 아니라 '신청
권의 유무'를 기준으로 판단된다는 것이다.30) 따라서 이러한 법규상 또
는 조리상의 신청권 없이 한 국민의 신청을 행정청이 거부하여도 이를
행정처분이라고 보지 않는다. 따라서 도시계획변경신청 거부의 처분성
을 인정할 수 있는지는 토지소유자 등 주민에게 법규상 또는 조리상의
신청권을 인정할 수 있는지 여부에 좌우되는 것이므로 그 신청권을 인

---

28) 대표적으로 김남진, 대법원의 처분개념의 의문, 법률신문 1999. 12. 13.
29) 대법원 2011. 9. 29. 선고 2010두26339 판결 등.
30) 송동수, 앞의 논문, 373면.

정하면 그 거부행위의 처분성을 인정하게 되고 신청권을 부정하면 그 거부행위의 처분성 역시 부정하게 되는 결과에 이르게 된다.

2. 계획변경청구권의 인정 여부의 논의

1) 판례의 태도

헌법은 국토에 관한 계획의 수립과 관련하여 제120조 제2항에서 "국토와 자원은 국가의 보호를 받으며, 국가는 그 균형있는 개발과 이용을 위하여 필요한 계획을 수립한다"라고 규정하여 국토기본법에 의한 국토계획과 국토의 계획 및 이용에 관한 법률에 따른 도시·군계획, 도시·군기본계획, 도시·군관리계획 등이 수립되고 있다. 이러한 헌법과 개별법에 근거하여 국토공간의 균형발전, 개발과 보전의 조화를 이룩하기 위하여 국토에 관한 계획의 수립은 국가에게 부여된 의무라 할 수 있다. 그렇지만 이러한 계획이 적극적으로 수립되지 않는 경우 국민이 국가에 대하여 계획의 수립을 청구할 수 있는지에 대하여 실정법과 학설 모두 회의적이다. 이러한 연유로 현행 법제에서의 계획수립청구권보다 완화된 의미의 계획변경청구권의 인정 여부가 핵심적인 문제로 등장하게 된다.31)

행정청이 행정계획을 폐지 또는 변경하는 경우에 이해관계인이 계획존속 등의 계획변경을 신청한 경우 이를 인정할 것인가의 문제가 주된 쟁점이다. 실무상 계획변경신청에 대한 행정청의 거부를 대상으로 하여 거부처분취소소송을 제기하게 되고 그 거부의 처분성 요건과 관련하여 법규상 또는 조리상 신청권의 문제로 계획변경청구권의 인정 여부가 구체화된다.

이에 대하여 일관되게 대법원은 행정계획결정에 대하여 처분성을

---

31) 김병기, 도시·군관리계획 변경입안제안 거부와 형량명령, 행정법연구 제37호, 2013, 195-196면.

인정한 것과는 달리 행정계획의 변경신청에 대한 거부에 대하여 그 신청에 따른 계획변경을 해 줄 것을 요구할 수 있는 법규상 또는 조리상의 신청권이 없다는 이유로 원칙적으로 국민에게 행정계획의 변경신청권은 인정되지 아니하므로 행정계획변경신청에 대한 거부행위는 행정처분이 아니라고 보고 있다. 즉 판례는 행정계획이 일단 확정된 후에는 일정한 사정변동이 있다고 하여 지역주민에게 일일이 그 계획의 변경 또는 폐지를 청구할 권리를 인정해 줄 수 없다고 하여 행정계획의 변경신청권을 원칙적으로 부정하고 있다.32)

그러나 예외적으로 행정계획의 변경신청권을 인정한 경우가 있는데 원칙적으로 국토이용계획의 변경을 신청할 권리를 인정할 수 없지만, 장래 일정한 기간 내에 관계 법령이 규정하는 시설 등을 갖추어 일정한 행정처분을 구하는 신청을 할 수 있는 법률상 지위에 있는 자의 국토이용계획변경신청을 거부하는 것이 실질적으로 당해 행정처분 자체를 거부하는 결과가 되는 경우에는 예외적으로 그 신청인에게 국토이용계획변경신청권이 인정된다고 판시하여 사실상 수익처분의 거부에 해당하는 경우에는 예외적으로 행정계획의 변경청구권을 긍정하고 있다.33)

대법원은 더 나아가 문화재보호구역의 지정해제신청에 대한 거부회신과 도시계획시설변경 입안제안거부의 경우에도 문화재보호구역 또는 도시계획구역 내 토지 등을 소유하고 있는 주민에 대해서 법규상 또는 조리상 신청권이 있다고 하여 계획변경신청권을 인정하여 그 외연을

32) 대법원 1993. 5. 25. 선고 92누2394 판결[도시계획사업(도로개설)실시계획의 변경인가 신청에 대한 거부행위의 취소를 구한 사안임]; 대법원 1995. 4. 28. 선고 95누627 판결[사설묘지를 설치할 수 있는 용도지역으로 변경하는 것을 허가하여 달라는 원고의 신청을 거부한 사안임]; 대법원 2002. 11. 26. 선고 2001두1192 판결[도시계획시설(도로)결정의 취소를 구한 사안임]; 대법원 2003. 9. 26. 선고 2003두5075 판결[골프장부지조성을 위하여 국토이용계획상 농림지역 또는 준농림지역을 준도시지역으로 변경하여 달라는 취지로 국토이용계획변경을 신청한 사안임].
33) 대법원 2003. 9. 23. 선고 2001두10936 판결.

확장하고 있다. 이에 따라 판례상 계획변경청구권이 인정되는 경우를
유형화하면 첫째, 국토이용계획변경신청의 거부가 사실상 수익처분의
거부에 해당하는 경우, 둘째, 도시계획입안제안권에 근거한 경우, 셋째,
문화재보호구역의 지정해제신청에 대한 거부회신의 경우 등이고, 여기
에 더하여 장기미집행 도시계획시설의 경우도 포함될 수 있다고 학
설34)로 주장된다.

2) 학설의 평가

(1) 소극설

이러한 대법원의 태도에 대하여 도시계획수립 및 변경에서 일반적
으로 계획행정청에 광범위한 형성의 자유가 보장되어 있으므로 계획수
립청구권 및 계획변경청구권을 허용할 수 없다는 소극적인 입장이 존재
한다.35) 행정법도그마틱 관점에서 도시계획변경청구권을 허용하는 것
은 계획행정청에 계획재량을 보장한 계획의 법리에 모순되며, 이를 확
대하는 경우에는 계획재량을 부당하게 제약하여 난개발을 허용할 우려
가 있다는 것이다.36) 이러한 계획재량의 존재로 인하여 재량의 영으로
의 수축상황은 인정하기 어렵고, 단지 형식상의 무하자재량행사청구권
이 언급될 수 있다는 점에서 계획변경을 부담적 행정행위의 철회의 문
제로 보아 계획결정 당시의 위법성이 존재하지 않는 한, 상대방에게 그
계획의 변경을 구할 신청권까지 부여하는 것은 아니라는 입장도 비슷한
맥락으로 읽힌다.37) 또한 계획의 신청권은 계획의 청구권과 구별되어야
한다는 관점에서 신청권은 원고적격 내지 본안문제와 혼동의 우려가 있

34) 김종보, 도시계획변경거부의 처분성, 행정법연구 2004년 상반기, 263-265면.
35) 정남철, 계획변경청구권의 법적 문제, 현대행정의 작용형식, 법문사, 2016, 321면.
36) 정남철, 계획변경신청권의 허용에 관한 비판적 고찰, 현대행정의 작용형식, 법문사, 2016, 338면.
37) 김중권, 국토이용계획변경신청의 예외적 인정의 문제점에 관한 소고, 행정법기본연구 Ⅰ, 법문사, 2008, 506-510면.

다는 논거도 제시된다.38)

실무적으로는 계획변경청구권을 일반화할 경우 도시계획시설과 같이 유사한 규정을 두고 있는 다른 사안에 대해서도 계획변경청구권을 인정할 수밖에 없고, 이러한 경우 신청권의 남발로 행정청의 과도한 업무부담을 초래하며, 또한 남소로 인하여 사법부에도 과중한 부담으로 연결될 가능성이 높다. 계획변경청구권을 제한 없이 허용하게 되면 행정소송법상 제소기간의 제한 없이 이를 다툴 수 있다는 것이 되어 행정법관계의 안정을 해치게 될 것이고,39) 이미 도시계획결정처분 취소소송에 대한 기각판결이 확정되었음에도 동일인에게 계획변경청구권을 인정하여 동일한 사안에 대하여 거부처분취소소송으로 다툴 수 있는 결과가 될 수 있어 판결의 기판력을 해치는 문제가 발생할 수 있다는 논거도 제시된다.40)

(2) 적극설

주민에 대하여 도시계획변경의 신청권을 인정할 수 있고 그 거부를 처분으로 판단가능하다는 적극설에 의하면 도시계획입안제안권을 근거로 법규상 또는 조리상 신청권 등을 통하여 도시계획변경거부의 처분성을 인정할 수 있고,41) 만약 도시계획변경에 관한 신청권을 부인하게 되면 도시계획변경거부의 처분성을 인정할 수 없어 취소소송의 제기가 불가능하게 되므로 도시계획변경 거부결정의 위법성 여부에 대한 재판청구권을 보장할 필요가 있다는 것이다.42) 그리하여 장기미집행 도시계획시설이나 도시계획변경신청거부에 의하여 제3자의 기본권이 침해받게 되는 경우에는 예외적으로 도시계획변경거부를 인정할 수 있게 된다.43)

---

38) 정남철, 앞의 글(각주 36), 340면.
39) 서울고등법원 2003. 7. 15. 선고 2002누14463 판결(추가판단부분).
40) 김병기, 앞의 논문, 198면.
41) 김종보, 건설법의 이해, 피데스, 2013, 676면.
42) 김정중, 도시계획변경 거부의 처분성, 재판자료 제108집, 90-91면.

이러한 논거에서 적극설은 국민의 권리보호 측면에서 강점을 가진다고 볼 수 있다. 토지소유자 등에게 계획변경청구권을 폭넓게 인정할 경우 행정청의 거부처분에 대한 취소소송이 가능하게 되어 주민들에게 권리구제의 기회를 확대제공해 주는 동시에 도시계획결정에서 행정청의 자의적인 판단을 일정 부분 통제할 수 있다는 점에서 긍정적인 면이 존재한다. 도시계획결정에서 제소기간 동안만 취소청구권을 부여하고 그 이후에는 어떠한 상황변동이 있어도 도시계획의 위법성과 이로 인한 주민들의 손해에 대하여 — 손실보상 등은 별론으로 하더라도 — 사법부에 권리구제를 청구할 수 있는 어떠한 수단도 제공하지 않는 것은 국민의 권익보호 측면에서 결코 바람직하지 않다는 점이 지적된다.44)

3. 계획변경청구권의 인정을 위한 대안의 모색

1) 현실적인 권리구제의 필요성

1980년대 이래 대법원이 도시계획의 처분성에 대한 전향적인 판결을 내면서 학계와 법조실무에서는 도시계획의 처분성을 긍정하기 위한 노력을 지속적으로 기울여왔고, 이러한 노력의 결과로 현재 건축행정법의 영역에서 이미 존재하는 도시계획이 있고, 그 도시계획이 불가쟁력을 확보한 것으로 보이면 법적 구속력을 인정하는 입장이 일반적으로 통용되었다. 따라서 개별필지의 토지소유자는 도시계획에 반하는 건축행위를 할 수 없고, 그 대상지역의 도시계획에 의하여 한계가 설정된다. 특히 수립된 지 수십 년이 지난 도시계획이 변경되지 않고 존속하는 경우에는 그러한 도시계획에 맞추어 현재의 토지이용상황에 부합하는 건축을 추진하는 것은 매우 어려운 일이 된다. 불가피하게 도시계획의 변

---

43) 김해룡, 도시계획변경청구권의 성립요건, 행정판례연구 Ⅳ, 서울대학교 출판부, 1999, 110-113면.
44) 김병기, 앞의 논문, 198면.

경을 시도하게 되고 그 결과 적극적으로 도시계획의 변경을 신청하고 그것이 거부된 경우 거부처분에 대한 취소소송을 제기하게 된다.[45)

이러한 현상은 행정계획으로 대별되는 대규모의 국책사업에도 그대로 나타난다. 행정청이나 사업추진주체가 사업타당성을 위한 기초조사를 마친 후에는 통상적으로 사업을 위한 기본계획이 작성되고 이에 기초하여 사업실시계획이 마련된다. 다음 단계로 구체적인 처분이 발급되는데, 이러한 처분이 발급된 경우에 처분에 대해서 제소기간 내에 행정쟁송의 제기를 통하여 사업의 타당성에 대하여 문제를 제기할 수 있다. 그런데 문제는 처분의 발급단계에서는 아직까지 주민 개개인에게나 주위 환경과 관련하여 어떠한 문제가 야기될지 정확하게 인식할 수 없다는 것이다. 대규모 국책사업에서 사업의 구상단계나 사업시행 초기에는 어떠한 문제가 나타날지는 아무도 모른다는 불확실성이 존재하게 되는 이유이다. 이 시점에서는 이 처분 등에 불가쟁력이 발생하여 행정쟁송을 제기하기가 어렵고 제소기간의 제한이 없는 처분 등에 대한 무효확인소송 또한 중대명백설에 의해 쉽지 않게 된다. 행정청에게 광범한 계획재량을 부여한 국책사업에서 근거 법령에 대한 중대한 위법성을 논하기란 더더욱 쉽지 않은 현실에서 계획변경청구권은 권리보장에서 중요한 의미를 지닌다고 할 수 있다.[46)

2) 헌법합치적 해석을 통한 기본권보호

대상판결을 비롯하여 계획변경청구권을 긍정한 판례는 국민이 계획행정청에 대하여 그 신청에 따른 계획변경을 요구할 수 있는 법규상 또는 조리상 신청권의 존부에 대한 판단을 단순히 관계 법령상 그러한 신청권에 대한 명문의 근거규정에 의존하고 있다.

---

45) 김종보, 앞의 논문(각주 34), 257−259면.
46) 강현호, 국책사업에 대한 공격수단으로서의 행정개입청구권에 대한 고찰, 토지공법연구 제37집 제2호, 2007, 151−152면.

그러나 도시계획의 변경을 신청한 당사자들은 도시계획의 변경과 관련하여 일정한 헌법상 이익을 가지고 있다고 보아야 할 것이다.47) 행정법상 공권의 문제는 국가와 개인의 이원적 관계가 아니라 대립하는 다양한 사적 이해관계들도 포함하는 다극적 관계에서 포착되어야 하며, 개개 법률규정의 보호목적의 해석에 집착할 것이 아니라 헌법과 법률, 법원리 등 전체 법질서에서 해결되어야 한다.48) 그렇기 때문에 행정계획과 관련된 다른 규정들을 종합적으로 검토하고 계획의 변경과 재산권 보장 등 헌법적 기본권과의 연계성을 헌법합치적으로 해석하여 헌법상 기본권규정에서 도출된 신청권으로서의 계획변경청구권을 인정하는 것이 타당하다고 본다.49) 이는 더 나아가 어떤 행정계획의 중요한 요소가 사정변경으로 인하여 그 수립될 당시에 고려되었던 중요한 형량적 요소가 소멸하였다면 당해 계획의 존속으로 인하여 재산권 등에 침해를 받는 특정 당사자는 그 폐지나 변경을 청구할 수 있는 권리가 인정되어야 하고, 비록 그에 대한 명문의 규정이 없다고 하여도 이러한 청구권은 최소한 헌법상 재산권 보장조항에서 도출된다고 볼 수 있다.50)51) 적어

---

47) 송동수, 앞의 논문, 379면.
48) 박정훈, 행정소송의 구조와 기능, 박영사, 2008, 194면.
49) 김병기, 앞의 논문, 202면.
50) 김해룡, 행정계획의 변경청구권, 행정판례평선, 박영사, 2011, 184-185면.
51) 서울행정법원 2003. 2. 11. 선고 2002구합35550 판결(사인 소유 토지에 대한 도시계획시설결정은 그 토지 소유자의 권리 내지 법률상의 이익을 개별적이고 구체적으로 규제하는 효과를 가져오게 하는 행정청의 일방적인 부담적 행정처분이지만 도시지역의 균형발전 등 보호하고 추구하여야 할 공익적 요소가 토지소유자의 재산권 보호라는 사익적 요소보다 우월하다는 이익형량에 따라 재산권 침해에 대한 헌법적 정당성을 획득하는 것인데, 계획 확정 후에 사익침해를 수인하게 하는 전제조건인 공익적 요소가 소멸되었다고 볼만한 특별한 사정이 생겼을 경우에는 도시계획시설결정은 결정 당시의 정당성을 사후에 상실하게 되는 반면 도시계획시설결정의 존속으로 인하여 그 결정과 관련된 사인들의 법익이나 권리를 계속 침해하게 되는 위법상태가 초래하게 되는 것인바, 도시계획이 장기간 존속함에 따라 발생하는 부작용을 방지하기 위한 구 도시계획법(2002. 2. 4. 법률 제6655호 국토의계획및이용에관한법률 부칙 제2조로 폐지) 제20조, 제41조 등의 규정에 비추

도 개인의 재산권제한을 정당화하는 행정계획의 정당성이 사후의 사정
변경으로 소멸된 경우에도 행정계획의 변경청구권을 인정하지 않는 것
은 오히려 헌법상의 재산권보장과 법치국가원리, 헌법상의 정의사회이
념 등에 반한다고 본다.

3) 계획재량에서의 무하자재량행사청구권과 행정개입청구권 이론의 재구성

일반적으로 행정계획의 계획재량이라 함은 행정계획을 수립·변경
함에 계획청에게 인정되는 재량을 말하고 이는 행정계획결정의 특수성
에 기인한다. 이러한 계획재량은 일반적인 행정재량보다 광범위하며,
행정목표의 설정이나 행정목표를 효과적으로 달성할 수 있는 수단의 선
택 및 조정에서 인정된다.[52] 행정계획을 관통하는 공통적인 표지로 장
래관련성, 목적지향성, 방법론적 과정, 시간제약성 등이 거론되며, 행정
계획은 최종적으로 결정된 장래활동의 방법적인 유도수단으로 특징지
울 수 있다.[53] 이러한 행정계획의 변동가능성은 광범한 계획재량의 인
정과도 밀접한 관련성을 가지나, 이러한 계획형성의 자유도 무한정 인
정되는 것은 아니며, 그 내재적 한계가 있다고 본다. 수단의 선택과 과
정의 조정 등에서 일반적인 행정재량보다 좀 더 자유로울 수 있다는 의
미로 해석하여야 하며, 이를 어떠한 사정변경이 존재하더라도 계획재량

어 보면, 당초 도시계획시설결정에서 예정되었던 사익침해를 정당화하는 공익적
요소가 사정변경으로 인하여 소멸하였는데도 그 도시계획시설결정이 변경되거나
폐지되지 않고 계속 존속함으로써 재산권침해가 계속적으로 이루어지고 있는 경
우에는 위 규정의 취지와 헌법의 재산권보호규정 취지에 따라 공익적 요소가 소
멸한 도시계획시설결정의 존속으로 인하여 구체적으로 법익이나 권리침해를 받는
당사자에게는 조리상 도시계획시설결정 폐지를 신청할 수 있고, 행정청은 폐지신
청된 도시계획시설결정의 공익적 요소를 재검토하여 폐지 여부에 대하여 응답을
하여야 할 의무가 발생한다).
52) 박균성, 행정법론(상), 박영사, 제15판, 2016, 269-270면.
53) Werner Hoppe, a.a.O., Rn. 7.

으로 인하여 계획의 변경 등을 요구할 수 있는 권리를 저지할 수 있는 만병통치약이 아니기 때문이다.

물론 계획규범의 구조상 특별한 사유가 없는 한 국민에게는 계획의 수행과 관련된 처분의 취소나 변경을 청구할 권리가 부여되기 어렵다. 명문의 규정이 없는 경우 법령에서 행정청에게 다만 특정한 행위를 할 수 있는 재량만을 부여한 경우에 이러한 법령에 기초하여서는 행정청에 대하여 특정행위를 요구할 수 있는 주관적 공권을 부여한다고 볼 수 없다.

그러나 현대국가에서도 재량규범에서도 행정청에게 완전한 자유라는 의미의 재량이 부여되지는 아니하며, 헌법상의 기본권 존중의 이념에 의하여 의무를 부담하는 재량만이 부여된다고 보아야 할 것이다. 적어도 본 사안에서와 같이 약 40여 년 동안 아무런 조치를 취하지 않고 주민들의 재산권을 제한하는 것은 재량권의 일탈·남용에 해당한다고 보인다. 헌법상의 기본권 존중의무에 합당한 재량행사만이 적법한 재량행사로 볼 것이며, 이는 계획재량에도 적용된다고 볼 것이다. 그렇기 때문에 국민에게는 행정청에 대하여 하자없는 재량을 행사해 줄 것을 요구하는 무하자재량행사청구권이 인정된다.

계획재량은 그 광범위성으로 말미암아 행정재량과 달리 재량권의 영으로의 수축의 경우를 상정할 수 없다고 보지만 행정재량과 계획재량은 그 범위에서 차이가 있을 뿐 일정한 경우에는 당연히 재량권이 영으로 수축할 수 있다고 본다. 계획재량규범의 경우에도 행정청에게 자의적인 권한행사를 근거지우는 것이 아니라 기본권 보장을 위하여 재량행사는 한계가 있으며 또한 특정한 경우에는 특정한 행위만을 하여야 할 의무를 발생시키기도 한다. 특히 생명·신체·재산 등에 대한 중대하고 급박한 위험이 존재하고 그러한 위험이 개인의 노력만으로 충분히 방지될 수 없어 행정권의 발동에 의하여 제거될 수 있는 경우에는 행정청의 재량권이 영으로 수축하게 되고, 이 경우에는 재량의 영역에서도 국민은

행정청에게 특정한 행위의 발급을 청구할 수 있는 행정개입청구권을 갖
게 된다.54)

　계획행정청으로서는 재량의 일탈이나 남용이 없는 적법한 처분을
하여야 하겠지만 사후의 사정변경 등으로 대규모의 환경파괴를 초래할
위험이 있거나 계획에 따른 후속조치로 인하여 주민들에게 환경상의 이
익이나 재산권을 침해할 수 있는 예외적 상황까지 계획재량이 온전히
그 모습을 유지할 수 있다고 해석하는 것은 오히려 법치행정의 원리에
반할 수 있으며,55) 이 경우 무하자재량행사청구권은 특정행위의 발급을
요구하는 구체적 내용을 갖는 실체적 내용의 권리로 볼 수 있다. 이러
한 무하자재량행사청구권과 행정개입청구권이 판례가 적시하는 법규상
또는 조리상 신청권의 근거로서 작용할 수 있다.

　계획의 신청권과 계획의 청구권은 구별되어야 한다는 전제에서 국
토의 계획 및 이용에 관한 법률이 도시계획의 특수성을 존중하여 입안
단계에서만 주민들의 신청권을 인정하고 결정단계에서는 주민들의 신
청권을 부정하는 것으로 결단하고 있다고 보아야 하고, 동법 제26조는
주민들에게 입안제안권만을 인정하고 있을 뿐이므로 입안권자에게 입
안제안을 할 수 있고 이를 거부당한 경우 이에 대하여 항고소송을 제기
할 수 있음에 그친다는 반론이 제기될 수 있다.

---

54) 강현호, 앞의 논문, 154-160면.
55) 비슷한 취지의 판결로 서울행정법원 2005. 2. 4. 선고 2001구합33563 판결(당초의
　　공유수면매립기본계획 내용을 근본적으로 번복하게 되는 결과를 초래하는 사항이
　　매립면허처분 이후에 발생하거나 발견될 경우에는 공유수면매립법 제32조의 규정
　　형식에 불구하고 행정청으로서는 재량권의 일탈이나 남용이 없는 적법한 처분을
　　하여야 할 의무가 있다고 할 것이고, 특히 사후의 사정변경 등으로 대규모의 환경
　　피해를 초래할 위험이 있는 상황에서 당초의 공유수면매립면허처분 및 이에 따른
　　후속행위로 인하여 실질적으로 그 영향범위내에 거주하는 주민들의 환경상 이익
　　을 침해하는 결과에 이를 수 있는 예외적인 경우에 있어서, 그 주민들로부터 행정
　　권의 발동을 요구받은 행정청으로서는 당초 공유수면매립면허처분 등의 취소·변
　　경 등 필요한 처분을 할 의무가 있다고 할 것이다)을 들 수 있다.

그러나 동법 제26조가 도시관리계획 입안제안권만을 인정하고 있
으므로 변경제안권은 부정되어야 한다는 것은 너무나 형식논리적이고
문언에 치우친 해석으로 보인다. 동법 제26조가 도시관리계획 중 기반
시설, 지구단위계획에 관한 사항 등에 한정하여 입안제안권을 인정한
의미는 그러한 도시관리계획에 대하여는 주민들에게 도시관리계획의
존속에 대하여 다툴 수 있는 권리를 인정한 것으로 보아야 하지, 이를
입안단계에만 관여할 수 있는 것으로 보는 것은 주민들의 재산권 보호
차원에서 너무나 좁은 해석이므로 입안제안권을 근거로 하여 도시관리
계획의 결정권자에 대한 도시관리계획 변경신청권을 인정하고 이에 대
한 거부처분을 다툴 수 있다고 보아야 한다. 따라서 도시계획시설결정
의 변경신청에 대한 결정권자의 거부행위에 대하여도 처분성을 인정함
이 타당하고, 그 근거로 입안신청권의 인정근거로 본 국토의 계획 및
이용에 관한 법률상의 도시·군관리계획 입안의 제안(제26조),[56) 도시·
군관리계획의 정비(제34조),[57) 도시·군계획시설 부지의 매수 청구(제47

---

56) 제26조(도시·군관리계획 입안의 제안) ① 주민(이해관계자를 포함한다. 이하 같
    다)은 다음 각 호의 사항에 대하여 제24조에 따라 도시·군관리계획을 입안할 수
    있는 자에게 도시·군관리계획의 입안을 제안할 수 있다. 이 경우 제안서에는 도
    시·군관리계획도서와 계획설명서를 첨부하여야 한다.
    1. 기반시설의 설치·정비 또는 개량에 관한 사항
    2. 지구단위계획구역의 지정 및 변경과 지구단위계획의 수립 및 변경에 관한 사항
    3. 개발진흥지구 중 공업기능 또는 유통물류기능 등을 집중적으로 개발·정비하기
       위한 개발진흥지구로서 대통령령으로 정하는 개발진흥지구의 지정 및 변경에
       관한 사항
57) 제34조(도시·군관리계획의 정비) ①특별시장·광역시장·특별자치시장·특별자치
    도지사·시장 또는 군수는 5년마다 관할 구역의 도시·군관리계획에 대하여 대통
    령령으로 정하는 바에 따라 그 타당성 여부를 전반적으로 재검토하여 정비하여야
    한다.
    ② 특별시장·광역시장·특별자치시장·특별자치도지사·시장 또는 군수는 제48조제1
    항에 따른 도시·군계획시설결정의 실효에 대비하여 설치 불가능한 도시·군계획
    시설결정을 해제하는 등 관할 구역의 도시·군관리계획을 대통령령으로 정하는
    바에 따라 2016년 12월 31일까지 전반적으로 재검토하여 정비하여야 한다.

조),58) 도시·군계획시설결정의 실효(제48조)59) 규정과 헌법상 재산권
보장의 취지를 도시계획시설변경결정에서도 그대로 적용될 수 있다고
생각한다. 적어도 이러한 논거를 바탕으로 계획행정청에 대한 신청권의
근거로서 무하자재량행사청구권과 행정개입청구권을 인정함으로써 계
획변경청구권에 대한 긍정적인 시각에서의 검토가 이루어질 수 있을 것
이다.60)

4) 거버넌스 이론에서의 접근

오늘날 법치국가에서의 행정은 과거 입법국가 시대의 자유권적 기

---

58) 제47조(도시·군계획시설 부지의 매수 청구) ① 도시·군계획시설에 대한 도시·군
관리계획의 결정(이하 "도시·군계획시설결정"이라 한다)의 고시일부터 10년 이내
에 그 도시·군계획시설의 설치에 관한 도시·군계획시설사업이 시행되지 아니하
는 경우(제88조에 따른 실시계획의 인가나 그에 상당하는 절차가 진행된 경우는
제외한다. 이하 같다) 그 도시·군계획시설의 부지로 되어 있는 토지 중 지목(地
目)이 대(垈)인 토지(그 토지에 있는 건축물 및 정착물을 포함한다. 이하 이 조에
서 같다)의 소유자는 대통령령으로 정하는 바에 따라 특별시장·광역시장·특별자
치시장·특별자치도지사·시장 또는 군수에게 그 토지의 매수를 청구할 수 있다.
다만, 다음 각 호의 어느 하나에 해당하는 경우에는 그에 해당하는 자(특별시장·
광역시장·특별자치시장·특별자치도지사·시장 또는 군수를 포함한다. 이하 이 조
에서 "매수의무자"라 한다)에게 그 토지의 매수를 청구할 수 있다.
  1. 이 법에 따라 해당 도시·군계획시설사업의 시행자가 정하여진 경우에는 그 시
     행자
  2. 이 법 또는 다른 법률에 따라 도시·군계획시설을 설치하거나 관리하여야 할
     의무가 있는 자가 있으면 그 의무가 있는 자. 이 경우 도시·군계획시설을 설치
     하거나 관리하여야 할 의무가 있는 자가 서로 다른 경우에는 설치하여야 할 의
     무가 있는 자에게 매수 청구하여야 한다.
59) 제48조(도시·군계획시설결정의 실효 등) ① 도시·군계획시설결정이 고시된 도시·
군계획시설에 대하여 그 고시일부터 20년이 지날 때까지 그 시설의 설치에 관한
도시·군계획시설사업이 시행되지 아니하는 경우 그 도시·군계획시설결정은 그
고시일부터 20년이 되는 날의 다음날에 그 효력을 잃는다.
  ② 시·도지사 또는 대도시 시장은 제1항에 따라 도시·군계획시설결정이 효력을
  잃으면 대통령령으로 정하는 바에 따라 지체 없이 그 사실을 고시하여야 한다.
60) 유사한 취지로 강현호, 앞의 논문, 159면 이하; 이선희, 국토이용계획변경승인신청
거부행위의 처분성 인정 여부, 대법원판례해설 제47호, 2003, 574면.

본권을 보장하기 위하여 행정의 기능을 최소화하여야 한다는 관념에서 벗어나 급부행정·유도행정·계획행정 등의 형태로 그 기능이 확대되어 온 것이 특징이다. 이러한 배경에서 입법국가의 소극적 행정개념이나 행정국가의 적극적 행정개념이 지배하는 행정에 대하여 '거버넌스(governance)'라는 새로운 행정패러다임이 요청되는 시대와 맞물려 법치행정의 원리 또한 변화를 겪고 있다.[61]

거버넌스 이론은 접근시각에 따라 국가 중심적 거버넌스, 시민사회 중심적 거버넌스, 시장 중심적 거버넌스로 구분되지만[62] 기본적으로는 전통적인 '국가-국민'의 단선적·일방적 관계가 더 이상 국가작용을 설명하는 이론적 도구가 될 수 없다는 전제에서 출발한다. 국가의 행정작용이 국가의 일방적인 의사결정과 집행 그리고 사회영역에 대한 적용으로는 더 이상 설명될 수 없으며, 이 모든 단계에서 행위자들간의 대화와 협력, 의사소통이 이루어진다고 이해한다.[63] 결론적으로 거버넌스는 대체로 정부재정의 위기, 시장을 향한 이념적 수렴, 세계화, 민주화, 지방화, 정책결정의 부분화와 전문화, 전통적 관료책임성의 약화, 신자유주의의 확산 및 국가의 기능변화로 인하여 나타난 전체적인 국가통치와 행정의 변화라고 할 것이다.[64] 이러한 거버넌스의 기본방향과 함의는 행정법의 영역에서 두드러지게 나타나고 있으며, 그 중 하나가 행정계획 분야라고 할 수 있다.

전통적인 법치국가에서는 입법행위를 통하여 국가작용의 추상적인 기준이 제시되고 행정은 이를 구체적으로 집행하며, 후자를 전자의 기

---

[61] 김항규, 거버넌스 하에서의 법치행정의 과제, 한국공공관리학보 제18권 제2호, 2004, 48-49면.

[62] 이에 대해서는 김석준, 거버넌스의 개념과 이론 유형, 김석준 외, 거버넌스의 이해, 대영문화사, 2002, 17면 이하를 참조할 것.

[63] 전광석, 공공거버넌스와 공법이론; 구조이해와 기능, 공법연구 제38집 제3호, 2010, 169면.

[64] 나태준, 거버넌스론의 세 가지 근원적 질문에 대한 해답가능성의 모색, 연세행정논총 제29집, 2006, 108면.

준에 따라 통제하는 권한이 사법부에 부여되었으나 국가가 적극적인 생존배려와 복지, 계획적 기능을 수행하면서 입법은 국가작용의 목표를 제시하고 행정의 단계에서는 이를 실현하기 위한 구체적인 내용과 방법이 또 다른 행정결정을 통하여 이루어지게 된 것이다. 행정이 스스로 결정주체로 기능하면서 법률의 집행단계도 다층적인 결정구조를 띠게 되었으며, 이는 특히 법치국가원리의 기능방식에 중대한 변화를 초래하였다. 법치행정원리의 구성부분인 비례원칙이 기존에는 목적에 기여하는 수단의 적합성을 소극적으로 평가하여 왔지만 거버넌스 이론이 규범의 결과실현의 측면을 포섭하면서 최적의 조직 및 절차수단을 형성하는 과제를 법학이 부담하게 되었다. 법학이 실체적 정당성 논증의 부담을 덜게 되었지만 다른 한편으로는 관련 행위자들의 참여와 의사소통을 통하여 정당성을 제고하여야 하는, 그리하여 규범의 합목적성까지 고려하여야 하는 과제를 인수하게 되었다.[65]

  행정계획을 장래 결정을 위한 결정의 전제조건(Entscheidungsprämisse)에 대한 확정[66]으로 정의내리게 되면 전통적인 집행행정과는 확연히 차별화가 된다.[67] 그러므로 국가의 적극적인 과제실현에 이바지하는 행정계획의 경우 일반적인 통제기준이 아닌 형량명령이 활용된다거나 다수 당사자간의 이해조정과 공익과 사익간의 형량, 광범한 형성의 자유가 단지 행정의 일방적인 의사결정과 관련된다기보다는 오히려 거버넌스의 복잡성과 다면성·다층성이 법률의 규율능력의 한계를 인식하는 계기를 제공하게 되고, 그 결과 법학의 사회과학적 기초 및 기능보충에 대한 인식이 필요하게 된다는 측면이 더 강하게 작용한다.[68]

---

65) 전광석, 앞의 논문, 170-180면.
66) Niklas Luhmann, Politische Planung, in: ders., Politische Planung, 5. Aufl., 2007, VS Verlag für Sozialwissenschaften, S. 60ff, S. 67f.
67) Wolfgang Köck, Pläne, in: Hoffmann-Riem/Schmidt-Aßmann/Voßkuhle (Hrsg.), GVwR II, 2. Aufl., 2012, C.H.Beck, §37, Rn. 12.
68) 전광석, 앞의 논문, 180면.

계획보장과 상응관계를 이루는 계획변경은 결국 이해당사자간의
위험배분의 문제로 귀결될 수 있으며,[69] 이것은 행정청이 일방적으로
결정할 문제는 아니고 이해당사자의 이해와 참여가 전제되어야 한다는
점에서 거버넌스 이론이 행정계획변경청구권의 인정에 대한 논거로 작
용할 수 있다고 본다. 이는 행정처분 중심의 규범형태가 갖는 비중이
낮아진 반면, 관련 당사자의 협력과 통제, 의사소통을 통하여 규범목적
을 실현하는 윤곽질서를 형성하는 것이 필요하며, 이러한 시각은 행정
계획에서 행정계획의 목적달성에서 더더욱 요구된다고 할 수 있다. 행
정계획변경청구권이 거버넌스 이론과도 조우하는 접점이 바로 여기에
존재한다.

5) 제한적 계획변경청구권의 인정

도시·군관리계획에 대하여 처분성을 인정하는 것이 오히려 불가쟁
력의 발생으로 국민들이 도시·군관리계획의 타당성 내지 위법성을 영
구히 다투지 못하게 되는 부작용이 있는 반면에 계획변경거부의 경우에
는 이미 존재하는 침익적 성질의 도시·군관리계획에 의하여 건축행위
등을 제한받는 토지소유자가 계획변경신청을 하고 이에 대한 행정청의
거부를 취소소송의 대상으로 삼는 것으로서 이는 곧 통상 불가쟁력이
발생한 이전의 계획결정을 실질적으로 다투는, 즉 제소기간의 제한 없
는 소송을 허용하는 결과가 되어 법리적으로 문제가 있다. 또한 입안제
안보다 변경제안은 보다 직접적이므로 도시계획결정권자에 대한 변경
신청권까지 인정하게 되면 도시계획변경 거부처분에 대한 항고소송이
폭증할 우려가 있다는 점은 타당하다고 본다. 따라서 입법론과 해석론
으로 계획변경청구권의 인정범위를 제한하여야 할 것으로 본다. 적어도
판례가 계획변경청구권을 인정한 경우와 장기미집행의 도시계획시설에

---

69) Vgl. Wolfgang Köck, a.a.O., Rn. 117.

서 보호되는 공익보다는 침해되는 사익이 상당히 중대한 경우에 한하여
계획변경청구권을 인정하는 대안이 제시될 수 있다.

계획수립 과정에서 전혀 예상하지 않았던 상황이 발생하거나 계획
수립 과정에서 전제하였던 상황이 아주 달라진 경우나 개발제한구역,
문화재보호구역, 군사시설보호구역, 상수원보호구역 등 토지사용권을
강하게 제한하는 토지이용계획에 대해서는 주기적으로 계획의 적정성
에 대한 재검토를 의무화하고, 재검토 기한을 기준으로 일정 기간 내에
주민들에게 계획변경청구권을 부여하고 행정청이 이를 반영하지 않을
경우 거부처분으로 보아 항고소송 제기를 허용하는 방안도 있다.[70]

V. 맺음말

행정계획의 변경청구권을 명시적·직접적으로 언급하지는 않았지
만 거부처분에 대한 신청권의 존재를 법규상 또는 조리상 인정하여 도
시계획구역 내 토지 등을 소유하고 있는 사람과 같이 당해 도시계획시
설결정에 이해관계가 있는 주민으로서는 도시시설계획의 입안권자 내
지 결정권자에게 도시시설계획의 입안 내지 변경을 요구할 수 있는 권
리를 인정한 대상판결은 일차적으로 국민의 권익보호 측면에서 긍정적
인 평가를 내릴 수 있겠다.

물론 기존의 정형화된 거부처분의 공식에 대한 비판적 견해가 비
등한 상황에서 거부처분의 처분성문제를 신청권의 존재 여부로 판단하
는 대법원의 일관된 판례에 대한 비판은 별론으로 하더라도 예외적으로
행정계획의 변경청구권을 거부처분의 신청권으로 이론구성하는 것은
그리 탓할 일도 아니라고 본다.

---

70) 김병기, 앞의 논문, 199면.

다만 행정계획에서의 계획재량과 이에 대한 무하자재량행사청구권
과 행정개입청구권의 주관적 공권이론, 그리고 이러한 주관적 공권의
도출근거를 근거 및 관련 법령뿐만 아니라 헌법상의 기본권조항에서 발
견하는 이론적 精緻性이 해석론으로 요청되며, 입법론으로는 예외적으
로 행정계획변경청구권을 인정할 수 있는 경우를 입법화하는 것도 하나
의 방안으로 제시할 수 있을 것이다. 다원화된 현대사회에서 다층적이
고 다면적인 행정계획에서 이해당사자의 계획변경을 단선적으로 해명
하는 것은 더 이상 지양되어야 하리라고 보는 이유이다.

참고문헌

강현호, 국책사업에 대한 공격수단으로서의 행정개입청구권에 대한 고찰, 토지공법연구 제37집 제2호, 2007.

김남진, 대법원의 처분개념의 의문, 법률신문 1999. 12. 13.

김동희, 행정법 Ⅰ, 박영사, 제21판, 2015.

김병기, 도시·군관리계획 변경입안제안 거부와 형량명령, 행정법연구 제37호, 2013.

김석준, 거버넌스의 개념과 이론 유형, 김석준 외, 거버넌스의 이해, 대영문화사, 2002.

김성수, 일반행정법, 홍문사, 제7판, 2015.

김정중, 도시계획변경 거부의 처분성, 재판자료 제108집.

김종보, 건설법의 이해, 피데스, 2013.

김종보, 도시계획변경거부의 처분성, 행정법연구 2004년 상반기.

김중권, 국토이용계획변경신청의 예외적 인정의 문제점에 관한 소고, 행정법기본연구 Ⅰ, 법문사, 2008.

김항규, 거버넌스 하에서의 법치행정의 과제, 한국공공관리학보 제18권 제2호, 2004.

김해룡, 도시계획변경청구권의 성립요건, 행정판례연구 Ⅳ, 서울대학교 출판부, 1999.

_____, 행정계획의 변경청구권, 행정판례평선, 박영사, 2011.

나태준, 거버넌스론의 세 가지 근원적 질문에 대한 해답가능성의 모색, 연세행정논총 제29집, 2006.

박균성, 행정법론(상), 박영사, 제15판, 2016.

박정훈, 행정소송의 구조와 기능, 박영사, 2008.

백윤기, 도시계획결정에 있어서 이웃사람과 계획재량, 원광법학 제23권 제2호, 2007.

사법연수원, 행정구제법, 2012.

송동수, 계획변경청구권과 취소소송의 소송요건, 헌법판례연구 Ⅵ, 박영
　사, 2004.
신봉기, 형량하자 있는 행정계획에 대한 사법심사, 행정판례연구 Ⅴ, 서울
　대학교출판부, 2000.
이선희, 국토이용계획변경승인신청거부행위의 처분성 인정 여부, 대법원판
　례해설 제47호, 2003.
전광석, 공공거버넌스와 공법이론; 구조이해와 기능, 공법연구 제38집 제3
　호, 2010.
정남철, 계획변경청구권의 법적 문제, 현대행정의 작용형식, 법문사,
　2016.
_____, 계획변경신청권의 허용에 관한 비판적 고찰, 현대행정의 작용형
　식, 법문사, 2016.
_____, 이익충돌의 문제해결수단으로서 계획법상 최적화명령, 공법연구
　제31집 제5호, 2003.
정영철, 환경계획재량의 통제규범으로서의 형량명령, 공법학연구 제14권
　제4호, 2013.
정하중, 행정법개론, 법문사, 제9판, 2015.
최승필, 행정계획에서의 형량, 토지공법연구 제73집 제1호, 2016.
홍정선, 행정법원론(상), 박영사, 제21판, 2013.
Köck, Wolfgang, Pläne, in: Hoffmann－Riem/Schmidt－Aßmann/
　Voßkuhle (Hrsg.), GVwR Ⅱ, 2. Aufl., 2012, C.H.Beck, §37.
Hoppe, Werner, Planung, in: Isensee/Kirchhof (Hrsg.), HStR Ⅲ, 2.
　Aufl., 1996, §71.
Niklas Luhmann, Politische Planung, in: ders., Politische Planung, 5.
　Aufl., 2007, VS Verlag für Sozialwissenschaften, S. 60ff.
Maurer, Hartmut, Allgemeines Verwaltungsrecht, 17. Aufl., 2009, C. H.
　Beck.
Wallerath, Maximilian, Allgemeines Verwaltungsrecht, 6. Aufl., 2009,
　ESV.

국문초록

행정청에 대해 계획존속 등의 계획변경을 신청한 경우 이를 인정할 것인가에 대해 도시계획수립 및 변경에서 일반적으로 계획행정청에 광범위한 형성의 자유가 보장되어 있으므로 계획수립청구권 및 계획변경청구권을 허용할 수 없다는 소극설과 도시계획입안제안권을 근거로 법규상 또는 조리상 신청권 등을 통하여 도시계획변경거부의 처분성을 인정하여 계획변경청구권을 인정할 수 있다는 적극설이 대립한다. 대법원은 행정계획의 변경신청에 대한 거부에 대하여 그 신청에 따른 계획변경을 해 줄 것을 요구할 수 있는 법규상 또는 조리상의 신청권이 없다는 이유로 원칙적으로 국민에게 행정계획의 변경신청권은 인정되지 아니한다는 입장이나 예외적으로 장래 일정한 기간 내에 관계 법령이 규정하는 시설 등을 갖추어 일정한 행정처분을 구하는 신청을 할 수 있는 법률상 지위에 있는 자의 국토이용계획변경신청을 거부하는 것이 실질적으로 당해 행정처분 자체를 거부하는 결과가 되는 경우에는 신청인에게 국토이용계획변경신청권이 인정된다고 한다. 이와 관련하여 계획의 변경과 재산권 보장 등 헌법적 기본권과의 연계성에 대한 헌법합치적 해석, 신청권의 근거로서 무하자재량행사청구권과 행정개입청구권의 원용, 행정계획에 대한 거버넌스이론의 투영, 현실적인 권리구제의 필요성의 논거로 제한적으로 계획변경청구권을 인정할 수 있다.

주제어: 신청권, 계획변경청구권, 형성의 자유, 무하자재량행사청구권, 행정개입청구권, 거버넌스 이론

Abstract

A Denial of Application of Revocation of the Decision on the City Planning Facility and the Problem of the Right to Request the Change of the Plan

Jung Young Chul*

In the case of planning and changing the city plan, it is generally accepted that the plan administration office has a broad freedom of formation, so that it can not allow the right to request a plan change. To the contrary, the right to request a change of plan through the right of application based on the right to propose a plan for urban planning is generally approved. The Supreme Court concluded constantly that, in principle, the right to apply for change in administrative plans is not recognized on the grounds that there is no legal or statutory right to apply for a change of plan. However, it accepted that if it will be refused to apply for a change in the land use plan of a person who is in a legal status to apply for a certain administrative disposition, then he is entitled to apply for the change of the national land use plan. Therefore, in view of the interpretation of the Constitution in relation to the link between the constitutional fundamental rights such as the change of the plan and property rights, the right to demand for flawless discretion and the right to request administrative intervention as the basis of application rights, the

---

* Kwang Woon University, Division of Law

projection of the governance theory on the administrative plan, a practical necessity of relief the limited right to request a change of plan may be granted.

Key Words: Right of Application, Right to Request a Change of Plan, Freedom of Formation, Right to Demand for Flawless Discretion, Right to Request Administrative Intervention, Governance Theory

투고일 2017. 5. 26.
심사일 2017. 6. 13.
게재확정일 2017. 6. 16.

地方自治法

職務履行命令의 適法性과 限界 (朴在胤)

職務履行命令의 適法性과 限界*

朴在胤**

대법원 2015. 9. 10. 선고 2013추517 판결 및 2013추524 판결

Ⅰ. 대상판결의 개요 및 쟁점

1. 사실관계

가. 감사의 경위

교육과학기술부장관(현재 피고 교육부장관)은 2012. 1. 27. 학교생활기록부에 학교폭력예방 및 대책에 관한 법률 제17조 제1항 각 호에 규정된 학교폭력대책자치위원회의 학교폭력 가해학생에 대한 조치사항을 기록하여 생활지도 및 상급학교 진학 자료로 활용하도록 하기 위하여 교육과학기술부 훈령 제239호로 「학교생활기록 작성 및 관리지침」을 개정하였다. 국가인권위원회는 2012. 7. 9. 전원위원회를 개최하여 '인

---

* 이 논문은 2017. 3. 17. 행정판례연구회 제326차 월례발표회에서 발표한 글을 수정·보완한 것이다.
** 충북대학교 교수, 법학박사, 변호사

권친화적 학교문화 조성을 위한 종합정책권고' 결정을 하였고, 그 내용에는 '학교생활기록부 학교폭력 기록에 대하여 졸업 전 삭제심의제도나 중간삭제제도 등을 도입하는 등 학교생활기록부 학교폭력 기재가 또 다른 인권침해가 되지 않도록 개정하여야 한다'는 부분이 포함되어 있다. 이에 따라 원고인 전라북도 교육감은 2012. 8. 20. 관내 초·중·고등학교 및 특수학교에 '학교폭력대책자치위원회 조치결과의 학교생활기록부 기재와 관련하여 기재대상 법원에서 형사범죄 확정판결을 받은 학생으로 한정하고, 인성인권부장, 교감 또는 교장이 대외비로 관리하고 해당 학생이 졸업하면 폐기하도록 관리하며, 원칙적으로 학부모와 학생 본인의 동의 없이 외부에 제공할 수 없다는 내용의 공문을 보냈다.

피고는 2012. 8. 21. 원고에게, 학교에 안내한 학교생활기록부 기재 관련 대상과 방법 등을 즉시 취소하라는 내용의 시정명령을 하였으나, 원고가 위 시정명령에 응하지 아니하자, 피고는 2012. 8. 24. 원고의 이 사건 기재요령 안내를 직권으로 취소하였다. 그 후 피고는 2012. 8. 23.부터 2012. 9. 13.까지 전라북도교육청에 대한 특정감사를, 2012. 12. 5.부터 2012. 12. 14.까지 전라북도교육청에 대한 제2차 특정감사를 실시하였다.

피고는 2013. 1. 11. 전라북도교육청에 제2차 특정감사 결과에 따라 기관경고 처분을 하고 그 외 처분사항에 대하여는 교육감 책임으로 조치한 후 그 결과를 제출하도록 하는 한편, ① 전라북도교육청 소속 징계대상자 중 일반징계위원회 관할 징계대상인 학교장 등을 전라북도교육청에 설치된 일반징계위원회에 1개월 이내에 징계의결 요구하여 징계조치하고, ② 교육과학기술부 특별징계위원회 관할 징계사건 대상자인 '교육장, 시·도 교육청 교육국장 및 그 하급자'에 대하여는 교육공무원법 제51조 제1항의 규정에 따라 지체 없이 교육과학기술부로 징계의결요구를 신청하며, ③ 사립학교 교원에 대한 징계는 해당 학교법인에 징계 등 신분상 조치하도록 요구할 것 등의 처분 요구를 하였다.

나. 이 사건 2013. 2. 8.자 직무이행명령(제1차 명령)
: 대법원 2013추517 판결

1) 원고는 2013. 2. 8. 피고에게 제2차 특정감사에 따른 처분 요구에 대하여 재심의 신청을 하였으나, 피고는 2013. 2. 28. 원고의 재심의 신청을 기각하였다. 그리고 피고는 2013. 4. 10. 원고에게 '학교폭력 학교생활기록부 기재 관련 제2차 특정감사 결과, 교육공무원 특별징계위원회 관할 징계사건 대상자인 도교육청 교육국장 및 그 하급자에 대하여는 교육공무원법 제51조 제1항의 규정에 따라 지체 없이 우리 부로 징계의결요구를 신청하도록 요청한 바 있으나, 원고가 이에 응하지 않는다'는 이유로 <u>지방자치법 제170조에 따라 2013. 4. 18.을 기한으로 교육부 특별징계위원회 관할 징계사건 대상자에 대해 교육부에 징계의결요구를 신청할 것을 내용으로 하는 아래와 같은 이 사건 제1차 직무이행명령</u>을 하였다(이하 밑줄 필자).[1]

> 지방자치법 제170조에 따라 우리 부 특별징계위원회 관할 징계사건 대상자에 대해 2013. 4. 18.(목)까지 우리 부에 징계의결 요구를 신청할 것을 명령하니 조치하고, 그 결과를 우리 부 감시총괄담당관실로 알려주시기 바랍니다.

2) 위 '도교육청 교육국장 및 그 하급자'에 대한 징계사유는 다음과 같다.

가) 학교폭력 가해학생 학교생활기록부 기재 관련 업무 처리 부당[2]

---

1) 김동국, 감사거부 행위가 징계사유를 구성하는지 여부 – 대법원 2015. 9. 10. 선고 2013추517 판결, 올바른 재판 따뜻한 재판: 이인복 대법관 퇴임기념 논문집, 2015. 9. 10, 671면 참조.
2) ① 중징계 대상: 전라북도교육청 교육국장, 그 하급자인 학교교육과 소속 장학관, 장학사
  ② 구체적 징계사유: 이 부분 징계대상자들은, ㉮ 2012. 11. 22. 교육부로부터 학교

나) 감사거부3)

다. 이 사건 2012. 12. 5.자 직무이행명령(제2차 명령)
  : 대법원 2013추524 판결

1) 피고는 2012. 12. 5. 원고의 징계의결요구신청 없이 교육부 특별징계위원회에 징계의결을 요구하였고, 교육부 특별징계위원회는 교육국장 소외 1에 대해서는 감봉 2월, 장학관 소외 2, 소외 3, 장학사 소외 4에 대해서는 각 감봉 1월, 장학관 소외 5, 장학사 소외 6, 전라북도 장

폭력 조치사항 학교생활기록부 기재 안내 문서를 관내 학교에 안내해 달라는 요청을 받고도, 교육감의 부당한 지시에 따라 이를 이첩·시행하지 않는 등 교육부의 3개 문서를 정당한 이유 없이 관내 교육지원청 및 학교로 이첩·시행하지 않았고, ㉯ 2012. 12. 4. '학교폭력 가해학생에 대한 학교생활기록부 기재 관련 재안내' 문서(학교교육과-23360)를 통하여 '교육부의 어떠한 공문에도 불구하고 전라북도교육청의 학교생활기록부 기재요령 안내 지침을 준수'하도록 관내 학교에 지시함으로써 전라북도교육청 관내 27개 고등학교로 하여금 학교폭력 가해학생 조치사항에 대한 학교생활기록부 기재를 하지 못하게 함으로써, 국가공무원법 제56조, 국가공무원 복무규정 제2조의2, 제3조, 지방자치법 제8조 제3항을 위반하였다.
3) ① 중징계 대상: 전라북도교육청 교육국장, 그 하급자인 학교교육과 또는 인성건강과 소속 장학관, 장학사
② 구체적 징계사유: 이 부분 징계대상자들은 교육부의 학교폭력 가해학생 조치사항의 학교생활기록부 기재실태 확인을 위한 제2차 특정감사를 수감하면서, ㉮ 2012. 12. 5. '학교생활기록부 감사와 관련한 교육감의 지시사항 안내' 문서(학교교육과-23462)를 통하여 '학교폭력 사실에 관한 자료에 대한 일체의 조회 및 자료요청에 응하지 말라'는 지시사항을 관내 모든 학교에 시달하였고, ㉯ 2012. 12. 4. 교육부로부터 학교별 폭력대책자치위원회 회의결과 등 감사자료의 제출을 요구(감사총괄담당관-6152)받고도 이를 제출하지 아니하였으며, 2012. 12. 5. 교육부 특정감사단으로부터 감사자료의 제출을 요구(특정감사단-1)받고도 이를 거부하였고, ㉰ 2012. 12. 12. 교육부 특정감사단으로부터 '관내 고등학교가 교육청에 보고한 3학년 학교폭력 관련 자료 등' 감사자료를 지참하여 출석할 것을 요구(특정감사단-13)받고도, 교육국장 소외 1 등 교육국 소속 직원 7명이 이에 응하지 아니하였으며, ㉱ 교육부 특정감사단이 2012. 12. 14. 교육국장 장학관 소외 1 등 관련자 7명에게 발부한 질문서(발부번호 3, 4, 5, 6, 7, 8, 9)에 대한 답변서를 제출하지 않는 등 정당한 이유 없이 교육부의 특정감사를 거부함으로써, 국가공무원법 제56조, 지방자치단체에 대한 행정감사규정 제11조 및 제12조를 위반하였다.

수교육지원청 교육장 소외 7 등 교육장 10명에 대해서는 각 견책, 전라
북도 정읍교육지원청 교육장 소외 8 등 교육장 3명에 대해서는 각 불문
경고로 각 징계의결을 한 다음 2013. 3. 5. 원고에게 그 징계의결내역
및 교육공무원 징계령 제17조에 따라 징계집행할 것을 통보하였다.

　　2) 피고는 2013. 4. 18. 원고에게 '교육공무원 징계령 제17조에 따
라 징계를 집행하도록 요청한 바 있으나, 원고가 이에 응하지 아니한다'
는 이유로 지방자치법 제170조에 따라 2013. 5. 3.을 기한으로 징계집행
을 할 것을 내용으로 하는 이 사건 제2차 직무이행명령을 하였다.

2. 판결의 요지

가. 직무이행명령의 대상여부

　　대법원은 제1차 명령과 관련하여, "교육감이 담당 교육청 소속 국
가공무원인 도교육청 교육국장 및 그 하급자들에 대하여 하는 징계의결
요구 신청 사무"를, 제2차 명령과 관련하여 "교육감이 담당 교육청 소
속 국가공무원인 교육장, 시·도교육청 교육국장 및 그 하급자들에 대하
여 하는 징계집행 사무"를 국가사무인 기관위임사무로서 직무이행명령
의 대상으로 파악하였다. 그 근거로서 대법원은 "구 교육공무원법(2012.
12. 11. 법률 제11527호로 개정되어 2013. 6. 12. 시행되기 전의 것, 이하 같다)
은 교육을 통하여 국민 전체에 봉사하는 교육공무원의 직무와 책임의
특수성에 비추어 그 자격·임용·보수 및 신분보장 등에 관하여 특례를
규정함을 목적으로 마련되었다(제1조). 이러한 구 교육공무원법의 입법
목적과 그 구체적인 규정 내용에 비추어 보면, 교육공무원법령이 규율
하는 교육공무원의 징계 사무는 교육공무원의 자격, 임용 방법이나 절
차, 보수, 재교육이나 연수, 신분보장 등에 관한 사무와 더불어 국민 전
체의 이익을 위하여 통일적으로 처리되어야 할 성격의 사무라 할 것이
다. 또한 구 교육공무원법 제33조 제1항에 따르면, 대통령령이 정하는

바에 따라 교육부장관은 그 임용권의 일부를 교육행정기관 등의 장에게 위임할 수 있고, 그 위임에 따른 구 교육공무원 임용령(2013. 5. 31. 대통령령 제24547호로 개정되기 전의 것) 제3조 제5항 제5호는 교육부장관이 교육감 소속의 장학관 및 교육연구관의 승급·겸임·직위해제·휴직 및 복직에 관한 임용권을, 제7호는 교육감 소속의 장학사·교육연구사의 임용권을 각각 해당 교육감에게 위임한다고 규정하고 있다. 그리고 구 교육공무원법 제2조 제5항에 의하면 여기서 '임용'이란 신규채용·승진·승급 등뿐만 아니라 정직·면직·해임 및 파면을 포함한다"는 점을 제시하고 있다.

나. 제1차 명령의 적법 여부

1) 먼저, 위 2) 가) "학교폭력 가해학생 학교생활기록부 기재 관련 업무 처리 부당"과 관련된 징계사유에 관하여 대법원은 학교의 장이 행하는 학교생활기록의 작성에 관한 사무와 이에 관한 감독관청의 지도·감독 사무도 국민 전체의 이익을 위하여 통일적으로 처리되어야 할 사무로서 국가사무로서 기관위임사무로 파악하고, 다만, "지방자치법 제169조에 규정된 취소처분에 대한 이의소송의 입법 취지 등을 고려할 때, 교육감이 위와 같은 지도·감독 사무의 성격에 관한 선례나 학설, 판례 등이 확립되지 않은 상황에서 이를 자치사무라고 보아 사무를 집행하였는데, 사후에 사법절차에서 그 사무가 기관위임 국가사무임이 밝혀졌다는 이유만으로는 곧바로 기존에 행한 사무의 구체적인 집행행위가 위법하다고 보아 징계사유에 해당한다고 볼 수는 없다"고 판시하면서, 직무이행명령 중 '학교폭력 가해학생 학교생활기록부 기재 관련 업무 처리 부당'에 따른 징계의결요구 신청에 대한 부분을 취소하였다.

2) 반면, 감사거부에 관한 징계의결요구 신청 부분에 대한 직무이행명령의 적법 여부에 관하여는, "감사절차에 관한 관계 법령의 규정 내용, 형식 및 입법 취지 등을 고려할 때, 감사대상 시·도교육청 소속

공무원은 교육부장관이나 감사활동 수행자의 감사활동에 협조할 의무를 부담한다고 해석함이 타당하다. 따라서 이 부분 징계대상자들이 이러한 법령상 의무를 위반하여 감사를 거부한 행위는 징계사유를 구성한다고 보아야 한다. 한편 이 부분 징계대상자들이 교육감의 지시에 따라 이 부분 감사거부 행위를 하였다고 하여도 이러한 지시는 앞서 본 행정감사규정의 각 규정내용에 반하여 위법하다고 보아야 하므로, 이 부분 징계대상자들의 징계책임 성립에 아무런 영향을 줄 수 없다"고 하면서, "이 부분 징계대상자들의 감사거부 행위가 국가공무원법 제78조 제1항 제1호 등의 징계사유에 해당한다고 판단되고 달리 원고에게 감사결과의 조치사항을 이행하지 아니할 만한 정당한 사유가 없는 이상, 원고로서는 국가공무원법 제78조 제1항 제1호 등이 규정한 징계사유에 해당함을 이유로 국가공무원인 이 부분 징계대상자들에 관하여는 관할 징계위원회에 징계의결요구를 신청할 의무가 있다고 보아야 한다"고 판시하였다.

다. 제2차 명령의 적법 여부

대법원은 "교육공무원 징계령 제17조 제1항이 징계처분권자가 징계위원회로부터 징계의결서를 받은 경우에는 그 받은 날로부터 15일 이내에 집행하여야 한다고 규정하고 있는 점, 교육공무원의 징계에 관한 사항을 징계위원회의 의결사항으로 규정한 것은 임용권자의 자의적인 징계운영을 견제하여 교육공무원의 권익을 보호함과 아울러 징계의 공정성을 담보할 수 있도록 절차의 합리성과 공정한 징계운영을 도모하기 위한 데에 입법 취지가 있는 점, 징계의결서를 통보받은 징계처분권자는 국가공무원법 제82조 제2항에 의하여 해당 징계의결이 가볍다고 인정하는 경우에 한하여서만 심사 또는 재심사를 청구할 수 있는 점 등 교육공무원의 징계에 관한 관련 규정을 종합하여 보면, 교육기관 등의 장이 징계위원회로부터 징계의결서를 통보받은 경우에는 해당 징계의결을 집행할 수 없는 법률상·사실상의 장애가 있는 등 특별한 사정이 없는 이상 법정 시한 내에 이를 집행할 의무가 있다고 할 것이다"라고 보았다.

다만, 제2차 명령의 경우 원고가 제1차 명령에도 불구하고 징계의 결요구를 하지 않아서 교육감인 원고의 징계의결요구신청 없이 징계의 결이 이루어졌는바, 이에 대하여 대법원은 "구 교육공무원법 제51조 제1항의 규정 내용과 그 입법 취지 등을 종합하여 보면, 교육부장관은 교육감의 신청이 있어야만 교육장 및 시·도 교육청에 근무하는 국장 이상인 장학관 등에 대하여 징계의결을 요구할 수 있고, 이러한 교육감의 신청 없이 교육부장관이 한 징계의결요구는 그 효력이 없다고 보아야 한다"고 판시하였다. 무효인 징계의결요구에 기초하여 이로어진 특별징계위원회의 징계의결은 이를 집행할 수 없는 법률상의 장애가 있다고 보아야 하므로, 결국 대법원은 원고의 청구를 받아들여 제2차 명령을 취소하였다.

3. 사안의 쟁점

이 사건은 이른바 진보적 성향의 교육감들이 전국적으로 다수 선출됨에 따라 교육에 관한 감독권한을 갖고 있는 교육부와 교육현장에서의 학교생활기록부에 학교폭력 가해학생에 대한 조치사항을 기록할 것인지와 관련하여 일어난 일련의 분쟁의 처리과정에서 일어난 사안이다. 이와 관련하여 대법원은 이미 경기도교육감이 제기한 대법원 2014. 2. 27. 선고 2012추213 판결을 통하여 교육감의 학교생활기록의 작성에 관한 사무에 대한 지도·감독 사무가 기관위임사무로서 직무이행명령의 대상이 된다는 점을 밝힌바 있다. 다만, 위 사건에서는 관련 공무원들의 행위가 도교육청 홈페이지에 호소문을 발표하는 정도의 소극적 행동에 그쳤다면, 대상 판결의 사안에서는 교육부의 특별감사를 교육감의 지시

에 따라 적극적으로 거부하는 행위로 나아갔다는 점에서 행위의 양태와
정도에 차이가 있다고 할 것이다. 학교생활기록부로 분출된 관련 분쟁
은 교육에 관한 철학적 입장의 차이를 배경으로 한 것으로서, 그 자체
로 교육법적인 중대한 관심사가 되어야 할 것이지만, 이러한 사무 자체
가 국민 전체의 이익을 위하여 통일적으로 처리되어야 한다는 대법원의
판단은 일응 타당성이 인정될 수 있다고 할 것이다.4)

　　따라서 이 사안에서는 논리적으로 1) 직무이행명령의 대상으로서
징계의결요구 및 징계집행사무의 성질, 2) 직무이행명령의 요건으로서
징계사유가 인정되는지 여부, 3) 징계의결요구 신청이 없는 경우의 징
계의결의 효력과 더불어 직무이행명령에 대한 집행방법으로서 징계의
결요구를 강제할 수 있는지가 쟁점이 될 수 있을 것이다. 그러나 본질
적으로 이 사안에서는 지방교육자치제도를 둘러싼 국가와 지방 교육행
정기관 사이의 정책 및 이념적인 차이에서 발현으로서 나타난 공법상의
권한분쟁, 지방자치법상 기관위임사무 및 그 감독에 관한 오래된 행정
법학의 이론적 논쟁이 배경이 된다고 보이므로, 이하에서는 이러한 공
법상의 쟁점들을 포괄하는 방식으로 논의를 전개하고자 한다.

Ⅱ. 지방교육자치와 사무의 성질

1. 지방교육자치의 본질

　　최근 국가위기상황을 극복하는 과정에서 개헌에 관한 다양한 의견
이 제시되고 있는데, 이 중 헌법상 지방자치를 강화하여 이른바 지방분

---

4) 물론 학교생활부의 기록이 이처럼 중요시되는 것은 획일적인 입시정책에 따른 부
　작용이라는 점을 지적하면서 다양성을 존중하는 교육이 필요하다는 반대입장을
　주장할 수 있다고 본다.

권형 체제가 도입되어야 한다는 의견이 제기되고 있다. 더구나 현행 교육자치가 교육위원회 제도를 폐지함으로써 (효율성의 측면은 제외하더라도) 오히려 일부 후퇴한 측면도 있다는 점에서 소위 지방교육자치제도의 강화도 중요한 화두로 등장할 가능성이 높다.5) 현행 지방교육자치에 관한 법률(이하 '교육자치법')은 "교육의 자주성 및 전문성과 지방교육의 특수성을 살리기 위하여 지방자치단체의 교육·과학·기술·체육 그 밖의 학예에 관한 사무를 관장하는 기관의 설치와 그 조직 및 운영 등에 관한 사항을 규정함으로써 지방교육의 발전에 이바지함을 목적"으로 한다고 규정하여, 헌법상 교육의 자주성 및 전문성(제31조 제4항)과 지방자치제도의 보장(제117조)이라는 두 가지 축을 제도의 근저에 두고 있음을 밝히고 있다. 다만, '지방교육자치'라는 제도 자체가 헌법에서 보장되는 것인지에 관하여는 논란이 있어 왔다.

　　종래 교육학계를 중심으로 한 학설은 지방교육자치를 일종의 헌법상의 제도로 이해하고,6) 여기에 지방교육자치의 기본원리로서 ① 주민 참여의 원리, ② 지방분권의 원리, ③ 일반행정으로부터의 분리·독립, ④ 전문적 관리의 원리를 제시하는 것으로 보는 것이 주류적인 태도였다고 한다.7) 헌재도 "지방교육자치도 지방자치권행사의 일환으로서 보장되는 것이므로, 중앙권력에 대한 지방적 자치로서의 속성을 지니고 있지만, 동시에 그것은 헌법 제31조 제4항이 보장하고 있는 교육의 자주성·전문성·정치적 중립성을 구현하기 위한 것이므로, 정치권력에 대한 문화적 자치로서의 속성도 아울러 지니고 있다. 이러한 '이중의 자치'의

---

5) 이민원, [기고]교육자치, 분권이 필요한 때, 경향신문, 2017. 2. 19.
　http://news.khan.co.kr/ kh_news/khan_art_view.html?artid=201702192021005&code
　=990304 (2017. 3. 17. 최종방문)
6) 고전, 지방교육자치제도 개정에 관한 논의, 지방자치법연구 통권 제26호 제10권 제2호, 2010. 6, 66-67면 참조.
7) 지방교육자치제도의 변천과정, 기존 학설과 판례의 개관으로는 윤성현, 지방교육 자치제와 교육감 직선제의 헌법학적 재검토, 세계헌법연구 제18권 제1호, 2012, 94면 이하, 102면 이하 참조.

요청으로 말미암아 지방교육자치의 민주적 정당성요청은 어느 정도 제한이 불가피하게 된다. 지방교육자치는 '민주주의 · 지방자치 · 교육자주'라고 하는 세 가지의 헌법적 가치를 골고루 만족시킬 수 있어야만 하는 것이다"라고 판시하여 일종의 이중의 자치가 지방교육자치의 본질로 보고 있다.[8] 즉, 헌재는 헌법 제31조 제4항과 제117조 제1항에 의한 제도보장으로서의 교육자치와 지방자치를 근거로 하여, 지방교육자치를 "교육자치라는 영역적 자치와 지방자치라는 지역적 자치가 결합한 형태로서, 교육자치를 지방교육의 특수성을 살리기 위해 지방자치단체의 수준에서 행하는 것"으로 이해하면서, 지방교육자치의 기본원리로서 "주민참여의 원리, 지방분권의 원리, 일반행정으로부터의 독립, 전문적 관리의 원칙 등"을 열거하는 것이다.[9] 이처럼 지방교육자치를 인정하는 견해에 있어서도, 자치의 주체가 누구인지에 대하여 ① 교육행정기관의 자치로 보는 견해, ② 교육주체의 자치로 보는 견해, ③ 지방자치의 일환으로 보는 견해 등의 대립이 있다.[10]

　이러한 종래의 학설과 판례에 대하여, 공법학계에서 우리 헌법이 교육의 '자치(自治)' 혹은 지방교육자치제도 자체를 인정한 것인지에 대하여 비판이 유력하게 제기되고 있다. 이러한 논쟁의 핵심은 교육감의 선임방식을 어떻게 할 것인지, 특히 지방자치단체의 일반행정기관과의 관계에서 이를 분리할 것인지와 관련이 있다. 가령, 헌법에서 인정한 교육의 자주성이 교육의 자치를 의미하지 않는다면서, 본질적으로 교육의 자주성은 교육이념실현과 인격형성과정과 사회적 관계를 형성하는 활동의 자주성을 의미하는 것이지 교육행정주체의 자주성을 의미하는 것이 아니라는 견해,[11] 지방교육자치제도에 있어 헌법적으로 보장되는 것

---

8) 헌재 2000. 3. 30. 선고 99헌바113 결정.
9) 헌재 2002. 3. 28. 선고 2000헌마283 등 결정.
10) 교육자치의 주체에 따라 3가지 견해를 소개하는 김영환, 헌법상 지방교육자치의 기본원리, 공법연구 제40집 제2호, 2011. 12, 105－109면 참조.
11) 김성배 교수는 이러한 입장에서 "일반행정과 교육행정이 분리되어야 하는 것은 지

은 '교육'에 대한 자치이지, '지방'에 의한 교육자치가. 헌법 제31조 제4
항으로부터 직접 보장되는 것은 아니고, 법원리적으로 지방교육자치는
지역사무에 대하여 전권한성을 보장하는 지방자치의 원리 하에서 지방
자치법의 수권을 통하여 파생되는 기능적 자치를 본질로 하며, 다만 교
육자치에 대한 헌법적 보장을 통하여 그 한계가 주어지는 것으로 이해
되어야 한다는 견해,12) 교육자치와 지방교육자치는 우리 헌법상의 용어
가 아니라 법률상 용어일 뿐이므로 이를 헌법원리로 보기 보다는 지방
교육분야에 적용할 헌법원리로서, 헌법 자체로부터 도출하는 것이 필요
하다는 견해13) 등이 제시되고 있다. 생각건대, 교육의 '자치'가 인정되
기 위하여는 그러한 자치를 실현할 구성원 내지 주체의 범위가 명확하
여야 할 것인데, 헌법 제31조 제4항의 교육의 자주성이라는 문언만으로
는 실질적으로 일정한 범위의 구성원이 스스로 자신의 일을 결정한다는
자치의 핵심요소를 도출하기 어렵다는 점에서 (다양한) 비판적 견해에
대체적으로 동의할 수 있다. 교육의 자주성이라는 측면에서는 교육행정
기관의 구성보다는 교육현장에서의 자주성이 보다 강조되어야 할 것이
다.14) 다만 이 경우에도 민주주의와 지방자치의 관점에서 제약이 따른

방자치 이념에 근거하여 지방교육기관의 구성이 반드시 주민 직선과 연결되거나
교육의 전문성을 위해 교육행정이 일반행정에서 반드시 분리되어야 하는 것은 아
니라"고 한다. 김성배, 지방교육자치제도의 조직·인사에 관한 공법적 검토, 공법연
구 제40집 제2호, 2011. 12, 173-174면, 181면 참조.

12) 조성규 교수는 "결론적으로 지방교육자치에 있어 지방교육행정기관과 지방자치단
체의 일반행정기관과의 관계는 지방교육자치의 본질과 규범적으로 직접적인 관련
성은 없다"고 한다. 조성규, 지방자치와 지방교육자치의 규범적 관계, 지방자치법
연구 통권 제30호, 제11권 제2호, 2011. 6, 45면, 52-53면 참조.

13) 윤성현 교수는 "지방교육자치의 헌법적 원리는, 지방자치의 헌법원리, 즉 민주국
가, 법치국가, 그리고 지방자치 보장과 교육분야의 헌법원리로서 교육의 자주성·
전문성·정치적 중립성 등을 더한 것으로 파악할 수 있다"고 한다. 윤성현, 앞의 글,
91면, 105-107면 참조.

14) 자치의 개념요소부터 교육의 자치는 일종의 학교의 자치를 의미한다고 해석하는
견해로는 이기우, 교육자치와 학교자치 및 지방교육행정제도, 한국지방자치학회
보, 제10권 제3호(통권 24호), 1998. 12, 169-170면 참조; 교육청 중심의 현행체계

다고 할 것이다.

그런데 교육행정기관과 지방자치단체 일반행정기관과의 분리가 필수적이 아니라고 보는 비판적 입장에 있어서도, 교육감의 선임방식에 대하여는 정도차이가 있다. 지방자치단체장에 의한 교육감의 임명방안이나 지방교육행정기관을 지방자치단체장의 보조기관으로 하는 방안 등은 허용되지 않는다는 입장이 있는 반면,15) 주민직선제가 갖는 문제점들에 대한 대안으로 시·도지사에 의한 임명과 시·도의회의 동의를 받는 방안을 제시하는 견해도 있다.16) 구체적인 선출방식은 입법정책의 문제이지만, 헌재는 "'민주주의'의 요구를 절대시하여 비정치기관인 교육위원이나 교육감을 정치기관(국회의원·대통령 등)의 선출과 완전히 동일한 방식으로 구성한다거나, '지방자치'의 요구를 절대시하여 지방자치단체장이나 지방의회가 교육위원·교육감의 선발을 무조건적으로 좌우한다거나, '교육자주'의 요구를 절대시하여 교육·문화분야 관계자들만이 전적으로 교육위원·교육감을 결정한다거나 하는 방식은 그 어느 것이나 헌법적으로 허용될 수 없다"고 보고 일정한 한계를 인정하고 있다.17)

2. 교육사무의 성질

헌법상 교육의 자치까지는 인정할 수 없더라도, 실정법상 지방교육행정기관을 일반행정기관 및 국가로부터 분리하는 지방교육자치에 관

<hr>

를 지방교육자치에서 교육장 중심 또는 단위학교 중심으로 권한이 분권되고 이양되어야 한다는 주장으로는, 최우용, 지방교육자치에 관한 중앙정부와 지방정부의 권한 분쟁과 갈등해소 방안에 관한 연구, 지방자치법연구 제16권 제1호(통권 제49호), 2016. 3, 169-171면 참조.
15) 조성규, 앞의 글, 60면 참조.
16) 윤성현, 앞의 글, 116-119면 참조.
17) 헌재 2000. 3. 30. 선고 99헌바113 결정.

한 법률에 따른 제도를 실시하고 있는 이상 지방자치법적인 차원에서 사무의 성질 및 구분이 중요한 쟁점이 된다. 이러한 사무의 구분 중 특히 기관위임사무로 인한 자치권의 실질적인 침해의 문제는 이하에서 별도로 다루겠지만 여기서는 사무구분에 있어서 교육이 차지하는 독특한 위상을 확인하는 것이 중요하다. 헌법은 제31조에서 '능력에 따라 균등하게 교육을 받을 권리' 및 보호자의 교육의무, 의무교육, 국가의 평생교육 진흥의무 등을 규정하고 더불어 제6항에서 "학교교육 및 평생교육을 포함한 교육제도와 그 운영, 교육재정 및 교원의 지위에 관한 기본적인 사항은 법률로 정한다"고 하여 국가의 교육제도 전반에 관한 포괄적인 입법권한을 규정하고 있다. 이론적으로 보더라도 교육은 국민들이 국가공동체의 기본적인 가치관을 공유하고 공동체를 유지·발전시키기 위한 전제가 되기 때문에 교육의 기본적인 사항과 프로그램은 지방자치단체별로 상이하기 보다는 국가 전반적인 통일성의 요청이 상대적으로 강한 분야라고 할 것이다.

비교법적으로 독일에서는 교육에 관하여 국가가 총체적인 형성권을 갖고, 지방자치단체에 의하여 수행되는 상당수의 교육행정사무도 의무적 자치사무나 기관위임사무로 집행된다는 점이 지적되고 있다.[18] 즉, 독일에서 크라이스(Kreis)와 비크라이스 지역 도시(kreisfreie Städte)에 설립된 학교관청(Schulamt)은 국가, 즉 주(Land)의 하부관청에 해당한다. 학교관청의 기본적인 임무는 하급 학교감독관청으로서 초·중등학교의 감독하는 것이고, 추가적으로 학교간의 협력, 외국인 및 이주민 학생의 진학, 학생교통안내업무, 학교보건사무, 학교시합스포츠, 지방자치단체 교육기관과의 협업, 가정수업 등의 개별적인 임무가 이른바 기관위임사무(Organleihe)의 예로 제시된다. 반면, 설립, 개별학교의 조직 및 관리 등과 같은 학교운영의 주체는 게마인데에 자치사무로서 맡겨져 있다고

---

18) 최봉석, 교육에 관한 국가와 지방자치단체의 권한, 행정판례연구 20-1, 2015, 258-259면 참조.

한다.19)

　우리의 경우 국민의 교육을 받을 권리를 보장하기 위한 헌법 제31
조 제1항과 제3항의 국가의 임무 및 동조 제4항과 제6항이 부여하는 교
육제도 등에 대한 포괄적 입법권에 의하여 국가의 교육권한이 인정되
고, 헌법이 교육에 관한 권한과 책무를 원칙적으로 국가에게 귀속시킨
이상 교육에 관한 국가의 행정권한은 법령에 규정된 범위에 한정되지
않고 이를 넘어 포괄적으로 교육의 전 영역에 미치며, 법령에 교육에
관한 권한과 사무가 교육감 등 다른 기관에 속하는 것으로 규정된 경우
에도 국가는 해당 권한(사무)의 집행에 대해 감독권을 갖는다는 견해가
있다.20) 판례도, '학교의 장이 행하는 학교생활기록의 작성에 관한 사
무'나 '교육감의 학교생활기록부 작성에 관한 지도·감독 사무'21)나 '교원
능력개발평가 사무,'22) 대학의 설립 및 운영에 관한 사무23) 등과 같이
이 사건 이전에도 사무구분이 문제된 대부분의 사안에서 교육사무를 국
가사무로 판단하고 있다.24) 이처럼 지방의 차원에서 수행되는 교육사무
의 대부분이 우리 법체계상 국가가 주도적인 역할을 하는 것이 어느 정
도 전제로 되어 있어서 실무적으로는 법령상 교육감의 권한이 규정되어
있더라도 최종적으로 기관위임사무로 판단될 가능성이 높아진다고 보
아야 할 것이다. 이는 이하에서 살펴보는 바와 같이 교육사무에 있어서
기관위임의 문제점을 배가시키는 요인이라고 보아야 할 것이다.25)

---

19) Hans Vietmeier, Die staatlichen Aufgaben der Kommunen und ihrer Organe, 1992,
　S.191, 211f. 참조.
20) 최봉석, 교육에 관한 국가와 지방자치단체의 권한, 242면, 252면 참조.
21) 대법원 2014. 2. 27. 선고 2012추183 판결.
22) 대법원 2013. 5. 23. 선고 2011추56 판결.
23) 헌재 2012. 7. 26. 2010헌라3 결정.
24) 수업료, 입학금의 지원에 관한 사무는 지방자치단체 교유의 자치사무라고 보았다.
　대법원 2013. 4. 11. 선고 2012추22 판결.
25) 교육감과 국가의 사이에 실질적 의미의 교육자치의 실현될 수 있고 교육감이 갖는
　민주적 정당성에 걸맞은 적정한 권한배분이 이루어져야 한다는 취지에서 국가차
　원의 기획이 필요한 사무 외에는 권한을 대폭적으로 지방에 이양하는 것이 필요

3. 교육감 소속 교육공무원에 대한 징계사무의 성질

이 사안에서 문제되는 것은 "교육감이 담당 교육청 소속 국가공무
원인 도교육청 교육국장 및 그 하급자들에 대하여 하는 징계의결요구
신청 사무"와 "교육감이 담당 교육청 소속 국가공무원인 교육장, 시·도
교육청 교육국장 및 그 하급자들에 대하여 하는 징계집행 사무"가 국가
사무인 기관위임사무인지 여부이다. 교육공무원법은 제29조에서 교육
부와 그 소속 기관에 근무하는 장학관 및 교육연구관은 교육부장관의
제청으로 대통령이 임용한다고 규정하고, 제30조 제2호에서 교육부와
그 소속 기관에 근무하는 장학사와 교육연구사를 교육부장관이 임용한
다고 규정한다. 대통령 및 교육부장관의 임용권은 동법 제33조에 의하
여 교육감에게 위임될 수 있다. 그에 따라 이 사건에서 문제되는 교육
청 소속 공무원들은 국가공무원의 신분을 가지게 된다. 동법 제51조는
교육기관, 교육행정기관, 지방자치단체 또는 교육연구기관의 장은 그
소속 교육공무원이 「국가공무원법」 제78조제1항 각 호의 징계사유에
해당한다고 인정하는 경우에는 지체 없이 해당 징계사건을 관할하는 징
계위원회에 징계의결을 요구하여야 한다고 규정하면서, 동조 단서에서
해당 징계사건을 관할하는 징계위원회가 상급기관에 설치되어 있는 경
우에는 그 상급기관의 장에게 징계의결의 요구를 신청하여야 한다고 규
정한다. 대상판결(2013추524 판결)은 교육부에 설치된 특별징계위원회에
원고가 징계요구의 신청을 하지 않은 것이 문제되는바, 교육공무원 징
계령 제2조 제3항 제3호, 제5호는 교육장 및 시·도 교육청에 근무하는
국장이상의 장학관의 징계사건을 특별위원회의 관할로 삼고 있다. 더불
어 동조 제5항에 따라 대상판결에서 상위직위자와 관련된 하급자들의
경우에도 상위직위에 있는 자의 관할징계위원회인 교육부 특별징계위

하다는 견해로는, 임현, 교육감의 권한과 통제에 관한 법적 문제, 토지공법연구 제
56집, 2012. 2, 336면 참조.

원회가 심의·의결하게 된 것이다(제3조 제1항).

한편, 지방교육자치에 관한 법률(이하 '교육자치법') 제18조는 교육감을 시·도의 교육·학예에 관한 사무의 집행기관으로 규정하면서, 교육감에게 소관 사무로 인한 소송 등에 대한 대표권한을 부여하고 있다. 동법 제20조 제16호는 소속 국가공무원 및 지방공무원의 인사관리에 관한 사항을 교육감이 관장하는 사무로 하고 있으며, 제27조는 "교육감은 소속 공무원을 지휘·감독하고 법령과 조례·교육규칙이 정하는 바에 따라 그 임용·교육훈련·복무·징계 등에 관한 사항을 처리한다"고 규정하고 있다. 결국 대상판결에서 문제되는 교육감 소속 국가공무원들에 대한 징계의결의 신청 사무 및 징계집행 사무는 모두 교육감이 수행하는 사무이지만, 여기서의 쟁점은 교육공무원법상의 임용권한 및 그 위임규정을 중시하여 국가사무로서 기관위임된 것으로 볼 것인지, 아니면 교육자치법상의 교육감의 권한에 관한 규정을 중시하여 교육감이 처리하는 자치사무 내지 고유권한으로 볼 것인지에 있다.

대상판결에서는 교육감 소속 교육공무원에 대한 징계관련사무에 관한 기존 판례를 원용하여 이를 기관위임사무로 파악하고 있다.[26] 판례의 논리는 먼저, 교육공무원법의 입법목적에 비추어 "교육공무원의 징계 사무는 교육공무원의 자격, 임용 방법이나 절차, 보수, 재교육이나 연수, 신분보장 등에 관한 사무와 더불어 국민 전체의 이익을 위하여 통일적으로 처리되어야 할 성격의 사무"라는 점을 들고 있다. 그러나 교육공무원법이 일부 교육공무원의 신분보장 등에 관한 특별규정을 마련하고는 있으나 신분보장이나 국민 전체의 이익을 위한다는 측면은 일반 국가공무원이나 지방공무원의 경우에도 동일하다고 할 것이다. 오히려 교육감 소속 공무원에는 지방공무원도 포함된다는 점을 생각하면 이러한 이유는 절대적이라고 보기 어렵다. 그런데 판례가 더 나아가 구

---

26) 대법원 2014. 2. 27. 선고 2012추213 판결.

교육공무원법 제33조 제1항 및 구 교육공무원임용령 제3조 제3항 제5
호, 제7호에 따라 해당 공무원들에 대한 임용권은 교육부장관으로부터
교육감에게 위임된 것인데, 이러한 임용권한에 '정직·면직·해임 및 파
면'까지 포함되어 있다는 지적을 하고 있다는 점을 보면, 이러한 '권한
의 위임에 관한 교육공무원법령의 규정 형식과 내용'이 결정적으로 판
례가 징계와 관련된 사무를 국가사무로 파악하고 있는 이유라고 파악된
다. 이러한 판례의 입장에 대하여, 결론은 지지하면서도 교육사무는 헌
법에 의하여 원칙적으로 국가의 책무에 속하므로, 일반적인 지방자치단
체를 전제로 하여 인정되는 자치권을 교육자치의 영역에 그대로 적용할
수 없고, 지방자치법상의 일반적인 사무배분기준과는 달리 별도의 법률
에 의하여 명확히 그 대상을 정해야 한다고 보는 견해가 있는가 하
면,27) 특별행정법관계 내부에서의 질서유지라는 징계벌의 본질상 소속
공무원에 대한 징계사무, 특히 징계의결요구 신청이 기관위임사무라고
보는 것이 타당한지 의문이라면서, 교육자치법 제20조 제16호, 제27조
는 헌법상 전권한성의 확인으로서 오히려 자치사무라고 보아야 한다는
견해도 제기되고 있다.28)

　생각건대, 교육공무원법에서 교육공무원의 신분과 지위를 보장하
고 있는 측면을 이론적으로 살펴보면 선출직인 교육감의 정치적 성향
등에 따라 교원 또는 교육공무원의 신분이 자의적으로 처리되지 않도록
징계와 관련된 사무의 처리에 있어서도 이를 가능한 일관된 기준에 따
라 통일적으로 처리해야 할 필요성이 있다고 할 것이다. 교육공무원법
령의 위임규정의 형태 등을 살펴보면, 일응 대상판결의 결론과 같이 이

---

27) 최봉석 교수는 판례가 교육에 관한 권한과 사무를 '교육의 내용에 관한 사무'와 '교
　　육 지원 사무'로 구별하거나, 독일의 경우와 같이 '교육 내부적 사무'와 '교육 외부
　　적 사무'하여 그 구체적인 기준을 제시할 필요가 있다고 한다. 최봉석, 교육에 관
　　한 국가와 지방자치단체의 권한, 268-269면 참조.
28) 조성규, 지방교육자치의 본질과 교육감의 지위 -교육감과 교육부장관의 법적 관계
　　를 중심으로-, 행정법연구 제46호, 2016. 8, 232-233면 참조.

를 국가사무인 기관위임사무로 파악하는 것을 수긍할 수 있다. 그러나 교육감에게 소속 공무원들에 대한 지휘·감독권한이 있고, 교육감이 주민의 선거에 의하여 선출된 민주적 정당성이 있다는 점을 고려한다면, 소속 직원에 대한 징계사무의 처리는 교육감 자신의 권한행사를 위하여 필수적인 기능이라는 측면이 부각될 수 있다. 더 나아가 교육사무에 관한 우리 법제의 전반적인 태도가 거의 대부분의 교육감의 사무를 국가사무로 파악하게 하는 현실에서 교육감의 구체적인 권한은 사실상 국가의 관여하에서 유명무실해질 수 있다는 점을 유의해야 할 것이다. 따라서 이하에서는 교육사무에서 특히 부각되는 기관위임사무의 문제점을 고려하여 이를 보완할 수 있는 해석론을 고민하여야 할 것이다.

Ⅲ. 기관위임사무의 문제점

1. 국가사무의 수행방식으로서 기관위임사무

지방자치제도가 국가와 본질적으로 다른 영역이 아니라 국가에서 유래한 공적 영역의 하나이고, 국가 전체의 균형발전 및 통합, 국민의 기본적 생활복지수준의 보장, 국가재원의 효율적 배분 등의 관점에서 보면 지방자치단체를 포함한 국가영역 전체에서 국가사무를 적정하게 처리하는 것이 무엇보다도 중요한 과제라고 할 수 있다. 국가가 직접 행정기관을 구성하여 국민에 대한 공적 서비스를 모두 직접 제공한다는 것은 불가능하므로,29) 지방자치법은 지방자치단체구역에서 시행하는

---

29) 서원우 교수는 기관위임사무가 많이 쓰이는 이유로서 ① 주민운동이 격화함에 따라 주민의 저항을 받게 될 것 같은 번거로운 실시업무는 중앙부처가 행하기보다 자치체에서 행하는 것이 수월할 것이라는 인식, ② 국가가 일선기관을 만들거나 증원하기보다는 기관위임방식이 국가의 경비부담이 덜하다는 점을 지적하고 있다. 반면에 중앙 부처의 입장에서 사무를 전면적으로 자치체에서 행하는 것을 불

국가사무를 시·도지사와 시장·군수 및 자치구의 구청장에게 위임하여 처리하도록 규정하고 있다(제102조). 지방자치법은 위임사무를 단체위임 사무와 기관위임사무로 구별하고 있는데, 단체위임사무는 실제 그 적용 례가 거의 없고, 국민과의 관계를 규율하는 외부법적인 측면에서는 자 치사무와 차이가 없다고 보므로,30) 실무적인 문제점과 관심은 주로 기 관위임사무에 집중되고 있다.

전통적으로 기관위임사무란 국가 또는 다른 지방자치단체 등으로 부터 지방자치단체의 기관(단체장)에 위임된 사무를 의미하는 것으로 서, 그 사무는 위임한 국가 등의 사무이지 해당 지방자치단체의 사무 가 아니고, 수임한 기관(단체장)은 기관위임사무를 처리하는 범위에서 그 사무를 위임한 국가 등의 기관의 지위에서 서게 되며, 수임자는 하 급행정기관의 지위에 있게 된다고 설명되고 있다.31) 다만, 위임이라는 용어에도 불구하고 이 제도가 유래한 독일에서는 기관위임(Organleihe) 이 기관(Organ)을 차용(leihen)한다는 의미를 갖는 것으로 자치사무 (Selbstverwaltungsangelegenheit)나 위탁사무(Auftragsangelegenheit)와 같은 사무구분과는 별도로 업무의 수행의 방식(국가임무수행방식)으로 이해되 어야 한다는 점이 지적되고 있다.32)

기관위임의 법적 근거로서 정부조직법 제6조 제1항과 행정권한의 위임 및 위탁에 관한 규정이 일반적 근거가 될 수 있다는 견해가 있 다.33) 그러나 위임이 되는 구체적인 사무의 내용과 범위는 개별적인 법 령이 있어야 확정되는 것이므로 별도의 개별적 법령이 필요하다고 할

신감과 실효성 확보 측면에서 바라지 않는다고도 한다. 서원우, 전환기의 행정법
이론, 1997, 297면 참조.
30) 박균성, 행정법강의, 2016, 997면 참조.
31) 정하중, 행정법개론, 2016, 983면 참조.
32) 최봉석, 행정권한의 위임과 기관위임의 법리, 공법연구 제29집 제1호, 2000,
363-366면 참조.
33) 박균성, 앞의 책, 998면 참조.

것이다.34) 만일 일반 법령에 의한 기관위임이 이루어지려면, 구체적으로 기관위임하는 개별 협의가 필요할 것인데 지방자치단체의 기관이 다른 행정주체의 기관으로 차용되는 것을 지방자치단체의 입장에서 허용할 수 있는지도 의문이라고 할 것이다. 지방자치법 제102조 등이 다시 근거로 지적되고 있기도 하지만,35) 이는 문언 그대로 국가사무의 위임 및 수행방식에 관한 내용으로서 구체적인 기관위임의 근거라고 보기는 어려울 것이다. 오히려 동 규정은 단체위임을 포함한 국가사무 위임의 일반적인 형태를 규정한 것으로도 볼 수 있을 것이다.36) 개별적인 법령상의 근거를 요구하는 외에 사견으로는 기관위임에 의한 권한행사의 경우에는 대리의 경우와 마찬가지로 기관위임에 의한 국가사무의 처리라는 점을 명시하게 하는 것도 방법이라고 생각한다.37)

2. 기관위임사무의 구별

이 사안에서도 드러나고 있지만, 기관위임사무의 문제점은 실무상 실제 구체적인 사무가 기관위임사무인지 자치사무인지 구별하기가 어렵다는 점에서 심각하게 부각되고 있다. 지방분권화의 경향에 따라 많은 지방자치단체는 자신의 자치권을 강화하고자 노력하고 있다. 그에 따라 주민의 관심과 단체장의 정치적 이해관계가 관련된 사항에 있어서는 가능한 이를 자치사무로 파악하여 국가의 관여에서 벗어나려는 경향이 강하고, 반대로 국회를 비롯한 중앙기관도 수많은 국가예산이 투입되는 지역적 사업에 대하여 국가의 감독을 강화하려는 경향이 있어서

---

34) 최봉석, 직무이행명령의 취소, 행정판례연구 19-2, 2014, 141면 참조.
35) 김철용, 행정법, 2016, 689면 참조.
36) 지방자치법 제102조, 제103조가 위임이라는 동일한 용어를 사용함으로써 단체위임사무와 기관위임사무의 구별을 어렵게 하였다는 지적으로는, 최봉석, 직무이행명령의 취소, 142면 참조.
37) 독일에서 국가기능을 통지하여야 한다는 논의로는 Vietmeier, a.a.O., S.188ff. 참조.

충돌이 불가피한 것이다. 반대로, 누리사업예산편성에 관한 마찰에서 보는 바와 같이 예산부담이 증가하는 경우에는 이를 서로 상대방의 재원으로 부담해야 한다는 정치적 주장이 사무배분이라는 법적 문제로 변형되어 등장하기도 한다.

실무적으로 보면 법령에서 가령, 건축법 제82조와 같은 권한의 위임의 규정을 두어 국가행정기관인 장관의 권한을 지방자치단체의 장에게 위임하고 있는 경우에는 기관위임사무로 인정하기가 수월할 수 있을 것이다. 그러나 이 사안에서 문제된 교육자치법 제27조와 같이 "지방자치단체의 장이 ... 사항을 처리한다"라는 형태로 규정되어 있거나 위임구조 없이 조문에서는 일응 지방자치단체장의 권한으로만 규정되어 있는 경우에는 이것이 기관위임사무인지 아니면 자치사무인지를 구별하기 어려운 경우가 많다. 이 경우 판례가 판단기준으로 들고 있는 사무의 성질이 "전국적으로 통일적인 처리가 요구되는 사무인지 여부나 그에 관한 경비부담과 최종적인 책임귀속의 주체"라는 기준38)도 규범적인 기준이 되기보다는 공통적인 경험현상에 대한 사후적인 정당화의 논거로서 기능할 뿐이라는 비판도 가능할 것이다.39) 반면, 지방자치단체가 수행하는 사무는 자치사무인 것이 원칙이고, 법령에서 그 사무의 권한주체를 지방자치단체의 장으로 규정한 경우 자치사무로 보아야 한다는 비판적 견해도 제기되고 있다.40)

이러한 어려움으로 인하여 종래 지방분권을 강화하고자 하는 입장에서는 일본의 법정수탁제도를 도입하여 기관위임사무를 폐지하거나

---

38) 대법원 2003. 4. 22. 선고 2002두10483 판결 참조.
39) 대법원의 입장들에 대한 비판적인 검토로는 조성규, 지방교육자치의 본질과 교육감의 지위, 234면 참조.
40) 홍정선, 행정법특강, 2014. 1039면; 감남철, 행정법강론, 2014. 993면 각 참조. 그러나 아래 III.3.에서 보듯이 기관위임사무에서도 해당 권한은 기관장의 권한으로서 존중되어야 한다는 관점에서 보면, 권한 규정이 논리적으로 사무의 성질을 전적으로 결정한다고 보기는 어려울 것이다.

사무이원론을 폐지하고 독일과 같이 일원론의 입장에서 사무배분을 하여야 한다는 주장이 제기되어 왔던 것이다.41) 최근에는 입법과정에서 지방자치단체가 처리하는 사무를 신설, 개폐하는 경우 지방자치법 제9조 이하의 사무배분기준을 준수하였는지를 자체적으로 검토하도록 하는 '사무배분 사전검토제'가 지방자치법 개정안으로 제안된바 있다.42)

3. 기관위임사무에 대한 일반적 감독권의 범위와 한계

지방자치법 제167조 제1항은 "지방자치단체나 그 장이 위임받아 처리하는 국가사무에 관하여 시·도에서는 주무부장관의, 시·군 및 자치구에서는 1차로 시·도지사의, 2차로 주무부장관의 지도·감독을 받는다"고 규정하고 있다. 전통적으로 이러한 감독권의 범위에는 적법성 여부 뿐만 아니라 합목적성여부에 대한 감독까지 포함된다고 보는 것이 일반적이다.43) 독일에서도 기관위임에서의 감독은 위임사무에서 인정되는 전문성 감독(Fachaufsicht)에 의한 지시권(Weisung)이 있음은 물론 직무상 감독(Dienstaufsicht)를 포함한다고 설명하고 있다.44) 이러한 관념은 사실상 무제한적인 감독권한을 상정한 것으로서, 기관위임에서 주무부장관과 지방자치단체의 장이 상급·하급의 행정청 관계를 갖는 것으로 파악한 것이라고 볼 수 있다.45)

이러한 전통적인 입장에 대하여 서원우 교수는 "기관위임사무가 오늘의 자치체의 처리사무에 있어서 방대한 양을 차지하고, 수명자가 지방자치를 보장받은 자치체의 장이며, 주민의 직접선거에 의해 선출되

41) 최봉석, 지방자치의 기본법리, 2007, 194면 이하 참조.
42) 최봉석, 지방자치 사무배분 기준의 문제점과 개선과제, 지방자치법 제15권 제4호 (통권 제48호), 2015. 12, 86면 이하 참조.
43) 정하중, 앞의 책, 983면 참조.
44) Vietmeier, a.a.O.,S.276ff. 참조.
45) 서원우, 앞의 책, 299면; 박균성, 앞의 책, 1027면 참조.

었다는 점 등을 감안하여야 한다는 입장을 소개하면서, 국가의 사무의
집행에 관하여 국가의 기관에 대한 감독지휘권을 담보한다는 의미에서
주무부장관이 상급행정청의 지위를 점하고 있다고 하더라도 통상의 상
급행정청의 지휘감독권이라는 형태가 아니라 어느 정도 지방자치를 존
중한, 혹은 시·도지사의 입장을 존중한 것으로 해석하는 한, 지방자치
단체의 장에 대한 국가의 지휘·감독권의 내용을 통상의 상급하급간의
그것과는 반드시 동일하다고 할 수는 없다"는 주장을 제기하고 있다.46)
최근에는 기관위임사무라고 하여도 그에 대한 감독의 방법은 그 목적
을 달성하기 위해 필요·최소한에 그쳐야 하고, 지방자치단체의 자주성
및 자립성을 배려할 필요가 있으므로, 입법론적으로 그래서 지방자치
단체의 장이 직무이행명령을 이행하지 않을 경우에도 국가기관은 일방
적인 의사에 의해 자의적으로 대집행을 발동하여서는 안 되고, 지방자
치단체의 장이 당해 사항을 이행하지 않을 경우에는 국가기관은 소송
을 제기하여 당해 사항을 이행해야만 한다는 것을 명령할 수 있는 취
지의 재판을 청구하는 대집행소송제도를 도입하여야 한다는 주장이 제
기되고 있다.

　한편, 독일에서도 위임사무 내지 기관위임에서 인정되는 전문성 감
독에 있어서 지시의 특정성과 명확성이 지켜져야 하고, 자치사무에 대
한 부담이라는 관점에서 비례원칙이 준수되어야 하며, 재량권행사의 한
계가 준수되어야 한다는 점 등이 유력하게 주장되고 있다.47) 이 견해에
의하면 기관위임이 있게 되면 지방자치단체의 장은 그 임무의 수행에
필요한 인력과 조직을 마련하여야 하는바, 이러한 결정은 결국 지방자
치단체의 장으로서 자율적으로 하는 일종의 자치사무라고 할 수 있다는
것이다.48) 따라서 기관위임사무에 대한 지시가 기관을 대여하는 주체로

---

46) 서원우, 앞의 책, 299-300면 참조.
47) Vietmeier, a.a.O., S.237ff., 278f. 참조.
48) Vietmeier, a.a.O., S.186ff. 참조.

서 지방자치단체의 자기책임하의 임무의 수행을 침해하면, 다시 말해
그 부담이 어떤 한도에 이르면 자치권을 침해하게 된다는 것이다.[49] 다
른 한편, 감독관청은 집행기관에 부여된 재량을 스스로 행사할 수 있지
만, 집행기관과 마찬가지로 재량의 제한을 준수해야 하는바, 일반적인
행정규칙이 개별사안의 사정에 대한 고려를 허용하지 않는다면 재량의
본질에 비추어 허용되지 않는다고 한다.[50]

생각건대, Wolff에 의하여 주창된 것처럼, 오늘날 공법관계에 있어
서 고권적 관할권 행사와 관련된 규범은 기관담당자만을 구속하는데,
제도로서의 기관은 국가법인의 '고유한 관할권'(Eigenzuständigkeit)을 수
행하기 위한 목적으로 국가의 조직법규에 따라 설치된 수행관할권
(Wahrnehmungszuständigkeit)을 행사하는 독자적이고 제도적인 법주체
(Rechtssubjekt)이므로, 행정기관(행정청)은, 단순히 권리능력의 주체인 법
인의 부분이 아니라, 법주체로서 자율적인 조직계획과 업무분담계획,
즉 조직권을 가진다는 입장이 주목되어야 할 것이다.[51] 이에 따르면,
기관위임에 있어서 지방자치단체의 장은 주무부장관의 하급기관이 아
니라 국가를 대표하는 행정청으로서 해당 권한 및 사무의 처리에 있어
서 관할권의 일차적인 수행주체로서 독자적인 권한행사가 이루어져야
할 것이고,[52] 이러한 전제하에서 지방자치법 제167조 제1항은 제한적
으로 해석되어야 할 것이다.[53]

---

49) Vietmeier, a.a.O., S.279 참조.
50) Vietmeier, a.a.O., S.253 참조.
51) 우미형, 공법상 행위주체로서의 행정청에 관한 연구, 행정법연구 제48호, 2017. 2,
66면, 68-70면 참조.
52) 우미형, 위의 글, 70면 참조.
53) 이 논문에 대한 심사의견으로, 수임 기관이 '법주체'인가 아닌가의 문제는 관념적
인 문제에 그칠 우려가 있고, 기관위임사무의 폐지론이 강력히 주장되고 있고, 일
본의 경우도 기관위임사무가 폐지된 것을 보면, 기관위임사무에 대한 제한적인
법해석만으로는 기관위임사무가 가지고 있는 폐단이 너무 크다는 지적이 있었다.
그러나 기관위임사무를 폐지하여 임무를 일원적으로 구성하더라도 독일의 논의에
서 살펴본 바와 같이 여전히 국가의 지시권의 한계가 문제될 수 있고, 궁극적으로

III. 직무이행명령과 이의소송

1. 직무이행명령의 성질 및 요건

대법원은 직무이행명령 및 이에 대한 이의소송 제도의 취지에 대하여 "국가위임사무의 관리·집행에서 주무부장관과 해당 지방자치단체의 장 사이의 지위와 권한, 상호 관계 등을 고려하여, 지방자치단체의 장이 해당 국가위임사무에 관한 사실관계의 인식이나 법령의 해석·적용에서 주무부장관과 견해를 달리하여 해당 사무의 관리·집행을 하지 아니할 때, 주무부장관에게는 그 사무집행의 실효성을 확보하기 위하여 지방자치단체의 장에 대한 직무이행명령과 그 불이행에 따른 후속 조치를 할 권한을 부여하는 한편, 해당 지방자치단체의 장에게는 직무이행명령에 대한 이의의 소를 제기할 수 있도록 함으로써, 국가위임사무의 관리·집행에 관한 양 기관 사이의 분쟁을 대법원의 재판을 통하여 합리적으로 해결하여 그 사무집행의 적법성과 실효성을 보장하려는 데 있다"고 판시하였다.54)

직무이행명령의 대상에 단체위임사무가 포함되는지에 관하여 견해의 대립이 있다.55) 단체위임사무의 경우 국민과의 관계에서 그 효과나 책임의 귀속의 측면에서는 이것이 지방자치단체에 속하는 사무라고 보아야 할 것이지만, 본래 사무를 위임한 국가와의 관계에서는 기관위임

국가의 임무를 지방자치단체를 통하여(위임하여) 수행하는 기본적인 구조는 지속될 수밖에 없다는 점에서 여전히 행정기관의 독자적인 법주체성이나 기관위임사무에 대한 감독권의 제한적 해석은 의미가 있다고 본다. Vietmeier, a.a.O. S.237ff. 참조.

54) 대법원 2013. 6. 27. 선고 2009추206 판결.

55) 기관위임사무만 해당한다는 견해로는 박균성, 앞의 책, 1027면 참조; 기관위임에 있어서는 국가가 감독권에 기하여 의무이행을 명할 수 있으며, 기관위임사무에서는 조직 내 자기소송이라는 이유로 단체위임사무만이 해당한다는 견해로는, 홍준형, 지방자치법상 직무이행명령제도, 고시계 41(5), 1996. 4, 76-77면 참조.

사무와 실질적인 차이가 없다고 볼 수 있을 것이다. 헌법적인 차원에서 최종적인 임무수행의 책임을 지는 국가의 입장에서는 그 임무의 해태에 대하여는 실효성을 확보할 필요성이 있다는 측면에서도 단체위임사무가 대상에 포함되어야 할 것이다. 다만, 판례는 국가위임사무란 기관위임 국가사무를 뜻한다고 보고 있다.56)

　　직무이행명령의 성립요건으로 지방자치법 제170조 제1항은 "지방자치단체의 장이 법령의 규정에 따라 그 의무에 속하는 국가위임사무의 관리와 집행을 명백히 게을리하고 있다고 인정될 것"을 규정하고 있다. 여기서 먼저 '법령에 따라 지방자치단체의 장에 속하는 의무'가 존재하여야 하는데, 판례는 "직무이행명령의 요건 중 '법령의 규정에 따라 지방자치단체의 장에게 특정 국가위임사무를 관리·집행할 의무가 있는지' 여부의 판단대상은 문언대로 그 법령상 의무의 존부이지, 지방자치단체의 장이 그 사무의 관리·집행을 하지 아니한 데 합리적 이유가 있는지 여부가 아니다. 그 법령상 의무의 존부는 원칙적으로 직무이행명령 당시의 사실관계에 관련 법령을 해석·적용하여 판단하되, 직무이행명령 이후의 정황도 고려할 수 있다"고 보고 있다.

　　'국가위임사무의 관리와 집행을 명백히 게을리하고 있다'는 요건에 대하여 판례는 "국가위임사무를 관리·집행할 의무가 성립함을 전제로 하는데, 지방자치단체의 장은 그 의무에 속한 국가위임사무를 이행하는 것이 원칙이므로, 지방자치단체의 장이 특별한 사정이 없이 그 의무를 이행하지 아니한 때에는 이를 충족한다고 해석하여야 한다. 여기서 특별한 사정이란, 국가위임사무를 관리·집행할 수 없는 법령상 장애사유 또는 지방자치단체의 재정상 능력이나 여건의 미비, 인력의 부족 등 사실상의 장애사유를 뜻한다고 보아야 하고, 지방자치단체의 장이 특정 국가위임사무를 관리·집행할 의무가 있는지 여부에 관하여 주무부장관

---

56) 대법원 2013. 6. 27. 선고 2009추206 판결.

과 다른 견해를 취하여 이를 이행하고 있지 아니한 사정은 이에 해당한
다고 볼 것이 아니다. 왜냐하면, 직무이행명령에 대한 이의소송은 그와
같은 견해의 대립을 전제로 지방자치단체의 장에게 제소권을 부여하여
성립하는 것이므로, 그 소송의 본안판단에서 그 사정은 더는 고려할 필
요가 없기 때문이다"라고 해석하고 있다. 학설도 대체로 이러한 해석에
따르고 있다.[57]

한편, 이 사안과 같이 특정한 의무를 판단하는데 있어서는 법령상
의 규정도 고려하여야 할 것이지만, 대상판결의 사안과 같이 구체적인
행위의무가 감독관청의 일반적 감독권에 의하여 부과된 구체적인 지시
에 의하여 발생할 수도 있다고 볼 것이다. 즉, 이 사안에서 문제되는 징
계의결요구 신청의무는 일응 (법령 자체보다는) 피고의 감사결과 행해진
처분요구에 따라 발생한 것이라고 보아야 타당할 것이다.

2. 이의소송의 성질과 심리대상

직무이행명령에 대한 이의소송의 성질에 관하여는 특수소송설, 항
고소송설, 기관소송설, 권한쟁의심판설 등이 대립되고 있다.[58] 위에서
본 바와 같이 기관으로서 독자적인 법주체성을 인정하면서 본안에서는
직무이행명령의 적법성만을 판단한다는 점에서 법에서 인정한 일종의
항고소송으로 볼 수 있을 것이다.

이 소송의 본안에서는 다시 직무이행명령의 요건충족 여부와 함께
그 구체적 내용이 적법한 것인지가 검토되어야 할 것이다. 즉, 이 사안
에서 검토되어야 할 요건인 '특정한 의무의 존재'는 바로 감사거부에 관
한 징계의결요구를 신청하도록 명령한 것과 징계의결을 집행하도록 명
령한 것의 적법성에 관한 문제인 것이다. 위에서 살펴본 바와 같이 직

---

57) 박균성, 앞의 책, 1028면 참조.
58) 박균성, 앞의 책, 1030면 참조.

무이행명령은 감독권의 실효성 확보수단인 것이므로 감독권 행사의 한
계에 관한 논의가 적용될 수 있다고 할 것이다. 다만, 이 사안에서는 징
계의결을 요구함으로써 자치권의 침해가 문제될 정도는 아니라고 본다
면 징계에 있어서의 재량권의 한계를 지켰는지가 문제될 수 있다.

Ⅳ. 징계사유 및 실효성 확보수단

1. 징계사유에 해당하는지 여부

징계사유에 해당하기 위해서는 직무상의 의무위반 등이 인정되어
야만 한다(국가공무원법 제78조 제1항). 그런데 대상판결에서는 감사거부
의 행위가 직접 상관인 원고의 지시에 의한 점이라는 주장이 제기된 바
있다.59) 이와 관하여 우리 학설은 공무원의 복종의무와 법령준수의무와
의 관계, 즉 위법한 명령에 대한 복종의무라는 관점에서 접근하고 있다.
그에 따르면 단순위법한 상관의 명령에 대하여는 행정의 계층적 질서를
보장하기 위하여 복종하여야 하지만 위법이 명백한 경우에는 복종하여
서는 안 된다는 것이다.60) 독일 지방자치법상 논의에서도 감독권 행사
의 한계로서 기관장의 개별적인 지시가 상급 관청의 일반적인 지시와
모순될 경우 하급 공무원은 이러한 모순을 확인할 수 없으므로, 기관장
의 명령이 일단 구속력이 있다는 견해가 있다.61)

이 사안에서는 원고의 지시가 구체적이었다는 점에서 사실상의 구
속력을 부인하기 어려운 측면은 있다. 그러나 원고 소속의 직원들로서
는 감사거부에 이르게 된 경위가 이미 원고와 피고 사이의 정치적 견해

---

59) 김동국, 앞의 글, 686면 참조.
60) 박균성, 앞의 책, 1077면 참조.
61) Vietmeier, a.a.O., S.263 참조.

차이에서 비롯된 것으로서 이러한 사정을 잘 알고 있었다고 보이므로 만연히 원고의 지시만을 따라서 법령에서 부과된 감사협조의무를 거부하는 것이 정당화된다고 보기는 어려운 측면이 있다. 대상판결에서는 "이 부분 징계대상자들이 교육감의 지시에 따라 이 부분 감사거부 행위를 하였다고 하여도 이러한 지시는 앞서 본 행정감사규정의 각 규정내용에 반하여 위법하다고 보아야 하므로, 이 부분 징계대상자들의 징계책임 성립에 아무런 영향을 줄 수 없다"고 판시하고 있는바, 판시내용이 구체적인 정황을 지나치게 생략한 측면은 있으나 그 취지는 인정할 수 있다고 본다.

한편, 원고소속 직원들이 감사거부에 이르게 된 경위에 비추어 보았을 때 제1차 직무이행명령에서 '중징계 대상'이라고 징계양정의 정도를 특정하여 처분요구를 하고 이에 대한 직무이행명령을 한 것은 재량권의 관점에서 문제가 있을 수 있다.[62] 징계사무를 처리함에 있어서 원고가 개별적인 사안을 고려하여 일정한 정도의 재량을 행사하여야 할 것인데 이러한 재량행사가 전혀 없었다면, 이는 감독권의 한계에 해당할 수도 있을 것이다. 다만, 직무이행명령이 징계양정을 구체적으로 구별하지 않고 일단 일반적인 징계의결요구를 신청하도록 요구한 것이라고 선해한다면, 적법하다고 볼 수도 있을 것이다.[63] 원고에게 자신의 지시를 충실히 이행한 소속 공무원을 다시 징계의결요구를 하도록 신청한다는 것이 재량권의 한계의 측면에서 어떠한 의미를 갖는지는 좀 더 숙고를 요한다는 점도 지적할 수 있겠다.

---

62) 각주 2), 3) 참조.
63) 대법원 2007. 7. 12. 선고 2006도1390 판결 참조: "지방공무원의 징계와 관련된 규정을 종합해 보면, 징계권자이자 임용권자인 지방자치단체장은 소속 공무원의 구체적인 행위가 과연 지방공무원법 제69조 제1항에 규정된 징계사유에 해당하는지 여부에 관하여 판단할 재량은 있지만, 징계사유에 해당하는 것이 명백한 경우에는 관할 인사위원회에 징계를 요구할 의무가 있다."

2. 징계의결요구신청 없는 징계의결의 효력

대법원은 징계에 관한 사무를 국가사무로 보면서 징계의결요구를 신청하도록 명령한 직무이행명령이 적법하다고 판단하였지만(2013추 517), 원고가 이러한 명령을 이행하지 않자, 원고의 신청없이 한 피고의 징계의결요구는 그 효력이 없다고 판단하였다(2013추524).

위에서 살펴본 바와 같이 우리 법체계상 교육사무의 대부분은 국가사무로 파악될 수 있는 규범적인 상황이 있다. 이러한 상황에서 교육자치법이 수직적 권력분립의 차원에서 교육감을 지방교육행정기관으로 주민의 직선에 의하여 선출하게 하더라도 사실상 국가기관의 관여에 의하여 교육감의 자치단체장으로서의 자치권한은 유명무실해질 우려가 있다. 교육자치법 제20조 제16호 및 제27조에 의한 징계에 관한 사무의 처리권한은 교육감의 소속 공무원에 대한 지휘·감독권 내지 조직통할권을 행사하기 위한 핵심적인 전제에 해당한다. 더욱이 기관위임사무에 대한 국가의 감독권한을 제한적으로 해석하여야 한다는 해석론과 행정청이 독자적인 법주체로서 독자적인 권한행사를 하여야 한다는 입장에 의할 때 교육공무원법상 교육감에게 징계의결요구의 신청권을 별도로 부여한 취지를 존중할 필요가 있다. 즉, 사무의 구분으로서 교육감 소속 공무원에 대한 징계의결요구의 신청이 국가사무인 것은 맞지만, 일단 그 권한을 교육감에게 부여한 이상 그 권한의 행사 자체를 별도의 법적 근거없이 생략하거나 대신하는 것은 어렵다고 보아야 할 것이다. 이러한 관점에서 대상판결(2013추524)이 "교육장 및 시·도 교육청에 근무하는 국장 이상인 장학관 등 교육공무원에 대한 징계사무는 국가사무이지만, 교육공무원법령이 징계의결요구권 중 징계의결요구 신청권을 교육감에게 부여함으로써 교육부장관이 교육감의 신청을 받아 징계의결요구를 하도록 한 취지는, 교육장 및 시·도 교육청에 근무하는 국장 이상인 장학관 등이 국가공무원이지만 시·도 교육청에 소속되어 교육감의

지휘·감독을 받는 지위에 있는 점을 고려하여 직근 상급기관인 교육감
의 시·도의 교육·학예에 관한 사무의 집행권한을 보호하고 나아가 지
방교육자치를 제도적으로 보장하려는 데 있다. 이러한 구 교육공무원법
제51조 제1항의 규정 내용과 그 입법 취지 등을 종합하여 보면, 교육부
장관은 교육감의 신청이 있어야만 교육장 및 시·도 교육청에 근무하는
국장 이상인 장학관 등에 대하여 징계의결을 요구할 수 있고, 이러한
교육감의 신청 없이 교육부장관이 한 징계의결요구는 그 효력이 없다"
고 판시한 것은 타당하다고 할 것이다.

3. 직무이행명령의 실효성 확보수단

지방자치법 170조 제2항에서 "주무부장관이나 시·도지사는 해당
지방자치단체의 장이 제1항의 기간에 이행명령을 이행하지 아니하면
그 지방자치단체의 비용부담으로 대집행하거나 행정상·재정상 필요한
조치를 할 수 있다. 이 경우 행정대집행에 관하여는 「행정대집행법」을
준용한다"고 규정하고 있다. 그런데 대상판결(2013추524)에서 대법원은
"교육부장관은 교육감이 직무이행명령을 이행하지 아니하면 그 지방자
치단체의 비용부담으로 대집행하거나 행정상·재정상 필요한 조치를 할
수 있지만, 교육감의 징계의결요구신청은 의사의 진술에 해당하고 이러
한 의사의 진술을 명하는 직무이행명령을 이행하지 않았다고 하여 법령
의 근거 없이 의사의 진술이 있는 것으로 의제할 수는 없다"고 보았다.
즉, 대법원은 징계의결요구의 신청권한의 행사는 행정청이 행하는 일종
의 의사의 진술에 해당하므로 이를 법령의 근거없이 의제할 수 없다고
보고, 더 나아가 타인이 대신할 수 있는 대체적 작위의무도 아니므로
행정대집행도 허용할 수 없다고 판단한 것으로 이해된다. 이는 토지·건
물의 명도의무와 같은 경우에서와 같은 대법원의 일관된 입장의 표현인
것으로 보인다.64) 그러나 직무이행명령제도가 의무의 성격을 제한하지

않으면서 대집행을 원칙적인 강제수단으로 하고 있고, 대부분의 직무이행명령의 대상이 지방자치단체장의 비대체적인 권한행사라는 점에 비추어보면, 대법원의 태도는 직무이행명령제도의 취지를 몰각시킨다는 비판이 가능할 것이다.

이러한 대집행이 불가능하다고 본다면, 제170조 제2항에서 언급한 '행정상·재정상 필요한 조치'를 취하는 것이 피고에게 남아 있는 방안이 될 것이다. 그런데 대상판결은 "교육부장관이 할 수 있는 행정상 필요한 조치에 교육감의 징계의결요구신청 없이 곧바로 징계의결요구를 하는 것이 포함된다고 볼 수 없고, 원고가 피고의 선행 직무이행명령에 응하지 아니하였다고 하여 이와 달리 볼 것은 아니다"라고 판단하였다. 위에서 본 바와 같이 교육감에게 부여된 신청권한을 존중하여야 한다는 측면에서 보면, 법령상의 근거없이 징계의결요구신청을 생략할 수는 없을 것이다.

다만, 이 사안에서는 원고가 스스로 감사거부를 지시하였다는 점에서 애초에 원고에게 자신의 지시에 따른 소속 공무원들에 대한 징계의결요구를 스스로 신청하도록 강제하는 것은 무리한 측면이 있다. 이러한 상황에서 당초 적법하게 판단된 제1차 직무이행명령을 관철하는 방안으로서 피고는 징계의결요구 신청없이 교육부 특별징계위원회에 징계의결을 요구한 피고의 조치는 그 자체로서는 가능한 자치단체장과의 충돌을 줄이면서 기관위임사무의 집행을 관철하려고 노력하였다고 평가할 만하다. 그럼에도 불구하고 결과적으로 대법원은 자치단체장의 권한을 존중한다는 차원에서 일종의 타협적인 해결책을 제시한 것으로도 볼 수 있다. 마지막으로 피고는 자신의 막강한 감독권한과 재정상의 수단을 이용하여 (직무이행명령을 이행하지 않은 것에 대한) 일종의 제재로서

---

64) 명도의무의 대집행을 허용하지 않는 대법원의 입장에 대한 비판적 검토로는 박재윤, 행정집행에 관한 통일적 규율의 가능성과 한계, 공법연구 제40집 제1호, 2011. 10, 451−452면 참조.

교육감이나 해당 교육청에 행정상 또는 재정상 불이익을 주는 것을 고려하게 될 것이다. 이러한 제재적 조치는 법령상 명확한 요건이나 절차를 마련하고 있지 않으나 최소한 비례원칙이나 부당결부금지원칙이 준수되어야 할 것이다. 그러나 실제로는 (요건 등이 불명확한 본 조항을 직접 활용하기 보다는) 주무부장관 등이 동 조항에 의한 조치라는 점을 밝히지 않은 채로 자신의 재량권 행사의 일환으로 징계대상자인 개인들이나 교육청의 사무처리에 대하여 사실상의 불이익을 미칠 가능성이 크고, 결과적으로 비례원칙이나 부당결부금지원칙의 측면에서 적절한 한계나 통제방안을 모색하기 어려울 수 있다.65) 대안으로는 행정심판법 제50조와 같은 직접 처분제도나 이행강제금제도 등을 도입하는 방안을 입법론적으로 고려할 수 있다고 본다.

---

65) 이 논문에 대한 심사의견으로 "지방자치법 제170조 제2항에 근거하여 행정상 또는 재정상 불이익을 준다면, 직무이행명령 불이행에 대한 제재로서 행해진 것임을 밝혀야만 적법할 것임(이유제시의무)"이라는 지적이 있었다. 타당한 지적이나 실제로는 이러한 행정기관 사이의 제재가 행정절차법상의 처분으로 인정될 수 있을지 의문이므로, 실효적인 통제의 관점에서 여전히 문제가 있다고 본다.

참고문헌

김남철, 행정법강론, 박영사, 2014.
김철용, 행정법, 고시계사, 2016.
박균성, 행정법강의, 박영사, 2016.
서원우, 서원우, 전환기의 행정법이론, 박영사, 1997.
정하중, 행정법개론, 박영사, 2016.
홍정선, 행정법특강, 박영사, 2014.

고전, 지방교육자치제도 개정에 관한 논의, 지방자치법연구 통권 제26호
    제10권 제2호, 2010. 6.
김동국, 감사거부 행위가 징계사유를 구성하는지 여부 – 대법원 2015. 9.
    10. 선고 2013추517 판결, 올바른 재판 따뜻한 재판: 이인복 대법관
    퇴임기념 논문집, 2015. 9. 10.
김상태, 기관위임사무에 대한 국가감독 수단으로서의 대집행소송제도 도
    입방안, 지방자치법연구, 제15권 1호(통권 제45호), 2015,
김성배, 지방교육자치제도의 조직·인사에 관한 공법적 검토, 공법연구 제
    40집 제2호, 2011. 12.
김영환, 헌법상 지방교육자치의 기본원리, 공법연구 제40집 제2호, 2011.
    12.
박재윤, 행정집행에 관한 통일적 규율의 가능성과 한계, 공법연구 제40집
    제1호, 2011. 10.
우미형, 공법상 행위주체로서의 행정청에 관한 연구, 행정법연구 제48호,
    2017. 2.
윤성현, 지방교육자치제와 교육감 직선제의 헌법학적 재검토, 세계헌법연
    구 제18권 제1호, 2012.
이기우, 교육자치와 학교자치 및 지방교육행정제도, 한국지방자치학회보,

제10권 제3호(통권 24호), 1998. 12.

임현, 교육감의 권한과 통제에 관한 법적 문제, 토지공법연구 제56집, 2012. 2.

조성규, 지방교육자치의 본질과 교육감의 지위 -교육감과 교육부장관의 법적 관계를 중심으로-, 행정법연구 제46호, 2016. 8.

조성규, 지방자치와 지방교육자치의 규범적 관계, 지방자치법연구 통권 제30호, 제11권 제2호, 2011. 6

최봉석, 지방자치 사무배분 기준의 문제점과 개선과제, 지방자치법 제15권 제4호(통권 제48호), 2015. 12

최봉석, 직무이행명령의 취소, 행정판례연구 19-2, 2014.

최봉석, 행정권한의 위임과 기관위임의 법리, 공법연구 제29집 제1호, 2000.

최우용, 지방교육자치에 관한 중앙정부와 지방정부의 권한 분쟁과 갈등해소 방안에 관한 연구, 지방자치법연구 제16권 제1호(통권 제49호), 2016. 3.

홍준형, 지방자치법상 직무이행명령제도, 고시계 41(5), 1996. 4.

Hans Vietmeier, Die staatlichen Aufgaben der Kommunen und ihrer Organe, 1992.

국문초록

최근 개헌에 관한 다양한 의견 가운데 헌법상 지방자치를 강화하여 이른바 지방분권형 체제가 도입되어야 한다는 의견이 있고, 지방교육자치제도의 강화도 이러한 흐름의 하나로 등장할 가능성이 있다. 대상판결은 주민의 직선으로 선출하는 이른바 진보교육감과 교육부 사이의 교육정책을 배경으로 한 공법적 분쟁과 관련된 것이다. 이른바 '지방교육자치'라는 제도가 헌법에서 보장되는 것인지에 관하여는 논란이 있었는바, 종래의 주류적 견해와 판례는 이 제도를 지방자치와 헌법 제31조 제4항에서 보장되는 교육의 자치라는 이중의 자치가 본질인 것으로 이해한다. 반면, 최근 공법학계에서는 우리 헌법이 교육의 자치 내지 지방교육자치제도 자체를 인정한 것인지에 대하여 비판이 유력하게 제기되고 있다. 이러한 비판적 견해에 의하면 헌법상 인정되는 것은 교육의 자주성이므로 지방자치의 보장을 기본으로 하는 것이므로 교육감의 선출방식이나 교육행정기관의 일반행정기관과의 분리는 입법정책의 문제가 된다.

헌법상의 교육을 받을 권리 등 관련조항이나 비교법적인 검토에 의할 때 교육감이 수행하는 교육사무의 대부분이 국가사무로서 기관위임된 것으로 판단될 가능성이 높다. 이 사안에서 문제되는 교육감 소속 국가공무원에 대한 징계의결요구 신청사무나 징계집행 사무의 경우, 선출직인 교육감의 정치적 성향 등에 따라 교원 또는 교육공무원의 신분이 자의적으로 처리되지 않도록 징계와 관련된 사무의 처리에 있어서도 이를 가능한 일관된 기준에 따라 통일적으로 처리해야 할 필요성이 있는 반면, 교육감에게 소속 공무원들에 대한 지휘·감독권한이 있고, 교육감이 주민의 선거에 의하여 선출된 민주적 정당성이 있다는 점을 고려한다면, 소속 직원에 대한 징계사무의 처리는 교육감 자신의 권한행사를 위하여 필수적인 기능이라는 측면이 부각될 수 있다. 더 나아가 교육사무에 관한 우리 법제의 전반적인 태도가 거의 대부분의 교육감의 사무를 국가사무로 파악하게 하는 현실에서 교육감의 구체적인 권한은 사실상 국가의 관여하에서 유명무실해질 수 있다는 점을 유의해야 할 것이다.

기관위임사무에 대하여는 개별적인 근거나 권한행사의 방식, 구체적인 사무구별의 어려움 등의 문제점이 지적되고 있다. 특히 전통적 견해에 따르면, 일단 어떤 사무가 기관위임사무로 판단되면 주무부장관에 의한 감독권한이 사실상 무제한적으로 인정된다는 점에서 자치권에 대한 심각한 침해로 여겨지고 있다. 반면, 기관위임사무에서의 국가의 감독권한을 지방자치를 존중하는 차원에서 제한적으로 해석하여야 한다는 비판론이 제기되는 바, 필자는 독일에서 기관위임사무의 지시권한이 비례원칙 등을 준수하여야 한다는 견해라든지, 오늘날 공법관계에 있어서 행정기관(행정청)은, 단순히 권리능력의 주체인 법인의 부분이 아니라, 법주체로서 자율적인 조직계획과 업무분담계획, 즉 조직권을 가진다는 Wolff의 입장을 근거로 하여, 기관위임에 있어서 지방자치단체의 장은 주무부장관의 하급기관이 아니라 국가를 대표하는 행정청으로서 해당 권한 및 사무의 처리에 있어서 관할권의 일차적인 수행주체로서 독자적인 권한행사가 이루어져야 할 것이고, 이러한 전제하에서 지방자치법 제167조 제1항은 제한적으로 해석되어야 한다고 주장한다.

대상판결의 경우 직무이행명령의 요건으로서 원고소속 직원들이 감사를 거부한 것이 징계사유에 해당하는지를 위법한 명령에 대한 복종의무, 재량권의 한계 등의 관점에서 검토할 필요가 있다. 대법원은 원고의 신청 없이 한 피고의 징계의결요구는 효력이 없다고 보았는바, 이는 기관위임사무의 감독권을 제한적으로 보아 교육자치법상 부여된 교육감의 권한을 존중하여야 한다는 측면에서 타당하다고 할 것이다. 다만, 일단 적법하게 판단된 직무이행명령의 실효성 확보수단의 측면에서 대상판결은 제도의 취지를 몰각한 측면이 있는바, 입법론적으로 행정심판법 제50조와 같은 직접처분제도나 이행강제금제도 등을 도입하는 방안을 고려할 수 있다.

주제어: 직무이행명령, 지방교육자치, 기관위임사무, 국가의 감독,
　　　　실효성 확보수단

Abstract

Legality and limit of the enforcement order in the Local Autonomy Law -Supreme court decision 2013chu517, 2013chu524

Park, Jae—Yoon*

This case is related with the conflicts on education policy between liberal superintendents of education and the competent minister. It has been a controversy that so—called 'local education autonomy' is ensured by the constitutional law. The constitutional court and the traditional theory regard this institution as 'a double autonomy' which consists of the autonomy of education and these of local government. But according to the newer theory in public law jurisprudence, the constitution does not guarantee the autonomy itself, only such principle, and the question how to form a local education authority depends on legislative policy.

Considering constitutional rights and comparative law, the affairs that are carried out by the educational agency in local district can be decided as agency's delegated affairs(Organleihe). A request for disciplinary action and it's execution by the superintendent concerned in this case need to be handled on a consistent standard, but those are also indispensable basis for the exercise of his power.

The agency's delegated tasks have problems with difficulty of identification, the way of complete, and unlimited supervision by state. From this point of view, this supervisory power is considered as a

---

* Prof. Ph.D. in Law, Chungbuk National University Law School

intrusion of local autonomy, should be interpreted restrictively with the principle of proportionality. In my opinion following German theory of Hans J. Wolff, the local agency with delegated affairs has a own (relative independent) power to deal with those affairs as a competent state agency.

It was reviewed in this study that staffs of the superintendents (plaintiff) should be disciplined for rejecting cooperation in a inspection of the government's auditor. The supreme court ruled that disciplinary decision by committee must be nullified because there was no request for it by the plaintiff. This conclusion could be valid, but undermine the effectiveness and enforceability of enforcement order in the Local Autonomy Law.

Key Words: enforcement order in the Local Autonomy Law, local educational autonomy, agency's delegated affairs(Organleihe), supervision of state, administrative enforcement measure

투고일 2017. 5. 26.
심사일 2017. 6. 13.
게재확정일 2017. 6. 16.

租稅行政法

宗敎團體의 不動産 取得稅 免除要件(尹焌碩)

宗敎團體의 不動産 取得稅 免除要件

尹焌碩*

대법원 2015. 9. 15. 선고 2014두557 판결

I. 사건의 개요	Ⅲ. 해설
Ⅱ. 대상판결의 요지	1. 사안의 쟁점
1. 비영리사업자가 부동산을 그	2. 관련 규정
사업에 사용한다는 의미와	3. '그 용도에 직접 사용'한다는
범위의 판단기준	의미
2. 구성원에게 제공한 사택 등	4. 구성원에게 제공한 사택이나
을 목적사업에 직접 사용한	숙소의 경우
다고 보기 위한 요건	5. 대상판결 사안의 경우
3. 이 사건 아파트의 경우	Ⅳ. 대상판결의 의의

I. 사건의 개요

원고는 천주교 성직자 양성, 제교회의 유지경영 등을 목적으로 하는 종교단체(비영리사업자)이다.

원고는 2011. 4. 6. 성남시 분당구에 위치한 아파트(이하 '이 사건 아파트'라 한다)를 취득하면서, 종교목적을 위한 취득을 이유로 지방세특례제한법 제50조 제1항 본문의 규정에 따른 취득세 감면신청을 하여 이 사건 아파트 취득에 따른 취득세를 면제받았다.[1] 한편 원고는 이 사건

---

* 창원지방법원 통영지원 판사
1) 부동산의 취득세액을 과세표준으로 하는 지방교육세와 농어촌특별세도 면제받았다.

- 263 -

아파트를 수원교구의 성당에 파견한 수녀들의 숙소로 사용하고 있다.

피고는 원고가 이 사건 아파트를 정당한 사유 없이 종교용에 직접 사용하지 아니하였다는 이유로 면제된 취득세를 추징하였다.

Ⅱ. 대상판결의 요지

1. 비영리사업자가 부동산을 그 사업에 사용한다는 의미와 범위의 판단기준

비영리사업자가 부동산을 '그 사업에 사용'한다는 것은 현실적으로 부동산을 비영리사업 자체에 직접 사용하는 것을 뜻한다. '그 사업에 사용'의 범위는 비영리사업자의 사업목적과 취득목적을 고려하여 실제의 사용관계를 기준으로 객관적으로 판단하여야 한다.

2. 구성원에게 제공한 사택 등을 목적사업에 직접 사용한다고 보기 위한 요건

비영리사업자가 구성원에게 사택이나 숙소를 제공한 경우 사택이나 숙소의 제공이 단지 구성원에 대한 편의를 도모하기 위한 것이거나 그곳에 체류하는 것이 직무수행과 크게 관련되지 않는다면 사택이나 숙소는 비영리사업자의 목적사업에 직접 사용되는 것으로 볼 수 없다. 하지만 구성원이 비영리사업자의 사업 활동에 필요불가결한 존재이고 사택이나 숙소에 체류하는 것이 직무수행의 성격도 겸비한다면 사택이나 숙소는 목적사업에 직접 사용되는 것으로 볼 수 있다.

3. 이 사건 아파트의 경우

성당에 파견되어 종교활동을 직접 담당하는 수녀들은 원고의 원활한 사업수행에 필요불가결한 존재이고, 파견된 수녀들의 숙소로 제공된 이 사건 아파트는 그곳에서 지역 교우들을 위한 기도모임이나 교리교육, 미사 등의 종교의식이 이루어지는 등 수녀들의 공동 수도생활 및 전도생활의 공간으로 사용되고 있으므로 원고의 목적사업에 직접 사용되는 부동산이다. 따라서 취득세 추징대상에 해당하지 아니한다고 본 원심[2]의 판단은 정당하다.

Ⅲ. 해설

1. 사안의 쟁점

부동산을 취득하게 되면 그 취득에 따른 취득세를 납부하여야 하지만, 지방세특례제한법 제50조 제1항 본문은 종교 및 제사를 목적으로 하는 단체가 해당 사업에 사용하기 위하여 취득하는 부동산에 대해서는 취득세를 면제한다고 규정하고 있다. 다만 그 단서에서 취득일부터 3년 이내에 정당한 사유 없이 그 용도에 직접 사용하지 아니한 경우에는 면제된 취득세를 추징한다고 규정하고 있어서 '그 용도에 직접 사용'한다는 의미가 문제된다.

또 종교단체의 경우 소유 부동산을 성직자 등 구성원에게 사택이나 숙소로 제공하는 경우가 많은데, 그와 같은 부동산 역시 그 용도에 직접 사용되어 취득세가 면제될 수 있는 경우인지 문제된다.

---

2) 원심인 서울고등법원 2013. 12. 4. 선고 2013누17246 판결 역시 1심인 수원지방법원 2013. 5. 22. 선고 2012구합14232 판결의 이유를 그대로 인용하였다.

2. 관련 규정

■ 구 지방세법(2013. 1. 1. 법률 제11617호로 개정되기 전의 것)
　제7조(납세의무자 등)

① 취득세는 부동산, 차량, 기계장비, 항공기, 선박, 입목, 광업권, 어업권, 골
프회원권, 승마회원권, 콘도미니엄 회원권 또는 종합체육시설 이용회원권
(이하 이 장에서 "부동산등"이라 한다)을 취득한 자에게 부과한다.

■ 구 지방세특례제한법(2011. 12. 31. 법률 제11138호로 개정되기 전의 것)
　제50조(종교 및 제사 단체에 대한 면제)

① 종교 및 제사를 목적으로 하는 단체가 해당 사업에 사용하기 위하여 취득
하는 부동산에 대하여는 취득세를 면제한다. 다만, 수익사업에 사용하는
경우와 취득일부터 3년 이내에 정당한 사유 없이 그 용도에 직접 사용하
지 아니하는 경우 또는 그 사용일부터 2년 이상 그 용도에 직접 사용하지
아니하고 매각·증여하거나 다른 용도로 사용하는 경우 그 해당 부분에 대
하여는 면제된 취득세를 추징한다.

　지방세특례제한법(현행 법령)
　제50조(종교단체 또는 향교에 대한 면제)

① 종교단체 또는 향교가 종교행위 또는 제사를 목적으로 하는 사업에 직접
사용하기 위하여 취득하는 부동산에 대해서는 취득세를 면제한다. 다만,
다음 각 호의 어느 하나에 해당하는 경우 그 해당 부분에 대해서는 면제
된 취득세를 추징한다.

　　1. 수익사업에 사용하는 경우

2. 정당한 사유 없이 그 취득일부터 3년이 경과할 때까지 해당 용도로 직
접 사용하지 아니하는 경우

3. 해당 용도로 직접 사용한 기간이 2년 미만인 상태에서 매각·증여하거
나 다른 용도로 사용하는 경우

3. '그 용도에 직접 사용' 한다는 의미

가. 종교단체 등에 대한 취득세 면제 규정의 연혁

◙ 구 지방세법(1973. 3. 12. 법률 제2593호로 개정되기 전의 것)

　제107조(용도구분에 의한 비과세)

　다음 각 호의 1에 해당하는 것에 대하여는 취득세를 부과하지 아니한다. 단, 취득일로부터 6월내에 정당한 사유 없이 그 용에 공하지 아니한 경우에는 예외로 한다.

1. 대통령령으로 정하는 제사, 종교, 자선, 학술, 기예 기타 공익을 목적으로 하는 사업자가 <u>오로지 그 사업의 용</u>에 공하는 취득

◙ 구 지방세법(1995. 12. 6. 법률 제4995호로 개정되기 전의 것)

제107조(용도구분에 의한 비과세)

　다음 각 호의 1에 해당하는 것(제112조제2항의 규정에 의한 과세대상을 제외한다)에 대하여는 취득세를 부과하지 아니한다. 다만, 대통령령이 정하는 수익사업에 사용하는 경우와 취득일부터 1년(제1호의 경우에는 3년)이내에 정당한 사유 없이 취득물건의 전부 또는 일부를 그 사업에 직접 사용하지 아니한 경우에는 그 부분에 대하여는 취득세를 부과한다.

1. 제사·종교·자선·학술·기예 기타 공익사업을 목적으로 하는 대통령령으로 정하는 비영리사업자가 <u>그 사업에 직접 사용하기 위한 부동산</u>의 취득

◙ 구 지방세법(2000. 12. 29. 법률 제6312호로 개정되기 전의 것)

제107조(용도구분에 의한 비과세)

　다음 각 호의 1에 해당하는 것(제112조제2항의 규정에 의한 과세대상을 제외한다)에 대하여는 취득세를 부과하지 아니한다. 다만, 대통령령이 정하는 수익사업에 사용하는 경우와 취득일부터 1년(제1호의 경우에는 3년)이내에 정당한 사유 없이 취득물건의 전부 또는 일부를 <u>그 사업에 사용하지 아니한 경우</u>에는 그 부분에 대하여는 취득세를 부과한다.

1. 제사·종교·자선·학술·기예 기타 공익사업을 목적으로 하는 대통령령으로
   정하는 비영리사업자가 <u>그 사업에 사용하기 위한 부동산</u>의 취득
▣ 구 지방세법(2010. 3. 31. 법률 제10221호로 개정되기 전의 것)
제107조(용도구분에 의한 비과세)
　　　다음 각 호의 1에 해당하는 것(제112조제2항의 규정에 의한 과세대상을
제외한다)에 대하여는 취득세를 부과하지 아니한다. 다만, 대통령령이 정하는
수익사업에 사용하는 경우와 취득일부터 1년(제1호의 경우에는 3년) 이내에 정
당한 사유 없이 그 용도에 직접 사용하지 아니하는 경우 또는 그 사용일부터 2
년 이상 그 용도에 <u>직접 사용하지 아니하고</u> 매각하거나 다른 용도로 사용하는
경우 그 해당 부분에 대하여 취득세를 부과한다.
1. 제사·종교·자선·학술·기예 기타 공익사업을 목적으로 하는 대통령령으로 정
　　하는 비영리사업자가 <u>그 사업에 사용하기 위한 부동산</u>의 취득

　　　과거 구 지방세법(1973. 3. 12. 법률 제2593호로 개정되기 전의 것) 제
107조 제1호는 비영리사업자의 "오로지 그 사업의 용에 공하는 취득"에
대하여는 취득세를 비과세한다고 규정하고 있었으므로 건물 1채를 취
득하여 그 중 일부만을 사업자가 사용하고 나머지는 다른 사람에게 임
대하여 그 수익으로서 건물의 유지관리나 사업목적을 위한 필요자금으
로 사용3)하게 되면 비과세의 혜택을 받을 수 없었다.
　　　그 이후 구 지방세법 제107조 제1호는 1973. 3. 12. 법률 제2593호
로 '오로지'라는 요건을 삭제하고, 비영리사업자가 그 사업에 직접 사용
하기 위한 취득에 대하여는 비과세하는 것으로 개정되었으나, 1995. 12.
29. 법률 제5109호로 다시 '직접'이라는 요건을 삭제하고, 비영리사업자
가 그 사업에 사용하기 위한 부동산의 취득에 대하여 비과세하는 것으

---

　3) 오로지 그 사업의 용에 공하는 취득이라 함은 건물 한 채를 취득한 경우에 그 건
　　물 전부를 모두 그 사업을 위하여 직접적으로 그 용도에 제공하는 경우를 말한다
　　(대법원 1964. 6. 16. 선고 63누169 판결 참조).

로 개정되었다(단서 역시 정당한 사유 없이 취득물건의 전부 또는 일부를 그 사업에 사용하지 아니한 경우에 그 부분에 대하여 취득세를 부과할 수 있다고 개정되었다). 이에 대하여 판례는 그 조문의 개정에도 불구하고 구 지방세법(2000. 12. 29. 법률 제6312호로 개정되기 전의 것) 제107조 제1호 본문과 단서에서의 '그 사업에 사용'한다고 함은 현실적으로 당해 부동산의 사용용도가 비영리사업 자체에 직접 사용되는 것을 뜻한다고 보았다.4) 당시 내부부(현 행정안전부)에서는 종교단체에 대한 비과세 범위를 다음과 같이 정하였다.5)

> 종교단체가 담임목사 등 성직자의 주거용으로 사용하기 위한 사택의 목적으로 취득하는 부동산에 대하여는 취득세를 비과세하되 그 기준은 다음과 같다.
> 성직자의 범위
> • 가톨릭: 신부·수녀·수사, • 대한성공회: 신부·부제·전도사, • 대한예수교장로회 등: 목사·부목사·전도사, • 구세군: 사관, • 전도관: 관장·부관장·전도사, • 천도교: 교역자, • 대순진리회: 선감·교감·보정, • 불교: 승려·법사, • 원불교: 교무

　　구 지방세법 제107조는 2000. 12. 29. 법률 제6312호로 정당한 사유 없이 그 용도에 직접 사용하지 아니한 경우에는 취득세를 부과할 수 있는 것으로 다시 개정되었고, 2010. 10. 31. 법률 제10221호로 지방세법이 전부 개정되면서 종교단체 등 비영리사업자에 대한 취득세 면제에 관하여는 지방세특례제한법이 규정하고 있다.

　　지방세법에서 규정하고 있을 때에는 비영리법인의 목적사업용 취득 부동산에 관하여 비과세를 원칙으로 하고, 예외적으로 수익사업에 사용하거나 정당한 사유 없이 용도에 (직접) 사용하지 아니하는 경우에 취득세를 부과할 수 있었다. 지방세특례제한법은 면세로 전환하고,6) 일

---

4) 대법원 2002. 10. 11. 선고 2001두878 판결 참조.
5) 1996. 2. 6. 내무부 세정 13430-58 참조.

정한 경우 면제 받은 세액을 추징할 수 있도록 정하고 있다.[7]

나. 취득세를 면제받기 위한 요건으로서 목적사업에의 직접 사용

지방세특례제한법 제50조 제1항에 의하여, 취득세를 면제받기 위해서는 ① 종교 및 제사를 목적으로 하는 단체가 부동산을 취득하여야 하고, ② 그 부동산을 해당 사업에 사용하기 위하여 취득한 후 그 용도에 직접 사용하여야 한다.

종교단체에 취득세를 감면하여 주는 취지는 그에 의하여 수행되는 사업의 공익성을 감안하여 보편적 문화인 종교 등이 사회적 기능과 역할을 원활히 수행할 수 있도록 지원[8]을 하려는 데에 있다. 이와 같은 취지에 비추어 볼 때, 종교단체가 사업에 직접 사용하기 위하여 취득한 부동산이 아니거나 직접 사용하기 위하여 취득한 부동산을 수익사업에 사용하거나 일정한 기간[9] 내에 정당한 사유[10] 없이 해당 용도로 직접

---

6) 지방세특례제한법은 제2절 사회복지를 위한 지원에서 노인복지시설, 사회복지시설, 의료기관 등의 취득세 경감을, 제3절 교육 및 과학기술 등에 대한 지원에서 학교, 학술연구단체, 박물관 등의 취득세 경감을, 제4절 문화 및 관광 등에 대한 지원에서 종교단체, 향교, 문화예술단체 등의 취득세 경감을 각 규정하고 있다.

7) 비과세는 처음부터 과세대상에 포함되지 아니하나 면세는 과세대상에는 포함되나 법률에서 정한 일정한 요건을 해당하는 경우 납세의무가 면제된다. 한편 우리나라에서는 주무관청의 인·허가 등을 통해 종교법인으로서의 법인격을 취득하면 바로 세제혜택을 받을 수 있다. 일본도 우리나라와 유사하다고 한다. 이와 달리 미국에서는 이른바 면세승인제도, 즉 과세관청의 개별심사를 통과한 경우에만 종교법인으로서 세제혜택을 받을 수 있다고 한다. 일본, 미국의 경우에 대해서는 김동복, 종교법인의 과세제도에 관한 문제점과 선진화 방향, 토지공법연구 제33집, 한국토지공법학회, 제266-277쪽 참조.

8) 판례는 조세특례제한법 제50조 제1항의 제사를 목적으로 하는 단체 역시 종교와 유사한 사회적 기능과 역할을 수행하기 위한 제사를 주된 목적으로 하는 단체를 의미한다고 본다. 따라서 그 주된 기능과 역할이 특정한 범위의 후손들을 위한 것에 그치고, 종중 재산의 보존·관리, 종원 상호 간의 친목 등 제사 이외에 다양한 목적을 위하여 구성되는 자연발생적인 종족집단인 종중은 제사를 목적으로 하는 단체로 볼 수 없어서 취득세 감면 혜택을 받을 수 없다(대법원 2016. 2. 18. 선고 2015두40958 판결 참조).

사용하지 아니하는 경우에는 취득세를 면제받을 수 없다.

부동산을 그 용도에 직접 사용한다는 의미는 현실적으로 해당 목적사업에 직접 사용하는 의미로 이해할 수 있다. 여기서 사업에 사용에 하는지 여부는 종교단체의 사업목적과 부동산의 취득목적11)을 고려하여 실제의 사용관계를 기준으로 객관적으로 판단하여야 하고,12) 정관

---

9) 일정한 기간 내에 사업의 용도에 직접 사용하였다면 그 후 매각하거나 임대 등 다른 용도로 사용하더라도 취득세를 부과할 수 없다(대법원 2013. 3. 28. 선고 2012두26678 판결 참조).

10) 여기서 정당한 사유에는 법령에 의한 금지, 제한 등 그 비영리사업자가 마음대로 할 수 없는 외부적인 사유는 물론 고유업무에 사용하기 위한 정상적인 노력을 다 하였으나 시간적인 여유가 없어 유예기간을 넘긴 내부적인 사유도 포함된다(대법원 2013. 9. 12. 선고 2012두20311 판결 참조, 지방자치단체의 민원해결요구에 따라 수차례의 민원을 해결하느라 교회건물 신축공사에 착수하지 못한 사안). 다만 비영리사업자가 토지를 취득하여 등기할 당시 3년 이내에 그 사업 내지 고유업무에 직접 사용할 수 없는 법령상의 장애사유가 있음을 알았거나 설사 몰랐다고 하더라도 조금만 주의를 기울였더라면 그러한 장애사유의 존재를 쉽게 알 수 있었다면 특별한 사정(취득 전에 법령상의 장애사유가 충분히 해소될 가능성이 있었고, 실제 그 해소를 위하여 노력하여 이를 해소하였는데 예측하지 못한 전혀 다른 사유로 그 사업에 사용하지 못하게 된 경우 등)이 없는 한 그 법령상의 장애사유는 토지를 업무에 직접 사용하지 못한 것에 대한 정당한 사유가 될 수 없다(대법원 2002. 9. 4. 선고 2001두229 판결 참조, 지방세특례제한법 제정 이전 구 지방세법 제127조 제1항과 관련된 사안).

11) 학교법인이 창업보육센터 사업자로서 학생 등 구성원이 아닌 일반인을 대상으로 창업의 성공 가능성을 높일 수 있도록 경영, 기술분야에 대한 지원활동을 하면서 창업자를 위한 시설과 장소로 소유 부동산을 제공하는 경우에는 특별한 사정이 없는 한 교육사업에 직접 사용하는 것으로 볼 수 없다(대법원 2015. 5. 14. 선고 2014두45680 판결, 원심인 서울고등법원 2014. 10. 24. 선고 2013누52560 판결은 창업보육센터를 설립하고 입주자들에게 지도교수를 배정하여 멘토링 및 교육을 실시하고 경영·기술을 지원하는 것 역시 목적사업에 부합하고, 입주자들로부터 실비 이상의 비용을 지급받지 아니하여 영리 목적으로 운영하였다고 보기 어려운 점 등을 들어 취득세를 면제받을 수 있다고 판단하였다). 학교법인이 소유건물을 임대 보증금 이외의 사실상 수입에 해당되는 거액의 장학기금을 수령하면서 임대하였고, 다른 외부시설의 이용료와 비교하여 현저히 싸지도 아니한 경우에는 학교법인이 건물을 목적사업이 아닌 수익사업에 사용하였다고 볼 수 있다(대법원 2002. 4. 26. 선고 2000두3238 판결 참조).

규정은 이를 판단함에 있어 하나의 참고자료에 지나지 아니한다.13) 일정한 기간 내에 목적사업 수행을 위하여 취득 부동산을 실제 사용하여야 하므로 부동산을 사용하지 아니하고 관리14)하는 데에 그친다면 취득세 면제 혜택을 부여 받을 수 없다.

특히 종교단체의 경우 종교의식을 위하여 직접 사용되는 부분뿐 아니라 그러한 종교시설에 필수적으로 수반되는 편의시설이나 부대시설15) 역시 목적사업을 수행함에 합리적으로 필요한 범위 내에서의 사용16)이라면, 그 시설이 있는 부동산을 목적사업에 사용한다고 볼 수 있다.

---

12) 대법원 1996. 1. 26. 선고 95누13104 판결, 대법원 2002. 10. 11. 선고 2001두878 판결, 대법원 2005. 12. 23. 선고 2004다58901 판결, 대법원 2006. 1. 13. 선고 2004두9265 판결, 대법원 2009. 6. 11. 선고 2007두20027 판결 등 참조.

13) 건물과 부지가 정관상 수익용 기본재산으로 되어 있다고 하더라도 비영리사업자가 목적사업에 직접 사용하기 위하여 취득하고 또 실제로 직접 사용하고 있다면 취득세의 부과대상이 아니다(대법원 1986. 7. 22. 선고 86누36 판결 참조).

14) 향교재단이 향교관리인으로 하여금 문묘의 관리·보전, 석전대제 봉행의 준비 등 향교를 관리하는 일을 하게하고 그 대가로 토지를 무상으로 경작하도록 한 사안에서, 그 토지를 현실적으로 제사 등의 목적사업에 직접 사용하였다고 볼 수 없다(대법원 2002. 10. 11. 선고 2001두878 판결 참조). 종교단체가 운영하는 납골당에 인접한 토지이나 경계 부분에 철제울타리를 설치하여 납골당과는 서로 공간을 분리하고 있고, 그 토지에 종교 관련 시설 등 일체의 인공적인 시설을 전혀 설치하지 아니하고 있는 경우에는 목적사업에 직접 사용하였다고 보기 어렵다(대법원 2011. 10. 27. 선고 2009두11171 판결 참조).

15) 종교단체가 운영하는 납골당 부지의 경우 종교의식에 따른 장례절차 수행 및 종교행사 등을 통하여 신봉하는 종교를 널리 알릴 수 있어서 납골당 부분과 추모시설에 필수적으로 수반되는 부대시설인 노인복지시설, 조경시설, 주차장, 진입도로 등은 모두 원고 목적 수행에 필요한 시설이다(대법원 2011. 10. 27. 선고 2009두11171 판결 참조).

16) 교회가 주차장으로 사용하기 위해 취득한 토지에 관하여, 단독주택 밀집지역에 위치한 교회의 경우 적정 규모의 주차공간을 확보하는 것은 주민들과의 마찰을 피하면서 목적사업이 종교활동을 영위함에 합리적으로 필요하므로 그 주차장은 비과세대상에 해당한다(대법원 2008. 6. 12. 선고 2008두1368 판결 참조).

4. 구성원에게 제공한 사택이나 숙소의 경우

가. 적용범위의 확대

종교단체를 비롯하여 비영리사업자가 구성원에게 사택이나 숙소로 제공하기 위하여 부동산을 취득하는 경우가 많은데, 엄격하게 보면 그 부동산은 주거용으로 사용되는 것이고 목적사업 자체에 사용되는 것은 아니다.

그런데 판례는 감면요건 규정 가운데에 명백히 특혜규정이라고 볼 수 있는 것은 엄격하게 해석해야 한다는 입장17)을 취하면서도, 아래에서 보는 바와 같이 일부 구성원에게 제공한 사택 등의 경우에는 사업에 사용하는 것으로 보아 그 비과세 또는 면제규정의 적용범위를 확대하고 있다.

나. 판례 사안

1) 종교단체
가) 성당 신부와 수녀의 사택
(1) 특수사목 신부 : 직접 사용 ○

종교단체가 취득한 토지 지상에 지상 10층 규모의 부산 가톨릭센터 건물과 사제관이 위치하고 있고, 인접한 토지와는 담장과 출입문으로 구획되어 있는데 사제관 중 일부를 특수사목 신부들이 사용한 사안에서, 특정 단체나 분야를 위해서 수행될 특수사목 역시 중요한 형태의 선교활동으로 본당 중심의 선교활동과 본질적으로 차이가 없고, 특정 대상이나 분야를 전체적으로 망라하여 보게 되면 결국 특수사목들을 통

---

17) 대법원 1998. 3. 27. 선고 97누20090 판결, 대법원 2002. 4. 12. 선고 2001두731 판결, 대법원 2003. 1. 24. 선고 2002두9537 판결, 대법원 2004. 5. 28. 선고 2003두7392 판결, 대법원 2007. 10. 26. 선고 2007두9884 판결, 대법원 2008. 6. 12. 선고 2008두1368 판결, 대법원 2011. 1. 27. 선고 2010도1191 판결 등 참조.

해 교구 전체를 대상으로 선교활동을 펼치고 있다고 볼 수 있으므로 특수사목 사제들 또한 본당사목과 마찬가지로 종교활동에 필요불가결한 중추적인 역할을 수행하고 있다고 보았다.[18]

(2) 은퇴한 신부 : 직접 사용 ×

주임신부에서 은퇴한 후 생활할 사택으로 사용하기 위하여 취득한 아파트가 비과세대상이 되는지 여부와 관련하여, 정규 직무에서 은퇴한 이상 은퇴 신부가 신자들을 위한 향심기도를 지도하는 사목활동을 계속하고 있다 하더라도 그것이 직무의 성격을 갖는다고 보기 어렵다는 취지에서 종교법인의 종교활동에 필요불가결한 중추적 지위에 있다고 할 수 없다고 판단한 원심의 판단은 정당하다고 보았다.[19]

(3) 파견 수녀 : 직접 사용 ○

수녀회의 수녀들을 초등학교의 교장, 교사, 사서강사, 종교강사 등으로 파견한 후 그들의 사택으로 이용할 목적으로 초등학교에서 다소 떨어진 거리에 위치한 아파트를 취득한 사안에서, 수녀들은 선교사업 및 봉사와 애덕의 실천이라는 결성목적의 달성을 위하여 초등학교 등의 교육사업 지원을 수행하는 데 필요불가결한 존재이므로, 수녀원 본원과 동일한 구내에 있지 아니하고 떨어져 있다 하더라도 수녀회의 사업 자체에 직접 사용된 것으로 보아야 한다는 원심의 판단이 부당하다는 피고의 상고를 기각(심리불속행)하였다.[20]

나) 교회 목사의 관사

(1) 담임목사 : 직접 사용 ○

교회의 경내에 있지 아니하고 교회 건물과 떨어져 있는 교회 담임목사의 목사관이 비과세대상이 될 수 있는지가 문제된 사안에서, 교회

---

18) 대법원 2015. 11. 26. 선고 2015두48495 판결 참조.
19) 대법원 2009. 6. 11. 선고 2007두20027 판결 참조.
20) 대법원 2007. 2. 22. 선고 2006두18874 판결(원심 : 대구고등법원 2006. 11. 10. 선고 2006누973 판결)

의 대표자인 담임목사는 교회가 종교·자선 등 목적사업을 수행함에 있어서 필요불가결한 중추적 존재라고 할 것이므로 대표자인 담임목사의 유일한 주택으로 사용하는 경우 교회의 목적사업에 직접 사용하는 것과 다름없다고 보았다.21)

(2) 부목사, 강도사, 전도사 : 직접 사용 ×

교회의 부목사, 강도사, 전도사 등에게 사택으로 제공된 아파트에 대해서는 그들이 교회의 목적사업을 수행함에 있어 필요불가결한 중추적 존재라고 할 수 없고, 그들의 아파트 사용은 교회의 목적사업에 직접 사용하는 것이라 단정할 수 없다고 보았다.22) 나아가 부목사가 위임목사와 마찬가지로 목사안수를 받은 교역자의 지위를 가지고 있고, 교회의 신도수가 많아 부목사 7인이 위임목사를 보좌하여 목회행정을 분담하고 있더라도 교회의 종교활동에 필요불가결한 중추적인 지위에 있다고 할 수 없다.23)

(3) 대표선교사 : 직접 사용 ×

불어권 지역에 대한 선교활동을 목적으로 설립된 사단법인의 임원인 대표선교사의 사택으로 아파트를 사용한 사안에서, 법인의 대표자는 이사장이고, 임원 중 하나인 대표선교사는 이사회의 지휘를 받아 선교회 본부의 업무를 관장하고 집행하는 기관에 불과하고, 불어권 지역에 대한 선교활동과 관련된 종교사업에 사택 제공이 반드시 필요하다고 보이지 않는 점 등을 종합하여 볼 때, 대표선교사는 종교사업을 수행함에

---

21) 대법원 1983. 11. 22. 선고 83누456 판결 참조.
22) 대법원 1986. 2. 25. 선고 85누824 판결, 대법원 1989. 9. 26. 선고 89누4598 판결 참조, 대법원 1997. 12. 12. 선고 97누14644 판결, 대법원 2009. 5. 28. 선고 2009두4708 판결 등 참조.
23) 대법원 1989. 11. 14. 선고 89누2608 판결 참조(원심인 부산고등법원 2009. 2. 6. 선고 2008누2705 판결은 대형화된 교회에서는 부목사의 도움 없이 담임목사 혼자서 교회의 본질적인 업무를 수행하는 것이 불가능하므로 부목사는 종교 사업에 필요불가결한 존재이고, 부목사에게 사택을 제공하는 것은 목적사업인 예배와 포교에 필수적으로 수반되는 것이라고 판단하였다).

있어 필요불가결한 중추적 지위에 있다고 보이지 않고, 사업목적을 고려하더라도 그 사업에 직접 사용되는 것이라 할 수 없다고 보았다.[24]

2) 종교단체 아닌 비영리사업자

가) 대학교 총장 및 교원의 관사

(1) 대학교 총장의 관사 : 직접 사용 ○

학교법인이 산하 대학교의 총장의 관사로 사용하기 위하여 대학교 부지 내에 있지 아니하고 시내에 위치한 아파트를 취득한 사안에서, 총장이 거기에 거주하면서 각종 업무를 보고 있고, 대학교의 목적사업을 수행하는 데에 필요불가결한 중추적인 지위에 있다고 판단한 원심의 판단은 정당하다고 보았다.[25]

(2) 대학교 외국인 교원 : 직접 사용 ×

외국어 교육 환경을 개선하고 대학교육의 국제화 추세에 부응할 목적 등에서 외국인 교원을 충원하였고, 서울이 아닌 지역에 위치하고 있어 외국인 교원의 주거 편의를 제공하고자 오피스텔을 취득한 사안에서, 외국인 교원의 지위와 근무현황, 오피스텔의 위치와 취득 목적 등에 비추어, 외국인 교원들이 목적사업인 대학교육에 필요불가결한 중추적인 지위에 있다거나 그들이 오피스텔에 체류하는 것이 직무 수행의 성격을 겸비하는 것으로는 볼 수 없으므로 원고의 목적사업에 직접 사용되는 것으로 보기 어렵다고 보았다.[26]

나) 간호사 등의 기숙사 : 직접 사용 ○

의료법인이 간호사 등의 기숙사로 사용하고자 아파트를 취득한 사

---

24) 대법원 2012. 5. 24. 선고 2011두15183 판결 참조(원심인 서울고등법원 2011. 6. 1. 선고 2010누45394 판결은 이사회의 지휘를 받아 선교회 본부의 업무를 관장하는 대표선교사의 임무가 종교사업을 수행함에 있어 필요불가결한 요소이고, 대표선교사의 임기가 만료될 무렵 숙소에서 퇴거하였다는 사정 등을 들어 대표선교사의 사택을 비영리사업인 종교사업의 용도에 직접 사용한 것으로 판단하였다).
25) 대법원 2005. 12. 23. 선고 2004다58901 판결 참조.
26) 대법원 2014. 3. 13. 선고 213두21953 판결 참조.

안에서, 지방출신 간호사나 여자 일반직원을 계속적, 안정적으로 고용하고, 야간에 입원환자나 응급환자를 위하여 간호사를 대기시켜야 하는 병원 경영상의 필요성과 그 종업원들을 위한 후생복리의 측면에서 기숙사를 마련하고자 하였으나 병원의 구내와 인근에는 기숙사를 지을 만한 땅을 구할 수 없어 부득이 병원에서 1.5킬로미터 정도 떨어진 아파트 취득하여 간호사와 여자 일반직원들에게 기숙사로 무료로 제공한 사안에서, 간호사와 일반사무직원들은 병원의 구성원으로서 필요불가결한 존재이고, 그들에게 기숙사로 제공한 아파트는 법인의 목적사업에 직접 사용하는 재산으로 보았다.27)

다) 보육시설 내 시설장의 주거시설 : 직접 사용 ×

사회복지법인이 건물을 신축하여 지하 1층 및 지상 1, 2층은 보육시설로 사용하고 지상 3층은 보육시설 시설장이 가족과 함께 거주한 사안에서, 원고의 보육시설은 영유아를 수용하는 시설이 아니라 위탁보육하는 시설로서 시설장이 반드시 기거하여야 하는 것은 아니므로 보육사업에 직접 사용되고 있는 것이 아니라 주거용으로 사용되고 있는 것에 불과하다고 본 원심의 판단은 정당하다고 보았다.28)

3) 소결

이상의 판례들을 종합하여 보면, 취득 부동산의 사용자가 비영리사업자의 목적사업을 수행하는 데에 필요불가결한 중추적인 지위에 있는지를 기준으로 하여 부동산의 직접 사용 여부를 판단한다. 구성원의 단체 내 지위와 역할, 제공되는 사택의 위치나 규모 등은 필요불가결한 중추적인 지위 여부와 목적사업에의 직접 사용 여부를 판단할 때에 고려될 수 있는 요소들이다.

이에 의하면, 종교단체가 취득 부동산을 종교의식, 종교교육, 선교활동 등에 사용하는 경우뿐만 아니라 종교활동 등을 위해 반드시 존재

---

27) 대법원 1992. 9. 22. 선고 92누7351 판결 참조.
28) 대법원 2003. 4. 8. 선고 2002두11684 판결 참조.

하여야 하는 필요불가결한 중추적인 지위에 있는 사람의 주거용으로 사용하는 경우도 목적사업에 부동산을 직접 사용하는 경우에 해당한다. 목적사업에 직접 사용되지 않았다고 본 사안들은 그와 같은 사택이 목적사업과의 연관성이 없거나 적고 오히려 가족 주거용 주택과 같이 사용자의 개인적인 공간으로서 기능하는 부분이 크고, 목적사업을 수행함에 사택제공이 필수적이지 아니한 경우들이다.

다. 판례에 대한 평가

기존 판례 사안들에 비추어 보면, 판례는 비영리사업자가 취득한 부동산을 구성원이 주거용으로 사용하는 경우 사용 주체를 기준으로 면제규정의 적용 여부를 판단한다. 즉 사용 주체가 비영리사업자의 목적사업을 수행하는 데에 필요불가결한 중추적인 지위에 있다면, 그 주거용으로서의 사용은 목적사업에의 직접 사용에 해당한다고 본다.

지방세특례제한법 제50조 제1항은 종교단체가 종교행위를 목적으로 하는 사업에 직접 사용하기 위하여 취득하는 부동산에 대해서는 취득세를 면제한다고 규정하고 있다. 종교단체가 취득한 부동산을 사용하는 주체는 거의 종교단체의 구성원이므로, 그 구성원이 종교행위를 목적으로 하는 사업에 해당 부동산을 직접 사용하는지 여부가 취득세 면제기준이 될 수 있다. 구성원이 부동산을 주거용으로만 사용하는 경우에는 종교행위를 목적으로 하는 사업에 해당 부동산을 직접 사용한다고 보기 어렵다. 목적사업에 직접 사용한다는 것은 현실적으로 목적사업 자체에 사용하는 것29)이라 할 것이기 때문이다. 종교단체의 부동산 취득세 감면과 관련된 요건들은 '오로지 사용', '직접 사용', '사용', '직접 사용'순으로 변경되어 왔으므로 현행 법령에서의 '직접 사용'은 과거의 단순 '사용'보다는 분명 그 감면규정의 적용 범위가 좁다.

---

29) 대법원 2002. 10. 11. 선고 2001두878 판결 참조. 판례는 법령에서 '직접' 요건이 삭제된 경우에도 위와 같이 해석하였다.

또한 앞서 본 바와 같이 종교단체에 부동산 취득세를 면제하여 주
는 취지는 보편적 문화인 종교 등이 사회적 기능과 역할을 원활히 수행
하도록 지원하려는 데에 있으므로 법에서 명문으로 규정하고 있지 아니
하다면 특정한 지위에 있는 구성원의 주거용 부동산에 대하여 언제나
취득세를 면제하여야 주어야 할 특별한 이유를 찾기 어렵다. 특정 구성
원의 주거만을 위하여 사용되는 부동산이 종교단체가 목적사업을 수행
함에 합리적으로 필요한 범위 내에서 사용하는 부동산이라 보이지도 아
니한다. 그럼에도 판례가 목적사업을 수행하는 데에 필요불가결한 중추
적인 지위에 있는 구성원이 주거용으로 사용하는 부동산을 면제대상으
로 보고 있는 이유는 현실적으로 종교단체가 목적사업의 원활한 수행을
위하여 구성원에게 주거용 부동산을 제공하는 경우가 많기 때문으로 보
인다. 조세법률주의의 원칙상 조세법규의 해석은 특별한 사정이 없는
한 법문대로 해석하여야 하고, 특히 감면요건 규정 가운데에 명백히 특
혜규정이라고 볼 수 있는 것은 엄격하게 해석하는 것이 조세공평의 원
칙에 부합한다고 보는 기존의 판례30)에 비추어 볼 때, 위와 같은 판례
의 입장은 다소 의문이 든다. 현실적으로 감면의 필요성이 있다면 입법
을 통하여 해결하여야 하고, 과거와 같이 하위 법령에서 종교별로 어느
직위의 구성원에 대한 사택 제공을 위한 부동산의 취득이 면제대상에
해당하는지 규정하는 방법을 고려할 수 있다. 종교의 다양성을 고려하
면 그와 같이 규정하는 것이 쉬운 일이 아닐 것이다.

대한민국헌법 제20조는 종교의 자유(제1항)와 국교 불인정(제2항)을
규정하고 있다. 종교마다 구성원과 그 역할이 제각각일 수 있다. 기존
판례와 같이 과세요건(비과세요건 포함)의 해석기준으로서 법문에서 정하
고 있지 아니한 새로운 요건을 도입하게 되면 ─ 특히 그 요건마저 일
의적인 의미를 가지지 아니하고, 개별 사안에 따라 구체적으로 검토해

---

30) 대법원 2008. 2. 15. 선고 2006두8969 판결 등 참조.

보아야 한다면 - 과세범위가 불분명해질 수 있다. 결국 대부분의 경우
에 법원이 판단을 내리기 전까지 과세여부(추징여부)가 결정되지 아니하
는 불안정한 상황이 발생할 수도 있다. 종교법인의 부동산 취득에 관한
과세는 엄격하게 해석할 필요가 있다.

한편 대상판결은 기존 판례들과는 조금 다른 기준을 제시했다고
평가할 수 있는데 그에 대해서는 항을 바꾸어 살펴보기로 한다.

5. 대상판결 사안의 경우

원고는 수원교구에 속하는 제교회의 유지경영 등을 목적으로 하는
종교단체이고, 수원교구에 파견된 수녀들의 숙소로 사용하기 위하여 이
사건 아파트를 취득하였다.

그런데 기존 판례의 이론을 그대로 적용하면 이 사건 아파트는 면
세대상이 아니라 볼 수 있다. 종교단체는 성직자 등의 구성원에 의한
종교의식과 전교활동 등을 통하여 목적사업을 수행한다. 맡은 역할에
따라 구성원이 목적사업을 수행하는 데에 필수불가결한 중추적인 지위
에 있는지 여부를 판단하게 된다. 원고는 수녀회 소속 수녀들을 파견
받아 수원교구의 복음화에 적극 협력하고 주임사제의 사목활동을 보좌
하는 직책을 수행하도록 하였다. 복음화 등은 본당 내의 종교의식뿐만
아니라 본당 밖의 봉사활동 등을 통하여 이루어질 수 있고, 기도생활
등은 원고 목적사업의 토대가 되는 중요한 사항이므로 수녀들이 이와
같은 활동들을 하는 이상 목적사업을 수행하는 데에 필수불가결한 존재
라고 볼 수는 있다. 하지만 원고는 수녀들로 하여금 주임사제의 사목활
동을 보좌하도록 하였고, 실제 미사집전 등 종교의식은 주임사제에 의
해서 이루어지기 때문에 목적사업의 필수불가결한 존재를 넘어 중추적
인 존재라고 보기에는 다소 어려울 수 있다. 앞서 본 바와 같이 판례는
교회의 부목사는 목적사업의 필수불가결한 중추적인 존재라고 보기는

어렵다고 보았다.

대상판결은 구성원이 필수불가결한 중추적인 지위에 있는지를 우선적으로 판단하지 아니하였다. 이 사건의 수녀들은 모두 천주교에 귀의하여 독신생활을 하고 있으므로 가족과 생활하기 위한 개인적인 용도의 주택은 필요하지 아니하고, 수녀들이 거주하는 공간은 공동 수도생활 공간으로서 기능을 할 가능성이 높기 때문에 제공받은 사택에 거주하더라도 그 사택은 사적 공간으로서의 성격이 강하지 아니하다(원고는 성직자 양성을 그 목적으로 하기 때문에 그 목적에도 부합한다). 수녀들은 이 사건 아파트를 단순히 주거용으로만 사용하지 아니하고, 지역 교우들을 위한 기도모임이나 교리교육, 미사 등의 종교의식, 수녀들의 공동 수도생활 및 전도생활 공간으로 사용하였으므로 원고의 목적사업을 수행하기 위하여 필요한 직무도 하였다. 이러한 사정을 종합하여 이 사건 아파트가 원고의 목적사업에 직접 사용되고 있다고 보았다.

대상판결의 의미는 구성원이 제공받은 사택 등에서 실제 업무수행을 하고 있고 그러한 업무수행이 합리적인 필요성에서 비롯되었다면, 그 구성원이 필요불가결한 중추적인 지위에 있지 아니하더라도 취득세 면제대상에 해당할 수 있다고 이해할 수 있다. 부동산의 실질적인 사용용도를 취득세 면제대상의 기준으로 제시하였다고 평가할 수 있다. 다만 필요불가결한 존재라는 표현을 사용하고 있어 종전의 기준을 완전히 포기하였다고 보기는 어렵다. 대상판결의 의미를 확대한다면, 구성원에 대한 사택 등의 제공이 단순히 구성원에 대한 편의를 도모하기 위한 것이거나 구성원이 주거를 목적으로만 거주할 뿐 그곳에서의 거주가 업무수행과 크게 관련되지 아니한다면[31] 필요불가결한 중추적인 지위에 있는 구성원이라 하더라도 그 부동산이 목적사업에 사용되는 것이라 볼 수 없다.

---

31) 대법원 2014. 5. 29. 선고 2014두35454 판결 참조(대덕연구개발특구 등의 육성에 관한 특별법에 따른 부동산 취득세 면제가 문제된 사안).

취득 당시는 물론 일정기간 이상 면제 요건을 충족하여야 한다. 종교법인이 구성원으로 하여금 사택 등에서 업무수행을 하도록 하는 등 목적사업에 직접 사용하고 있는지 여부는 지속적인 조사 및 확인이 필요하다. 확인 결과 업무수행 등이 이루어지고 있지 아니하다면 면제된 취득세가 추징될 것이고, 그에 따른 분쟁은 계속 될 수 있다. 개별 종교에 따라 목적사업과 관련된 업무인지 여부가 불분명한 경우도 많을 것이다. 취득세 면제규정을 구성원에게 제공한 사택 등에 대하여 확대 적용하는 이상 이러한 분쟁은 해결되지 않을 것이라 보인다.

Ⅳ. 대상판결의 의의

대상판결은 사택 등의 사용자인 구성원이 목적사업 활동에 필요불가결한 존재이고, 사택 등에 체류하는 것이 직무수행의 성격도 겸비하고 있다면 사택 등이 목적사업에 직접 사용되는 것으로 볼 수 있다는 전제에서 이 사건 아파트가 원고의 목적사업에 직접 사용되었다고 본 원심 판결이 정당하다고 판시하였다. 비록 명시적으로 수녀들이 천주교 재단의 목적사업 수행에 중추적인 지위에 있는지 까지는 판단하지 아니하였으나, 필요불가결한 존재이나 중추적인 지위에 있지 아니한 구성원이 사용하는 사택도 취득세 면제대상이 될 수 있다고 판단한 점에서 외견상 기존 판례보다 면제대상을 넓혔다고 평가할 수 있다. 한편 구성원의 직무수행 장소로서의 성격이 있는지 여부를 고려하였다는 점에서는 목적사업을 수행함에 필수불가결한 중추적인 지위에 있으면 바로 취득세 면제규정을 적용한 기존 판례보다 면제대상의 범위를 좁혔다고 평가할 수 도 있다. 이 부분은 향후 관련 쟁점 - 필수불가결한 중추적인 지위에 있는 구성원의 사적사용만을 위한 사택 - 에 대한 대법원 판례가 선고된다면 분명해질 것으로 보인다.

　명문의 규정이 없는 이상 해석으로 비과세의 범위를 확대하는 것
은 지양하여야 할 것이고, 종교단체별로 내부규칙, 구성원 등이 서로 달
라 일관성 있는 법률해석이 어려울 수 있다.[32] 해석론적으로는 종교법
인의 구성원에 대한 사택 제공은 취득세 면제대상에서 제외하고, 입법
론적으로는 과거와 같이 '오로지'의 요건을 추가하여 확장 해석의 여지
를 줄이는 것이 타당하다고 보인다.

---

32) 2008년 기준 우리나라에서 확인된 종교단체만 270여 개에 이른다. 기독교만 하더
　　라도 세부 단체 124개가 있다.(정해상, 종교단체의 재산귀속관계, 재산법 연구 제
　　28권 제4호, 한국재산법학회, 제5쪽 참조). 현실적으로 종교단체별로 내부사정을
　　모두 고려하여 비과세 여부 등을 판단하는 것은 매우 어려울 수 있다.

참고문헌

단행본
이창희, 세법강의, 박영사, 2015.
임승순, 조세법, 박영사, 2015.

논문
김동복, 종교법인의 과세제도에 관한 문제점과 선진화 방향, 토지공법연
    구 제33집, 한국토지공법학회, 2006.
이무상, 비영리사업자가 부동산을 2년 이상 공익사업의 용도에 직접 사용
    한 후 다른 용도로 사용한 경우 비과세로 된 취득세·등록세를 부과할
    수 있는지 여부, 대법원판례해설 제96호, 법원도서관, 2013.
이태로, 지방세법 제184조 제1항 제3호의 재산의 직접사용에 관하여, 판
    례회고 제7호, 서울대학교 법학연구소, 1979.
정해상, 종교단체의 재산귀속관계, 재산법연구 제28권 제4호, 한국재산법
    학회, 2012.

국문초록

대상판결은 사택 등의 사용자인 구성원이 목적사업 활동에 필요불가결한 존재이고, 사택 등에 체류하는 것이 직무수행의 성격도 겸비하고 있다면 사택 등이 목적사업에 직접 사용되는 것으로 볼 수 있다는 전제에서 이 사건 아파트가 원고의 목적사업에 직접 사용되었다고 본 원심 판결이 정당하다고 판시하였다. 비록 명시적으로 수녀들이 천주교 재단의 목적사업 수행에 중추적인 지위에 있는지까지는 판단하지 아니하였으나, 이는 종래 구성원이 목적사업을 수행함에 필수불가결한 중추적인 지위에 있으면 바로 취득세 면제규정의 적용을 받을 수 있다고 본 종래 판례의 태도에서 조금 변경되었다고 볼 수 있다. 이에 의할 경우 중추적인 지위에는 있지 아니하지만 목적사업에 필요한 종교단체의 성직자 등의 사택에서의 거주가 직무수행의 성격도 겸비하고 있다면 그 사택은 종교단체의 목적사업에 직접 사용된다고 볼 수 있다. 다만 명문의 규정이 없는 이상 해석으로 비과세의 범위를 확대하는 것은 지양하여야 할 것이다.

주제어: 종교단체, 취득세, 면제, 필수불가결한 중추적인 지위, 사택, 숙소, 2014두557

Abstract

Requirements of Acquisition Tax Exemption
on Real Estate For Religious Organizations
(Supreme Court Decision 2014DU557 decided Sep 15, 2017)

Judge Yoon Junseok*

According to the Supreme court decision, it can satisfy tax exemption requirements for the religious organization on the acquisition of real estate if an integral figure in the religious activities lives in the organization's private house for doing his religious duty. Although the court does not state whether nuns who live in the catholic church's apartment play an integral and pivotal role, this decision is slightly changed from the former judgment which interpreted that tax exemption could be applied in integral and pivotal member's usage, irrespective of the purpose of use. It might be more important factor whether the house is used for working than whether member plays an integral and pivotal role.

Except as expressly provided in the codes, the privilege of exemption from tax should be strictly restricted. As there is no explicit tax exemption code for the religious group's private house, it should not interpret the rule broadly.

keyword: religious organization, acquisition tax, tax exemption, integral and pivotal role, private house, 2014DU557

---

* Changwon District Tongyeong Branch Court

투고일 2017. 5. 26.
심사일 2017. 6. 13.
게재확정일 2017. 6. 16.

憲法裁判

우리나라 矯正施設의 過密收容 問題와 그 解決 方案
(成重卓)

우리나라 矯正施設의 過密收容 問題와 그 解決 方案

成重卓*

헌법재판소 2016.12.29. 선고 2013헌마142 결정

I. 서설

1. 들어가며

최근 헌법재판소는 1인당 면적이 1㎡ 남짓에 불과한 좁은 구치소 공간에 사람을 수용하는 것은 인간의 존엄과 가치를 침해하는 것으로 위헌이라고 선언하였다(헌법재판소 2016.12.29. 선고 2013헌마142 결정). 위

---

* 경북대 법학전문대학원 부교수, 법학박사, 변호사

사건에서 헌법재판소는 "교정시설 내에 수형자가 인간다운 생활을 할 수 있는 최소한의 공간을 확보하는 것은 교정의 최종 목적인 재사회화를 달성하기 위한 가장 기본적인 조건이므로, 교정시설의 1인당 수용면적이 수형자의 인간으로서의 기본 욕구에 따른 생활조차 어렵게 할 만큼 지나치게 협소하다면, 이는 그 자체로 국가형벌권 행사의 한계를 넘어 수형자의 인간의 존엄과 가치를 침해하는 것"이라고 설시하고 있다. 이에 본 연구는 위 헌법재판소 2013헌마142 결정(이하 '과밀수용 사건')을 검토하여, 다음과 같은 점에 주목하였다. 먼저, 교정시설 내 기본권제한의 법적 근거 및 헌법재판소가 지난 2016.5.26. 선고 2014헌마45 결정에서 설시한 교정시설 내에서의 기본권제한의 한계와 비교하여 이 사건 과밀수용 사건에서 판시한 국가형벌권 행사의 한계를 비교 검토한다. 다음으로, 이 사건에서 주된 침해 논거로 사용된 인간의 존엄과 가치에 대한 판례 다수의견의 논증을 살핀 뒤, 관련 헌재 판례들을 살펴본다. 다음으로, 우리나라 교정시설의 과밀수용 현황 및 문제점과 그 해법을 찾고자 헌법재판소 보충의견이 제시한 과밀수용 문제 해결에 부언하여 다양한 국내외 연구사례 및 입법례 검토를 통하여 과밀수용 문제의 해결책을 제시하고자 한다.

2. 사건 개요 및 결정요지

가. 사건개요

청구인 강씨는 집회에 참석했다가 업무방해죄로 기소되어 2012.4.10. 벌금 70만원 형을 선고 받고, 판결이 부당하다며 벌금 납부를 거부해 구치소 노역장에 12일간 수용됐다. 강씨는 노역장 유치명령에 따라 2012.12.8. 16시경부터 12.18. 13시경까지 OO구치소 13동 하층 14실(면적 8.96m², 정원 6명)에 수용되었고, 18일 13시경부터 20일 0시경까지 사회복귀방에 수용되었다가 형기만료로 석방되었다. 강씨는 피청구인이 8일부터 18일까지 수용한 행위(이하 '이 사건 수용행위')가 청구인의 인간의 존엄과 가치 및 행복추구권, 인격권, 인간다운 생활을 할 권리를 침해하였다고 주장하며 그 위헌 확인을 구하는 헌법소원심판을 청구하였다.

나. 헌재 결정요지

과밀수용은 교정시설의 수용면적, 관리인원의 수 등 제반 사정에 비추어 적정한 수를 초과하는 수용인원이 교정시설에 수용되는 것으로서, 이 경우 ① 교정시설의 위생상태가 불량하게 되어 수형자 간에 질병이 퍼질 가능성이 높아지고, ② 관리인원이 부족하게 되어 수형자의 접견·운동을 제한하게 되거나 음식·의료 등 서비스가 부실해질 수 있으며, ③ 수형자들의 처우불만이 제대로 해소되지 못하고 수형자 간 긴장과 갈등이 고조됨으로써 싸움·폭행·자살 등 교정사고가 빈발하게 될 수 있다고 보아, 결과적으로 과밀수용은 교정·교화를 위한 적절한 환경과 조건을 갖추지 못함으로써 교정시설의 질서유지에 부정적 영향을 주고 교정 역량을 저하시켜 결국 교정의 최종목적인 수형자의 재사회화를 저해하게 되는 것이다. 나아가, 성인 남성이 이 사건 방실(정원 6명)에 수용된 기간 동안 1인당 실제 개인사용가능면적은 6인이 수용된 2일 16시간 동안에는 1.06㎡, 5인이 수용된 6일 5시간 동안에는 1.27㎡로서, 위와 같은 1인당 수용면적은 우리나라 성인 남성의 평균 신장인 174cm 전후의 키[1]를 가진 사람이 팔다리를 마음껏 뻗기 어렵고, 다른 수형자들과 부딪치지 않기 위하여 모로 누워 칼잠을 자야할 정도로 협소한 것이다. 따라서, 청구인은 인간으로서의 기본 생활에 필요한 최소한의 공간조차 확보되지 못한 방실에서 신체적·정신적 건강이 악화되거나 인격체로서의 기본 활동에 필요한 조건을 박탈당하는 등 극심한 고통을

---

1) 2010년 국가기술표준원 실시 제6차 한국인 인체치수 조사 결과

경험하였을 가능성이 크다. 즉, 청구인이 인간으로서의 최소한의 품위를 유지할 수 없을 정도로 과밀한 공간에서 이루어진 수용행위는 인간으로서의 존엄과 가치를 침해하여 헌법에 위반된다. 한편 보충의견은, 국가는 일정 이상의 수용면적을 상당한 기간 내에 확보하여야 한다고 밝혔다. 즉 불가침의 인간의 존엄과 가치를 천명한 헌법 제10조, 수형자의 기본적 처우 보장을 위한 '형의 집행 및 수용자의 처우에 관한 법률', '법무시설 기준규칙', '수용구분 및 이송·기록 등에 관한 지침', 관련 국제규범, 외국의 판례 등에 비추어 볼 때, 국가는 수형자가 수용생활 중에도 인간으로서의 존엄과 가치를 지킬 수 있도록 교정시설 내에 수형자 1인당 적어도 2.58㎡ 이상의 수용면적을 확보하여야 한다고 보고, 그 기간은 교정시설 확충과 관련된 현실적 어려움을 참작하여, 상당한 기간(늦어도 5년 내지 7년) 내에 이러한 기준을 충족하도록 개선해 나갈 것을 촉구한다.

II. 교정시설에서의 기본권제한과 그 한계

1. 교정시설에서의 국가형벌권 행사

(1) 의의

'교정시설'이라 함은 교도소·구치소 및 그 지소를 뜻하며, '수용자'란 수형자, 미결수용자, 사형확정자 등으로서 교정시설에 수용된 자를 말한다(형의 집행 및 수용자의 처우에 관한 법률 제2조, 이하 형집행법). 수용자 중 수형자는 자유형[2]이 확정됨으로써 기간을 정하여 교정시설에 수용되는 것 자체로서 형의 집행을 받고 있는 자이고, 미결수용자는 형사

---

2) 형법은 징역·금고·구류의 3가지 자유형(형법 제41조)과 노역장유치의 대체자유형(형법 제69조 제2항)을 규정하고 있다.

피의자 또는 형사피고인으로서 도주·증거인멸 등을 방지하기 위하여 영
장의 집행을 받아 교정시설에 수용된 자이며, 사형확정자는 사형의 형
이 확정되어 교정시설에 수용된 자를 말한다. 위와 같은 수용자에 대한
일반적 행동자유권·신체의 자유 등에 대한 기본권제한은 헌법 제37조
제2항에 근거한 것으로서, 본질적인 내용을 침해하지 않고, 과잉금지의
원칙에 위배되지 않는 한 가능하다. 그런데 수용자로서 받는 기본권제
한은 대부분 수용행위 등 교정시설의 행위 전반에 의하여 나타날 것이
므로, 교정시설과 수용자라는 특수 관계 및 기본권제한의 근거 법규에
대한 고찰이 필요하다.

(2) 수감관계에 근거한 기본권제한

1) 특별권력관계로서 수감관계

교정시설과 수용자의 관계를 수감관계라고 하며, 이는 대표적인 특
별권력관계에 해당하는바, ① 형집행법 등 법률규정에 의거하여, ② 일
정한 목적을 위하여 ③ 수용자는 교정시설(교도관)의 직무상 지시에 복
종하여야 하기 때문이다(형집행법 제105조 제3항 등). 따라서 교정시설 내
안전과 질서유지, 응보·교정 등 형의 집행목적을 고려할 때, 수형자·미
결수용자 등 각 수용자의 지위에 따라 차이가 있더라도[3] 교정시설은
수용자의 일반적 행동자유권·신체의 자유 등 기본권을 특별히 제한할
수 있다는 것이 정설이다.

2) 교정시설 수감관계에 대한 헌재의 일반적 판시 사항

헌법재판소 역시 교정시설에서의 수형자 복역관계는, 행형목적을
달성하기 위하여, 자유형의 선고를 받은 자를 행형법 등의 규정에 따라
수용함으로써 국가와 수형자 간에 성립하는 특수한 법률관계로 보고,

---

3) 그러나 현재의 교정시설에서는 과밀수용으로 인하여 수형자와 미결수용자 간에
   분류수용·개별처우가 쉽지 않아, 또 다른 문제를 야기한다.

격리된 시설에서 강제적인 공동생활을 하는 수형자에게 대하여 신체의
자유 등 기본권의 제한은 불가피하다고 보았다. 다만 기본권제한에 대
한 한계로 헌법 제37조 제2항에 따라 법률에 의할 것이며, 그 본질적인
내용을 침해하거나, 과잉금지의 원칙에 위배해서는 안 된다고 판시하였
다.[4]

(3) 수감관계에서 기본권 제한의 근거 법규정

1) 형집행법상의 징벌 규정

교정시설이 수용자의 기본권을 특별히 제한하기 위해서는 법률의
근거규정이 필요하며 이는 형집행법에서 규정하고 있다. 즉 형집행법은
교정시설 내에서 형사 법률에 저촉되는 행위 또는 부당한 목적의 자해·
금지물품 반입·거짓 신고 행위 등을 비롯하여 법무부령으로 정하는 규
율을 위반하는 행위에 대하여 징벌을 부과할 수 있다고 규정하고 있다
(형집행법 제107조). 이러한 징벌은 교정시설 내의 안전과 질서유지 및
수용처분의 목적을 달성하기 위하여, 규율을 위반한 수용자에게 기본권
을 특별히 제한하는 불이익처분을 함으로써 일반예방 및 특별예방의 효
과를 함께 의도하고 있다.

2) 징벌의 종류

징벌로서 ① 경고, ② 근로봉사, ③ 작업장려금 삭감, ④ 공동행사
참가 정지, ⑤ 신문열람 제한, ⑥ 텔레비전 시청 제한, ⑦ 자비구매물품
사용 제한, ⑧ 작업 정지, ⑨ 전화통화 제한, ⑩ 집필 제한, ⑪ 서신수
수 제한, ⑫ 접견 제한, ⑬ 실외운동 정지, ⑭ 금치가 규정되어 있다(형
집행법 제108조). 특히 형집행법에 규정된 징벌 중 가장 무거운 것으로
서, 대상자를 별도의 협소한 독거실에 구금하고, 상기 생활조건 정지 징
벌들을 함께 부과함으로써 일반적인 수형자의 구금상태보다 가중된 제

---

4) 헌법재판소 2004.12.16. 선고 2002헌마478 결정

재를 가하게 된다. 결과적으로 형집행법상의 징벌은 이미 교정시설에 수용된 자를 다시 한번 격리수용하고 생활조건에 추가로 제재를 가하는 것이기 때문에, 그 징벌 규정이 과잉금지의 원칙을 위배하는 등 그 한계를 넘은 것은 아닌지에 대하여 계속적인 심판청구가 있어 왔으나 종래 헌재는 앞서 언급한 특수한 법률관계에 기한 불가피성을 이유로 대체로 합헌결정을 내린 바 있다.5)

(4) 관련 헌법재판소 판례

1) 징벌 규정에 대한 합헌 사례

먼저, 그동안 헌재는 형집행법에 대한 심판청구에 대해 많은 경우 보충성 요건의 결여 또는 청구기간의 도과로 인하여 각하하기 일쑤였다. 그 외에 형집행법상 징벌 규정을 준용하는 구 사회보호법상의 보호감호 처분에 대하여 신체의 자유·평등원칙·적법절차의 원칙을 위배하지 않는다고 판시한 바 있고,6) 금치 처분을 받은 미결수용자에 대해서 신문열람, 전화통화, 집필, 서신수수, 접견을 제한하는 규정이 과잉금지 원칙을 위배하지 않는다고 보았다.7) 또한 징벌대상자를 조사하기 위하여 분리수용하고, 징벌과 같은 내용의 제한을 부과할 수 있는 규정에 대하여 적법절차 원칙 및 신체·통신·종교의 자유를 침해하지 않는다고 보아,8) 전반적으로 교정시설에서의 수용자에 대한 특별한 기본권제한을 정당화하고 있는 듯하다.

2) 징벌 규정에 대한 위헌 사례

다만 신문열람 제한·텔레비전 시청 제한에 대해서는 반대의견이 지속적으로 제시되고 있으며, 집필 제한에 대해서는 집필을 전면 금지하

---

5) 헌법재판소 2005.2.24. 선고 2003헌마289 결정 등
6) 헌법재판소 2016.5.26. 선고 2015헌바378 결정
7) 헌법재판소 2016.4.28. 선고 2012헌마549등 결정
8) 헌법재판소 2014.9.25. 선고 2012헌마523 결정

는 시행령에 대하여 위헌 확인하여9) 현재 예외적으로 허용 가능하도록
관련 규정이 개정되었다. 한편 실외운동 전면 금지에 대하여 인간의 존
엄과 가치 및 신체의 자유 침해로써 위헌 확인하고,10) 해당 규정은 역
시 원칙적 제한·예외적 허용 규정으로 개정되었는데, 다음에 살펴볼
2014헌마45 결정에서 실외운동의 원칙적 제한·예외적 허용에 대하여
다시 헌법소원이 제기되었다가 재차 위헌으로 확인되었다.

(5) 징벌 규정에 대한 최근 헌재 판례
: 헌법재판소 2016.5.26. 선고 2014헌마45 결정

위 결정에서 헌재는 심판대상이 된 형집행법 제112조 제3항이 금
치의 징벌을 받은 자에게는 징벌 중 제4호부터 제13호까지(전술한 ④~
⑬)이 함께 부과된다고 규정하고 있어서, 그 중 종교행사 등 공동행사
참가의 정지, 텔레비전 시청 제한, 자비구매물품 사용 제한, 실외운동
정지에 대하여 위헌 여부를 판단하였다.11) 헌재는 과거 판례에서 교정
시설은 수용자를 강제로 수용하는 장소이므로 시설 내의 질서유지와 안
전 확보의 필요성이 크고, 이미 형벌의 집행 및 수사 및 재판 등의 절차
확보를 위한 미결구금 및 형벌의 집행이라는 불이익을 받고 있는 자들
에 대한 규율이라는 점에서, 규율 위반에 대한 제재로서의 불이익은 형
벌에 당연히 포함된 통상의 구금 및 수용생활이라는 불이익보다 더욱
자유와 권리를 제한하는 것이 될 것임을 예상할 수 있다고 판시한 바
있다.12) 이러한 선례를 바탕으로 위 사건에서 헌재는, i) 공동행사 참가
정지가 청구인의 통신의 자유·종교의 자유를 침해하지 않으며, ii) 텔레

9) 헌법재판소 2005.2.24. 선고 2003헌마289 결정
10) 헌법재판소 2004.12.16. 선고 2002헌마478 결정
11) 헌재는 해당 결정에서 실외운동의 원칙적 제한에 대하여 위헌 선언을 하여, 현재
형집행법은 금치에 ④~⑫의 징벌을 함께 부과하고, 실외운동의 제한은 예외적으
로 가능한 것으로 개정하였다.
12) 헌법재판소 2014.8.28. 선고 2012헌마623결정

비전 시청 제한이 청구인의 알 권리를 침해하지 않고, iii) 자비구매물품
사용 제한이 일반적 행동의 자유를 침해하지 않는다고 판단하여 교정시
설은 질서 유지 및 그 목적 달성을 위하여 규율을 위반한 수형자의 기
본권을 특별히 제한할 수 있다고 다시 한 번 확인하고, 다만 iv) 금치
징벌을 받은 사람에게 실외운동을 원칙적으로 금지하는 부분에 대하여
신체의 자유 침해위반을 이유로 위헌 선언을 함으로서 종래의 합헌결정
을 사실상 변경하였다.

2. 수감관계에서의 인간의 존엄과 가치 판단 문제

(1) 쟁점

　　헌법 제10조13)에 규정된 인간의 존엄과 가치14)는 그 법적성격이
객관적 헌법상의 기본원리인지 주관적 공권인지 등에 대한 논란이 있으
나,15) 헌법상 인권보장의 근거규범이 된다는 점에서 이견이 없다. 그런

---

13) 헌법 제10조 : 모든 국민은 인간으로서의 존엄과 가치를 가지며, 행복을 추구할 권
　　리를 가진다. 국가는 개인이 가지는 불가침의 기본적 인권을 확인하고 이를 보장
　　할 의무를 진다.

14) 인간의 존엄성이 헌법에 수용된 것은 1919년 바이마르 헌법에서였다. 인간의 존엄
　　성 규정은 특히 제2차 세계대전 이후 독일, 일본 등 인간의 존엄성을 극심하게 침
　　해했던 패전국들을 비론한 많은 나라들이 헌법에 명시적으로 규정하고 있다. 우
　　리나라도 1962년 헌법에서 인간의 존엄성을 처음으로 규정하였다. 그리고 국제적
　　차원에서도 1945년의 국제 연합헌장, 1948년의 세계인권선언, 1966년의 국제인권
　　규약(A규약 前文)등은 인간의 존엄성을 명시적으로 규정하고 있다.

15) 인간의 존엄과 가치가 헌법상의 기본원리라는 점에서는 의견의 일치를 보이고 있
　　다. 그러나 기본원리 이외에 기본권성을 인정하는 견해와(2001. 7. 19. 2000헌마
　　546; 김선택, "출생전 인간생명의 헌법적 보호", 헌법논총 제16집 2005, 157; 방승
　　주, "헌법 제10조", 헌법주석 I , 254 이하), 근본규범이면서 주기본권이라는 견해
　　(김철수, 헌법학개론, 박영사, 2010, 503면), 기본권성을 부인하는 견해로(정문식,
　　"독일에서의 인간의 존엄과 생명권의 관계", 공법학연구 제7호 제2호, 한국비교공
　　법학회, 2010, 274면), 기본권성을 부인하지만 이 원리와 헌법 제37조 1항에서 기
　　본권을 도출할 수 있다는 견해(허영, 한국헌법론, 박영사, 2008, 325면; 정종섭, 헌
　　법학원론, 2008, 346면) 등으로 학설상의 논란이 심하다.

데 기본권보장체계의 특성상 개별 기본권의 침해를 다투면서 동시에 인간의 존엄성16) 규범 위반을 다툴 수 있고, 실제로 헌법소원심판의 청구인이 인간의 존엄과 가치 위배를 근거로 위헌 주장을 한 사례도 많다. 특히 교정시설내 수용과 관련하여 수감자들이 인간의 존엄과 가치 침해를 주장하는 사례가 많은데, 이와 관련하여 학계에서는 체포 및 구속, 고문 및 폭행, 신체검사 및 수색, 수의착용 및 삭발 처분, 수갑 및 포승 등 계구사용행위, 교도소·유치장 등 수용시설 관리행위, 도서열람금지 및 서신검열 등, 보호감호제도와 보안관찰처분, 과잉처분, 기타 형의 집행 관련 등 자유권 침해 유형과, 인격권 침해·평등원칙 위반·권리보호 및 구제제도의 미비 등 기타 유형으로 유형화한 연구도 있다.17)

(2) 인간의 존엄과 가치 침해 주장에 대한 헌재의 기본적 인식

헌재는 "유죄가 확정되지 아니한 미결수용자에게 재소자용 의류를 입게 하는 것은…인간으로서의 존엄과 가치에서 유래하는 인격권과 행복추구권, 공정한 재판을 받을 권리를 침해하는 것이다."18)라고 판시하여 인간의 존엄성규정의 주관적 권리성을 인정한 바 있다. 또한, "헌법 제10조에서 규정한 인간의 존엄과 가치는 '헌법이념의 핵심'으로 국가는 헌법에 규정된 개별적 기본권을 비롯하여 헌법에 열거되지 아니한 자유와 권리까지도 이를 보장하여야 하며, 이를 통하여 개별 국민이 가지는 인간으로서의 존엄과 가치를 존중하고 확보하여야 한다는 헌법의

---

16) 우리 헌법질서가 예정하는 인간상은 "자신이 스스로 선택한 인생관·사회관을 바탕으로 사회공동체 안에서 각자의 생활을 자신의 책임 아래 스스로 결정하고 형성하는 성숙한 민주시민"인바, 이는 사회와 고립된 주관적 개인이나 공동체의 단순한 구성분자가 아니라, 공동체에 관련되고 공동체에 구속되어 있기는 하지만 그로 인하여 자신의 고유가치를 훼손당하지 아니하고 개인과 공동체의 상호연관 속에서 균형을 잡고 있는 인격체라 할 것이다(헌법재판소 2002헌마518 결정).
17) 김명재, "헌법재판소 판례에서의 인간존엄에 관한 논증", 법학논총 제30집 제3호, 전남대학교 법학연구소, 2010.12, 216-234면
18) 헌법재판소 1999.5.27. 선고 97헌마137 결정

기본원리를 선언한 조항이다. 따라서 자유와 권리의 보장은 1차적으로 헌법상 개별적 기본권규정을 매개로 이루어지지만, 기본권제한에 있어서 인간의 존엄과 가치를 침해한다거나 기본권형성에 있어서 최소한의 필요한 보장조차 규정하지 않음으로써 결과적으로 인간으로서의 존엄과 가치를 훼손한다면 헌법 제10조에서 규정한 인간의 존엄과 가치에 위반된다."고 판시한 사례도 있다.19)

다만, 그동안 헌법재판을 청구한 당사자들이 헌법 제10조 위반으로서 인간의 존엄과 가치가 침해되었다고 주장한 경우는 많았지만, 대부분 침해의 구체적인 이유를 제시하지 않고 단순히 선언적, 추상적 주장만 하는데 그친 결과 헌재는 "인간으로서의 존엄과 가치 등을 침해하였다고 주장하나 그와 관련한 구체적인 위헌이유가 전혀 적시되지 않았다."거나, "개별기본권을 판단하는 이상 행복추구권을 보충적으로 판단할 필요가 없고, 따로 인간의 존엄과 가치에 관련된 사안이라고 보기도 어렵다."거나, "심판대상조항으로 인하여 청구인들의 인간의 존엄과 가치가 침해되었다고 볼 이유가 없다."고 판시하는 등, 인간의 존엄성 침해 주장이 남용되고 있다는 인식을 가진 것처럼 판시하여 오고 있는 실정이다.20)21) 이로 인하여 헌법재판소가 인간의 존엄과 가치에 대하여 직접 논증하는 경우가 매우 드물고, 그 심판대상을 교정시설 수용에 관

---

19) 헌법재판소 2004. 10. 28. 선고 2002헌마328 결정(국민기초생활보장최저생계비 사건); 2011.3.31. 선고 2009헌마617 결정(교도소·구치소 수용자의 수급권자 제외 사건)

20) 헌재 2014.6.26. 2011헌마150 결정; 헌재 2009.3.26. 2006헌마240 결정; 헌재 2004.2.26. 2001헌마718 결정; 헌재 2010.6.24. 2008헌바128 결정 등.

21) 즉, 구체적인 인간 존엄성 침해 주장에 대한 판단과 관련하여 교도소 내 부당처우 행위에 대하여 위헌심판을 구하는 경우에서, 많은 청구인들이 침해당한 기본권 중 하나로 인간의 존엄과 가치를 주장하였는데 헌법재판소는 이에 대해 사실행위에 불과하다는 이유로 판단하지 않거나, 우리 헌법체계에서는 인간의 존엄과 가치가 다른 구체적 기본권에 대한 보충적 성격으로 인식되기 때문에 실제로 본안에서 판단하지 않는 경우가 많았다.(김명재, 앞의 논문, 237면)

련된 경우로 한정하면 더더욱 적다.

(3) 인간의 존엄과 가치 침해를 직접 논증한 사례

헌재가 '000한 경우에 인간존엄성 침해의 가능성이 있다.'고 보고 존엄성침해 여부를 논증한 것에 대해 학계는 모욕감·수치심·굴욕감을 야기하는 방식의 취급, 인격적 주체성의 부정, 자기결정권 및 자율성 침해, 일반적 행동자율권의 침해, 객체화 내지 수단화, 책임주의에 위반하는 형벌, 과소보호금지원칙 위반 등의 경우로 유형화하기도 한다.22) 이중 교정시설 수용 및 여건과 관련되어 인간존엄성 침해를 판단한 경우를 보면 다음과 같다.

1) 헌법재판소 1991.4.1. 선고 89헌마17 등 결정

위 사건은 청구인들이 수용되어 있는 보호감호소나 보호감호대용시설에서 보호감호집행의 실정이 청구인들 주장과 같이 2.607평의 협소한 방에 5 내지 8명씩을 수용하고 있는 등 그 시설이나 처우방법 등이 열악하여 이로써 인간의 존엄과 가치가 충분히 보장되어 있다고는 할수 없고, 국가 재정형편이 허용하는 한, 이러한 점들은 마땅히 개선되어야 할 것임은 이론의 여지가 없다고 판시하였다.23)

2) 헌법재판소 2004.12.16. 선고 2002헌마478 결정

위 사건은 헌법 제10조는 규율을 위반하여 금치 처분을 받은 수형자라고 하여도 우리와 같은 인간으로서 가지는 기본적인 존엄과 가치를 훼손할 수 없다는 의미를 내포한 것이며, 우리나라가 가입되어 있는 시민적 및 정치적 권리에 관한 국제규약(이른바 B규약)도 이와 같은 인간에 대한 기본적 권위를 존중하는 보편적 정신의 제도적 발현이라고 보

---

22) 김명재, 앞의 논문, 244-251면
23) 다만, 이 사건에서 청구인들은 과밀수용을 이유로 보호감호제도 자체에 대한 위헌확인을 청구하였고, 헌법재판소는 집행의 현실적 여건으로 인하여 제도 자체가 바로 위헌적이 되지는 않는다고 하여 기각 판결하였다.

았다. 한편 실외운동은 구금되어 있는 수형자의 건강유지에 필요하며 신체적·정신적 건강 유지를 위하여 최소한의 기본적 요청이므로, 금치처분에 따른 절대적 운동 금지는 징벌의 목적을 고려하더라도 그 수단과 방법에 있어서 필요한 최소한도의 범위를 벗어난 것이며, 수형자의 헌법 제10조의 인간의 존엄과 가치 및 신체의 안전성이 훼손당하지 아니할 자유를 포함하는 제12조의 신체의 자유를 침해하는 정도에 이르렀다고 판단된다고 판시하였다.

3) 기타 사례

그 외에도 헌재는, 미결수용자에 대한 구치소 내 재소자용수의착용처분,24) 마약사범류 수용자에 대한 항문검사,25) 마약사범류 수용자에 대한 소변강제채취,26) 호송시 다른 수용자와 연승한 행위27) 등에 대해서도 개별 기본권만이 아닌 존엄성침해 여부를 본안에서 판단하였다. 그런데 이와 같은 경우 헌재는 각각의 경우가 인간존엄성 침해가 되는

---

24) 헌법재판소 1999.5.27. 선고 97헌마137 등 결정. 미결수용자에 대한 교정시설 내 재소자용 의류 착용 강제는 구금 목적의 달성, 시설의 규율과 안전유지를 위한 필요최소한의 제한으로서 정당성·합리성을 갖춘 재량의 범위 내의 조치라고 본 반면, 수사 및 재판에서 유죄가 확정되지 아니한 미결수용자에게 재소자용 의류를 입게하는 것은 무죄추정의 원칙에 반하고 인간으로서의 존엄과 가치에서 유래하는 인격권과 행복추구권, 공정한 재판을 받을 권리를 침해한다고 본 사례.
25) 헌법재판소 2006.6.29. 선고 2004헌마826 결정. 수용자에 대한 생명·신체에 대한 위해를 방지하고 구치소 내의 안전과 질서를 유지하기 위한 것으로서 목적의 정당하며 수단이 적절하고, 침해의 최소성, 법익의 균형성을 충족하여 인격권·신체의 자유에 대한 과도한 침해는 아니라고 본 사례.
26) 헌법재판소 2006.7.27. 선고 2005헌마277 결정. 교정시설 내의 안전과 질서유지 및 교정목적에 기여하는 측면이 높다는 점에서 그 목적의 정당성이 인정되고 방법의 적절성, 침해의 최소성, 법익의 균형성 위배도 없어 인간의 존엄과 가치·일반적 행동자유권·신체의 자유의 과잉금지는 아니라고 본 사례.
27) 헌법재판소 2014.5.29. 선고 2013헌마280 결정, 수형자를 교정시설 밖의 장소로 호송할 때 다른 수용자와 연결하여 연승하는 것은, 도주 등 교정사고와 다른 사람에 대한 위해를 예방하기 위한 것으로서 그 목적이 정당하고, 적절한 수단 및 침해의 최소성이 인정되며, 노출 시간을 고려하여 법익의 균형성도 인정되므로 인격권 및 신체의 자유를 침해하지 않는다고 본 사례.

지, 되지 않는지 개별적으로 판단하여 설시하는데 머물고, 인간존엄성 침해 개념 자체에 대하여 일반적인 요건사실을 제시하는 등의 구체적인 논증을 시도하지 않은 점은 아쉽다. 이와 같이 헌법재판소는 인간존엄성 위반 여부를 직접 다루는 경우 특별한 어떤 기준을 두고 그에 따른 심사를 하지 않고, 그 대안으로서 개별 기본권에 대한 비례원칙심사와 평등심사 등을 통한 결론에 따라 인간존엄성 침해 여부를 판시하는 것으로 보여진다.

3. 소결: 대상 헌재 결정의 한계

헌법재판소는 수용자의 기본권 제한은 불가피하며, 특히 교정시설 내 질서유지·안전 확보를 위하여 일반인과 다른 기본권제한이 가능하다는 것을 전제하면서 다만 법률유보 원칙, 본질적인 내용의 침해 금지, 과잉금지 원칙 위배로서 기본권제한의 한계를 검토해 왔다. 즉, 과거 2002헌마478 결정에서 실외운동의 전면 금지 규정에 대하여 인간의 존엄과 가치 및 신체의 자유를 모두 침해한다고 판시한 바 있고, 최근의 2014헌마45 결정에서 실외운동의 원칙적 금지 규정 역시 신체적·정신적 건강을 유지하기 위한 최소한의 기본적 요청에 위배되어 신체의 자유를 침해한다고 판시한 바 있다. 그런데 이 사건 과밀수용 사건에서는 신체적·정신적 건강이 악화되는 등 극심한 고통을 경험할 가능성이 커 인간의 존엄과 가치가 침해되었다고 판단하였다. 이는 위의 2002헌마478 결정 및 2014헌마45 결정과 같은 교정시설내에서의 기본권 제한에 있어 신체의 자유 등 개별 기본권의 적시 및 그 구체적인 판단 기준을 제시해 가며 위헌 여부를 판단한 것과는 사뭇 다른 결정이다. 이는 개별 기본권들의 경우 제한에 초점을 두고 기본권제한의 정당성의 근거인 법률유보의 원칙과 과잉금지원칙과의 합치성이 관건인데, 인간의 존엄과 가치의 경우 그 핵심영역의 침범여부 판단(결정)에 초점이 맞추어지기 때문이라고 볼 수 있다. 헌재가 대상 사건에서 주된 위헌 사유로 삼은 인간의 존엄과 가치는 법치국가적 절차보장의 뿌리로서 특히 형사절차에서 중요한 의미를 가진다. 국가형벌권의 행사는 피의자나 수형자의 인간존엄성에 대한 중대한 위협이기 때문이다. 인간존엄성은 비인간적이거나 잔인한 형벌을 금지한다. 또한 행형의 영역에서 수형의 조건과 관련하여 중요한 의미를 가진다. 기본적 삶이 박탈된 환경에서 이루어지는 수용은 인간존엄성의 위반에 해당할 수 있다. 따라서 헌법재판소가 이 사건에서 제한되는 주된 기본권으로서 인간으로서의 존엄과 가치를 검토한 것은 매우 타당하다. 그런데 대상 사건에서 헌재의 인간존엄과 가치 위배에 여부에 대한 논증 방식은 기존의 헌재 판례와 크게 다르지 않고, 과밀수용이라는 구체적인 경우가 인간존엄성의 침해가 된다고만 단순히 확인하여 침해의 구체적 예시를 더하는데 그쳤다는 점은 아쉽다(헌재는 지금까지의 결정에서 인간의 존엄과 가치 침해 성립의 요건사실을 단 한 번도 구체적으로 제시한 바 없다).

　　결국 헌법재판소의 인간존엄성 판단은 이 사건에서도 여전히 원론적인 면만 제시된 측면이 강하며, 한편으로는 지금까지의 판례와 달리 개별 기본권의 특정도 하지 않았기 때문에, 위헌 판단의 기준이 결정문에 직접 나타나지 않는 문제가 있다. 다만 이번 과밀수용 사건에서는 과밀수용에 대한 과거 헌법재판소 1991.4.1. 선고 89헌마17 등 결정의 내용과 비교하면 과밀수용의 성립 여부를 보다 구체적으로 판시하였고, 보충의견에서는 상당한 기간 내에 수용자 1인당 필요면적을 확보할 것을 국가에 대하여 요구하는 등으로 인해 앞으로 교정시설 내 과밀수용 행위의 반복을 막고, 재사회화의 목적 달성에 적합하도록 수용환경의 개선을 기대할 수 있는 점에서 의미가 있다.

Ⅲ. 과밀수용 문제 해결방안

1. 쟁점

이 사건 헌재 보충의견은 수용생활 중에도 인간의 존엄과 가치를 침해받지 않도록, 1인당 적어도 2.58㎡ 이상의 수용면적을 확보할 것을 주문하고, 상당한 기간(늦어도 5년 내지 7년) 내에 이러한 기준을 충족하도록 개선해 나갈 것을 촉구하였다. 보충의견은 다수의견에 비해 1인당 최소 수용면적의 구체적 기준을 제시하는 등 진일보한 태도를 보이고 있다. 그러나 헌재 보충의견이 제시한 2.58㎡은 국제적 기준으로 보건대 지나치게 협소한 측면이 있으며, 이는 차치하더라도 현재 과밀수용의 원인과 배경을 고려할 때, 단순히 필요면적을 확보하는 것만으로 과밀수용으로 인한 인권침해 문제가 해결되리라고 생각하기 어렵다. 미국의 저명한 교정행정 전문가 Tarato는 연구에서 같은 정도의 과밀이라 하더라도 개별 수형자들이 유사한 환경을 어떻게 달리 인식하느냐에 따라서도 과밀의 효과가 다르게 나타나는 것으로 확인하였다.[28] 이는 형사정책적 고려와 교정시설 운영의 변화를 통한 문제 해결의 단서를 제공한다. 이에 아래에서는 우리나라 교정시설 과밀수용 문제의 현황과 원인 및 그에 대한 연구사례와 외국 입법례를 검토하여 해결 방안을 살펴보고자 한다.

---

28) 윤옥경, "교도소 과밀이 수형자 규율위반 행동에 미치는 영향에 관한 실증연구," 교정연구 제58호, 한국교정학회, 2013, 35-63면에서 재인용

2. 과밀수용 현황 및 원인

(1) 과밀수용의 개념

과밀수용은 일반적으로 일정한 시설의 수용능력을 넘어서는 과도한 수용을 지칭한다. 다만, 이러한 과밀수용의 여부는 다양한 관점에서 각기 상이하게 평가될 수도 있다.[29] 따라서 과밀수용 사건 보충의견의 타당성을 논의하기에 앞서 과밀수용을 어떻게 개념적으로 정의하느냐의 문제를 검토할 필요가 있다. 오버하임(Oberheim)의 분류방식에 의하면, 과밀수용은 크게 사회심리학적 과밀수용과 형행법학적 과밀수용으로 구분할 수 있으며 형행법학적 과밀수용은 다시 형식적 또는 실질적 방법으로 나눌 수 있다.[30]

1) 사회심리학적 과밀수용[31]

사회심리학적 개념은 수용시설의 공간밀도나 사회밀도 등 객관적 수용상황에 대해 수용자가 느끼는 주관적인 감정, 즉 심리적인 판단을 척도로 과밀수용을 판단한다. 공간밀도는 각 개인에게 평균적으로 할당된 공간의 넓이를 의미한다. 사회밀도란 한 개인의 타인과의 교제가능지수를 의미한다. 그런데 입소가 자발적으로 이루어졌는지, 출소의 금지 여부, 수용의 기간, 사생활의 보장 여부 등에 따라 과밀의 정도가 주관적으로 다르게 평가되므로, 심리적 판단이 중요한 기준이 된다.

2) 형행법학적 과밀수용[32]

형행법학적 과밀수용은 헌법, 교정행정법, 국제법 등을 모두 포괄한 제반 형행법규의 준수를 위해 요구되는 적정 수용인원을 기준으로

---

29) 최응렬/황영균, "교정시설 과밀수용의 실태와 형사사법적 대응방안에 대한 연구", 교정연구 제18호, 한국교정학회, 2003, 201–234면
30) Oberheim 분류방식에 대하여는 한영수, "행형과 형사사법", 세창출판사, 2000, 123면 이하 참조.
31) 한영수, 앞의 책, 64면
32) 한영수, 앞의 책, 66면

과잉수용 여부를 판단하는 것이다. 먼저 형식적 과밀수용은 '교정시설의 수용 정원을 초과하여 수용자를 수용하는 상태'를 기준으로 과밀여부를 판단한다. 그러나 100%를 넘지 않았더라도 수용자의 원활한 전·출·입소를 위한 유동성을 감안하면, 85~90%에 이르렀을 때 한계선에 도달한 것으로 판단하는 것이 타당하다. 또한 수용자에게 분배되는 물적 자원이나 작업교육편의시설도 수용인원이 많아질수록 상대적 부족현상을 보이게 되는데, 이 또한 과밀수용으로 본다. 이외에 교도관, 의사, 강사 등 수용자를 관리·감독하는 인력이 1인당 담당하는 수용자 인원의 적정수준에 의하여 판단하는 방법도 있다. 이렇게 볼 때 수용적정인원은 수용공간뿐만이 아니라 수용목적의 달성가능성을 종합적으로 판단하여 확정할 필요가 있다.33)

(2) 과밀수용 현황

1) 수용 비율

국회 법제사법위원회 소속 정성호 의원이 법무부로부터 제출받은 국정감사 자료에 따르면, 2016년 6월 기준 전국 52개 교정시설의 평균 수용률은 122.8%였으며 수용인원이 정원을 초과한 교정시설은 38개소였다. 특히 성동구치소(163%), 서울구치소(158.5%), 의정부교도소(157.3%), 인천구치소(152.6%) 등 수도권의 교정시설 대부분이 150%가 넘는 높은 수용률로 정원을 크게 초과하고 있는 것으로 나타났다.34) <표 1>35)에 드러난 최근 10년간 교정시설 수용률의 추이를 살펴보면, 2006년과 2012년을 제외하고 매해 수용정원을 초과하여 수용률이 100%를 넘고 있다. 또한 2012년까지는 수용률이 증감을 반복하는 추세

---

33) 한영수, 앞의 책 69면; 최응렬/황영균, 앞의 논문, 240면
34) "교정시설 과밀화 심각, 평균 수용률 122.5%로 38개소 정원 초과", 국회의원 정성호 보도자료, 2016.9.22.
35) 법무부 법무연감(2016) 및 국회의원 정성호 위 보도자료 참고

였으나, 2013년 수용률 104.9%를 기점으로 계속해서 100%를 초과하여
증가추세에 있다. 2016년에는 상황이 더욱 악화되어 122.8%에 달하였
음을 알 수 있다.

<표 1> 최근 10년간 교정시설 수용률 추이

연도	2006	2007	2008	2009	2010	2011	2012	2013	2014	2015	2016
수용률 (%)	98.6	107.5	108.3	111.3	103.4	100.3	99.6	104.9	108	115.6	122.8

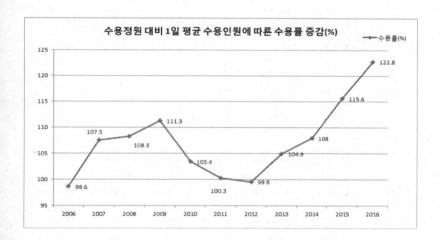

우리나라의 수용률이 지나치게 높은 상태에 있다는 점은 외국 사
례와의 비교를 통해 더욱 명확해진다. 아래 <표 2> 외국 교정시설의
수용현황에 따르면,[36] 우리나라의 수용률은 일본, 서유럽 국가에 비하
면 상대적으로 매우 높은 편이며 프랑스를 제외한 모든 국가에 대하여
10% 이상의 차이를 보이고 있다. 물론 각 국가의 인구수, 범죄발생상

---

36) 국제감옥연구센터 홈페이지(www.prisonstudies.org)의 내용을 토대로 편집, 작성;
   2차 출처 − 안성훈, "교정시설에서의 과밀수용 현상과 그 대책에 관한 연구", 한
   국형사정책연구원, 2016, 26면에서 도표 발췌

<표 2> 외국 교정시설의 수용 현황(단위: 명)(%)

구 분	수용정원	수용인원	수용률	교정시설수	인구 10만명당 수용률	미결비율
대한민국 (2016.8.25)	46,600 (2016.8.25)	57,223 (2016.8.25)	122.8% (2016.8)	53 (민영교도소 (2016.8) 포함)	111%	39.3%
일본	90,536 (2014.12.31)	59,620 (2015.중반)	66.8% (2014.12.31)	188 (2014)	47% (2015.중반)	11.0% (2015.중반)
미국	2,157,769 (2013)	2,217,947 (2014)	102.7% (2013)	4,575 (2006)	693% (2014)	20.4% (2013)
독일	73,471 (2016.3.31)	64,397 (2016.3.31)	87.6% (2016.3.31)	183 (2016.3)	78% (2016.3)	20.8% (2016.3.31)
프랑스	58,311 (2016.7.1)	69,375 (2016.7.1)	119.0% (2016.7.1)	188 (2015)	103% (2016.7)	28.9% (2016.7.1)
스위스	7,235 (2014.9.3)	6,923 (2014.9.3)	95.7% (2014.9.3)	114 (2014)	84% (2014.9)	39.4% (2014.9.3)
스페인	77,209 (2015.1.1)	60,799 (2016.8.2)	84.2% (2015.1.1)	82 (2010)	131% (2016.8)	12.8% (2016.8.26)
오스트리아	8,814 (2016.1.1)	8,381 (2016.1.1)	95.1% (2016.1.1)	27 (2015)	97% (2016)	21.8% (2014.11.1)
그리스	9,886 (2016.5.16)	9,698 (2016.5.16)	98.1% (2016.5.16)	35 (2016)	91% (2016.5)	26.7% (2015.11.16)
네덜란드	16,412 (2013.9.30)	11,603 (2014.9.30)	77.0% (2013.9.30)	77 (2013)	69% (2014.9)	39.9% (2013.9.30)
노르웨이	4,097 (2016.1.1)	3,679 (2016.1.1)	89.8% (2016.1.1)	42 (2013)	70% (2016)	26.3% (2015.5.13)
덴마크	3,763 (2015.5.1)	3,481 (2015.5.1)	92.5% (2015.5.1)	50 (2015)	61% (2015.5)	35.5% (2015.5.1)
벨기에	9,962 (2016.1.5)	11,071 (2016.1.5)	111.1% (2016.1.5)	35 (2014)	98% (2016)	31.2% (2014)
아이슬란드	165 (2014.1.1)	147 (2016.1.1)	89.1% (2014.1.1)	6 (2015)	45% (2014)	8.4% (2013.9.1)
아일랜드	4,202 (2016.8.31)	3,688 (2016.8.31)	87.8% (2016.8.31)	14 (2015)	79% (2016.8)	14.2% (2016.8.31)
영국	76,578 (2016.7.29)	85,119 (2016.8.26)	111.1% (2016.7.29)	123 (2016)	146% (2016.8)	10.9% (2016.8.26)
캐나다	38,771 (2015.3.31)	40,663 (2015.3.31)	102.2% (2015.3.31)	216 (2015)	114% (2014.9.30)	34.9% (2015.3.31)
호주	31,335 (2013)	36,134 (2015.6.30)	96.0% (2013)	111 (2015)	152% (2015.6)	27.4% (2015.6.30)

황, 교정시설 수, 수용정원, 자유형이 갖는 의미 등이 다르기 때문에 절
대적 수치만을 놓고 단순히 비교하는 것은 방법론적으로 문제가 될 수
있으나, 그렇다 하더라도 일본, 미국을 비롯하여 유럽 주요 국가 중에
수용률이 120%가 달하는 경우가 없다는 점은 시사하는 바가 크다.37)
특징적인 점은 우리나라의 미결수 비율이 다른 나라에 비해 월등히 많
고, 수용인원 대비 비율도 매우 높다는 것이다. 이는 형사 판결선고전
사전 인신구속이 지나치게 빈번함을 의미한다.

   2) 수용자 1인당 기준 수용 면적
   국가인권위원회는 2013.9.11. 법무부 장관에게 대도시 교정시설의
과밀수용 해소 종합대책을 조속히 마련, 시행할 것을 권고하면서 13개
구치소의 수용자 1인당 실제 수용 면적을 직권 조사하였다.38)「법무시
설기준규칙」(법무부훈령) 제3조는 화장실을 제외하고 관물대, 싱크대를
포함한 1인당 기준면적을 독거실의 경우 4.62㎡, 혼거실의 경우 2.58㎡
로 정하고 있다. 그러나 재소자의 실제 생활 반경을 고려하여 싱크대,
관물대를 빼고 측정한 유효 면적은 대부분의 교정시설에서 1.3~1.7㎡
정도에 불과한 것으로 드러났다. 또한 대부분 혼거실의 경우 수용자끼
리 서로가 마주하여 발을 교차하거나 몸을 비껴가면서 누워야 하고, 일
렬로 누우면 옆자리 수용자와 서로 어깨가 닿을 정도로 공간적 여유가
없어 편하게 잠을 잘 수 없는 열악한 환경에 처해 있었다. 이렇듯 좁은
공간에서의 수용생활에 따른 스트레스 때문에 수용자들은 입실거부로
징벌을 받아 각종 처우에서 불이익을 받더라도 징벌거실에서 혼자 생활
하고자 고의로 입실을 거부하기도 하고, 동료 수용자와 사소한 문제로
다툼을 벌여 징벌처분을 받기도 하였다. 이와 같이 법무부훈령에서 정
한 1인당 수용면적 기준조차 충족하지 못하고 있는 것이 현재의 수용

37) 안성훈, 앞의 논문, 25면
38) 국가인권위원회, "2013.9.11.자 13-직권-0000100 결정 <교정시설 과밀 수용 환
    경개선 직권조사>", 국가인권위원회 결정례집, 541-558면

<표 3> 주요국가 및 단체 수용거실 최소 수용기준 면적 비교

주요국가 및 단체 수용거실 최소 수용기준 면적 비교			
국가명	최소 수용기준 면적	국가명	최소 수용기준 면적
UN	개인의 건강유지에 필요한 면적	독일	개인당: $9m^2$ (연방정부 권고사항) *독일 연방헌재도 독거실 $9m^2$, 혼거실 1인당 $7m^2$를 보장해야 한다고 판결.
국제 적십자사	독거실: $5.40m^2$	일본	독거실: $4.65{\sim}5m^2$
미국	독거실: $5.57m^2$		2인실: $10m^2$
	2인실: $7.43m^2$		혼거실(1인당): $7.20m^2$
	3인실: $14m^2$	폴란드	개인당: $2.97m^2$
영국	개인당: $5.40m^2$	태국	개인당: $2.25m^2$
	독거실: $6.80{\sim}7.20m^2$	한국	독거실: $4.62m^2$
	2인실: $9.80{\sim}10.60m^2$		혼거실: $2.58m^2$

실태라 할 것이나, 이와 별개로 우리나라의 1인당 기준 면적이 국제 기준에 부합하는지 검토해 볼 필요가 있다. 교정시설의 수용자 1인당 기준 면적은 국가별로 다르고, 현재 전국 51개 교정시설에서도 건축 당시부터 다양한 크기와 지역별 교정수요 및 정원의 차이로 인해 수용자 1인당 최소 기준면적의 표준을 명확하게 결정하기는 어렵다. 교정 선진국일수록 기준 면적이 넓은 경향을 보이는데, 수용자 개인 공간이 확대될수록 수용자의 심성 순화나 교정 교화에 긍정적인 효과가 있다는 점은 부인하기 어려울 것이다.[39] <표 3>[40)]에 제시된 1인당 최소 기준 면적의 해외사례를 살펴보면, 독거실의 경우 우리나라의 기준 면적이 가장 협소함을 알 수 있다. 혼거실 또한 국제적십자사는 3.40㎡, 유럽고

---

39) 국가인권위원회, 위 결정례집, 548면
40) 법무부 교정자료; 안성훈, 앞의 논문, 19면에서 발췌 편집

문방지협약위원회와 독일은 7㎡, 일본은 7.2㎡인데 비해 한국은 2.58㎡로 독일과 일본의 수용자 1인당 기준 면적 대비 37% 정도에 불과하다.

(3) 과밀수용의 원인과 배경

1) 인구학적 측면

1960년 전후에 태어난 베이비붐세대가 1970년대 후반부터 범죄연령기에 도달하여 1980년대 초반부터 구금연령기로 진입하면서 수용인원 증가의 주요 원인이 되었다는 견해가 있다. 이에 대하여는 행형 관련법 개정이나 형사정책의 보수화, 기타 경제 상황의 변화 등 여러 제반 사정을 우선해서 고려해야 할 것이다. 그러나 인구 증가와 과밀수용 사이에 일정한 양의 상관관계가 관찰되며, 타국의 사례를 보아도 그 가능성을 완전히 배제할 필요는 없다고 본다.[41]

2) 형사정책적 측면
가. 미결수용자의 증가

최근 10년간 미결수용자와 기결수용자의 인원은 양자 모두 증가 추세를 보이고 있다. 이는 교정시설의 입소인원의 증가로 이어져 과밀수용의 주요 원인의 하나로 작용한다. 특히 앞서 <표 1>에서 제시한 바 있는 초과 수용률의 증감과, 아래 <표 4>[42]를 도식화한 그래프에서 보이는 기결수 대비 미결수의 비율이 2012년 이후 동일하게 가파른 증가 추세를 보이는 것을 알 수 있다. 2008년 형사소송법 개정 시행에 따라 영장실질심사가 의무화되어 구속영장 발부율이 크게 감소하였음에도 미결수 수용률이 증가한 것은 피의자 신분의 미결수용자가 아닌 피고인 신분의 미결수용자가 늘어난 때문이며, 구체적으로 법정구속률의 증가와 구속된 피고인의 항소율의 증가 때문인 것으로 분석된다. 2002년 대비 2015년 법정구속자 수는 16,762명으로 3배 이상 늘었는데,

---

41) 최응렬/황영균, 앞의 논문, 201-234면
42) 법무부 법무연감(2016), <표 5-11> 인용

피의자의 불구속 수사·재판 기조가 자리를 잡아가면서, 수사나 공판 단계에서 불구속 상태에 있다가 실형을 선고받고 구속되는 사례가 그만큼 늘었다는 것을 의미한다. 또한 2012년 29.5%에 그쳤던 형사사건 항소율이 2014년 38.6%, 2016년(6월 기준) 42.9%까지 증가하고 있는 것도 주된 원인이다. 미결구금 기간을 형기에 산입하라고 한 헌법재판소 2009.6.25. 선고 2007헌바25 결정으로 인하여, 1심에 승복해 형이 확정되면 기결수로 분류돼 교도소로 이감되지만, 1심에 불복해 항소심 등을 거치게 되면 그만큼 장기간 미결수 상태로 남아 구치소에 그대로 머물게 되기 때문에 이러한 현상은 앞으로도 지속될 것으로 예측된다.

<표 4> 기결수 대비 미결수 비중

연도	2006	2007	2008	2009	2010	2011	2012	2013	2014	2015
미결수	14816	15227	14368	16288	14819	14201	14186	15646	17377	19267
기결수	31905	31086	32316	33179	32652	31644	31302	32278	32751	34625
미결수/기결수(%)	46%	49%	44%	49%	45%	45%	45%	48%	53%	56%

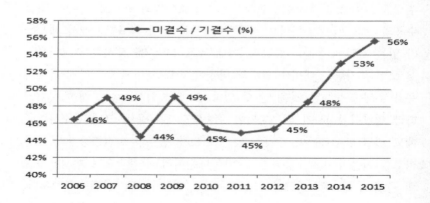

그런데 2016년도 법무연감에 제시된 교정통계에 따르면, 최근 5년간 미결구금자 중 약 50% 정도는 실형이 아닌 구속 취소, 벌금, 집행유예 등의 선고를 받아 출소하였다. 즉, 불필요한 구금으로 인한 미결수용자의 증가가 과밀수용의 직접적인 원인이 되는 것이다.

나. 집행유예 및 벌금형의 감소와 정기형의 증가

미국의 사례에서는 '강제적 최소 양형법(mandatory sentencing laws)' 제정 등으로 1980년 이후 강력사범의 구금비율과 구금의 형량이 대폭 증가하였고, 일부형의 경우에는 강제적 구금형 제도, 정기형 제도 등이 도입되면서 자연스럽게 과밀수용의 문제가 발생하였다.[43] 따라서 경미한 범죄인에게 유죄판결을 피할 수 있도록 하여 공식적인 사법절차로부터 이탈시키고 과밀수용을 방지하고자 하는 다이버전(Diversion) 제도를 적극적으로 활용할 것이 요구되고 있다. 그러나 우리나라에서는 여전히 법관이 자유형에 대한 대안인 집행유예, 벌금형 등의 제도를 소극적으로 활용하고 있는 사실[44]과 재판의 지연으로 인한 구속기간의 장기화 등이 지속적인 과밀수용 문제를 야기하고 있다. 법관이 형의 종류를 결정하고 형량을 산정하는데 있어서 비자유형보다 실형을 선고하고, 단기형보다 장기형을 더 선호한다면 수형자의 증가로 이어진다는 것은 당연한 결과일 것이다. 즉 법관에 의한 양형이 수형자의 증감에 결정적인 역할을 할 수 있다는 것이다.

다. 가석방처분 감소

가석방자의 형집행률은 대부분 80% 이상으로 수형자의 가석방제도 활용이 매우 제한적으로 운용되고 있다. 가석방자 수 또한 2008년을 정점으로 계속해서 감소추세를 보이고 있다. 출소자의 대부분은 형기종료에 의한 만기출소로 석방되고 있고, 가석방 제도의 소극적 활용으

---

43) 한영수, 앞의 책, 340면
44) 법무연수원 범죄백서(2015)에 따르면 2010년 이후로 집행유예 및 벌금형의 비율은 감소 경향을 보이고 있다.

로 인해 입소 인원의 증가에 비해 상대적으로 출소 인원의 수는 크게 증가하고 있지 않다는 점에서 과밀수용의 주요 원인으로 작용하고 있다.[45]

(4) 과밀수용으로 인한 수용자의 기본적 인권 침해

과밀수용이 수형자의 기본적 인권에 미치는 영향으로는 우선 인간다운 생활을 영위하기 위한 최소한의 거주공간이 확보되지 않는다는 점이다. 이는 '잔인하고도 비인간적인 처우를 금지'하는 국제 기준[46]이나 수용자의 건강 유지에 필요한 모든 조건을 충족하도록 규정하고 있는 유엔의 '피구금자 처우에 관한 최저기준규칙' 등에 부합하지도 못한다. 특히 2013년 국가인권위원회의 조사에 따르면 "서울구치소는 평균 수용비율이 137.3%에 이르고, 일시적으로 140.5%까지 치솟은 적도 있으며, (중략) 직권조사 교정시설의 평균 수용비율은 121.6%로 정원에서 항상 3,800여명이 초과 수용되고 있다."고 하여 교정시설의 과밀수용의 심각성을 지적하고, "과밀수용에 따른 열악한 수용 환경과 처우는 '잔인하고도 비인간적인 처우를 금지'하는 국제기준이나 건강하게 생활할 수 있도록 적정한 수준의 공간 등 시설을 규정한 국내기준에 부합하지 못하고, 좁은 거실에 정원을 초과한 과밀수용으로 칼잠을 자야 하며, 냉난방·채광·통풍·화장실 등의 열악한 여건으로 정신적, 육체적 질병에 노출되어 있는 등 좁은 공간에 지나치게 많은 수용자를 구금하는 것은 헌법 제10조에 따른 인간으로서의 존엄과 가치 및 행복추구권을 침해하는 것"이라고 밝히며, 특히 구치소 미결수의 수용자 1인당 기준 면적을 국제사회의 권장사항에 버금가도록 개선할 필요성이 있다고 권고한 바 있다.[47]

---

45) 안성훈, 앞의 논문, 61면
46) 세계인권선언 제5조
47) 이와 관련하여, 법무부 교정본부는 올해 2월 과밀수용 해소 관련 태스크포스(TF)

이와 관련하여, 독일 연방헌법재판소는 7.6㎡ 내지 8.0㎡의 독거실에 2인이 수용된 경우 인간의 존엄성을 침해한다고 판단하였고, 프랑크푸르트 주 상급법원(OLG Frankfurt)은 11.54㎡의 거실에 3명을 수용한 것은 인간의 존엄에 반한다고 판시하면서 수형자 개인을 위한 최소한의 기준을 바닥면적 6~7㎡, 전체 공간 16㎥으로 판단한 바 있다.48) 또한 독일행형법에 수형자 개인의 거실 최소 면적에 대한 명문의 규정을 두고 있지는 않으나,49) 제3조 제1항에서 "행형에서의 생활은 일반적 생활관계와 가능한 한 유사하여야 한다."고 하여 수형자들에게 도움이 되지 않는 수형생활의 특별한 요소들을 가능한 배제하여 수형시설 내의 생활이 일반적 사회생활과 필요 이상으로 차이가 나지 않도록 하여야 할 유사성 원칙을 의무로 부과하는 등, 최소한의 수형자의 생활 조건에 대한 의무 규정을 마련하고 있다. 미국의 경우, 과밀수용에 따른 열악한 구금 조건으로 집단소송이 제기되었고 1990년대에 이르러 5개 주를 제외한 모든 주들이 잔인하고도 비인간적인 처우를 금지하는 헌법 조항 위배의 구금 조건들로 인해 재소자들에게 패소함으로써, 연방 법원의 시정 명령을 받은 바 있다.50)

팀을 구성해 운영하고 있다며 적정 수용정원 확보를 위한 교정시설 신축 및 증축을 위해 노력하겠다고 밝힌 바 있다.(법률신문, "미결수용자 2만명 넘어… 교정시설 과밀화 심각", 2017. 4. 13.자 기사.

48) 헌법재판소 2016.12.29. 선고 2013헌마142 결정문 중 재판관 박한철, 재판관 김이수, 재판관 안창호, 재판관 조용호의 보충의견 참조.
49) 안성훈, 앞의 논문, 31면
50) 국가인권위원회, 앞의 결정례집, 678면

3. 과밀수용 해결을 위한 구체적 방안

(1) 교정시설 증설 및 증축 전략
(Provision of Additional Capacity Strategy)

교정인력 등 관리자 수는 그대로인데 수감자는 점점 늘어나는 것이 현재 우리나라 교정행정의 현 주소이다. 수용자를 제대로 관리하기 위해서는 적극적으로 예산을 투자해 시설을 보완하거나 관리자 수를 늘릴 필요가 있다. 즉, 과밀수용 문제를 해결하기 위해서는 구치소나 교도소 신설이 가장 급선무인 것이다. 이를 위해서는 법원이나 검찰청사를 신설할 때 구치소도 함께 신설하는 것이 가장 현실적 대안 중 하나다. 다만, 이러한 교정시설의 증설 및 증축을 통한 과밀수용의 해결은 교정시설이 대표적 기피시설이라 부지 확보에서부터 지역주민의 반대에 부딪히는 사례가 많은데다 상당한 시간, 입지 등의 까다로운 합의과정, 그리고 막대한 예산이 소요되므로, 추진에 있어 주의를 요한다. 또한, 수용공간이 확충됨에 따라 이로 인해 생기는 여유 공간을 새로운 수용자로 채우게 된다고 하는 교도소 인구의 자기증식 메커니즘(파킨슨의 법칙 : Parkinson's Law)에 빠질 가능성이 있다는 점도 유의할 필요가 있다. 이와 같이, 과밀수용을 해결하지 못하는 차원의 교정시설 증축은 중장기적으로 국가예산에 치명적인 타격을 가져올 가능성이 매우 높다고 할 수 있다. 2011년 Brown vs. Plata 사건, 2014년 미주리 주 퍼거슨에서 시작된 'Black Lives Matter' 움직임 등 범죄자 인권에 대한 성역없는 광범위한 논의가 시작되었고, 교정시설 과밀수용 문제 역시 단순 증축 전략의 추구가 아닌, 과밀수용 초래의 원인을 해소하는 방향으로 논의 및 입법이 꾸준히 이루어지고 있다. 이에 따라 수용인원 감소 전략(Population Reduction Strategy), 수용인원 변화에 따른 수용인원 조절 전략 등이 논의되고 있다.

(2) 수용인원 감소 전략 (Population Reduction Strategy)

1) 우리나라의 현황

현재 우리나라에서 2015년 제1심 형사공판사건에서 1년 미만의 자유형이 선고된 자는 약 22,000명이다. 이는 2015년 수감된 미결수용자와 기결수용자의 합계인 약 54,000명의 41%에 해당하는 인원이다. 2016년 법원행정처의 사법연감 통계에 따르면, 2015년을 기준으로 하여 5년 연속으로 자유형의 선고인원은 늘어나고, 집행유예 선고인원은 감소하는 모습을 볼 수 있다. 양형단계에서 법관이 집행유예, 벌금형과 같은 비자유형보다 징역이나 금고 등 실형선고를 선호하게 되면, 결과적으로 피고인의 교정시설 수감가능성이 증가하게 됨으로써 교정시설의 과밀화를 초래하게 된다.[51] 엄벌화 경향에 따른 일련의 형벌가중적 형사정책이 진행되고 있는 현 상황에서 자유형의 선고비중이 높아지는 경향을 보이고 있다.

2) 자유형 제도의 축소

미국의 경우, 2017년 기준 교정시설에 수감된 총 인원 약 240만명 중 5분의 1에 해당하는 48만명이 마약사범에 해당하는데, 구치소를 살펴보면 수감인원 중 기결구금자는 43,000명에 불과하고, 미결수용자가 443,000명에 달하며 그 중 마약관련 범죄로 수용되어 있는 자가 113,000명에 달한다.[52] 각 주마다 이러한 문제점을 해결하기 위하여 노력하고 있는데 가장 공격적으로 과밀수용 해소에 나서고 있는 것은 아이오와 주로서, 2017년 4월 SF 445 법안이 주 상원의회에서 통과되었다. SF 445 법안은 마약 관련 경범죄에 대하여 최저법정형 20개월 규정을 폐지하는 것을 주 내용으로 한다.[53] 아이오와에서는 이미 2016년에

---

51) 안성훈, 앞의 논문, 69면
52) Prison Policy Initiative, https://www.prisonpolicy.org/reports/pie2017.html
53) Family Against Mandatory Minimum, http://famm.org/states-map/iowa/page/2/

마약사범의 형의 일부집행유예제도를 내용으로 담은 HF 2064 법안이
통과된 바 있다.

3) 형의 일부 집행유예제도 도입

일부집행유예제도란 법원이 형을 선고하면서 형의 일부에 대해서
만 집행을 유예하는 제도를 말하는데 협의와 광의의 의미로 구분할 수
있다. 협의의 일부집행유예는 하나의 단일형에 대하여 집행의 일부를
유예하는 것을 말한다. 예를 들면 법원이 자유형 2년을 선고하면서 그
중 1년만 집행을 유예하는 경우이다. 이렇게 되면 피고인은 먼저 1년의
실형을 살고 나머지 1년은 그 집행이 끝난 후에 집행유예를 받게 된다.
광의의 일부집행유예는 다시 두 가지로 구분할 수 있다. 첫째, 하나의
판결에 동종형이 2개 이상이 선고된 경우 그 동종형 각각에 대하여 집
행의 일부를 유예하는 경우이다. 예를 들면 법원이 징역 1년과 징역 2
년을 선고하면서 징역 2년에 대해서 집행을 유예한 경우이다. 둘째, 이
종의 형이 선고되었으나 그 이종의 형 중 하나에 대하여 집행의 일부를
유예하는 경우이다. 예를 들면 법원이 징역 2년과 벌금 5백만 원을 선
고하면서 징역 2년 중 1년에 대해서 집행을 유예하고 벌금 5백만 원을
유지하는 경우이다.54)

비교법적으로 미국의 경우 split sentence(shock probation)라고 하
여 플로리다주와 오하이오주 등에서 허용하고 있다. 일부집행유예가 선
고되면 90일에서 120일 정도의 단기구금이 집행된 후 잔여형기에 대해
집행이 유예된다. 영국의 경우 1983년 일부집행유예제도가 시작(partly
suspended sentence)되었으며, 1987년 그 범위가 모든 판결로 확대되었
다. 구체적으로, 1년 이하의 징역형에 대하여는 전부 또는 일부에 대한

---

54) 안성훈, "단기 효과를 위한 형의 일부집행유예제도의 도입방안", 한국형사정책연
    구원, 2012, 33면

집행유예가 가능하며, 1년 초과 3년 이하의 징역형에 대하여는 형기의 1/3에 대해서만 일부집행유예판결이 가능하나, 3년이 초과하는 경우 일부집행유예가 불가능하다. 한편 벌금형에 대해서는 일부집행유예판결이 가능하다. 오스트리아는 1987년 형법개정을 통해 형의 일부집행유예제도를 도입하여, 형법 제43조 a는 3년 이하의 자유형뿐만 아니라 벌금형에 대해서도 일부집행유예를 인정하고 있다.[55] 우리나라의 경우, 2010년 법무부는 형법개정 공청회에서, "형의 일부에 대한 집행유예제도는 법적 안정성을 저해할 우려가 있고, 종전의 단기 자유형의 폐해가 그대로 남아 있으며, 실형과 집행유예의 양형상 간극은 개별 조항의 법정형 조정을 통해 해결 가능하다는 이유로 일부집행유예를 허용하지 않기로 결정하였다."라고 하여 일부집행유예제도에 대해 부정적인 입장을 표명하였다. 그러나 지금까지는 집행유예가 선고되면 전혀 형의 집행을 받지 않아도 되었기 때문에 "집행유예는 곧 무죄방면과 같다."는 식의 인식이 있었다는 점에서 일단 부분적으로 형을 집행하고 나머지에 대해서만 집행을 유예하는 제도는 기존의 집행유예와는 큰 차이가 있다고 하겠다.

4) 불구속 재판 관행 확립

우리나라의 미결수용 현황을 보면, 2015년 기준, 전체 교정시설 수감자 중 35.7%를 차지한다. 이는 일본의 미결수용자 비율 20%, 독일의 25%와 비교해 볼 때 큰 차이가 있다. 우리나라는 수사의 편의성이나 자백 확보의 용이성을 위해 구속이 남용되고 있다. 구속된 미결수용자 중 약 50%는 실형선고를 받지 않는다는 것은 무죄추정의 원칙과 불구속수사 원칙에 역행하는 우리의 구속수사 관행을 잘 보여주고 있다. 법원이 영장실질심사를 강화하고 있는 현황을 고려할 때, 징역이나 금고 등의 실형선고가 예상되는 경우를 제외하고 집행유예나 벌금형이 예상되는

---

55) 안성훈, 앞의 논문, 34면

경범죄자, 초범, 과실범, 경제범으로 피해자와 합의가 있는 경우 등에는 불구속 수사를 원칙으로 해야 할 것이다.[56]

5) 보석 제도의 적극적 활용

사법연감 통계에 따르면, 2015년 기준 보석청구 접수는 근 10년 중 최저를 기록하고 있다. 또한 보석청구의 허가율은 38.2%로 이 역시 근 10년 중 최저를 기록하고 있다. 2007년 개정 형사소송법은 무자력자에 대해서도 보석의 기회를 확대하고 출석담보력을 제고하기 위하여, 보증금납입 이외에 서약서 제출, 보증금납입약정서 제출, 주거 제한, 피해자·증인에 대한 접근금지, 출석보증서 제출, 출금 금지, 피해보상금 공탁, 담보제공 등 보석조건을 다양화하였고(형사소송법 제98조), 석방된 피고인이 정당한 이유 없이 보석조건을 위반한 경우에는 보증금이나 담보를 몰취하는 것은 물론 1천만 원 이하의 과태료를 부과하거나 20일 이내의 감치에 처할 수 있도록 하였다(형사소송법 제102조 제3항, 제103조 제1항). 그러나 이와 같이 피고인 보석제도가 많이 개선되었음에도 불구하고 보석은 전적으로 판사 재량에 의해 결정되는 점이 문제로 지적되고 있다. 따라서 보석제도를 활성화하기 위해서는 보석불허사유의 구체적 기준을 마련하여 법원 재량에 의한 결정을 제한함으로써 필요적 보석을 확대하고, 이와 함께 보석조건의 이행을 감독하기 위한 실효적 장치를 확보함으로써 보석제도의 적극적 활용을 유도할 필요가 있다.[57]

6) 가석방 제도의 적극적 운영

형법 제72조 제1항에 따르면 "징역 또는 금고의 집행 중에 있는 자

---

56) 무엇보다 헌법재판소가 2009.6.25. 선고 2007헌바25 결정에서 법관으로 하여금 미결구금일수를 형기에 산입하되 그 산입범위는 재량에 의하여 결정하도록 한 형법 제57조 제1항 규정을 위헌 선언함에 따라 미결수용자의 항소율이 꾸준히 증가하고 있는 점도 불구속 재판 관행을 확립할 근거로 작용하고 있다.

57) 김태명, "한국의 인신구속제도", 동아법학 제43호, 동아대학교 법학연구소, 2009, 704면; 안성훈, 교정시설에서의 과밀수용과 그 대책에 관한 연구, 2016, 83면

가 그 행상이 양호하여 개전의 정이 현저한 때에는 무기에 있어서는 20
년, 유기에 있어서는 형기의 3분의 1을 경과한 후 행정처분으로 가석방
을 할 수 있다."고 하여 가석방의 요건을 규정하고 있다. 그런데, 현재
실무상으로는 형집행률이 80%에 달한 자에 대하여 운영하고 있으며,
또한 죄질, 범수, 재범의 우려, 피해 정도, 사회의 법 감정, 석방 후 사
회에 대한 영향 등을 총체적으로 고려하여 매우 엄격하게 운영하고 있
다. 가석방 제도의 엄격한 운영은 교정시설 과밀화에 영향을 미치고 있
으며, 가석방 제도의 목적인 은혜, 형의 개별화, 사회방위, 교정교화 등
을 고려해 볼 때 가석방의 충실한 운영만으로도 과밀수용을 해소할 수
있다.[58] 2013년 미국 Urban Institute 소속 Julie Andrews의 교정시설
과밀연구 해소방안에 대한 연구에 따르면 55세 이후의 출소자는 재범률
이 급락하였다. 그는 이러한 연구를 바탕으로, 고령자 가석방제도의 운
영을 통해 연간 780만 달러의 운영예산을 절감할 수 있다고 주장하였
고, 나아가 모범수 제도의 구체적인 운영의 필요성을 주장하였다. 즉,
교정시설 내 교화 프로그램의 운영과, 시험제도의 실시를 통하여 잔여
형량의 대체 도입을 고민해볼 수 있다는 것이다.[59] 일본의 하마이 교수
가 가석방의 운용이 교정시설 수용인원에 어떤 영향을 미치는지를 살펴
보기 위해 연구한 결과 역시 다른 요소를 일정하게 유지한 상태에서 가
석방자에 대한 형집행률을 5% 감소시키면 1,000명의 규모의 교도소를
하나 짓는 것과 동일한 효과를 가지는 결과가 나타났다.[60]

7) 형사사건의 재판기간 단축

미결구금 기간을 형기에 산입하라고 한 2007헌바25 결정 이후, 구

58) 박상열, "가석방제도의 실태와 확대방안", 휘둘리는 사법 어떻게 해야 하나?(토론
   회 자료집), 2015, 27면
59) Julie Samuels,
   http://www.urban.org/research/publication/stemming－tide－strategies－reduce－gr
   owth－and－cut－cost－federal－prison－system
60) 안성훈, 앞의 논문, 76면

속재판에 대한 항소율은 2015년에 38.6%에 달하여 근 10년 최고를 기록하였으며, 항소인원은 92,600명이다. 이와 같이 법정구속률 증가에 따른 미결수용자가 급격하게 증가하고 있어, 이러한 요인이 교정시설 과밀수용의 주요 원인으로 작용하고 있다. 2015년도 형사공판사건에서 법정구속된 피고인 수는 10,762명으로 통계 산출이 가능한 2002년 5,168명에 비해 약 2배 정도 증가한 것이 그 반증이다. 한편 미결구금자의 출소사유를 살펴보면 미결구금자 중 약 50% 정도는 실형이 아닌 구속 취소나 벌금형, 집행유예의 선고를 받았음에도 불구하고 형이 선고될 때까지 구금되고 있는 것으로 나타나고 있어 이러한 원인이 과밀수용을 초래하고 있음을 알 수 있다. 즉, 제1심 선고에 소요되는 기간이 평균적으로 2개월에 달하는 점과, 점점 증가하는 항소율을 고민해볼 때, 법관의 증원, 법원의 증설 등으로 형사재판기간을 단축시키는 것은 국민의 인권신장과 밀접한 관계가 있으며 형사사건의 신속한 재판은 형사정의의 실현을 위해서도 필수적인 요소라 할 것이다. 따라서, 형사 재판기간에도 불변기간을 도입할 필요성도 있다고 하겠다.[61]

Ⅳ. 결론

헌법재판소가 이번 과밀수용 사건에서 개별 기본권의 특정 없이 인간존엄성 침해를 독자적 기본권 내지 헌법상 기본원리로 보아 직접 판단하여 위헌까지 선언한 점은 큰 의미가 있다. 다만, 인간의 존엄과 가치 침해에 대한 일반 성립요건(판단기준)을 구체적으로 적시하지 않은 점은 아쉬운바 주관적 기본권이자 객관적 헌법원리로 받아들여지고 있는 인간의 존엄과 가치에 대하여 앞으로 보다 심도있는 논증을 통해 보

---

61) Penal Reform International, Ten-Point Plan to Reduce Prison Overcrowding (2012)

다 구체적인 심사기준을 제시하여야 할 것이다. 한편, 헌재의 위헌 선언
으로 향후 교정행정에서 과밀수용의 반복을 막고, 수용환경의 개선까지
기대할 수 있게 되었다. 위 사건에서 헌재는 국가는 수형자가 수용생활
중 인간으로서의 존엄과 가치를 지킬 수 있도록 교정시설 내에 수형자
1인당 적어도 2.58㎡ 이상의 수용면적을 확보하여야 한다고 판시하였는
데, 이는 국제기준에 비하여 협소하다는 것을 차치하더라도, 헌재가 사
회심리학적 요인보다는 형행법학적 요인, 그 중에서도 형식적 이해방법
을 통하여 단순히 면적 확보로만 과밀수용 문제에 접근하고 있다는 인
상을 주는 것은 비판의 여지가 있다. 물론 국가가 1인당 최소수용면적
을 보장하는 것은 보편적 인권에 기여하기 위한 가장 핵심적인 요소라
할 수 있으며, 최근 유럽인권법원 또한 사실상 공간 그 자체가 과밀을
나타내는 중심요인이 될 수 있다고 강조한 바 있다. 그 점에서 1인당
수용면적의 충분한 확보는 재소자의 인간으로서의 존엄과 가치를 보전
하기 위한 선결 과제라고 보아도 무방하다. 그러나 한편으로 이것은 과
밀수용에 대한 최소한의 기준을 정한 것일 뿐이다. 결국 과밀의 정도를
수용자를 재사회화한다는 교정의 궁극적 목적에 부합할 수 있는가를 놓
고 판단한다면, 과밀수용에 관한 평가에 있어 수용자 1인당 면적의 협
소함과 함께 개별 사안에 따라 행정적 이익, 보안, 경제 및 수용자 개인
의 인권과 같은 다양한 측면을 고려하는 것이 합리적이다.

참고문헌

1. 국내자료

김명재, "헌법재판소 판례에서의 인간존엄에 관한 논증", 법학논총 제30집 제3호, 전남대학교
_____ 법학연구소, 2010.12

김태명, "한국의 인신구속제도", 동아법학 제43호, 동아대학교 법학연구소, 2009

박상열, "가석방제도의 실태와 확대방안", 휘둘리는 사법 어떻게 해야 하나?(토론회 자료집), 2015

안성훈, "교정시설에서의 과밀수용 현상과 그 대책에 관한 연구", 한국형사정책연구원, 2016

안성훈, "단기 효과를 위한 형의 일부집행유예제도의 도입방안", 한국형사정책연구원, 2012

윤옥경, "교도소 과밀이 수형자 규율위반 행동에 미치는 영향에 관한 실증연구," 교정연구, 2013

전정주, "교정발전의 전제조건으로서의 과밀수용해소에 관한 연구.", 교정연구 제29호, 한국
_____ 교정학회, 2005

정종섭, 헌법학원론, 박영사, 2016

정진수, "미결수용자 처우에 관한 연구", 형사정책연구원, 2003

최응렬/황영균, "교정시설 과밀수용의 실태와 형사사법적 대응방안에 대한 연구", 교정연구, 2003

한수웅, 헌법학, 법문사, 2017

한영수, "행형과 형사사법", 세창출판사, 2000

국가인권위원회, "교정시설 과밀수용 환경개선 직권조사", 2013

법무부 교정자료 (2016)

법무부 법무연감 (2016)
법무연수원 범죄백서 (2015)

2. 외국자료

- Families Against Mandatory Minimum, 2017
http://famm.org
- Iowa Legislature,Legislation SF445, 2017
https://www.legis.iowa.gov/docs/publications/LGe/87/attachments/SF445.
html
- Prison Overcrowding and Alternatives to Detention, "Prison overcrowding and alternatives to detention. European Sources and National Legal Systems" (Jovene, 2016), 2017
http://www.prisonovercrowding.eu/en/events/prison−overcrowding−an
d−alternatives−to−detention−european−sources−and−national
−legal−systems
- Penal Reform International, Ten−Point Plan to Reduce Prison Overcrowding, 2017
www.penalreform.org
- Prison Policy Initiative, Mass Incarceration: The Whole Pie (2017), 2017
https://www.prisonpolicy.org/reports/pie2017.html
- Prison Policy Initiative, Following the Money of Mass Incarceration, 2017
https://www.prisonpolicy.org/reports/money.html
- Prison Policy Initiative, States of Incarceration : The Global Context 2016, 2016
https://www.prisonpolicy.org/global/2016.html
- Urban Institute, Stemming the Tide: Strategies to Reduce the Growth and Cut the Cost of the Federal Prison System, 2013

http://www.urban.org/research/publication/stemming – tide – strategies –
reduce – growth – and – cut – cost – federal – prison – system
- US Supreme Court, Brown vs. Plata, 2011
https://www.supremecourt.gov/opinions/10pdf/09 – 1233.pdf

국문초록

　　그동안 헌법재판소는 인간의 존엄과 가치를 헌법상의 기본원리이자 주
관적 기본권으로 인식은 하면서도 이에 대한 판단을 구체적으로 내린 경우
는 매우 드물었다. 그런데 이번 과밀수용 사건에서 헌재는 인간의 존엄과
가치 침해를 직접 주된 심판기준으로 삼아 그 침해를 이유로 위헌 결정함
으로서 그동안 지속적으로 문제가 되어 온 교정 시설 내 과밀수용행위의
반복을 막고, 구체적인 필요면적과 개선기한까지 제시함으로서 수용환경의
구체적 개선을 기대할 수 있게 되었다. 다만 위 사건에서 헌재는 국가는
수형자가 수용생활 중에도 인간으로서의 존엄과 가치를 지킬 수 있도록 교
정시설 내에 수형자 1인당 적어도 2.58㎡ 이상의 수용면적을 확보하여야
한다고 판시하였는데, 이는 국제기준에 비하여 턱없이 협소하다는 지적에
앞서, 교정행정에 대한 접근에 있어 헌재가 사회심리학적 요인보다는 형행
법학적 요인을 통하여 단순히 면적 확보로만 과밀수용 문제의 해결 방향을
제시하는 듯한 인상을 준다. 과밀수용에 관한 평가에 있어 수용자 1인당
면적의 협소함과 함께 개별 사안에 따라 행정적 이익, 보안, 경제 및 수용
자 개인의 인권과 같은 다양한 측면을 고려하는 것이 마땅하다. 인간으로
서의 존엄과 가치는 최고의 헌법 원리이자 핵심 기본권으로서, 과밀수용으
로 인한 인권침해 및 사회적 비용 증가는 반드시 해결하여야 한다.

　　주제어: 교정행정, 과밀수용, 인간의 존엄과 가치, 위헌결정,
　　　　　형의 집행 및 수용자의 처우에 관한 법률 개선

Abstract

Overcrowding of prison in Korea and its solution

Joong—Tak Sung*

The Constitutional Court has decided to determine the constitutionality of human dignity and violation of human rights in the case of confiscation of prison, thereby preventing the repetition of the over conduction in the correctional facility which has been continuously problematic in the meantime, It is meaningful that we can expect to improve the environment. However, in the above case, the Constitution stipulated that "the state should secure at least 2.58 square meters of accommodation space per prisoner within the correctional facility so that prisoners can maintain their dignity and value as human beings even during their inhabitants' life" In the viewpoint of narrowness, the impression that the Constitutional Court suggests that the Constitutional Court is aiming to solve the problem of overcrowding by solely securing the area through the method of moral law, especially formal understanding, rather than the social psychological factor give. However, if the degree of overcrowding is judged based on whether it can meet the ultimate purpose of revising the prisoner, it should be noted that in the evaluation of overcrowding, It is worth considering various aspects such as the human rights of an individual. Dignity and value as human beings are

* Prof., Lawyer, Ph.D. in law, Kyungpook National University Law School

the best constitutional principle and core basic rights, and human rights violations and social costs due to overcrowding must be resolved.

Keyword: Improved legislation on correctional administration, overcrowding, human dignity and value, unconstitutional decisions, enforcement of penalties and treatment of prisoners

투고일 2017. 5. 26.
심사일 2017. 6. 13.
게재확정일 2017. 6. 16.

附　　錄

研究倫理委員會 規程

제1장 총 칙

제 1 조 (목적)

이 규정은 사단법인 한국행정판례연구회(이하 "학회"라 한다) 정관 제 26조에 의하여 연구의 진실성을 확보하기 위하여 설치하는 연구윤리 위원회(이하 "위원회"라 한다)의 구성 및 운영에 관한 기본적인 사항을 정함을 목적으로 한다.

제 2 조 (적용대상)

이 규정은 학회의 정회원·준회원 및 특별회원(이하 "회원"이라 한다) 에 대하여 적용한다.

제 3 조 (적용범위)

연구윤리의 확립 및 연구진실성의 검증과 관련하여 다른 특별한 규 정이 없는 한 이 규정에 따른다.

제 4 조 (용어의 정의)

이 규정에서 사용하는 용어의 정의는 다음과 같다.

1. "연구부정행위"는 연구를 제안, 수행, 발표하는 과정에서 연 구목적과 무관하게 고의 또는 중대한 과실로 행하여진 위조 ·변조·표절·부당한 저자표시 등 연구의 진실성을 심각하게 해치는 행위를 말한다.
2. "위조"는 존재하지 않는 자료나 연구결과를 허위로 만들고 이를 기록하거나 보고하는 행위를 말한다.
3. "변조"는 연구와 관련된 자료, 과정, 결과를 사실과 다르게

변경하거나 누락시켜 연구가 진실에 부합하지 않도록 하는 행위를
말한다.

    4. "표절"은 타인의 아이디어, 연구 과정 및 연구결과 등을 정
       당한 승인 또는 적절한 인용표시 없이 연구에 사용하는 행
       위를 말한다.

    5. "부당한 저자 표시"는 연구내용 또는 결과에 대하여 학술적
       공헌 또는 기여를 한 자에게 정당한 이유 없이 저자 자격을
       부여하지 않거나, 학술적 공헌 또는 기여를 하지 않은 자에
       게 감사의 표시 또는 예우 등을 이유로 저자 자격을 부여하
       는 행위를 말한다.

제 2 장 연구윤리위원회의 구성 및 운영

제 5 조 (기능)

위원회는 학회 회원의 연구윤리와 관련된 다음 각 호의 사항을 심
의 · 의결한다.

    1. 연구윤리 · 진실성 관련 제도의 수립 및 운영 등 연구윤리확
      립에 관한 사항

    2. 연구윤리 · 진실성 관련 규정의 제·개정에 관한 사항

    3. 연구부정행위의 예방 · 조사에 관한 사항

    4. 제보자 및 피조사자 보호에 관한 사항

    5. 연구진실성의 검증·결과처리 및 후속조치에 관한 사항

    6. 기타 위원장이 부의하는 사항

제 6 조 (구성)

① 위원회는 위원장과 부위원장 각 1인을 포함하여 7인 이내의 위
원으로 구성한다.

② 위원장은 부회장 중에서, 부위원장은 위원 중에서 회장이 지명

한다.

③ 부위원장은 위원장을 보좌하고 위원장의 유고시에 위원장의 직무를 대행한다.

④ 위원은 정회원 중에서 회장이 위촉한다.

⑤ 위원장과 부위원장 및 위원의 임기는 1년으로 하되 연임할 수 있다.

⑥ 위원회의 제반업무를 처리하기 위해 위원장이 위원 중에서 지명하는 간사 1인을 둘 수 있다.

⑦ 위원장은 위원회의 의견을 들어 전문위원을 위촉할 수 있다.

제 7 조 (회의)

① 위원장은 필요한 경우 위원회의 회의를 소집하고 그 의장이 된다.

② 회의는 재적위원 과반수 출석과 출석위원 과반수 찬성으로 의결한다. 단 위임장은 위원회의 성립에 있어 출석으로 인정하되 의결권은 부여하지 않는다.

③ 회의는 비공개를 원칙으로 하되, 필요한 경우에는 위원이 아닌 자를 참석시켜 의견을 진술하게 할 수 있다.

제 3 장　연구진실성의 검증

제 8 조 (연구부정행위의 조사)

① 위원회는 구체적인 제보가 있거나 상당한 의혹이 있는 경우에는 연구부정행위의 존재 여부를 조사하여야 한다.

② 위원회는 조사과정에서 제보자·피조사자·증인 및 참고인에 대하여 진술을 위한 출석과 자료의 제출을 요구할 수 있다.

③ 위원회는 연구기록이나 증거의 멸실, 파손, 은닉 또는 변조 등을 방지하기 위하여 상당한 조치를 취할 수 있다.

제 9 조 (제보자와 피조사자의 권리 보호)

① 위원회는 어떠한 경우에도 제보자의 신원을 직·간접적으로 노출시켜서는 안 된다. 다만, 제보 내용이 허위인 줄 알았거나 알 수 있었음에도 불구하고 이를 신고한 경우에는 보호 대상에 포함되지 않는다.

② 위원회는 연구부정행위 여부에 대한 검증과정이 종료될 때까지 피조사자의 명예나 권리가 침해되지 않도록 노력하여야 한다.

제10조 (비밀엄수)

① 위원회의 위원은 연구부정행위의 조사, 판정 및 제재조치의 건의 등과 관련한 일체의 사항을 비밀로 하며, 검증과정에 직·간접적으로 참여한 자는 검증과정에서 취득한 정보를 누설하여서는 아니 된다.

② 위원장은 제 1 항에 규정된 사항으로서 합당한 공개의 필요성이 있는 때에는 위원회의 의결을 거쳐 공개할 수 있다. 다만, 제보자·조사위원·증인·참고인·자문에 참여한 자의 명단 등 신원과 관련된 정보가 당사자에게 부당한 불이익을 줄 가능성이 있는 때에는 공개하지 아니한다.

제11조 (제척·기피·회피)

① 위원은 검증사건과 직접적인 이해관계가 있는 때에는 당해 사건의 조사·심의 및 의결에 관여하지 못한다. ② 제보자 또는 피조사자는 위원에게 공정성을 기대하기 어려운 사정이 있는 때에는 그 이유를 밝혀 당해 위원의 기피를 신청할 수 있다. 위원회에서 기피 신청이 인용된 때에는 기피 신청된 위원은 당해 사건의 조사·심의 및 의결에 관여하지 못한다.

③ 위원은 제 1 항 또는 제 2 항의 사유가 있다고 판단하는 때에는 회피하여야 한다.

④ 위원장은 위원이 검증사건과 직접적인 이해관계가 있다고 인정하는 때에는 당해 검증사건과 관련하여 위원의 자격을 정지할 수 있다.

제12조 (의견진술, 이의제기 및 변론기회의 보장)

위원회는 제보자와 피조사자에게 관련 절차를 사전에 알려주어야 하며, 의견진술, 이의제기 및 변론의 기회를 동등하게 보장하여야 한다.

제13조 (판정)

① 위원회는 위원들의 조사와 심의 결과, 제보자와 피조사자의 의견진술, 이의제기 및 변론의 내용을 토대로 검증대상행위의 연구부정행위 해당 여부를 판정한다.

② 위원회가 검증대상행위의 연구부정행위 해당을 확인하는 판정을 하는 경우에는 재적위원 과반수 출석과 출석위원 3분의 2 이상의 찬성으로 한다.

제4장 검증에 따른 조치

제14조 (판정에 따른 조치)

① 위원장은 제13조 제1항의 규정에 의한 판정결과를 회장에게 통보하고, 검증대상행위가 연구부정행위에 해당한다고 판정된 경우에는 위원회의 심의를 거쳐 그 판정결과에 따라 필요한 조치를 건의할 수 있다.

② 회장은 제1항의 건의가 있는 경우에는 다음 각 호 중 어느 하나의 제재조치를 하거나 이를 병과할 수 있다.

   1. 연구부정논문의 게재취소
   2. 연구부정논문의 게재취소사실의 공지
   3. 회원의 제명절차에의 회부

4. 관계 기관에의 통보

5. 기타 적절한 조치

③ 전항 제2호의 공지는 저자명, 논문명, 논문의 수록 권·호수, 취소일자, 취소이유 등이 포함되어야 한다.

④ 회장은 학회의 연구윤리와 관련하여 고의 또는 중대한 과실로 진실과 다른 제보를 하거나 허위의 사실을 유포한 자가 회원인 경우 이를 제명절차에 회부할 수 있다.

제15조 (조사결과 및 제재조치의 통지)

회장은 위원회의 조사결과 및 제재조치에 대하여 제보자 및 피조사자 등에게 지체없이 서면으로 통지한다.

제16조 (재심의)

피조사자 또는 제보자가 판정결과 및 제재조치에 대해 불복할 경우 제15조의 통지를 받은 날부터 20일 이내에 이유를 기재한 서면으로 재심의를 요청할 수 있다.

제17조 (명예회복 등 후속조치)

검증대상행위가 연구부정행위에 해당하지 아니한다고 판정된 경우에는 학회 및 위원회는 피조사자의 명예회복을 위해 노력하여야 하며 적절한 후속조치를 취하여야한다.

제18조 (기록의 보관) ① 학회는 조사와 관련된 기록은 조사 종료 시점을 기준으로 5년간 보관하여야 한다.

부　칙

제1조 (시행일) 이 규정은 2007년 11월 29일부터 시행한다.

硏究論集 刊行 및 編輯規則

제정: 1999. 08. 20.
제 1 차 개정: 2003. 08. 22.
제 2 차 개정: 2004. 04. 16.
제 3 차 개정: 2005. 03. 18.
전문개정: 2008. 05. 26.
제 5 차 개정: 2009. 12. 18.

제 1 장 총 칙

제 1 조 (目的)

이 규칙은 사단법인 한국행정판례연구회(이하 "학회"라 한다)의 정관 제27조의 규정에 따라 연구논집(이하 '논집'이라 한다)을 간행 및 편집함에 있어서 필요한 사항을 정함을 목적으로 한다.

제 2 조 (題號)

논집의 제호는 '行政判例研究'(Studies on Public Administration Cases)라 한다.

제 3 조 (刊行週期)

① 논집은 연 2회 정기적으로 매년 6월 30일, 12월 31일에 간행함을 원칙으로 한다.

② 전항의 정기간행 이외에 필요한 경우는 특별호를 간행할 수 있다.

제 4 조 (刊行形式)

논집의 간행형식은 다음 각 호의 어느 하나에 의한다.

1. 등록된 출판사와의 출판권 설정의 형식
2. 자비출판의 형식

제 5 조 (收錄對象)

① 논집에 수록할 논문은 다음과 같다.

1. 발표논문: 학회의 연구발표회에서 발표하고 제출한 논문으로
   서 편집위원회의 심사절차를 거쳐 게재확정된 논문
2. 제출논문: 회원 또는 비회원이 논집게재를 위하여 따로 제출
   한 논문으로서 편집위원회의 심사절차를 거쳐 게재확정된
   논문
3. 그 밖에 편집위원회의 심사절차와 간행위원회의 의결을 거쳐
   수록하기로 한 논문 등

② 논집에는 부록으로서 다음의 문건을 수록할 수 있다.

1. 학회의 정관, 회칙 및 각종 규칙
2. 학회의 역사 또는 활동상황
3. 학회의 각종 통계

③ 논집에는 간행비용의 조달을 위하여 광고를 게재할 수 있다.

제 6 조 (收錄論文要件)

논집에 수록할 논문은 다음 각호의 요건을 갖춘 것이어야 한다.

1. 행정판례의 평석 또는 연구에 관한 논문일 것
2. 다른 학술지 등에 발표한 일이 없는 논문일 것
3. 이 규정 또는 별도의 공고에 의한 원고작성요령 및 심사기준
에 부합하는 학술연구로서의 형식과 품격을 갖춘 논문일 것

제 7 조 (著作權)

① 논집의 편자는 학회의 명의로 하고, 논집의 개별 논문에는 집필자(저작자)를 명기한다.

② 학회는 논집의 편집저작권을 보유한다.

제 2 장   刊行委員會와 編輯委員會

제 8 조 (刊行 및 編輯主管)

① 논집의 간행 및 편집에 관한 업무를 관장하기 위하여 학회에 간 행위원회와 편집위원회를 둔다.

② 간행위원회는 논집의 간행에 관한 중요한 사항을 심의·의결한다.

③ 편집위원회는 간행위원회의 결정에 따라 논집의 편집에 관한 업무를 행한다.

제 9 조 (刊行委員會의 構成과 職務 등)

① 간행위원회는 편집위원을 포함하여 회장이 위촉하는 적정한 수의 위원으로 구성하고 임기는 1년으로 하되 연임할 수 있다.

② 간행위원회는 위원장, 부위원장 및 간사 각 1인을 둔다.

③ 간행위원장은 위원 중에서 호선하고, 부위원장은 학회의 출판담당 상임이사로 하고, 간사는 위원 중에서 위원장이 위촉한다.

④ 간행위원회는 다음의 사항을 심의·의결한다.

    1. 논집의 간행계획에 관한 사항

    2. 논집의 특별호의 기획 등에 관한 사항

    3. 이 규칙의 개정에 관한 사항

    4. 출판권을 설정할 출판사의 선정에 관한 사항

    5. 그 밖에 논집의 간행과 관련된 중요한 사항

⑤ 간행위원회는 다음 각 호의 경우에 위원장이 소집하고, 간행위원회는 위원 과반수의 출석과 출석위원 과반수의 찬성으로 의결

한다.
1. 회장 또는 위원장이 필요하다고 판단하는 경우
2. 위원 과반수의 요구가 있는 경우

제10조 (編輯委員會의 構成과 職務 등)

① 편집위원회는 학회의 출판담당 상임이사를 포함하여 회장이 이사회의 승인을 얻어 선임하는 10인 내외의 위원으로 구성하고 임기는 3년으로 한다.

② 편집위원회는 위원장, 부위원장 및 간사 각 1인을 둔다.

③ 편집위원장은 위원 중에서 호선하고, 부위원장은 학회의 출판담당 상임이사로 하고, 간사는 위원 중에서 위원장이 위촉한다.

④ 편집위원회는 다음의 사항을 행한다.

1. 이 규칙에 의하는 외에 논집에 수록할 논문의 원고작성요령 및 심사기준에 관한 세칙의 제정 및 개정
2. 논문심사위원의 위촉
3. 논문심사의 의뢰 및 취합, 종합판정, 수정요청 및 수정후재심사, 논집에의 게재확정 또는 거부 등 논문심사절차의 진행
4. 논집의 편집 및 교정
5. 그 밖에 논집의 편집과 관련된 사항

⑤ 편집위원회는 다음 각 호의 경우에 위원장이 소집하고, 위원 과반수의 출석과 출석위원 과반수의 찬성으로 의결한다.

1. 회장 또는 위원장이 필요하다고 판단하는 경우
2. 위원 과반수의 요구가 있는 경우

제3장 論文의 提出과 審査節次 등

제11조 (論文提出의 基準)

① 논문원고의 분량은 A4용지 20매(200자 원고지 150매) 내외로
한다.

② 논문의 원고는 (주)한글과 컴퓨터의 "문서파일(HWP)"로 작성하
고 한글사용을 원칙으로 하되, 필요한 경우 국한문혼용 또는 외국
어를 사용할 수 있다.

③ 논문원고의 구성은 다음 각 호의 순서에 의한다.

  1. 제목

  2. 목차

  3. 본문

  4. 한글초록·주제어

  5. 외국어초록·주제어

  6. 참고문헌

  7. 부록(필요한 경우)

④ 논문은 제1항 내지 제3항 이외에 편집위원회가 따로 정하는
원고작성요령 또는 심사기준에 관한 세칙을 준수하고, 원고는 편집
위원회가 정하여 공고하는 기한 내에 출판간사를 통하여 출판담당
상임이사에게 제출하여야 한다.

제12조 (論文審査節次의 開始)

① 논문접수가 완료되면 출판담당 상임이사는 심사절차에 필요한
서류를 작성하여 편집위원장에게 보고하여야 한다.

② 편집위원장은 전항의 보고를 받으면 편집위원회를 소집하여 논
문심사절차를 진행하여야 한다.

제13조 (論文審査委員의 委囑과 審査 依賴 등)

① 편집위원회는 간행위원, 편집위원 기타 해당 분야의 전문가 중에서 심사대상 논문 한 편당 3인의 논문심사위원을 위촉하여 심사를 의뢰한다.

② 제 1 항의 규정에 의하여 위촉되어 심사를 의뢰받는 논문심사위원이 심사대상 논문 또는 그 제출자와 특별한 관계가 명백하게 있어 논문심사의 공정성을 해할 우려가 있는 사람이어서는 안 된다.

제14조 (秘密維持) ① 편집위원장은 논문심사위원의 선정 및 심사의 진행에 관한 사항이 외부로 누설되지 않도록 필요한 조치를 취하여야 한다.

② 편집위원 및 논문심사위원은 논문심사에 관한 사항을 외부로 누설해서는 안 된다.

제15조 (論文審査의 基準) 논문심사위원이 논집에 수록할 논문을 심사함에 있어서는 다음 각 호의 기준을 종합적으로 고려하여 심사의견을 제출하여야 한다.

　　1. 제 6 조에 정한 수록요건
　　2. 제11조에 정한 논문제출기준
　　3. 연구내용의 전문성과 창의성 및 논리적 체계성
　　4. 연구내용의 근거제시의 적절성 및 객관성

제16조 (論文審査委員別 論文審査의 判定) ① 논문심사위원은 제15조의 논문심사기준에 따라 [별표 1]의 [논문심사서](서식)에 심사의견을 기술하여 제출하여야 한다.

② 논문심사위원은 심사대상 논문에 대하여 다음 각호에 따라 '판정의견'을 제출한다.

　　1. '게재적합': 논집에의 게재가 적합하다고 판단하는 경우
　　2. '게재부적합': 논집에의 게재가 부적합하다고 판단하는 경우

　　3. '수정후게재': 논문내용의 수정·보완 후 논집에의 게재가 적합
　　하다고 판단하는 경우

③ 전항 제 1 호에 의한 '게재적합' 판정의 경우에도 논문심사위원은
수정·보완이 필요한 경미한 사항을 기술할 수 있다.

④ 제 2 항 제 2 호에 의한 '게재부적합' 판정 및 제 3 호에 의한 '수
정후게재' 판정의 경우에는 각각 부적합사유와 논문내용의 수정·보
완할 점을 구체적으로 명기하여야 한다.

제17조 (編輯委員會의 綜合判定 및 再審査)　① 편집위원회는 논문
심사위원 3인의 논문심사서가 접수되면 [별표 2]의 종합판정기준에
의하여 '게재확정', '수정후게재', '수정후재심사' 또는 '불게재'로 종
합판정을 하고, 그 결과 및 논문심사위원의 심사의견을 논문제출자
에게 통보한다.

② 편집위원회의 종합판정 결과, '수정후재심사'로 판정된 논문에 대
하여는 재심사절차를 진행한다. 이때 최초심사에서 '게재적합' 또는
'수정후게재' 판정을 한 심사위원은 교체하지 아니하고, '게재부적합'
판정을 한 논문심사위원은 다른 사람으로 교체하여 심사를 의뢰한다.

③ 전항의 논문을 재심사하는 논문심사위원은 '게재적합' 또는 '게
재부적합'으로만 판정하며, 편집위원회는 재심사의 결과 '게재적합'
이 둘 이상이면 '게재확정'으로 최종 판정한다.

제18조 (修正要請 등)

① 편집위원장은 제17조의 규정에 의해 '수정후게재/ 또는 '수정후
재심사' 판정을 받은 논문에 대하여 수정을 요청하여야 한다.

② 편집위원장은 제17조의 규정에 의해 '게재확정'으로 판정된 논
문에 대하여도 편집위원회의 판단에 따라 수정이 필요하다고 인정
하는 때에는 내용상 수정을 요청할 수 있다.

③ 편집위원회는 집필자가 전항의 수정요청에 따르지 않거나 재심

사를 위해 고지된 기한 내에 수정된 논문을 제출하지 않을 때에는
처음 제출된 논문을 '불게재'로 최종 판정한다.

제4장 기   타

제19조 (審査謝禮費의 支給) 논문심사위원에게 논집의 간행·편집을
위한 예산의 범위 안에서 심사사례비를 지급할 수 있다.

제20조(輔助要員) 학회는 논집의 간행·편집을 위하여 필요하다고 인
정하는 때에는 원고의 편집, 인쇄본의 교정, 부록의 작성 등에 관
한 보조요원을 고용할 수 있다.

제21조 (刊行·編輯財源) ① 논집의 간행·편집에 필요한 재원은 다
음 각호에 의한다.
　　1. 출판수입
　　2. 광고수입
　　3. 판매수입
　　4. 논문게재료
　　5. 외부 지원금
　　6. 기타 학회의 재원
② 논문 집필자에 대한 원고료는 따로 지급하지 아니한다.

제22조 (論集의 配布) ① 간행된 논집은 회원에게 배포한다.
② 논문의 집필자에게는 전항의 배포본 외에 일정한 부수의 증정본
을 교부할 수 있다.

附   則 (1999. 8. 20. 제정)

이 규칙은 1999년 8월 20일부터 시행한다.

附　則

이 규칙은 2003년 8 월 22일부터 시행한다
.

附　則

이 규칙은 2004년 4 월 17일부터 시행한다.

附　則

이 규칙은 2005년 3 월 19일부터 시행한다.

附　則

이 규칙은 2008년 5 월 26일부터 시행한다.

附　則

이 규칙은 2009년 12월 18일부터 시행한다.

[별표 1 : 논문심사서(서식)]

「行政判例研究」게재신청논문 심사서

社團法人 韓國行政判例研究會

게재논집	行政判例研究 제15-2집	심사일	2010. . .
심사위원	소속	직위	
		성명	(인)
게재신청논문 [심사대상논문]			
판정의견	1. 게재적합 ( ): 논집의 게재가 가능하다고 판단하는 경우 2. 게재부적합 ( ): 논집의 게재가 불가능하다고 판단하는 경우 3. 수정후게재 ( ): 논문내용의 수정·보완 후 논집의 게재가 가능하다고 판단하는 경우		
심사의견			
심사기준	• 행정판례의 평석 또는 연구에 관한 논문일 것 • 다른 학술지 등에 발표한 일이 없는 논문일 것 • 연구내용의 전문성과 창의성 및 논리적 체계성이 인정되는 논문일 것 • 연구내용의 근거제시가 적절성과 객관성을 갖춘 논문일 것		

※ 심사의견 작성시 유의사항 ※

▷ '게재적합' 판정의 경우에도 수정·보완이 필요한 사항을 기술할 수 있습니다.

▷ '게재부적합' 및 '수정후 게재' 판정의 경우에는 각각 부적합사유와 논문내용의 수정·보완할 점을 구체적으로 명기하여 주십시오.

▷ 표 안의 공간이 부족하면 별지를 이용해 주십시오.

[별표 2: 종합판정기준]

	심사위원의 판정			편집위원회 종합판정
1	○	○	○	게재확정
2	○	○	△	
3	○	△	△	수정후게재
4	△	△	△	
5	○	○	×	
6	○	△	×	수정후재심사
7	△	△	×	
8	○	×	×	
9	△	×	×	불게재
10	×	×	×	

○ = "게재적합" △ = "수정후게재" × = "게재부적합"

「行政判例研究」 原稿作成要領

I. 원고작성기준

1. 원고는 워드프로세서 프로그램인 [한글]로 작성하여 전자우편을 통해 출판간사에게 제출한다.
2. 원고분량은 도표, 사진, 참고문헌 포함하여 200자 원고지 150매 내외로 한다.
3. 원고는 「원고표지 – 제목 - 저자 - 목차(로마자표시와 아라비아숫자까지) – 본문 – 참고문헌 – 국문 초록 – 국문 주제어(5개 내외) – 외국문 초록 – 외국문 주제어(5개 내외)」의 순으로 작성한다.
4. 원고의 표지에는 논문제목, 저자명, 소속기관과 직책, 주소, 전화번호(사무실, 핸드폰)와 e-mail주소를 기재하여야 한다.
5. 외국문 초록(논문제목, 저자명, 소속 및 직위 포함)은 영어를 사용하는 것이 원칙이지만, 논문의 내용에 따라서 독일어, 프랑스어, 중국어, 일본어를 사용할 수도 있다.
6. 논문의 저자가 2인 이상인 경우 주저자(First Author)와 공동저자(Corresponding Author)를 구분하고, 주저자·공동저자의 순서로 표기하여야 한다. 특별한 표시가 없는 경우에는 제일 앞에 기재된 자를 주저자로 본다.
7. 목차는 로마숫자(보기 : I, II), 아라비아숫자(보기 : 1, 2), 괄호숫자(보기: (1), (2)), 반괄호숫자(보기 : 1), 2), 원숫자(보기 : ①, ②)의 순으로 한다. 그 이후의 목차번호는 논문제출자가 임의로 정하여 사용할 수 있다.

II. 각주작성기준

1. 기본원칙

(1) 본문과 관련한 저술을 소개하거나 부연이 필요한 경우 각주로 처리한다. 각주는 일련번호를 사용하여 작성한다.

(2) 각주의 인명, 서명, 논문명 등은 원어대로 씀을 원칙으로 한다.

(3) 외국 잡지의 경우 처음 인용시 잡지명을 전부 기재하고 그 이후 각 주에서는 약어로 표시한다.

2. 처음 인용할 경우의 각주 표기 방법

(1) 저서: 저자명, 서명, 출판사, 출판년도, 면수.

번역서의 경우 저자명은 본래의 이름으로 표기하고, 저자명과 서명 사이에 옮긴이의 이름을 쓰고 "옮김"을 덧붙인다.

엮은 책의 경우 저자명과 서명 사이에 엮은이의 이름을 쓰고 "엮음"을 덧붙인다. 저자와 엮은이가 같은 경우 엮은이를 생략할 수 있다.

(2) 정기간행물: 저자명, "논문제목", 「잡지명」, 제00권 제00호, 출판연도, 면수.

번역문헌의 경우 저자명과 논문제목 사이에 역자명을 쓰고 "옮김"을 덧붙인다.

(3) 기념논문집: 저자명, "논문제목", 기념논문집명(000선생00기념논문집), 출판사, 출판년도, 면수.

(4) 판결 인용: 다음과 같이 대법원과 헌법재판소의 양식에 준하여 작성한다.

판결 : 대법원 2000. 00. 00. 선고 00두0000 판결.

결정 : 대법원 2000. 00. 00.자 00아0000 결정.

헌법재판소 결정 : 헌법재판소 2000. 00. 00. 선고 00헌가00

결정.

(5) 외국문헌 : 그 나라의 표준표기방식에 의한다.

(6) 외국판결 : 그 나라의 표준표기방식에 의한다.

(7) 신문기사는 기사면수를 따로 밝히지 않는다(신문명 0000. 00. 00.자). 다만, 필요한 경우 글쓴이와 글제목을 밝힐 수 있다.

(8) 인터넷에서의 자료인용은 원칙적으로 다음과 같이 표기한다.
저자 혹은 서버관리주체, 자료명, 해당 URL(검색일자)

(9) 국문 또는 한자로 표기되는 저서나 논문을 인용할 때는 면으로(120면, 120면-122면), 로마자로 표기되는 저서나 논문을 인용할 때는 p.(p. 120, pp. 121-135) 또는 S.(S. 120, S. 121 ff.)로 인용면수를 표기한다.

3. 앞의 각주 혹은 각주에서 제시된 문헌을 다시 인용할 경우 다음과 같이 표기한다. 국내문헌, 외국문헌 모두 같다. 다만, 저자나 문헌 혹은 양자 모두가 여럿인 경우 이에 따르지 않고 각각 필요한 저자명, 문헌명 등을 덧붙여 표기함으로써 구별한다.

(1) 바로 위의 각주가 아닌 앞의 각주의 문헌을 다시 인용할 경우

1) 저서인용: 저자명, 앞의 책, 면수

2) 논문인용: 저자명, 앞의 글, 면수

3) 논문 이외의 글 인용: 저자명, 앞의 글, 면수

(2) 바로 위의 각주에 인용된 문헌을 다시 인용할 경우에는 "위의 책, 면수", "위의 글, 면수"로 표시한다.

(3) 하나의 각주에서 앞서 인용한 문헌을 다시 인용할 경우에는 "같은 책, 면수", "같은 글, 면수"로 표시한다.

4. 기타

(1) 3인 공저까지는 저자명을 모두 표기하되, 저자간의 표시는 "/"

로 구분하고 "/" 이후에는 한 칸을 띄어 쓴다. 4인 이상의 경우 성을 온전히 표기하되, 중간이름은 첫글자만을 표기한다.

(2) 부제의 표기가 필요한 경우 원래 문헌의 표기양식과 관계없이 원칙적으로 콜론으로 연결한다.

(3) 글의 성격상 전거만을 밝히는 각주가 너무 많을 경우 약자를 사용하여 본문에서 그 전거를 밝힐 수 있다.

(4) 여러 문헌의 소개는 세미콜론(;)으로 하고, 재인용의 경우 원전과 재인용출처 사이를 콜론(:)으로 연결한다.

III. 참고문헌작성기준

1. 순서

국문, 외국문헌 순으로 정리하되, 단행본, 논문, 자료의 순으로 정리한다.

2. 국내문헌

(1) 단행본: 저자, 서명, 출판사, 출판연도.

(2) 논문: 저자명, "논문제목", 잡지명 제00권 제00호, 출판연도.

3. 외국문헌

그 나라의 표준적인 인용방법과 순서에 따라 정리한다.

歷代 任員 名單

■ **초대**(1984. 10. 29.)

회   장   金道昶
부 회 장   徐元宇·崔光律(1987. 11. 27.부터)

■ **제 2 대**(1988. 12. 9.)

회   장   金道昶
부 회 장   徐元宇·崔光律
감   사   李尙圭
상임이사   李鴻薰(총무), 金南辰(연구), 朴鈗炘(출판), 梁承斗(섭외)
이   사   金東熙, 金斗千, 金英勳, 金元主, 金伊烈, 金鐵容, 石琮顯,
           芮鍾德, 李康爀, 李升煥, 趙慶根, 崔松和, 韓昌奎, 黃祐呂

■ **제 3 대**(1990. 2. 23.)

회   장   金道昶
부 회 장   徐元宇·崔光律
감   사   金鐵容
상임이사   李鴻薰(총무), 黃祐呂(총무), 金南辰(연구), 朴鈗炘(출판),
           梁承斗(섭외)
이   사   金東熙, 金斗千, 金英勳, 金元主, 金伊烈, 石琮顯, 芮鍾德,
           李康爀, 李升煥, 李鴻薰
(1991. 1. 25.부터) 趙慶根, 崔松和, 韓昌奎, 黃祐呂

■ 제 4 대(1993. 2. 23.)

회　　장　金道昶
부 회 장　徐元宇·崔光律
감　　사　金鐵容
상임이사　李鴻薰(총무), 金南辰(연구), 朴銑炘(출판), 梁承斗(섭외)
이　　사　金東熙, 金英勳, 金元主, 朴松圭, 卞在玉, 石琮顯, 孫智烈,
　　　　　芮鍾德, 李康國, 李康爀, 李京運, 李淳容, 李重光, 李鴻薰,
　　　　　趙慶根, 趙憲銖, 千柄泰, 崔松和, 韓昌奎, 黃祐呂

■ 제 5 대(1996. 2. 23.)

명예회장　金道昶
고　　문　徐元宇·金鐵容
회　　장　崔光律
부 회 장　金南辰·徐廷友
감　　사　韓昌奎
상임이사　金東熙(총무), 金元主(연구), 李康國(출판), 梁承斗(섭외)
이　　사　金英勳, 朴松圭, 朴銑炘, 卞在玉, 石琮顯, 李康爀, 李京運,
　　　　　李淳容, 李升煥, 李重光, 李鴻薰, 趙慶根, 趙憲銖, 千柄泰,
　　　　　崔松和, 黃祐呂

■ 제 6 대(1999. 2. 19.)

명예회장　金道昶
고　　문　徐元宇, 金鐵容, 金南辰, 徐廷友, 韓昌奎
회　　장　崔光律
부 회 장　梁承斗, 李康國
감　　사　金元主
상임이사　李鴻薰(총무), 金東熙(연구), 崔松和(출판), 金善旭(섭외)

이   사   金東建, 金英勳, 南勝吉, 朴松圭, 朴鈗炘, 白潤基, 卞海喆,
石琮顯, 李京運, 李光潤, 李升煥, 李重光, 鄭然彧, 趙憲銖,
洪準亨, 黃祐呂

■ 제 7 대(2002. 2. 15.)

명예회장   金道昶
고   문   金南辰, 金元主, 徐元宇, 徐廷友, 梁承斗, 李康國, 崔光律,
韓昌奎
회   장   金鐵容
부 회 장   金東建, 崔松和
감   사   金東熙
상임이사   金善旭(총무), 朴正勳(연구), 李光潤(출판), 李京運(섭외)
이   사   金英勳, 金海龍, 南勝吉, 朴均省, 朴鈗炘, 白潤基, 卞海喆,
石琮顯, 李東洽, 李範柱, 李重光, 李鴻薰, 鄭夏重, 趙憲銖,
洪準亨, 黃祐呂

■ 제 8 대(2005. 2. 21. / 2008. 2. 20.) *

명예회장   金道昶(2005. 7. 17. 별세)
고   문   金南辰, 金元主, 徐元宇(2005. 10. 16. 별세), 徐廷友, 梁承斗,
李康國, 崔光律, 韓昌奎, 金鐵容, 金英勳, 朴鈗炘, 金東熙
회   장   崔松和
부 회 장   李鴻薰, 鄭夏重
감   사   金東建, 李京運,
상임이사   李光潤(총무), 安哲相(기획), 洪準亨/吳峻根(연구),
金性洙(출판), 徐基錫(섭외)
이   사   金善旭, 金海龍, 南勝吉, 朴均省, 朴秀赫, 朴正勳, 白潤基,
卞海喆, 石琮顯, 石鎬哲, 蘇淳茂, 柳至泰, 尹炯漢, 李東洽,
李範柱, 李殷祈, 李重光, 趙龍鎬, 趙憲銖, 崔正一, 黃祐呂,

金香基, 裵炳晧, 劉南碩

간　　사　李元雨 / 金鐘甫(총무), 李賢修(연구), 金重權(재무),
　　　　　宣正源 / 李熙貞(출판), 권은민(섭외)

* 위 '회장', '부회장', '상임이사', '이사'는 2007. 4. 20. 제정된 사단법인 한국행정
판례연구회 정관 제13조, 제14조, 제15조의 '이사장 겸 회장', '이사 겸 부회장',
'이사 겸 상임이사', '운영이사'임.

■제 9 대(2008. 2. 15. / 2011. 2. 14.)

고　　문　金南辰, 金東熙, 金英勳, 金元主, 金鐵容, 朴鈗炘, 徐廷友,
　　　　　梁承斗, 李康國, 李鴻薰, 鄭夏重, 崔光律, 韓昌奎
회　　장　崔松和
부 회 장　李京運, 徐基錫
감　　사　金東建, 金善旭
이사 겸 상임이사　慶　健(총무), 安哲相(기획), 朴均省(연구), 韓堅愚
　　　　　　　　　(출판), 權純一(섭외/연구)
운영이사　具旭書, 권은민, 金光洙, 金性洙, 金連泰, 金容燮, 金容贊,
　　　　　金裕煥, 金義煥, 金重權, 金敏祚, 金海龍, 金香基, 金鉉峻,
　　　　　朴正勳, 朴海植, 裵炳晧, 白潤基, 卞海喆, 石琮顯, 石鎬哲,
　　　　　成百玹, 蘇淳茂, 申東昇, 辛奉起, 吳峻根, 劉南碩, 俞珍式,
　　　　　尹炯漢, 李光潤, 李承寧, 李元雨, 李殷祈, 李重光, 鄭鍾舘,
　　　　　鄭準鉉, 趙龍鎬, 曹海鉉, 趙憲銖, 崔正一, 洪準亨
간　　사　張暻源 · 李殷相 · 安東寅(총무), 鄭亨植 · 장상균(기획), 金泰昊
　　　　　(기획/연구), 金聖泰 · 崔善雄 · 鄭南哲(연구), 李熙貞 · 河明鎬 · 崔
　　　　　桂暎(출판), 林聖勳(섭외), 박재윤(총무)

■제 10 대(2011. 2. 15. /2014. 2. 14)

명예회장　金鐵容, 崔光律

金南撤, 金炳圻, 金性洙, 金聖泰, 金秀珍, 金連泰, 金容燮,
金容贊, 金裕煥, 金重權, 金鐘甫, 金敏祚, 金致煥, 金海龍,
金香基, 金鉉峻, 文尚德, 朴均省, 朴海植, 裵柄皓, 卞海喆,
石鎬哲, 宣正源, 宋鎭賢, 成百玹, 申東昇, 辛奉起, 呂相薰,
吳峻根, 俞珍式, 柳哲馨, 尹炯漢, 李東植, 李元雨, 李殷祈,
李重光, 李賢修, 林永浩, 張曍源, 藏尙均, 田聖銖, 田　勳,
鄭鍾錧, 鄭準鉉, 鄭亨植, 趙成奎, 趙龍鎬, 曺海鉉, 趙憲銖,
趙弘植, 朱한길, 崔峰碩, 崔善雄, 崔正一, 洪準亨, 韓堅愚,
河明鎬, 河宗大, 黃彰根

간　　사　房東熙, 崔允寧(총무), 崔桂暎, 張承爀(연구), 洪先基(기획)
　　　　　桂仁國, 李惠診(출판)

■제 12 대(2017. 2. 17. /2020.2.16.)

명예회장 金鐵容, 崔光律
고　　　문 金南辰, 金東熙, 金英勳, 朴鈗炘, 徐基錫, 徐廷友, 蘇淳茂,
　　　　　梁承斗, 李康國, 李京運, 李光潤, 鄭夏重, 李鴻薰, 崔松和, 韓昌奎
회　　　장 金東建
부 회 장 朴正勳, 李承寧, 金重權
감　　　사 李殷祈, 孫台浩
상임이사 金敏祚/李鎭萬(기획), 俞珍式/徐圭永(섭외), 李熙貞(총무),
　　　　　李賢修/河明鎬(연구), 崔瑨修(출판)
운영이사 姜基弘, 姜錫勳, 康鉉浩, 慶　健, 具旭書, 權殷旼, 琴泰煥,
　　　　　金光洙, 金國鉉, 金南撤, 金炳圻, 김성배, 金性洙, 金聖泰,
　　　　　金秀珍, 金連泰, 金容燮, 金容贊, 金裕煥, 金義煥, 金鐘甫,
　　　　　金致煥, 金海龍, 金香基, 金鉉峻, 文尚德, 朴均省, 朴海植,
　　　　　房東熙, 裵柄皓, 白潤基, 石鎬哲, 宣正源, 宋鎭賢, 成百玹,
　　　　　成重卓, 申東昇, 辛奉起, 安東寅, 呂相薰, 吳峻根, 柳哲馨,

月例 集會 記錄

순번	연월일	발표자	발 표 제 목
1-1	84.12.11.	金南辰	聽問을 결한 行政處分의 違法性
-2		李鴻薰	都市計劃과 行政拒否處分
2-1	85.2.22.	崔世英	行政規則의 法規性 認定 與否
-2		崔光律	實地讓渡價額을 넘는 讓渡差盆의 인정여부
3-1	3.29.	石琮顯	都市計劃決定의 法的 性質
-2		金東建	違法한 旅館建物의 건축과 營業許可의 취소
4-1	4.26.	徐元宇	當然無效의 行政訴訟과 事情判決
-2		黃祐呂	아파트地區내의 土地와 空閑地稅
5-1	5.31.	朴鈗炘	林産物團束에관한法律 제7조에 대한 違法性 認定의 與否
-2		姜求哲	行政訴訟에 있어서의 立證責任의 문제
6-1	6.28.	金鐵容	酒類販賣業 免許處分 撤回의 근거와 撤回權 留保의 한계
-2		盧坱保	國稅基本法 제42조 소정의 讓渡擔保財産의 의미
7-1	9.27.	金道昶	信賴保護에 관한 行政判例의 최근 동향
-2		金東熙	自動車運輸事業法 제31조 등에 관한 處分要

순번	연월일	발표자	발 표 제 목
			領의 성질
8-1	10.25.	李尙圭	入札參加資格 制限行爲의 법적 성질
-2		李相敦	公有水面埋立에 따른 不動産所有權 國家歸屬의 무효확인
9-1	11.22.	梁承斗	抗告訴訟의 提起要件
-2		韓昌奎	地目變更 拒否의 성질
10	86.1.31.	李相赫	行政訴訟에 있어서의 訴의 利益의 문제
11	2.28	崔松和	運轉免許 缺格者에 대한 면허의 효력
12	3.28	金道昶	憲法上의 違憲審査權의 所在
13	4.25.	趙慶根	美聯邦情報公開法에 대한 약간의 고찰
14	5.30.	張台柱	西獨에 있어서 隣人保護에 관한 判例의 최근 동향
15	6.27.	金斗千	僞裝事業者와 買入稅額 控除
外1	9.30.	藤田宙靖	日本의 最近行政判例 동향
16	10.31.	金英勳	注油所 許可와 瑕疵의 承繼
17	11.28.	芮鍾德	漁業免許의 취소와 裁量權의 濫用
外2	87.3.21.	鹽野宏	日本 行政法學界의 現況
		園部逸夫	새 行政訴訟法 시행 1년을 보고
18	4.25.	金道昶	知的財産權의 문제들
19-1	4.22.	李升煥	商標法에 관한 최근판례의 동향
-2			工場登錄 拒否處分과 소의 이익
20	5.29.	金南辰	執行停止의 요건과 本案理由와의 관계
21	9.25.	崔光律	日本公法學會 總會參觀 등에 관한 보고
22-1	10.30.	金道昶	地方自治權의 강화와 行政權限의 위임에 관한 문제
-2			
23	11.27.	金鐵容	不作爲를 구하는 訴의 가부

순번	연월일	발표자	발 표 제 목
24	88.2.26.	金時秀	租稅賦課處分에 있어서의 當初處分과 更正拒否處分의 법률관계
25-1	3.25.	徐元宇	최근 日本公法學界의 동향
-2		朴鈗炘	平澤港 漁業補償 문제
外3	4.29.	成田賴明	日本 行政法學과 行政判例의 최근 동향
26	5.27.	李尙圭	防衛稅 過誤衲 還給拒否處分의 취소
27	6.24.	徐元宇	運輸事業計劃 변경인가처분의 취소
28	8.26.	金完燮	처분후의 事情變更과 소의 이익
29	10.7.	石琮顯	行政處分(訓令)의 법적 성질
30	10.28.	李鴻薰	土地收用裁決處分의 취소
31	11.17.	朴鈗炘	行政計劃의 법적 성질
32	89.1.27.	金東熙	載量行爲에 대한 司法的統制의 한계
33	2.24.	李碩祐	國稅還給申請權의 인정 여부
34	3.24.	朴松圭	國産新技術製品 保護決定處分의 일부취소
35-1	4.28.	金鐵容	독일 行政法學界의 최근동향
-2		千柄泰	제3자의 行政審判前置節次 이행 여부
36	5.26.	金善旭	公務員의 團體行動의 違法性
37	6.30.	金元主	租稅行政과 信義誠實의 원칙
38	8.25.	趙憲銖	國稅還給拒否處分의 법적 성질
39	9.29.	鄭準鉉	刑事訴追와 行政處分의 효력
40	10.27.	韓堅愚	行政規則(訓令)의 성질
41	11.24.	金斗千	相續稅法 제32조의2의 違憲 여부
外4	12.27.	小早川光朗	日本 行政法學界의 최근 동향
42	90.1.19.	金鐵容	豫防的 不作爲訴訟의 許容 여부
43	2.23.	李光潤	營造物行爲의 법적 성질
44	3.30.	南勝吉	行政刑罰의 범위

순번	연월일	발표자	발 표 제 목
45	4.27.	黃祐呂	法律의 遡及效
46	5.25.	朴均省	行政訴訟과 訴의 이익
47	6.29.	卞在玉	軍檢察官의 公訴權行使에 관한 憲法訴願
48	8.31.	成樂寅	結社의 自由의 事前制限
49	9.28.	辛奉起	憲法訴願과 辯護士 强制主義
50	10.26.	朴圭河	行政官廳의 權限의 委任·再委任
51	11.30.	朴國洙	行政行爲의 公定力과 國家賠償責任
52	91.1.25.	梁承斗	土地去來許可의 법적 성질
53	2.22.	徐元宇	建築許可 保留의 위법성 문제
外5-1	3.29.	南博方	處分取消訴訟과 裁決取消訴訟
-2		藤田宙靖	日本 土地法制의 현황과 課題
54	4.26.	吳峻根	遺傳子工學的 施設 設置許可와 法律留保
55	5.31.	金南辰	拒否行爲의 行政處分性과 "법률상 이익 있는 자"의 의미
56	6.28.	鄭然彧	無效確認訴訟과 訴의 이익
57	8.30.	金性洙	主觀的公權과 基本權
58	9.27.	金英勳	運轉免許 取消處分의 취소
59	10.25.	石琮顯	基準地價告示地域 내의 收用補償額 算定基準에 관한 판례동향
60	11.29.	朴鈗炘	工事中止處分의 취소
61	92.1.31.	卞海喆	公物에 대한 强制執行
62	2.28.	李康國	違憲法律의 효력–그 遡及效의 범위와 관련하여
63	3.27	金善旭	公勤務에 관한 女性支援指針과 憲法上의 平等原則
64	4.24.	全光錫	不合致決定의 허용 여부
65	5.29.	崔正一	行政規則의 법적성질 및 효력

순번	연월일	발표자	발 표 제 목
66	6.26.	李琦雨	獨逸 Münster 高等行政裁判所 1964.1.8. 판결
67	8.28.	朴鈗炘	地方自治團體의 자주적인 條例制定權과 規律 문제
68	9.18.	金元主	讓渡所得稅 등 賦課處分의 취소
69	10.16.	洪準亨	結果除去請求權과 行政介入請求權
70	11.20.	金時秀	土地收用裁決處分의 취소
71	93.1.15.	金海龍	環境技術관계 行政決定에 대한 司法的 統制의 범위
72	2.19.	李重光	租稅法上 不當利得 返還請求權
73	3.19.	高永訓	行政規則에 의한 行政府의 立法行爲外
外6	4.16.	J.Anouil	EC法의 現在와 將來
74	5.21.	柳至泰	行政訴訟에서의 行政行爲 根據變更에 관한 판례분석
75	6.18.	徐元宇	原處分主義와 被告適格
76	8.20.	朴均省	國家의 公務員에 대한 求償權
77	9.17.	金東熙	教員任用義務不履行 違法確認訴訟
78	10.15.	盧永錄	建設業免許 取消處分의 취소
79	94.1.21.	徐廷友	無效確認을 구하는 의미의 租稅取消訴訟과 租稅還給金 消滅時效의 起算點
80	2.18.	洪準亨	判斷餘地의 한계
81	3.18.	裵輔允	憲法訴願 審判請求 却下決定에 대한 헌법소원
82	4.15.	金善旭	舊東獨判事의 獨逸判事任用에 관한 決定과 그 不服에 대한 管轄權
83	5.20.	李京運	學則의 법적 성질
84	6.17.	朴松圭	任用行爲取消處分의 취소
85	8.19.	金鐵容	公務員 個人의 不法行爲責任

순번	연월일	발표자	발 표 제 목
86	9.30.	卞在玉	日本 家永教科書檢定 第一次訴訟 上告審 判決의 評釋
87	10.21.	金香基	無名抗告訴訟의 可否
88	11.18.	李康國	行政行爲의 瑕疵의 治癒
89	95.1.20.	趙憲銖	取消判決의 遡及效
90	2.17.	朴秀赫	獨逸 統一條約과 補償法上의 原狀回復 排除 規定의 合憲 여부
外7	3.17.	小高剛	損失補償에 관한 日本 最高裁判所 判決의 분석
91	4.21.	崔松和	行政處分의 理由明示義務에 관한 판례
92	5.19.	崔正一	石油販賣業의 양도와 歸責事由의 승계
93	6.16.	鄭夏重	國家賠償法 제5조에 의한 배상책임의 성격
94	8.18.	吳振煥	無效인 條例에 근거한 行政處分의 효력
95	9.15.	金敞祚	日本 長良川 安八水害 賠償判決
96	10.20.	黃祐呂	非常高等軍法會議 判決의 破棄와 還送法院
97	11.17.	白潤基	地方自治法 제98조 및 제159조에 의한 訴訟
98	96.1.19.	徐元宇	營業停止期間徒過後의 取消訴訟과 訴의 이익
99	2.23.	金海龍	計劃變更 내지 保障請求權의 성립요건
外8	3.19.	鹽野宏	日本 行政法 判例의 近年動向 - 行政訴訟을 중심으로
100	4.19.	金東熙	國家賠償과 公務員에 대한 求償
101	5.17.	梁承斗	敎員懲戒와 그 救濟制度
102	6.28.	金容燮	運轉免許取消·停止處分의 法的 性質 및 그 한계
103	8.16.	李京運	轉補發令의 處分性
104	9.20.	盧永錄	申告納稅方式의 租稅와 그 瑕疵의 판단기준
105	10.18.	金敞祚	道路公害와 道路設置·管理者의 賠償責任

순번	연월일	발표자	발 표 제 목
106	11.15.	金裕煥	形式的 拒否處分에 대한 取消訴訟의 審理범위
107	97.1.17.	裵柄皓	北韓國籍住民에 대한 强制退去命令의 적법성
108	2.21.	趙龍鎬	公衆保健醫師 採用契約解止에 대한 爭訟
109	3.21.	金鐵容	行政節次法의 내용
110	4.18.	趙憲銖	建築物臺帳 職權訂正行爲의 처분성
111	5.16.	鄭夏重	交通標識板의 법적성격
112	6.20.	裵輔允	違憲決定과 行政處分의 효력
113	8.22.	吳峻根	聽聞의 실시요건
114	9.19.	金善旭	옴부즈만條例案 再議決 無效確認判決의 문제점
115	10.17.	李光潤	機關訴訟의 성질
116	11.21.	朴正勳	敎授再任用拒否의 처분성
117	98.1.16.	白潤基	當事者訴訟의 대상
118	2.20.	辛奉起	機關訴訟 주문의 형식
119	3.20.	洪準亨	行政法院 出帆의 意義와 행정법원의 課題
120	4.17.	宣正源	오스트리아와 독일의 不作爲訴訟에 관한 고찰
121	5.16.	李東洽	刑事記錄 열람·등사 거부처분
122	6.19.	金東建	環境行政訴訟과 地域住民의 原告適格
123	98.8.21.	金南辰	法規命令과 行政規則의 구별
124	9.18.	金敞祚	河川 管理 責任
125	10.16.	金容燮	行政審判의 裁決에 대한 取消訴訟
126	11.20.	徐廷友	垈地造成事業計劃 승인처분의 재량행위
127	99.1.15.	南勝吉	處分의 기준을 規定한 施行規則(部令)의 성격
128	2.19.	金裕煥	違憲法律에 根據한 行政處分의 效力
129	3.19.	鄭夏重	多段階行政節次에 있어서 事前決定과 部分許可의 意味

순번	연월일	발표자	발 표 제 목
130	4.16.	裵輔允	南北交流協力 등 統一에 관한 법적 문제
131	5.21.	康鉉浩	計劃承認과 司法的 統制
132	6.18.	俞珍式	行政指導와 違法性阻却事由
133	8.20.	朴正勳	侵益的 行政行爲의 公定力과 刑事裁判
134	9.17.	金東熙	建築許可신청서 返戾처분취소
		金南澈	行政審判法 제37조 제2항에 의한 自治權侵害의 가능성
135	10.15.	金炳圻	條例에 대한 再議要求事由와 大法院提訴
		權殷玟	公賣決定·通知의 처분성 및 소송상 문제점
136	11.19.	石鎬哲	羈束力의 범위로서의 처분사유의 동일
		金珉昊	직무와 관련된 不法行爲에 있어 공무원 개인의 책임
137	00.1.21.	尹炯漢	任用缺格과 退職給與
		裵柄皓	還買權소송의 管轄문제
138	2.18.	趙憲銖	個人事業의 法人轉換과 租稅減免
		金連泰	조세행정에 있어서 경정처분의 효력
139	3.17.	俞珍式	自動車運輸事業 면허처분에 있어서 競業, 競願의 범위
		慶 健	情報公開請求權의 憲法的 根據와 그 制限
140	4.21.	朴正勳	拒否處分 取消訴訟에 있어 違法判斷의 基準時와 訴의 利益
		金柄圻	行政訴訟上 執行停止의 要件으로서의 '回復하기 어려운 損害'와 그 立證責任
141	5.19.	洪準亨	不可變力, 信賴保護, 그리고 行政上 二重危險의 禁止
		康鉉浩	建築變更許可와 附款

순번	연월일	발표자	발표 제 목
142	6.16.	趙龍鎬	寄附金品募集許可의 法的性質
		金容燮	行政上 公表
143	8.18.	朴松圭	盜難당한 自動車에 대한 自動車稅와 免許稅
		權殷玟	廢棄物處理業 許可權者가 한 '不適正通報'의 法的性質
144	9.22.	石鎬哲	公法的 側面에서 본 日照權 保護
145	10.20.	蘇淳茂	後發的 事由에 의한 更正請求權을 條理上 인정할 수 있는지 與否
		金光洙	土地形質變更許可와 信賴保護原則
146	11.17.	朴鈗炘	慣行漁業權
		宣正源	複合民願과 認·許可擬制
147	01.1.19.	崔松和	판례에 있어서 공익
		李光潤	도로가 행정재산이 되기 위한 요건 및 잡종재산에 대한 시효취득
148	2.16.	金鐵容	개발제한 구역의 시정과 손실 보상
		鄭夏重	부관에 대한 행정소송
149	3. 8.	金性洙	독일연방헌재의 폐기물법에 대한 결정과 환경법상 협력의 원칙
		李東植	중소기업에 대한 조세 특례와 종업원의 전출.파견
150	4.20.	李京運	주택건설사업계획 사전결정의 구속력
		裵輔允	2000년 미국대통령 선거 소송 사건
151	5. 9.	李東洽	위헌법률에 근거한 처분에 대한 집행력 허용여부
		金珉昊	상속세 및 증여세법상 증여의 의미
152	6.15.	李元雨	정부투자기관의 부정당업자 제재조치의 법적

순번	연월일	발표자	발 표 제 목
			성질
		朴榮萬	군사시설보호법상의 협의와 항고소송
153	8.17.	崔正一	법규명령형식의 재량준칙의 법적성질 및 효력
		趙憲銖	유적발굴허가와 행정청의 재량
154	9.21.	金東熙	국가배상법 제5조상의 영조물의 설치·관리상 하자의 관념
		金東建	대법원 판례상의 재량행위
155	10.10.	吳峻根	행정절차법 시행이후의 행정절차 관련 주요 행정판례 동향분석
		柳至泰	공물법의 체계에 관한 판례 검토
156	11. 7.	白潤基	행정소송에 있어서 건축주와 인근주민의 이익의 충돌과 그 조화
		徐廷範	국가배상에 있어서 위법성과 과실의 일원화에 관하여
157	02.1.18.	金善旭	독일헌법상의 직업공무원제도와 시간제공무원
		朴正勳	처분사유의 추가·변경-제재철회와 공익상 철회
158	2.15.	辛奉起	일본의 기관소송 법제와 판례
		權殷玟	원천징수행위의 처분성과 원천징수의무자의 불복방법
159	3.15.	朴均省	환경영향평가의 하자와 사업계획승인처분의 효력
		金鐘甫	관리처분계획의 처분성과 그 공정력의 범위
160	4.19.	崔光律	농지전용에 관한 위임명령의 한계
		俞珍式	건축법상 일조보호규정의 私法上의 의미
161	5.17.	朴鈗炘	국가배상법 제2조 제1항 단서에 대한 헌법재

순번	연월일	발표자	발 표 제 목
			판소의 한정위헌결정 및 관련 대법원판례에 대한 평석
		宣正源	행정의 공증에 대한 사법적 통제의 의미와 기능의 명확화
162	6.21.	金元主	도로배연에 의한 대기오염과 인과관계
		康鉉浩	재량준칙의 법적 성격
163	7.19.	裵柄皓	회의록과 정보공개법상 비공개대상정보
		慶 健	공문서관리의 잘못과 국가배상책임
164	8.16.	金容燮	거부처분취소판결의 기속력
		金炳圻	보완요구의 '부작위'성과 재결의 기속력
165	9.13.	尹炯漢	기납부 택지초과소유부담금 환급청구권의 성질과 환급가산금의 이자율
		鄭夏明	미국연방대법원의 이른바 임시규제적 수용에 관한 새로운 판결례
166	10.18.	李鴻薰	공용지하사용과 간접손실보상
		金光洙	국가배상소송과 헌법소원심판의 관계
167	11.15.	徐元宇	행정법규위반행위의 사법적 효력
		李康國	조세채무의 성립과 확정
168	12.20.	蘇淳茂	인텔리전트빌딩에 대한 재산세중과시행규칙의 유효성 여부
169	03.1.17.	金敞祚	정보공개제도상의 비공개사유와 본인개시청구
		金聖泰	운전면허수시적성검사와 개인 정보보호
170	2.21.	金東熙	기속재량행위와 관련된 몇 가지 논점 또는 의문점
		曹海鉉	행정처분의 근거 및 이유제시의 정도
171	3.21.	白潤基	불합격처분에 대한 효력정지결정에 대한 고찰

순번	연월일	발표자	발 표 제 목
172	5.16.	宣正源	행정입법에 대한 부수적 통제
		李元雨	한국증권업협회의 협회등록최소결정의 법적 성질
173	6.20.	金容贊	정보공개청구사건에서의 몇 가지 쟁점
		金重權	이른바 "수리를 요하는 신고"의 문제점에 관한 소고
174	7.18.	洪準亨	평생교육시설 설치자 지위승계와 설치자 변경 신청서 반려처분의 적법 여부
		金鐵容	학교법인임원취임승인취소처분과 행정절차법
		金秀珍	성별에 따른 상이한 창업지원금신청기간설정과 국가의 평등보장의무
175	8.22.	鄭夏重	법관의 재판작용에 대한 국가배상책임
		金鐘甫	정비조합(재건축, 재개발조합) 인가의 법적 성격
176	9.19.	金炳圻	수익적 행정행위의 철회의 법적 성질과 철회사유
		朴榮萬	군사시설보호구역설정행위의 법적 성격
177	10. 9	朴正勳	취소판결의 기판력과 기속력
		李東植	구 소득세법 제101조 제2항에 따른 양도소득세부과와 이중과세 문제
178	11.21.	李東洽	최근 행정소송의 주요사례
		慶健	하천구역으로 편입된 토지에 대한 손실보상
179	12.19.	朴均省	거부처분취소판결의 기속력과 간접강제
180	04.1.16.	李光潤	광역지방자치단체와 기초지방자치단체의 성격
		朴海植	행정소송법상 간접강제결정에 기한 배상금의 성질
181	2.20.	金海龍	행정계획에 대한 사법심사에 있어서 법원의

순번	연월일	발표자	발 표 제 목
			석명권행사 한계와 입증책임
		李賢修	영업양도와 공법상 지위의 승계
182	3.19.	俞珍式	기부채납부관을 둘러싼 법률문제
		鄭泰學	매입세액의 공제와 세금계산서의 작성·교부 시기
183	4.16.	柳至泰	행정행위의 취소의 취소
		金致煥	통지의 법적 성질
184	5.21.	鄭準鉉	단순하자 있는 행정명령을 위반한 행위의 가벌성
		權殷玟	압류처분취소소송에서 부과처분의 근거법률이 위헌이라는 주장이 허용되는지 여부
185	6.18.	趙憲銖	사업양도와 제 2 차 납세의무
		金連泰	과징금 부과처분에 대한 집행정지결정의 효력
186	7.16.	金容燮	보조금 교부결정을 둘러싼 법적 문제
		林聖勳	영내 구타·가혹 행위로 인한 자살에 대한 배상과 보상
187	8.20.	李京運	교수재임용거부처분취소
		曹媛卿	국가공무원법 제69조 위헌제청
188	9.17.	鄭成太	법규명령의 처분성
		金敏祚	원자로 설치허가 무효확인소송
189	04.10.15.	崔正一	법령보충적행정규칙의 법적 성질 및 효력
		李湖暎	독점규제법상 특수관계인에 대한 부당지원행위의 규제
190	11.19.	金香基	재결에 대한 취소소송
		劉南碩	집행정지의 요건으로서 "회복하기 어려운 손해를 예방하기 위한 긴급한 필요"와 그 고려

순번	연월일	발표자	발 표 제 목
			사항으로서의 '승소가능성'
191	12.17.	尹炯漢	사전통지의 대상과 흠결의 효과
192	05.1.31.	鄭鎬慶	행정소송의 협의의 소의 이익과 헌법소원의 보충성
		金重權	국토이용계획변경신청권의 예외적 인정의 문제점에 관한 소고
193	2.18.	宣正源	하자승계론에 몇 가지 쟁점에 관한 검토
		李熙貞	공법상 계약의 해지와 의견청취절차
194	3.18.	安哲相	취소소송 사이의 소의 변경과 새로운 소의 제소기간
		康鉉浩	민간투자법제에 따른 우선협상대상자지정의 법적 제문제
195	4.15.	吳峻根	재량행위의 판단기준과 재량행위 투명화를 위한 법제정비
		李根壽	대집행의 법적 성격
196	5.20.	河宗大	금산법에 기한 계약이전결정 등의 처분과 주주의 원고적격
		金鐘甫	토지형질변경의 법적 성격
197	6.17.	朴海植	제재적 행정처분의 효력기간 경과와 법률상 이익
		李桂洙	공무원의 정치적 자유와 정치운동금지의무
198	8.19.	金容燮	재결의 기속력의 주관적 범위를 둘러싼 논의
		徐正旭	공시지가와 하자의 승계
199	9.16.	金鉉峻	용도지역 지정·변경행위의 법적 성질과 그에 대한 사법심사
		趙成奎	직접민주주의와 조례제정권의 한계

순번	연월일	발표자	발 표 제 목
200	10.21.	金光洙	공직선거법과 행정형벌
		崔桂暎	용도폐지된 공공시설에 대한 무상양도신청거부의 처분성
201	11.12.	鄭夏重	행정판례의 발전과 전망
		朴正勳	행정판례의 발전과 전망
		尹炯漢	행정재판제도의 발전과 행정판례
		朴海植	행정재판제도의 발전과 행정판례
202	12.16.	鄭泰容	행정심판청구인적격에 관한 몇 가지 사례
203	06. 1.20	朴均省	행정상 즉시강제의 통제 — 비례원칙, 영장주의, 적법절차의 원칙과 관련하여 —
		權殷玟	기본행위인 영업권 양도계약이 무효라고 주장하는 경우에 행정청이 한 변경신고수리처분에 대한 불복방법 등
204	2.17.	曹海鉉	민주화운동관련자명예회복및보상등에관한법률에 기한 행정소송의 형태
		金重權	사권형성적 행정행위와 그 폐지의 문제점에 관한 소고
205	06.3.17.	朴正勳	불확정개념과 재량 — 법규의 적용에 관한 행정의 우선권
		李相憲	한국지역난방공사 공급규정 변경신고를 산업자원부장관이 수리한 행위의 법적 성질
206	4.21.	俞珍式	공유수면매립법상 사정변경에 의한 매립면허의 취소신청
		林永浩	채석허가기간의 만료와 채석허가취소처분에 대한 소의 이익
207	5.19	嚴基燮	공정거래법상 사업자단체의 부당제한행위의

순번	연월일	발표자	발 표 제 목
		李賢修	성립요건 납입고지에 의한 변상금부과처분의 취소와 소멸시효의 중단
208	6.16.	金鐘甫	재건축 창립총회의 이중기능
		鄭夏明	미국 연방대법원의 행정입법재량통제
209	8.17.	裵柄皓	개정 하천법 부칙 제2조의 손실보상과 당사 자 소송
		金裕煥	공공갈등의 사법적 해결 — 의미와 한계
210	9.15.	金容燮	텔레비전 수신료와 관련된 행정법적 쟁점
		崔桂暎	행정처분과 형벌
211	10.20.	金海龍	처분기간이 경과된 행정처분을 다툴 법률상 이익(행정소송법 제12조 후문 관련)과 제재적
		石鎬哲	처분기준을 정한 부령의 법규성 인정 문제
212	11.17.	宣正源	입헌주의적 지방자치와 조직고권
		李熙貞	주민투표권 침해에 대한 사법심사
213	06.12.8.-		법제처 · 한국행정판례연구회 공동주관 관학 협동워크샵
	9.	朴 仁	법령보충적 성격의 행정규칙의 현황과 문제점
		林永浩	법령보충적 성격의 행정규칙에 대한 판례분석
		鄭南哲	법령보충적 성격의 행정규칙의 정비방향과 위임사항의 한계
		金重權	민주적 법치국가에서 의회와 행정의 공관적 법정립에 따른 법제처의 역할에 관한 소고
		金海龍	국토계획 관련법제의 문제점과 개선방안
214	07.1.19.	張暻源	독일 맥주순수령 판결을 통해 본 유럽과 독 일의 경제행정법

순번	연월일	발표자	발 표 제 목
		權純一	재정경제부령에 의한 덤핑방지관세부과조치의 처분성 재론－기능적 관점에서－
215	2.23.	鄭準鉉	소위 '공익사업법'상 협의취득의 법적 성질
		裵輔允	구 농어촌정비법 제93조 제1항의 국공유지 양증여의 창설환지 등의 문제점
216	3.16.	朴榮萬	법령의 개정과 신뢰보호의 원칙
		金重權	행정입법적 고시의 처분성인정과 관련한 문제점에 관한 소고
217	4.20.	金容贊	국가지정문화재현상변경허가처분의 재량행위성
		李湖暎	합의추정된 가격담합의 과징금산정
218	5.18	金敏昨	공인중개사시험불합격처분 취소소송
		李宣憙	행정청의 고시와 원고적격
219	6.15.	李光潤	제재적 처분기준의 성격과 제재기간 경과후의 소익
		金暎賢	행정소송의 피고적격
220	07.8.17.	金義煥	정보공개법상의 공공기관 및 정보공개청구와 권리남용
		金秀珍	행정서류의 외국으로의 송달
221	9.21.	蘇淳茂	명의신탁 주식에 대한 증여의제에 있어서 조세회피목적의 해석
		慶 健	관계기관과의 협의를 거치지 아니한 조례의 효력
222	10.19.	成百玹	공특법상 '이주대책'과 공급규칙상 '특별공급'과의 관계
		金南澈	건축허가의 법적 성질에 대한 판례의 검토
223	11.16.	金性洙	민간투자사업의 성격과 사업자 선정의 법적

순번	연월일	발표자	발 표 제 목
			과제
224	12.21.	趙憲銖	병역의무 이행과 불이익 처우 금지의 관계
225	08.1.18.	金南辰	국가의 경찰법, 질서법상의 책임
		李殷祈	폐기물관리법제와 폐기물처리조치명령취소처분
		鄭成太	대형국책사업에 대한 사법심사(일명 새만금사건을 중심으로)
226	2.15.	辛奉起	한국 행정판례에 있어서 형량하자론의 도입과 평가
		鄭鍾錧	하천법상의 손실보상
227	3.21.	鄭夏重	사립학교법상의 임시이사의 이사선임권한
		林聖勳	행정입법 부작위에 관한 몇가지 문제점
228	4.18.	金光洙	자치사무에 대한 국가감독의 한계
		金熙喆	토지수용으로 인한 손실보상금 산정
229	5.16.	申東昇	행정행위 하자승계와 선결문제
		趙成奎	과징금의 법적 성질과 부과기준
230	6.20.	姜錫勳	위임입법의 방식 및 해석론에 관한 고찰
		鄭南哲	명확성원칙의 판단기준과 사법심사의 한계
231	8.22.	鄭泰學	조세통칙과 신의성실의 원칙
		李京運	부관으로서의 기한
232	9.19.	朴尙勳	시간강사의 근로자성
		金善旭	지방자치단체장의 소속공무원에 대한 징계권과 직무유기
233	10.17.	趙允熙	정보통신부 장관의 위성망국제등록신청과 항고소송의 대상
		金鉉峻	환경사법 액세스권 보장을 위한 "법률상 이익"의 해석

순번	연월일	발표자	발 표 제 목
234	11.21.	裵輔允	권한쟁의심판의 제3자 소송담당
		李賢修	공물의 성립요건
235	12.19.	金鐵容	행정청의 처분근거 · 이유제시의무와 처분근거 · 이유제시의 정도
236	09.1.16.	金炳圻	행정법상 신뢰보호원칙
		劉慶才	원인자부담금
237	2.20.	金聖泰	도로교통법 제58조 위헌확인
		林永浩	공매 통지의 법적 성격
238	3.20.	崔桂暎	위헌결정의 효력과 취소소송의 제소기간
		金尙煥	법규명령에 대한 헌법소원의 적법요건
239	4.17.	朴均省	직무상 의무위반으로 인한 국가배상책임
		金國鉉	사망자의 법규위반으로 인한 제재사유의 승계
240	5.15.	金容燮	택지개발업무처리지침 위반과 영업소 폐쇄
		金炅蘭	개발제한구역의 해제와 원고적격
241	6.19.	朴正勳	무효확인소송의 보충성
		曺海鉉	민주화운동관련자 명예회복 및 보상 등에 관한 법률에 의한 보상금의 지급을 구하는 소송의 형태
242	8.21.	鄭泰容	행정심판 재결 확정력의 의미
		安哲相	지방계약직 공무원의 징계
243	9.18.	金鐘甫	「도시 및 주거환경정비법」상 정비기반시설의 귀속 관계
		徐基錫	국회의 입법행위 또는 입법부작위로 인한 국가배상책임
244	10.16.	河明鎬	법인에 대한 양벌규정의 위헌여부
		趙龍鎬	표준지공시지가 하자의 승계

순번	연월일	발표자	발 표 제 목
245	11.20.	金連泰	한국마사회의 조교사 및 기수의 면허부여 또는 취소의 처분성
		金義煥	행정상 법률관계에 있어서의 소멸시효의 원용과 신의성실의 원칙
246	12.18.	朴鈗炘	주거이전비 보상의 법적 절차, 성격 및 소송법적 쟁점
247	10.1.15	林宰洪	출입국관리법상 난민인정행위의 법적 성격과 난민인정요건
		金泰昊	하자있는 수익적 행정처분의 직권취소
248	2.19	金南澈	국가기관의 지방자치단체에 대한 감독·감사권한
		權殷玟	미국산 쇠고기 수입 고시의 법적 문제
249	3.19	金聲培	수용재결과 헌법상 정교분리원칙
		姜相旭	건축물대장 용도변경신청 거부의 처분성
250	4.16	李宣憙	공정거래법상 시정조치로서 정보교환 금지명령
		金鍾泌	이주대책대상자제외처분 취소소송의 쟁점
251	5.14	鄭夏重	공법상 부당이득반환청구권의 독자성
		魯坰泌	관리처분계획안에 대한 총회결의 무효확인을 다투는 소송방법
252	6.18	金秀珍	합의제 행정기관의 설치에 관한 조례 제정의 허용 여부
		白濟欽	과세처분에 대한 증액경정처분과 행정소송
253	8.20	崔正一	경원자 소송에서의 원고적격과 사정판결제도의 위헌 여부
		蔣尙均	승진임용신청에 대한 부작위위법확인소송
254	9.17	金敞祚	강의전담교원제와 해직처분
		河宗大	행정처분으로서의 통보 및 신고의 수리

순번	연월일	발표자	발 표 제 목
255	10.15	최진수	징발매수재산의 환매권
		朴海植	주민등록전입신고 수리 여부에 대한 심사범위와 대상
256	11.12	金容燮	부당결부금지원칙과 부관
		朴尙勳	공무원에 대한 불이익한 전보인사 조치와 손해배상
257	12.10	金東熙	제재적 재량처분의 기준을 정한 부령
258	11.1.14	成智鏞	위임입법의 한계와 행정입법에 대한 사법심사
		安東寅	법령의 개정과 신뢰보호원칙 — 신뢰보호원칙의 적극적 활용에 대한 관견 —
259	2.18	崔桂暎	민간기업에 의한 수용
		金泰昊	사전환경성검토와 사법심사
260	3.18	金鉉峻	규제권한 불행사에 의한 국가배상책임의 구조와 위법성 판단기준
		朴在胤	지방자치단체 자치감사의 범위와 한계
261	4.15	金重權	민간투자사업의 법적 절차와 처분하자
		徐輔國	행정입법의 부작위에 대한 헌법소원과 행정소송
262	5.20	李熙貞	귀화허가의 법적 성질
		尹仁聖	독점규제 및 공정거래에 관한 법률 제3조의2 제1항 제5호 후단에 규정된 "부당하게 소비자의 이익을 현저히 저해할 우려가 있는 행위"에 관한 소고
263	6.17	朴均省	납골당설치신고 수리거부의 법적 성질 및 적법성 판단
		姜錫勳	재조사결정의 법적 성격과 제소기간의 기산점
264	8.19	金光洙	임시이사의법적 지원

순번	연월일	발표자	발 표 제 목
265	9.16	趙允熙	불복절차 도중의 과세처분 취소와 재처분금지
		鄭準鉉	개인택시사업면허 양도시 하자의 승계
		김용하	잔여지 수용청구권의 행사방법 및 불복수단
266	10.21	崔峰碩	과징금 부과처분의 재량권 일탈·남용
		朴榮萬	군인공무원관계와 기본권 보장
267	11.11	俞珍式	정보공개법상 비공개사유
		주한길	행정소송법상 집행정지의 요건
268	12.16	琴泰煥	최근 외국 행정판례의 동향 및 분석
		金致煥	미국, 일본, 프랑스, 독일
		田勳	
		李殷相	
269	12.1.27	李鴻薰	사회발전과 행정판결
		裵炳皓	재개발조합설립인가 등에 관한 소송의 방법
		河明鎬	사회보장행정에서 권리의 체계와 구제
270	2.17	朴玄廷	건축법 위반과 이행강제금
		金善娥	출퇴근 재해의 인정범위
271	3.16	金重權	국가배상법상 중과실의 의미
		徐泰煥	행정소송법상 직권심리주의의 의미와 범위
272	4.20	李湖暎	시장지배적사업자의 기술적 보호조치와 공정 거래법
		李玩憙	공정거래법상 신고자 감면제도
273	5.18	李東植	세무조사 결정통지의 처분성
		鄭基相	조세소송에서 실의성실원칙
274	6.15	許康茂	생활대책대상자선정거부의 처분성과 신청권 의 존부
		朴貞枏	기대권의 법리와 교원재임용거부 및 부당한 근로계약 갱신 거절의 효력
275	8.17	金敞作	정보공개법상 비공개사유로서 법인 등의 경

순번	연월일	발표자	발 표 제 목
276	9.21	成承桓	영·영업상 비밀에 관한 사항
			경찰권 발동의 한계와 기본권
		金宣希	도시정비법상 조합설립인가처분과 변경인가처분
		李相憙	국가와 지방자치단체의 보조금 지원과 지원거부의 처분성
277	10.19	康鉉浩	건축법상 인허가의제의 효과를 수반하는 신고
278	11.16	尹景雅	결손처분과 그 취소 및 공매통지의 처분성
		金容燮	원격평생교육시설 신고 및 그 수리거부
279	12.21	李義俊	사업시행자의 생활기본시설 설치 의무
		琴泰煥	미국, 일본, 프랑스, 독일의 최근 행정판례동향
		金致煥	
		田 勳	
		李殷相	
		崔松和	행정판례의 회고와 전망
280	13.1.18	崔桂暎	행정처분의 위법성과 국가배상책임
		金泰昊	정보공개법상 비공개사유로서 '진행 중인 재판에 관련된 정보'
281	2.15	金致煥	주민소송의 대상
		朴在胤	체육시설을 위한 수용
282	3.15	金聲培	국가유공자요건비해당결정처분
		金東國	해임처분무효
283	4.19	徐輔國	압류등처분무효확인
		崔柄律	자동차운전면허취소처분취소
284	5.24	裵柄皓	국가배상청구권의 소멸시효
		朴海植	감면불인정처분등취소
285	6.21	朴均省	국방·군사시설사업실시계획승인처분무효확인등

순번	연월일	발표자	발 표 제 목
		金慧眞	형의 집행 및 수용자의 처우에 관한 법률 제45조 제1항 위헌확인
286	8.16	俞珍式	여객자동차운수사업법 제14조 등 위헌확인 등
		김필용	증여세부과처분취소
287	9.27	慶建	정보공개청구거부처분취소
		이산해	과징금부과처분취소·부당이득환수처분취소
288	10.18	金裕煥	직권면직취소
		許盛旭	관리처분계획무효확인
289	11.15	金炳圻	완충녹지지정의 해제신청거부처분의 취소
		成重卓	조합설립인가처분무효확인
290	12.20	金聲培	미국, 일본, 프랑스, 독일의 최근 행정판례 동향
		金致煥	
		吳丞奎	
		桂仁國	
		鄭夏重	행정판례에 있어서 몇 가지 쟁점에 관한 소고
291	14. 1. 17	金相贊	국가공무원 복무규정 제3조 제2항 등 위헌확인
		金容河	사업시행승인처분취소
292	2.21	姜知恩	주택건설사업승인불허가처분 취소 등
		金世鉉	소득금액변동통지와 하자의 승계 판례변경에 따른 신뢰성 보호 문제
293	3.21	金重權	지방자치단체의 구역관할결정의 제 문제에 관한 소고
		李相悳	체납자 출국금지처분의 요건과 재량통제
294	4.18	俞珍式	정보공개거부처분취소
		金惠眞	백두대간보호에관한법률 제7조 제1항 제6호 위헌소원

순번	연월일	발표자	발 표 제 목
295	5.16	安東寅	토지대장의 직권말소 및 기재사항 변경거부의 처분성
		河泰興	증액경정처분의 취소를 구하는 항고소송에서 납세의무자가 다툴 수 있는 불복사유의 범위
296	6.20	金容燮	독립유공자법적용배제결정 – 처분취소소송에 있어 선행처분의 위법성승계
		李承勳	조합설립추진위원회 설립승인 무효 확인
297	8.22	鄭鎬庚	不利益處分原狀回復 등 要求處分取消
		이병희	解任處分取消決定取消
298	9.19	崔峰碩	職務履行命令取消
		文俊弼	還買代金增減
299	10.17	朴均省	行政判例 30年의 回顧와 展望: 행정법총론 I
		金重權	行政判例의 回顧와 展望 – 행정절차, 정보공개, 행정조사, 행정의 실효성확보의 분야
		洪準亨	行政判例 30年의 回顧와 展望 – 행정구제법: 한국행정판례의 정체성을 찾아서
300	11.21	康鉉浩	不正當業者制裁處分取消
		李承寧	讓受金
301	12.19	金聲培	美國의 最近 行政判例動向
		吳丞奎	프랑스의 最近 行政判例動向
		桂仁國	獨逸의 最近 行政判例動向
		咸仁善	日本의 最近 行政判例動向
		朴銑炘	온실가스 배출거래권 제도 도입에 즈음하여
302	15. 1.23	金泰昊	수정명령 취소
		李義俊	손해배상(기)
303	2.27	朴玄廷	정비사업조합설립과 토지 또는 건축물을 소유

순번	연월일	발표자	발 표 제 목
			한 국가·지방자치단체의 지위
		李義俊	건축허가처분취소
304	3.20	俞珍式	공공감사법의 재심의신청과 행정심판에 관한 제소기간의 특례
		金世鉉	명의신탁과 양도소득세의 납세의무자
305	4.17	朴均省	노동조합설립신고반려처분취소
		金海磨中	국세부과취소
306	5.15	崔峰碩	직무이행명령취소청구
		박준희	지역균형개발 및 지방중소기업 육성에 관한 법률 제16조 제1항 제4호 등 위헌소원
307	6.19	裵柄晧	인신보호법 제2조 제1항 위헌확인
		金東柱	생태자연도등급조정처분무효확인
		裵柄晧	인신보호법 제2조 제1항 위헌확인
		김동주	생태자연도등급조정처분무효확인
308	8.29		牧村 金道昶 박사 10주기 기념 학술대회
309	9.18	崔桂暎	정보비공개결정처분취소
		정지영	부당이득금반환
310	10.16	鄭夏明	예방접종으로 인한 장애인정거부처분취소
		郭相鉉	급여제한및 환수처분취소
311		鄭鎬庚	독립유공자서훈취소결정무효확인등
		김혜성	직위해제처분취소
312		金聲培	최근(2014/2015) 미국 행정판례의 동향 및 분석 연구
		咸仁善	일본의 최근(2014) 행정판례의 동향 및 분석
		吳承奎	2014년 프랑스 행정판례의 동향 연구
		桂仁國	국가의 종교적·윤리적 중립성과 윤리과목

순번	연월일	발표자	발 표 제 목
			편성 요구권
		金海龍	행정재판과 법치주의 확립
313	16. 1.22	金泰昊	주민소송(부당이득 반환)
		朴淵昱	건축협의취소처분취소
314	2.26	李熙貞	보상금환수처분취소
		李羲俊	변상금부과처분취소
315	3.18	成重卓	영업시간제한등처분취소
		임지영	조정반지정거부처분
316	4.15	裵柄皓	하천공사시행계획취소청구
		李用雨	세무조사결정행정처분취소
317	5.20	金南澈	과징금납부명령등취소청구의소
		李煌熙	홍▽군과 태△군 등 간의 권한쟁의
318	6.11	金重權	환경기술개발사업중단처분취소
		崔瑨修	관리처분계획안에대한총회결의효력정지가처분
		강주영	시설개수명령처분취소
		角松生史	일본 행정소송법개정의 성과와 한계
319	8.19	咸仁善	조례안의결무효확인 <학생인권조례안 사건>
		金世鉉	교육세경정거부처분취소
320	9.23	金容燮	독립유공자서훈취소처분의 취소
		李殷相	주유소운영사업자불선정처분취소
321	10.21	李光潤	부당이득금등
		이승민	형식적 불법과 실질적 불법
322	11.25	俞珍式	학칙개정처분무효확인
		윤진규	부당이득금
			채무부존재확인
323	12.15	李京運	교육판례의 회고와 전망

순번	연월일	발표자	발 표 제 목
		朴均省	사법의 기능과 행정판례
		咸仁善	일본의 최근 행정판례
		金聲培	미국의 최근 행정판례
		桂仁國	독일의 최근 행정판례
		吳承奎	프랑스의 최근 행정판례
324	17. 1.20.	成奉根	취급거부명령처분취소
		尹焌碩	취득세등부과처분취소
325	2.17.	鄭永哲	도시계획시설결정폐지신청거부처분취소
		이희준	손해배상(기)
326	3.17.	朴在胤	직무이행명령취소
		정은영	습지보전법 제20조의2 제1항 위헌소원
327	4.21.	金容燮	시정명령처분취소
		장승혁	산재법 제37조 위헌소원
328	5.19.	박정훈	감차명령처분취소
		金世鉉	법인세등부과처분취소
329	6.16.	裵柄皓	조례안재의결무효확인
		송시강	개발부담금환급거부취소

行政判例研究 I～ XXⅡ-1 總目次

行政判例研究 I~XXII-1 總目次

[第 Ⅳ 卷]

Ⅱ. 行政行爲

Ⅲ. 行政計劃

Ⅳ. 行政節次

Ⅴ. 行政訴訟

Ⅵ. 損害塡補

Ⅱ. 行政行爲

Ⅲ. 行政節次

Ⅳ. 行政上 損害塡補

Ⅴ. 行政訴訟

Ⅵ. 建築行政法

Ⅶ. 環境行政法

Ⅷ. 文化行政法

Ⅸ. 外國行政法判例研究

[第 Ⅷ 卷]

Ⅰ. 行政立法

Ⅱ. 行政行爲

Ⅲ. 情報公開

Ⅳ. 行政의 實效性確保手段

Ⅴ. 行政上 損害塡補

Ⅵ. 行政訴訟

Ⅶ. 土地行政法

Ⅷ. 租稅行政法

Ⅸ. 外國行政判例硏究

Ⅹ. 韓·日行政訴訟法制의 改正과 向後方向(國際學術會議)

[第 Ⅸ 卷]

[第 X 卷]

[第ⅩⅠ 卷]

Ⅳ. 行政의 實效性確保手段

Ⅴ. 行政上 損害塡補

Ⅵ. 行政訴訟法

Ⅶ. 公物·營造物法

Ⅷ. 外國判例 및 外國法制 研究

[第 XIV-2 卷]

Ⅰ. 行政法의 基本原理

[第ⅩⅥ-1卷]

Ⅰ. 行政法의 基本原理

Ⅱ. 行政立法

Ⅲ. 行政行爲

Ⅳ. 損害塡補

Ⅴ. 地方自治法

[第ⅩⅦ -1卷]

Ⅳ. 行政訴訟 一般

Ⅴ. 損害塡補

Ⅵ. 地方自治法

Ⅶ. 環境行政法

[第 XVⅢ -2卷]

Ⅰ. 行政行爲의 槪念과 種類

Ⅱ. 行政節次 및 情報公開

Ⅲ. 取消訴訟의 對象

Ⅳ. 行政訴訟의 審理

[第ⅩⅩ-2卷]

[第XXI-1卷]

[第ⅩⅩⅠ-2卷]

[第XXⅡ-1卷]

主題別 總目次(行政判例研究 I ~ XXII-1)

行政立法

行政의 實效性確保手段

行政爭訟一般

取消訴訟의 對象

行政訴訟에 있어서의 訴의 利益

行政訴訟의 審理

行政訴訟과 假救濟

行政訴訟의 類型

損害塡補

行政組織法

公務員法

建築行政法

土地行政法

教育行政法

文化行政法

勞動行政法

憲法裁判

外國判例 및 外國法制 研究

行政訴訟判決의 主要動向

紀念論文

[特別寄稿] 行政法研究資料

研究判例 總目次
(行政判例研究 Ⅰ ~ XXⅡ-1)

[대 법 원]

[서울고등법원]

[광주고등법원]

1997.12.26. 선고 96구3080 판결 X-308

[수원지방법원]

2001. 3.21. 선고 2000구7582 판결 VII-165

[서울행정법원]

2000. 6. 2. 선고 99두24030 판결 VI-175   2001. 3. 9. 선고 2000구32242 판결 VII-165

2001. 8.30. 선고 2001구18236 판결 VII-165   2003. 1.14. 선고 2003아95 판결 VIII-279

[헌법재판소]

1989. 7.21. 선고 89헌마28결정 I-291

1989. 9. 8. 선고 88헌가6 결정 II-347

1990. 9. 3. 선고 89헌마120·212 결정
  II-367

1991. 3.11. 선고 91헌마21 결정 II-347

1991. 5.13. 선고 89헌마21 결정 II-55

1994.12.29. 선고 93헌바21 결정 VII-119

1998. 4.30. 선고 95헌바55 결정 VI-303

1999. 6.24. 선고 97헌마315 결정 VII-275

1999. 7.22. 선고 98헌라4 결정 V-405

1999. 7.22. 선고 97헌바76, 98헌바
  50·51·52·54·55(병합) 결정 VI-205

2000. 2.24. 선고 97헌마13·245(병합) 결정
  VI-275

2003. 5.15. 선고 2003헌가9·10(병합) 결정
  IX-303

2003.10.30. 선고 2002헌가24 전원재판부
  결정 X-92

2005.12.12. 선고 2003헌바109 결정
  XII-248

2007. 1.17. 선고 2005헌마1111, 2006헌마
  18(병합) 결정 XIV-339

2008. 5.29. 선고 2005헌라3 결정 XV-1-303

2008.12.26, 2008헌마419·423·436
  (병합) 결정 XV-2-129

2009. 7.30. 선고 2008헌가14 결정
  XIV-2-151

2009. 9.24. 선고 2007헌바114 결정

연방행정법원 2009. 2.25. 판결 - 6 C 25/08 XV-2-459

연방행정법원 2009. 6. 9. 판결 - 1 C 7/08 XV-2-459

연방행정법원 2009. 9. 7. 결정 - 2 B 69/09 XV-2-459

연방행정법원 2009.11.11. 결정 - 6 B 22/09 XV-2-459

연방행정법원 2009.12.30. 결정 - 4 BN 13/09 XV-2-459

연방행정법원 2010. 1.28. 판결 - 8 C 19/09 XVI-2-328

연방행정법원 2010. 4.29. 판결 - 5 C 4/09 und 5/09 XVI-2-343

연방행정법원 2010. 5.27. 판결 - 5 C 8/09 XVI-2-345

연방행정법원 2010. 6.3. 판결 - 9 C 3/09 XVI-2-352

연방행정법원 2010. 6.24. 판결 - 7 C 16/09 XVI-2-332

연방행정법원 2010. 6.24. 판결 - 3 C 14/09 XVI-2-335

연방행정법원 2010. 6.30. 판결 - 5 C 3.09 XVI-2-353

연방행정법원 2010. 8.19. 판결 - 2 C 5/10 und 13/10 XVI-2-350

연방행정법원 2010. 9.23. 판결 - 3 C 32.09 XVI-2-336

연방행정법원 2010. 9.29. 판결 - 5 C 20/09 XVI-2-343

연방행정법원 2010. 10.27. 판결 - 6 C 12/09, 17/09 und 21/09 XVI-2-338

연방행정법원 2010. 10.28. 판결 - 2 C 10/09, 21/09, 47/09, 52/09 und 56/09
    XVI-2-346

연방행정법원 2010. 11.4. 판결 - 2 C 16/09 XVI-2-348

연방행정법원 2010. 11.16. 판결 - 1 C 20/09 und 21/09 XVI-2-340

연방행정법원 2010. 11.18. 판결 - 4 C 10/09 XVI-2-326

연방행정법원 2010. 11.24. 판결 - 9 A 13/09 und 14/09 XVI-2-326

연방행정법원 2010. 11.24. 판결 - 8 C 13/09, 14/09 und 15/09 XVI-2-330

BVerwG, Urteile vom 13. Oktober 2011-4 A 4000.10 und 4001.10 XVII-2-593

BVerwG, Urteil vom 28. Juli 2011-7 C 7.10 XVII-2-595

BVerwG, Urteil vom 22. Juli 2011-4 CN 4.10 XVII-2-598

BVerwG, Urteil vom 23. Februar 2011-8 C 50.09 und 51.09 XVII-2-600

카쎌 고등행정법원 1989.11. 6. 결정(NJW 1990, 336) Ⅰ-265

BVerwG 4 C 3. 12 - Urteil vom 10. April 2013 XIX-2-343

BVerwG 8 C 10. 12, 12. 12 und 17. 12 - Urteile vom 20. Juni 2013 XIX-2-343

BVerwG 5 C 23. 12 D und 27. 12 D - Urteile vom 11. Juli 2013 XIX-2-343

BVerwG 7 A 4. 12 - Urteil vom 18. Juli 2013 XIX-2-343

BVerwG 2 C 12. 11 und 18. 12 - Urteile vom 25. Juli 2013 XIX-2-343

BVerwG 4 C 8. 12 - Urteil vom 12. September 2013 XIX-2-343

BVerwG 3. C 15. 12 - Urteil vom 19. September 2013 XIX-2-343

BVerwG 6 C 11. 13 - Urteil v. 6. April 2014 XX-2-369

BVerwG 1 C 22. 14 - Urteil vom 16. Juli. 2015 XXI-2-407

BVerwG 1 C 32.14 - Urteil vom 27. Okt. 2015 XXI-2-410

BVerwG 1 C 4.15 - Urteil vom 16. Nov. 2015 XXI-2-415

BVerwG 7 C 1.14, 2.14 - Urteile vom 25. Juni 2015 XXI-2-416

BVerwG 7 C 10.13 - Urteil vom 23. Juli 2015 XXI-2-419

BVerwG 2 C 13.14, 15.14, 18.14, 27.14, 28.14, 5.15-7.15, 12.15 - Urteile vom 17.

   Sep. 2015 XXI-2-422

[프랑스판례]

국참사원(Conseil d'État) 1951. 7.28. 판결(Laruelle et Delville, Rec. 464) Ⅱ-243

국참사원 1957. 3.22. 판결(Jeannier, Rec. 196) Ⅱ-243

국참사원 1954. 1.29. 판결(노트르담 뒤 크레스커 학교 사건)(Institution Norte Dame du
   Kreisker, Rec. 64) Ⅰ-23

헌법위원회(Conseil constitutionnel) 1971. 7.16. 결정(J. O., 1971. 7. 18., p. 7114; Recueil
   des decisions du Conseil constitutionnel 1971, p. 29) Ⅰ-305

관할재판소(Tribunal de conflits) 1984.11.12. 판결(Interfrost회사 對 F.I.O.M 사건) Ⅰ-239

파휘원(Cour de cassation) 1987.12.21. 판결(지질 및 광물연구소 對 로이드콘티넨탈회사
   사건)(Bureau des Recherches Geologiques et Minie res(B.R.G.M.)C/S.A. Lloyd

꽁세이데타 CE, 17 juin 2015, sociééen commandite simple La Chaîe Info(LCI), n° 384826 ; CE, 17 juin 2015, sociééParis Premièe n° 385474. XXI-2-395

꽁세이데타 CE, 19 juin 2015, societe «Grands magasins de la Samaritaine-Maison Ernest Cognacq» et Ville de Paris, nos 387061, 387768. XXI-2-392

꽁세이데타 CE, 27 mars 2015, Commission nationale des comptes de campagnes et des financements politiques c/Mme C. et sociéééitrice de Méiapart, n° 382083. XXI-2-394

꽁세이데타 CE, 13 mai 2015, Association de déense et d'assistance juridique des intééets des supporters et autres, nos 389816, 389861, 389866, 389899. XXI-2-393

꽁세이데타 CE, 5 octobre 2015, Association des amis des intermittents et precaires et autres, nos 383956, 383957, 383958. XXI-2-391

꽁세이데타 CE, 9 novembre 2015, SAS Constructions metalliques de Normandie, n° 342468. XXI-2-388

꽁세이데타 CE, 9 novembre 2015, MAIF et association Centre lyrique d'Auvergne, n° 359548. XXI-2-388

꽁세이데타 CE, section, 11 decembre 2015, n° 395002. XXI-2-383

[미국판례]

연방대법원 2000.12.12. 판결(Supreme Court of United States, No-00-949) Ⅵ-395

연방대법원 Tahoe-Sierra Preservation Council, Inc., et al. v. Tahoe Regional Planning Agency et al. 122 S. Ct. 1465(2002) Ⅷ-349

연방대법원 National Cable & Telecommunications Association, et al. v. Brand X Internet Services. 125 S.Ct. 2688(2005) Ⅻ-137

연방대법원 Rapanos v. United States 126 S.Ct. 2208(2006) ⅪⅤ-380

연방대법원 Gonzales v. Oregon126 S. Ct. 904(2006) ⅪⅤ-385

연방대법원 Phillip Morris U.S.A v. Williams 127 S. Ct. 1057(2007) ⅪⅤ-396

연방대법원 Exxon Shipping Co. v. Grant Baker128 S.Ct. 2605(2008) ⅪⅤ-399

연방대법원 Thompson v, North American Stainless. LP, 131 S. Ct. 863(2011)
XVII-2-562

연방대법원 United States v, Home Concrete & Supply, LLC, 132 S. Ct. 1836(2012)
XVII-2-571

연방대법원 Christopher v, Smithkline Beecham Corporation, 132 S. Ct. 2156(2012)
XVII-2-574

연방대법원 Kloeckner v. Solis, 133 S. Ct. 596, 600-01 (Dec. 10, 2012) XVIII-2-373

연방대법원 United States v. Bormes, 2012 WL 5475774 (Nov.13, 2012) XVIII-2-358

연방대법원 Lefemine v. Wideman, 133 S.Ct. 9 (November 05, 2012) XVIII-2-362

연방대법원 Arkansas Game & Fish Comm'n v. United States, 133 S. Ct. 511
(Dec. 4, 2012) XVIII-2-367

연방대법원 Sebelius v. Auburn Regional Medical Center, 2013 WL 215485
(Jan. 22, 2013) XVIII-2-374

연방대법원 Los Angeles County Flood Control District v. Natural Resources Defense
Council, Inc., 133 S. Ct. 710 (Jan. 8, 2013) XVIII-2-377

연방대법원 Clapper v. Amnesty International USA, 133 S. Ct. 1138 (Feb. 26, 2013)
XVIII-2-379

연방대법원 Decker v. Northwest Environmental Defense Center, 133 S. Ct. 1326
(Mar. 20, 2013) XVIII-2-339

연방대법원 Wos v. E.M.A. ex rel. Johnson, 133 S. Ct. 1391, 1402 (Mar. 20, 2013)
XVIII-2-352

연방대법원 Millbrook v. United States, 133 S.Ct. 1441 (March 27, 2013)
XVIII-2-383

연방대법원 Hollingsworth v. Perry, 3 S.Ct. 2652 (June 26, 2013) XVIII-2-385

연방항소법원 Patricia STEPHENS v. COUNTY OF ALBEMARLE, VIRGINIA 524 F.3d
485, 486(4th Cir. 2008), cert. denied, 129 S. Ct. 404(2008) XIV-2-271

연방항소법원 Humane Society v. Locke, 626 F. 3d 1040(9th Cir. 2010)

연방대법원 N.L.R.B. v. Noel Canning, 134 S.Ct. 2550 (2014) XIX-2-229

연방대법원 King v. Burwell, 2015 WL 2473448 (U.S. 2015) XX-2-257

연방대법원 Perez v. Mortgage Bankers Ass'n, 135 S. Ct. 1199 XX-2-257

연방대법원 Michigan v. E.P.A., 135 S. Ct. 2699, 192 L. Ed. 2d 674 (2015)
   XX-2-257

연방대법원 Kerry v. Din, 135 S.Ct. 2128 (2015) XXI-1-211

연방대법원 Campbell-Ewald Co. v. Gomez, 136 S.Ct. 663 (2016) XXI-2-273

연방대법원 F.E.R.C. v. Electric Power Supply Ass'n, 136 S.Ct. 760 (2016)
   XXI-2-313

연방대법원 Sturgeon v. Frost, 136 S.Ct. 1061 (2016) XXI-2-307

연방대법원 Heffernan v. City of Paterson, N.J., 136 S.Ct. 1412 (2016) XXI-2-285

연방대법원 Sheriff v. Gillie, 136 S.Ct. 1594 (2016) XXI-2-268

연방대법원 Green v. Brennan, 136 S.Ct. 1769 (2016) XXI-2-290

연방대법원 U.S. Army Corps of Engineers v. Hawkes Co., Inc., 136 S.Ct. 1807 (2016)
   XXI-2-295

연방대법원 Simmons v. Himmelreich, 136 S.Ct. 1843 (2016) XXI-2-262

연방대법원 Ross v. Blake, 136 S.Ct. 1850 (2016) XXI-2-279

연방대법원 Kingdomware Technologies, Inc. v. U.S., 136 S.Ct. 1969 (2016)
   XXI-2-301

[일본판례]

최고재판소 1994.10.27. 판결 Ⅲ-249

최고재판소 1995. 7. 7. 제2소법정판결(국도43호선상고심판결) Ⅳ-458

최고재판소 1996. 7.12. 제2소법정판결 Ⅴ-333

최고재판소 1999.11.25. 판결 Ⅵ-420

최고재판소 2001.12. 18. 판결(민집 55권 7호, 1603면) Ⅷ-168

최고재판소 2006. 1.13. 판결(判例時報1926号 17면) ⅩⅣ-432

최고재판소 2011. 6.14. 판결(平22 (行ヒ) 124号) ⅩⅦ-2-516

최고재판소 2011. 7.27. 결정(平23 (行ク) 1号) ⅩⅦ-2-525

최고재판소 2011.10.14 판결(平20 (行ヒ) 67号) ⅩⅦ-2-508

최고재판소 2011.12.15 판결(平22年 (行ツ) 300号, 301号, 平22年 (行ヒ) 308号)
  ⅩⅦ-2-531

최고재판소 2012.2.3. 제2소법정판결(平23(行ヒ) 18号) ⅩⅧ-2-405

최고재판소 2012.2.9. 제1소법정판결(平23(行ツ) 第177号, 平23(行ツ) 第178号, 平23
  (行ヒ) 第182号) ⅩⅧ-2-412

최고재판소 2012.2.28. 제3소법정판결(平22(行ツ) 392号, 平22(行ヒ) 第416号)
  ⅩⅧ-2-397

최고재판소 2012.4.2. 제2소법정판결(平22(行ヒ) 367号) ⅩⅧ-2-397

최고재판소 2012.4.20. 제2소법정판결(平22(行ヒ) 102号) ⅩⅧ-2-423

최고재판소 2012.4.23. 제2소법정판결(平22(行ヒ) 136号) ⅩⅧ-2-423

동경고등재판소 2010. 2. 18. 판결(平20 (ネ) 2955号) ⅩⅥ-2-285

동경고등재판소 2011. 7. 25. 판결(平23年 (行コ) 99号) ⅩⅦ-2-521

동경지방재판소 1974. 7. 16. 제3민사부판결 Ⅲ-27

神戸地法 2000. 1.31. 판결 Ⅶ-431

名古屋高裁金澤支部 2003. 1.27. 판결 Ⅹ-346

岡山地裁 2006.10.15. 결정(判例時報1994号 26면) ⅩⅣ-2-309

東京地裁 2007. 2.29. 판결(判例時報2013号 61면) ⅩⅣ-2-308

横浜地裁 2008. 3.19. 判決(判例時報2020号 29면) ⅩⅤ-2-423

千葉地裁 2008. 8.21. 판결(判例時報2004号 62면) ⅩⅣ-2-302

동경지방재판소 2010. 4. 16. 판결(平21 (行ウ) 46号) ⅩⅥ-2-297

동경지방재판소 2010. 1.22 판결(平20 (行ウ) 601号, 617号, 618号, 619号)
  ⅩⅥ-2-279

최고재판소 第2小法廷 平成25 (2013). 1. 11. 平成24年(行ヒ) 第279号, 判例時報 2177
  号, 35면. ⅩⅨ-2-281

최고재판소 第三小法廷 平成27(2015).3.3. 平成26年(行ヒ)第225号 民集69卷2号143頁.
  XXI-2-343

최고재판소 第二小法廷 平成27(2015).3.27. 平成25年(オ)第1655号 判例タイムズ1414号
  131頁. XXI-2-356

최고재판소 第三小法廷 平成27(2015).9.8. 平成26年(行ヒ)第406号 民集69卷6号1607頁.
  XXI-2-347

최고재판소 大法廷判決 平成27(2015).12.16. 平成25年(オ)第1079号 判例タイムズ1421号
  61頁. XXI-2-367

최고재판소 大法廷判決 平成27(2015).12.16. 平成26年(オ)第1023号 判例タイムズ1421号
  84頁. XXI-2-360

行政判例硏究 XXII-1

2017년 6월 25일 초판인쇄
2017년 6월 30일 초판발행

편저자　사단법인　한국행정판례연구회
　　　　대　표 김 동 건
발행인　안 종 만
발행처　(주)**박영사**

｜편저자와｜
｜협의하여｜
｜인 지 를｜
｜생 략 함｜

서울특별시 종로구 새문안로3길 36, 1601
전화 (733) 6771　FAX (736) 4818
등록 1959. 3. 11. 제300-1959-1호(倫)

www.pybook.co.kr　e-mail : pys@pybook.co.kr

파본은 바꿔 드립니다. 본서의 무단복제행위를 금합니다.

정 가 40,000원

ISBN 979-11-303-3085-3
ISBN 978-89-6454-600-0(세트)
ISSN 1599-7413　29